JOSEF RATTNER (Hrsg.)

Menschenkenntnis durch Charakterkunde

Hoffmann und Campe

CIP-Kurztitelaufnahme der Deutschen Bibliothek

Menschenkenntnis und Charakterkunde / Josef Rattner (Hrsg.).
– 1. Aufl. – Hamburg: Hoffmann und Campe, 1983.
ISBN 3-455-08725-6
NE: Rattner, Josef [Hrsg.]

Schutzumschlaggestaltung: Jan Buchholz und Reni Hinsch
Satz: Fotosatz Otto Gutfreund, Darmstadt
Druck- und Bindearbeiten: Richterdruck, Würzburg
Printed in Germany

Inhalt

Vorwort

Die Beschreibung des Charakters war jahrhundertelang die Aufgabe der schönen Literatur; vor allem in der Theaterliteratur, aber auch in Romanen wurden Charaktereigenschaften oft sehr kenntnisreich, aber natürlich ohne wissenschaftliche Vertiefung dargestellt. Erst die moderne Charakterologie schuf eine Wissenschaft von der Wesensbeschaffenheit des Menschen, die durch Erziehung und Umwelt, durch Selbstgestaltung und Fremdbeeinflussung entsteht. Tiefenpsychologisches und phänomenologisches Bemühen um Verständnis erweiterten unsere charakterologischen Einsichten, ohne die heute Selbsterkenntnis und Menschenkenntnis kaum vorstellbar sind. Das vorliegende Buch soll jene Struktureigentümlichkeiten der menschlichen Persönlichkeit durchleuchten, die meist nur im Bereich des Gefühls und der Ahnung verbleiben und daher im Alltag nicht fruchtbar gemacht werden können.

Wir sind hierbei vom psychotherapeutischen Erfahrungsfeld ausgegangen und haben in erster Linie Charakterzüge berücksichtigt, die in neurotischen und psychosomatischen Störungen, aber auch in Verhaltensanomalien des Alltagslebens eine ganz entscheidende Rolle spielen. Daher setzt dieser Band ein mit Analysen des Ehrgeizes, der Eitelkeit, des Geizes, des Neides, der Eifersucht, des Hasses, der Wut und des Zorns, der Trauer, der Schüchternheit usw. Um uns aber nicht auf die psychische Pathologie zu beschränken, haben wir auch Charaktereigenschaften wie Liebe und Freude dargestellt. So möchten wir durch Beschreibung wichtiger menschlicher Wesens- und Verhaltensmerkmale das Sensorium des Lesers für die Selbst- und Menschenkenntnis verfeinern und ihm die Gelegenheit geben, anhand der vorliegenden Charakterstudien die Kunst des tiefenpsychologischen Denkens und Urteilens zu lernen. Überall haben wir den *Nutzen für die Lebenspraxis* höher gestellt als die rein theoretische Stringenz: Unser Text ist kein Lehrbuch für den Liebhaber wissenschaftlicher Abstraktion, sondern ein Handbuch für den interessierten Laien oder ›Lebensforscher‹, der durch die Psychologie ›Lebenskenntnis‹ und ein bißchen ›Weisheit‹ erwerben will. – In Kürze wird diesem Band ein Buch mit dem Titel *›Neurosenlehre‹* folgen, worin wir die grundlegenden Neurosenformen erläutern und verständlich machen wollen.

Berlin, im Herbst 1982 — Josef Rattner

Josef Rattner

Zur Theorie des Charakters

Die Charakterologie ist eine Wissenschaft, deren Wurzeln tief in die Vergangenheit hinabreichen. Schon in der griechischen Antike gab es gedankliche Systeme, die die Vielfalt menschlicher Verhaltensweisen auf einige Grundtypen zu reduzieren versuchten. Bekannt ist die Lehre von den ›vier Temperamenten‹, die schon Hippokrates (460–377 v. Chr.) vertreten hat. Danach unterscheiden sich die Menschen je nach den ›Körpersäften‹ (humores), die in ihnen besonders wirksam sind. Im Sanguiniker ist die Blutfülle auffällig; im Choleriker erzeugt die ›gelbe Galle‹ heftige und leidenschaftliche Reaktionen; der Melancholiker wird bestimmt durch ein Übermaß an ›schwarzer Galle‹; der Phlegmatiker schließlich ist ›schleimig‹ und daher träge und unansprechbar.

Sehr hübsch wird die Wesensart der vier Typen veranschaulicht durch die Geschichte, in der jeder von ihnen einen Spaziergang machen will und auf seinem Wege einen großen Stein als Hindernis vorfindet. Der Sanguiniker setzt mit einem lebhaften Sprung über den Steinblock hinweg und wandert munter weiter. Der Choleriker gerät in Wut und Zorn, weil er sich wieder einmal bei seinen Unternehmungen gestört fühlt: er schleudert den Stein beiseite und hat für längere Zeit die gute Laune verloren. Der Melancholiker bleibt stehen, verfällt auf traurige Gedanken, die sich dahingehend verdichten, daß in seinem Leben noch nie etwas ›reibungslos‹ verlaufen ist: er gibt sich seiner Trübsal hin und setzt sich bekümmert am Wegrand nieder. Der Phlegmatiker jedoch fand schon zu Hause das Aufstehen und Weggehen reichlich mühsam; beim Anblick des Steins wird ihm alles zuviel, und er kehrt in seine Wohnung zurück, um sich wieder ins Bett zu legen.

Dieses etwas grobe Schema wurde von dem Philosophen Theophrast (372–287 v. Chr.), einem Schüler des Aristoteles, wesentlich verfeinert. Von ihm stammt die heute noch lesenswerte

Schrift über ›*Die Charaktere*‹, die viele Bewunderer und Nachahmer gefunden hat. Theophrast war ein scharfer Beobachter der Menschen, die er in seinem Büchlein sehr treffend beschrieb. So handelt er einzelne Charaktertypen in kurzen Aufsätzen ab, z.B. den Geizhals, den Aufschneider, den Ängstlichen usw. Noch der Franzose Jean de la Bruyère (1645–1696) trat in die Fußtapfen seines antiken Vorläufers und veröffentlichte ein ebenfalls vielgelesenes Buch mit demselben Titel. Am französischen Königshof stand die Kunst der geistreichen Menschenbeschreibung in hohem Ansehen.
Zur Zeit der Aufklärung wurden diese Bemühungen noch verstärkt. Neue ›Wissenschaften vom Charakter‹ etablierten sich, so etwa die Physiognomik von J. C. Lavater, die Phrenologie (Schädelkunde) von F. J. Gall und bald darauf auch die Anfänge der Graphologie. Letztere wurden systematisch durch J. H. Michon (1806–1881) begründet, der dieser Disziplin auch ihren Namen gab.
Das Wort *Charakterologie* stammt von dem Philosophen Julius Bahnsen, der stark von Schopenhauer und Hegel geprägt war. Sein Buch mit dem gleichnamigen Titel erschien 1867. Trotz vieler feiner Beobachtungen ist sein System heute in Vergessenheit geraten, da es in einem ziemlich schwerfälligen Stil geschrieben ist.
Von da an ging aber die Entwicklung der wissenschaftlichen Charakterkunde und der mit ihr verbundenen Ausdruckspsychologie in beschleunigtem Tempo weiter. Nachhaltige Förderung verdanken diese Wissenschaftszweige dem Graphologen Ludwig Klages (1872–1956), der mit seinen zahlreichen Publikationen das Interesse am Studium der Charakterprobleme populär machte.
In den letzten Jahrzehnten ist geradezu eine Flut von Büchern über Charakterologie erschienen. Wichtig in unserem Zusammenhang sind die Arbeiten über ›Konstitutionspsychologie‹ (Ernst Kretschmer: ›*Körperbau und Charakter*‹), die psychoanalytischen, die neopsychoanalytischen und die individualpsychologischen Charakterlehren (Freud, Schultz-Hencke, Fromm, Horney, Erikson, A. Adler) und die modernen Typentheorien (C. G. Jung, Eduard Spranger). Mit Hilfe dieser Konzepte ist man heute in der Lage, Menschen sehr differenziert zu beschreiben und zu beurteilen.
So wertvoll die Funde zum Charakterthema in allen Bereichen

der psychologischen Forschung sein mögen, sind doch unseres Erachtens die tiefenpsychologischen Gedankengänge die eindrücklichsten und hilfreichsten zum Selbstverständnis und zur Erkenntnis des Mitmenschen. Da sie aus dem Bestreben der Hilfeleistung für seelisch gestörte Menschen stammen, sind sie lebensnah und in besonderer Weise tiefgründig.

Charakter, Konstitution und Temperament

Ernst Kretschmers erstmals 1921 veröffentlichte Untersuchung über *›Körperbau und Charakter‹* schien für die naturwissenschaftlich-medizinische Forschung einen Zugang zum ›biologischen‹ Verständnis der menschlichen Wesenseigenschaften zu eröffnen. Kretschmer war Psychiater und beobachtete in seiner Klinik, daß die beiden häufigsten ›endogenen Psychosen‹ (das manisch-depressive Irresein und die Schizophrenie) sich bestimmten Körperbautypen zuordnen ließen. Bei der manisch-depressiven Psychose waren rundwüchsige Menschen überrepräsentiert, die sogenannten Pykniker mit zarten Knochen und kurzen Gliedmaßen und starker Entwicklung der Körperhöhlen (Brust- und Bauchraum). Die Schizophrenie jedoch ›bevorzugte‹ die Dünnleibigen und Schlankgliedrigen, die sogenannten Leptosomen. Sodann konnte noch als Zwischentyp der sogenannte Athletiker (starker Knochenbau und kräftige Muskulatur) ermittelt werden.

Alle drei Charaktertypen sind nach Kretschmer konstitutionell bedingt und bestimmen körperlich-seelische Krankheitsneigungen der betreffenden Individuen und sehr ausgeprägt auch Eigentümlichkeiten des jeweiligen Temperaments. Pykniker neigen zu einem ›zyklothymen Temperament‹; sie unterliegen Stimmungsschwankungen (heiter-traurig usw.), sind extravertiert und ausdrucksfreudig. Die Leptosomen sind ›schizothym‹ (spaltsinnig) und zeigen Züge der Introversion, der Hypersensibilität und der Ausdrucksarmut. Athletiker schließlich haben ein ›zähflüssiges Temperament‹: ihr Gefühls- und Affektleben ist langsam, schwerblütig und nachhaltend.

Dieses Schema reicht nach Kretschmer weit über das Gebiet der Psychopathologie hinaus; die psychiatrischen Fälle zeigen nur in einer gewissen Zuspitzung bio-psychologische Zusammenhänge, die auch für annähernd normale Menschen Geltung besitzen. Kretschmer behauptet, seine Lehre sei von der ›Weisheit des Volkes‹ in wesentlichen Teilen schon vorweggenommen worden. So kann man sich den verstiegenen und verträumten Ritter Don Quijote kaum anders als dünn und hoch aufgeschossen (leptosom) denken, indes sein bodenständiger, realitätsbewußter Begleiter Sancho Pansa von Zeichnern und Malern stets als dickbäuchig und eßfreudig dargestellt wird. Berühmt ist auch jene Textstelle aus Shakespeares ›*Julius Cäsar*‹, worin der Diktator den Wunsch äußert, man möge ihn mit wohlbeleibten Männern umgeben, mit glattem Kopf und dikkem Bauch, welche nachts gut schlafen: der dünne Cassius denke zuviel und sei unberechenbar in seinen Handlungen und Verhaltensweisen!

In seinem Buch ›*Geniale Menschen*‹ (1929) wandte Kretschmer seine Konstitutions- und Temperamentenlehre auch auf bedeutende Vertreter des Kultur- und Geisteslebens an und konnte demonstrieren, daß die von ihm entdeckten Korrelationen auch für Naturforscher, Dichter und Philosophen gültig sind. So seien praktisch orientierte Naturforscher meistens Pykniker und Athleten, Philosophen und Theologen jedoch, die abstrakte Systeme entwickeln, tendierten zur Leptosomie. Epiker, deren Werke sich durch starken Wirklichkeitssinn auszeichnen (z.B. A. Stifter, G. Keller, Goethe in seiner zweiten Lebenshälfte usw.) sind rundwüchsige Typen, Dramatiker dagegen (Schiller, Kleist) und Lyriker (Hölderlin, Eichendorff, Heine usw.) eher schlankwüchsig. Sie weisen viele Merkmale der ›Schizothymie‹ auf.

Da Kretschmer ein glänzender Schriftsteller war und seine Denkweise dem dominierenden Biologismus der Medizin entsprach, wurde seine Typentheorie äußerst populär und löste beinahe eine ›konstitutionspsychologische Modewelle‹ aus: die Anzahl der Arbeiten auf diesem Gebiet füllt ganze Bibliotheken! Gleichwohl muß man feststellen, daß der psychodiagnostische Wert der Kretschmerschen Hypothese weniger groß ist, als man zuerst meinte. Die Zuordnung zwischen Körperbau und Temperament gilt nur sehr ›approximativ‹, und der Charakter des Menschen ist schon gar nicht linear auf seinen Konstitutionstyp zurückzuführen. In diesem Sinne ist der Titel von Kretschmers Hauptwerk irreführend (›*Körperbau und Charakter*‹) – es hätte eigentlich ›Körperbau und Temperament‹ heißen müssen! Mit dem Begriff ›Temperament‹ bezeichnen wir so etwas wie die seelische Grundstimmung und die durchschnittliche Verlaufsweise (Bewegungsform) der seelischen Reaktionen. Diese sind sicherlich auch im Körperbau verankert, aber damit ist die menschliche Charakterstruktur noch nicht annähernd erfaßt. Charakter und Temperament sind nicht identisch.

Charakter und Intelligenz

Wer sich mit Charakterforschung befaßt, wird notwendigerweise auch das Intelligenzproblem in Betracht ziehen müssen. Ist Intelligenz unabhängig von Charakter? Muß man sie als ›angeborene Qualifikation‹ einstufen, während der Charakter eher dem Sozialisationsschicksal zuzuordnen ist?
Der Streit über diese Problematik ist so alt wie die wissenschaftliche Psychologie. Viele Psychologen sahen in der Intelligenz eine reine ›Verstandesdisposition‹, deren Grundzüge angeboren sind. William Stern formulierte die folgende Definition:

Intelligenz ist die allgemeine Fähigkeit eines Individuums, sein Denken bewußt auf neue Forderungen einzustellen; sie ist allgemeine geistige Anpassungsfähigkeit an neue Aufgaben und Bedingungen des Lebens.[1]

David Wechsler ergänzte diese Bestimmung mit den Worten:

(Intelligenz ist) die zusammengesetzte Fähigkeit des Individuums, zweckvoll zu handeln, vernünftig zu denken und sich mit seiner Umgebung wirkungsvoll auseinanderzusetzen.[2]

Nun ist es nicht sinnvoll, sich das Seelenleben als eine Reihe voneinander isolierter Funktionen vorzustellen: alles hängt mit allem zusammen. Daher kann man den Verstand kaum als eine ›für sich bestehende Größe‹ betrachten; Gefühle, Einstellungen, Motivationen, Stimmungen und Affekte wirken dauernd auf seine Tätigkeit ein. Schopenhauer war sogar der Meinung, der ›Intellekt‹ sei ein ›Sklave der Triebe‹.
Auf diese komplizierte Debatte können wir in unserem Gedankengang nicht eingehen. Für uns genügt der Hinweis, daß man niemals eine ›reine Intelligenz‹ messen kann, sondern stets einen Menschen vor sich hat, dessen Verhaltensweisen und Reaktionsmöglichkeiten sowohl von biologischen Ausgangspo-

sitionen als auch von lebensgeschichtlichen Entwicklungen abhängig sind. Wenn tatsächlich intelligenzmäßige Unterschiede bei den Menschen ›dispositionell‹ vorkommen, dann haben Kindheit und Jugend eine ›formende Kraft‹, die das allenfalls Gegebene weitgehend überlagern und verändern kann. Unseres Erachtens kann man diese Relation keineswegs zahlenmäßig erfassen. Bekannt ist etwa die Schätzung von H. J. Eysenck, daß 80% der Intelligenz von den ›Erbanlagen‹ stamme, 20% von der Umwelt. Man fragt sich nur, welche ›höhere Instanz‹ dem englischen Forscher (und seinen amerikanischen Kollegen C. Burt, A. R. Jensen) dieses ›exakte Resultat‹ eingegeben hat. Nichts davon ist bewiesen. Aber auch die Meinung der Milieutheoretiker und der Behavioristen, ›alles‹ sei von Erziehung bestimmt, kann nicht schlüssig bewiesen werden: sie hat nur den Vorzug, den starren Determinismus in die Schranken zu weisen und jedem Menschen gute Chancen einzuräumen.

Für den Tiefenpsychologen ist es nicht nötig, in diesem Disput die eine oder die andere Partei zu ergreifen. Alfred Adler z.B. warf den Hereditariern ›Vererbungsfatalismus‹ und den ›Milieugläubigen‹ Oberflächlichkeit vor. Er betonte nachdrücklich, daß wir dem Kind auch eine gewisse ›schöpferische Kraft‹ zuschreiben müssen, mittels welcher es auf biologische Voraussetzungen und Umweltsfaktoren ›reagiert‹ – es ist nicht nur ›Produkt seiner Umstände‹, sondern gestaltet diese auch mit. Demnach kommt es nicht so sehr darauf an, ›was einer mitbringt, sondern was er daraus macht‹.

Daraus ist zu schließen, daß etwa ein ›hoher Intelligenzquotient‹ noch nichts über den Lebenserfolg und den Kulturbeitrag eines Menschen aussagen kann. Goebbels z.B. mag einen IQ gehabt haben, der ihn in die Nähe eines Einstein rückt: aber niemand wird zweifeln, daß ein gewaltiger Unterschied zwischen diesen beiden Persönlichkeiten besteht. Diese Differenz kann annähernd erfaßt werden, wenn wir zwischen operationaler (technischer) und sozialer Intelligenz unterscheiden. Die erstere ist gewissermaßen wertneutral und eine Abstraktion: ein Krimineller kann hier unter Umständen mit einem Genie konkurrieren. Die letztere jedoch beurteilen wir im Sinn der Fragen: Wie lebt ein Mensch im Hinblick auf seinen Beitrag für die soziale Gemeinschaft, auf menschliche Kommunikation, auf Verständnis und Förderung seiner Mitmenschen, auf Kulturrezeption und Kulturentwicklung?

So gesehen ist Intelligenz eindeutig ein Element des Charakters oder der Persönlichkeit. Ihr kommt nur in dem Maße eine positive Funktion zu, wie sie mit einem reichen und sensiblen Gefühlsleben verbunden ist. Was wir *soziale Intelligenz* nennen, ist wesentlich mit Gefühlsdifferenziertheit und Wertbewußtsein identisch. Hierin allerdings spielt die frühkindliche Sozialisation und das individuelle Schicksal eine gewaltige Rolle. *Lebensklugheit* und *Entwicklung zur Reife* sind nicht voneinander zu trennen.

Charakter und Triebhaftigkeit

Ähnliche Überlegungen wie bei der Intelligenz müssen zum Thema ›Triebhaftigkeit‹ angestellt werden. Wir verstehen unter ›Trieb‹ eine kontinuierlich fließende, somatische Reizquelle, die sich als periodische Spannung (Bedürfnis) im Seelenleben repräsentiert und dazu drängt, bestimmte Handlungen zu vollziehen. Der Trieb wird stets im Zusammenhang mit Gefühlen erlebt und von äußeren ›Reizsituationen‹ beeinflußt. Der Nahrungs- (Selbsterhaltungs-) und der Sexual-(Arterhaltungs-) Trieb gehören zu den wichtigsten Triebarten; aber fast jede Schule der Psychologie unterteilt die Antriebserlebnisse des Menschen in eine andere Summe von Trieben, die auch verschiedene Hierarchien bilden.

Da Triebe in der Biologie des Organismus verankert sind, erwecken sie den Eindruck von etwas Fundamentalem. Vor allem im 19. Jahrhundert galten sie als die eigentlichen Motoren des Seelenlebens. Man meinte, eine psychische Erscheinung bis zu ihren letzten Ursprüngen aufgedeckt zu haben, wenn man sie auf ›Triebregungen‹ zurückführen konnte. Heute ist man diesbezüglich vorsichtiger geworden. Seit man den Menschen nicht mehr als ›ein Tier wie alle anderen Tiere‹ beschreibt, sondern die menschliche Besonderheit im Reich der Lebewesen berücksichtigt, ist die ›Trieblehre‹ nicht mehr das A und O der Psychologie. Für Freud galt das noch nicht. Als Materialist und leidenschaftlicher Anhänger der Darwinschen Entwicklungstheorie wurde er zum einflußreichsten ›Triebpsychologen‹ der Neuzeit.

Als Freud auf Grund seiner psychotherapeutischen Erfahrungen eine Charakterologie zu entwerfen begann, war es für ihn

von vornherein klar, daß Charakterzüge eine ›triebhafte Basis‹ haben müßten. Sein erster Schritt in diese Richtung war der Aufsatz über ›*Charakter und Analerotik*‹ aus dem Jahre 1908 (GW Bd. VII). Darin wird behauptet, es gebe Personen, die ›ordentlich, sparsam und eigensinnig‹ (auch reinlich und gewissenhaft) seien. Diese könne man ›Analcharaktere‹ nennen, da ihre charakterlichen Wesenszüge aus der Sublimierung ›analer Libido‹ entstanden seien. Die meisten Menschen dieses Typs hätten als Kleinkinder Mühe mit der Reinlichkeitsgewöhnung gehabt – als ›Reaktionsbildung‹ auf diese übersteigerte Trieberziehung käme die oben erwähnte Eigenschaftstrias zustande.
Bald wurden auch von den Psychoanalytikern orale, phallische und genitale Charaktere beschrieben. Immer ging man von den bekannten ›Phasen der Libidoentwicklung‹ aus, die nach Freud die Seelenthematik der ersten fünf Lebensjahre beherrschen. Von der oralen Phase geprägte Menschen seien etwa sonnigheiter oder düster-verstimmt: je nach den ›Ernährungsschicksalen‹ und der Bewältigung der Entwicklungsprobleme dieser frühen Stufe der ›Libidoorganisation‹. Bei phallischen Typen dominieren die Züge einer kindlichen Eitelkeit (Penisstolz des Knaben, Penisneid des Mädchens) oder entsprechende Minderwertigkeitsgefühle; der genitale Charakter jedoch sei gekennzeichnet von günstiger Bewältigung der Ödipussituation, die ihn zur Entfaltung von Reife und Produktivität befähigt.
Das große Verdienst dieser Charaktertypologie (die in der einschlägigen psychoanalytischen Literatur breit abgehandelt wird) besteht u. a. darin, daß sie die Charaktere der Menschen als von einem ›psychosozialen Werdegang‹ abhängig darstellt und auch den ›Leib‹ in die Charakterkunde einbezieht. Charakterzüge sind nicht einfach ›seelische Formationen‹; in ihnen muß auch das Somatische repräsentiert sein. Fraglich ist jedoch, ob man hierbei dem sexuellen Bedürfnis im weitesten Sinne des Wortes (Libido) so viel Platz einräumen darf. Hinter dieser Charakterologie stehen offensichtlich die Freudschen Neurosen- und Perversionstheorien, die selbst wiederum vielfältige Kritik erfahren haben.
Vor allem die Umkehrung von Freuds Gedankengang lag für viele Kritiker nahe: nicht die Sexualität bestimmt den Charakter, sondern der Charakter determiniert eventuell die Sexualität. In diesem Falle kann man mutmaßen, daß z. B. Perversionen nicht primär Triebanomalien sind. Gestört ist der Charak-

teraufbau, die *soziale Interaktion des Individuums,* und aus dieser Störung erwachsen die Triebdeformationen, die das jeweilige Krankheitsbild beherrschen.
Fehlen etwa charakterliche Wesenszüge wie Zärtlichkeit, Vertrauen, Hoffnung, Hingabe, Sympathie usw., muß das sexuelle Bedürfnis in die Kanäle des Exhibitionismus, des Voyeurismus, des Sadomasochismus u.ä. geleitet werden, da Nähe und Vertrautheit mit einem Du um jeden Preis vermieden werden soll. Libidoverteilung und Charakterstruktur mögen sich gegenseitig bedingen, aber Libido kann nicht als das tragende Fundament des Charakters akzeptiert werden.

Charakter als soziale Stellungnahme

In kämpferischer Gegenposition zur psychoanalytischen Charakterologie entwarf Alfred Adler seine ›individualpsychologische‹ Charakterkunde, die jede ›Triebmythologie‹ als fragwürdig einstuft und daher vermeiden will. Hier wird der Charakter als eine ›soziale Stellungnahme‹ des Individuums verstanden. Nichts davon sei angeboren oder durch Konstitutionsmerkmale eindeutig determiniert. Das Kind werde in die ›Welt der Mitmenschen‹ hineingeboren und müsse während seines Heranwachsens Stellung beziehen zu den Gegebenheiten seines biologischen, sozialen und kulturellen Daseins. Es entwickle hierbei gewohnheitsmäßige Reaktionsweisen, die sich zu einem einheitlichen ›Lebensentwurf‹ zusammenschließen.
Wichtig sei der Ausgangspunkt beim sogenannten ›Minderwertigkeitsgefühl des Kindes‹. Da Hilflosigkeit und Abhängigkeit am Anfang jeglichen Menschenlebens stehen, seien Unzulänglichkeitsgefühle die ›Urtatsachen der psychischen Entwicklung‹. Verstärkte Unzulänglichkeit kann auch als ›Daseinsangst‹ beschrieben werden. Dies ist ein stark bedrückender Zustand, den das Kind mit allen seinen Kräften zu überwinden trachtet. So richtet es sich unbewußt und dunkel nach Zielen wie Überlegenheit, Vollkommenheit, Geltung und Macht aus, um im ›Chaos des Lebens‹ Richtpunkte zu haben. Die ›psychische Strömung‹ geht von unten nach oben: Selbstbehauptung und Überwindung von Schwierigkeiten sind die prinzipiellen Themen der Lebensgestaltung.
Nun kann aber das ›Überlegenheitsziel‹ in tausendfältige For-

men und Varianten eingekleidet werden. Manche Kinder streben nach Herrschaft über andere, nach Wissen, Schönheit, Reichtum, Ansehen usw. Andere wieder haben ihrer frühen Umwelt ›abgelauscht‹, wie man auch durch Leiden, Dienen, Selbstaufgabe und Selbsterniedrigung Aufmerksamkeit auf sich konzentrieren kann. So entstehen scheinbar Umkehrungen des primären Macht- und Geltungsprinzips: es bedarf des feinen Gespürs eines geübten Menschenkenners, um z. B. in der Trauer des Depressiven, in den psychosomatischen Krankheitserscheinungen, im Masochismus vieler Neurotiker den ›Weg nach oben‹ zu erkennen, indem nämlich so mancher durch Klagen, Dulden und Kränkeln einen pathologischen ›Ehrgeiz‹ befriedigen kann.

Minderwertigkeitsgefühl und Geltungsstreben sind für Adler nicht nur die Grundpfeiler der Neurosenlehre, sondern auch der wohlverstandenen Charakterologie. Als dritter Faktor ist noch das ›Gemeinschaftsgefühl‹ in Betracht zu ziehen, das als die stärkste Kraft im menschlichen Seelenleben eingestuft werden muß. Der Mensch ist von Natur ein soziales Lebewesen. Alles Psychische an ihm ist auf ›Mitmenschlichkeit‹ ausgerichtet. Diese entdeckt man bereits im Zärtlichkeitsbedürfnis des Kindes, in seinem Willen zum Wachsen und Werden, in vielfachen sozialen Anpassungsprozessen. Sind aber die Entwicklungsbedingungen in der Familie und Umwelt ungünstig, dann verkümmert der soziale Impuls frühzeitig: alle Fehlschläge der psychischen Entfaltung sind durch eine Verringerung der zwischenmenschlichen Anschlußbereitschaft und des ›Sozialinteresses‹ gekennzeichnet.

Je geringer das Gemeinschaftsgefühl ausgebildet ist, um so schwieriger wird das Leben für das betreffende Individuum. Denn alle Aufgaben des Lebens erfordern Beziehungsfähigkeit, um befriedigend gelöst werden zu können. Adler spricht etwa von den Aufgaben der Arbeit (Beruf), der Liebe (Sexualität und Partnerschaft), der Gemeinschaft und der (kunstvollen) Lebensgestaltung. Wer weder soziale Geschicklichkeit noch Kontaktbereitschaft aufbauen konnte, wird diesen (naturgemäßen) Aufgaben ausweichen müssen oder sich mit Teillösungen zufriedengeben. In seiner Seele werden Minderwertigkeitskomplexe und übersteigertes Geltungsstreben die Vorherrschaft erlangen. Anstelle realer und sinnvoller Lebensführung wird oft der ›Wille zum Schein‹ (Selbstbetrug, Lebenslüge) treten.

Der Charakter steht also im Dienst richtiger oder falscher Lebensziele. Seine Wesenszüge ähneln ›Leitlinien‹, mit denen ein unbewußtes Überlegenheitsideal angestrebt wird. Adler spricht auch von ›Charakterschablonen‹, um anzudeuten, daß flexibles und schöpferisches Reagieren durch starre Verhaltensmuster ersetzt wird.

Je ›neurotischer‹ der Charakter ist, um so mehr spielen in ihm offene und geheime Macht- und Geltungsambitionen die Hauptrolle. So kommt es vor allem zu Charaktereigenschaften *trennender Art* wie etwa: Ehrgeiz, Eitelkeit, Machtgier, Trauer, Angst, Schüchternheit, Neid, Geiz, Haß, Eifersucht, Launenhaftigkeit, Menschenverachtung usw. *Verbindende Charakterzüge* jedoch sind: Mut, Lebensfreude, Wohlwollen, Mitleid, Güte, Einsicht, Geduld, Kooperation, Weisheit usw. In den letzteren werden Angst und Nichtigkeitsgefühl sinnvoll kompensiert, indem soziale Einfügung und Kulturbeitrag zustande kommen.

Verhalten, Eigenschaft und Personkern

Gegen das Studium des Charakters ist in neuerer Zeit von seiten der Behavioristen eingewendet worden, man könne nie und nirgendwo ›Charakterzüge‹ beobachten: einzig feststellbar und empirisch zu fassen seien Verhaltensweisen und Handlungen, die aus den jeweiligen Situationen hervorgehen. Diese behavioristische Kritik ist sehr radikal, soll aber nicht einfach vom Tisch gewischt werden. Denn tatsächlich ist der Begriff ›menschliche Eigenschaften‹ ein Konstrukt: wir summieren vielfältige Eindrücke an einem Menschen und postulieren dann gewissermaßen, daß sich in ihnen ›eine Eigenschaft‹ manifestiere. Man kann sich aber kaum vorstellen, in der Wissenschaft und im Alltagsleben ohne diese Hypothese auszukommen; mit Recht sagt William Stern:

> Wir haben das Recht und die Pflicht, den Begriff der Eigenschaft bestimmt zu umreißen; denn in jeder Betätigung der Person findet sich neben einem veränderlichen Anteil zugleich ein beständiger zielstrebiger Anteil, und diesen letzteren isolieren wir im Begriff der Eigenschaft.[3]

Natürlich muß man sorgfältig genug vorgehen, um von Fall zu

Fall zu ermitteln, ob ein Verhalten weitgehend situationsbedingt ist oder eher dem ›Innern der Person‹ entspringt. Wenn jemand z. B. in materieller Not ist und sich deshalb weigert, für soziale Zwecke zu spenden, werden wir ihn nicht ›geizig‹ nennen. Beobachten wir jedoch, daß ein wohlhabender oder reicher Mensch nicht bereit ist, von seinem Überfluß abzugeben, wird sich die Assoziation ›Geiz‹ aufdrängen.

Konstant wiederkehrende Verhaltensweisen und Handlungen wurzeln in Eigenschaften oder Haltungen, die sich zwar im Laufe des Lebens wandeln, aber irgendwie zum Dauerinstrumentarium einer Persönlichkeit gehören. Praktische Menschenkenntnis besteht u. a. darin, daß der geübte Menschenbeobachter aus den flüchtigen Reaktionen seiner Mitmenschen solche Dauermotivationen herausspürt und demzufolge voraussagen kann, wie sich X oder Y in einer bestimmten Situation benehmen wird. Solche Prophezeiungen sind zweifelsohne möglich, und manch ein Menschenkenner kann darin eine gewisse Perfektion erreichen.

Ein Vorteil ist ihm hierbei an die Hand gegeben: die Charaktereigenschaften des Menschen sind immer ›strukturell zusammengefügt‹, d. h., beim Vorhandensein der *einen* Eigenschaft kann man mit einiger Sicherheit *eine Gruppe von weiteren Eigenschaften* voraussetzen. So wird etwa ein Geizkragen mit großer Wahrscheinlichkeit auch mißtrauisch, gefühlskarg, herrschsüchtig und lieblos sein. Bei einem gütigen Charakter werden wir leicht auch Mitleid, Wohlwollen, Aufgeschlossenheit, Humor und Fähigkeit zur Selbstkritik vorfinden. So existiert zu jedem Charaktermerkmal ein ganzes ›Bündel von Merkmalen‹, die ›sinngemäß dazugehören‹. Man muß sich dies nicht als ein ›Naturgesetz‹ vorstellen, das mit mathematischer Sicherheit arbeitet; aber seit Dilthey wird der ›Strukturbegriff‹ in den Humanwissenschaften mit größtem Nutzen angewendet, ohne daß der ›Mangel an Stringenz‹ als Nachteil empfunden wird. In vielen Bereichen der Forschung genügen Wahrscheinlichkeitsbefunde durchaus.

Nicht nur die Eigenschaftsgruppen der Menschen sind Strukturen, sondern auch die Persönlichkeit selbst ist ein strukturiertes Ganzes. Auch hier wieder können Behavioristen einwenden, daß wir von etwas Unsichtbarem und Unkonkretem reden. Niemand hat eine ›Persönlichkeit‹ mit ›leiblichen Augen gesehen‹. Wohl aber pflegen wir, bei wohlwollendem Interesse für unsere Mitmenschen, die Person des anderen irgendwie zu ›schauen‹, d.h. mit dem ›dritten Auge‹ zu sehen. Wir erblicken dann gleichsam ›sein Inneres‹, das Gefüge seiner Gefühle, Gesinnungen, Strebungen, Wertungen, deren Summe wir Ich, Selbst, Persönlichkeit oder Charakter nennen. Nur ein Behaviorist kann, von seiner Theorie gefangen, bestreiten, daß wir hiermit etwas Realem gegenüberstehen; die Person ist offenbar ›Wirklichkeit‹.

Dieser ›Personkern‹ in uns selbst und im Du ist schwer zugänglich und wird viel häufiger *verkannt* als *erkannt*. Ohne geduldige gefühlsmäßige Zuwendung hat man wohl kaum die Chance, derart ins Innere eines fremden Ichs Eingang zu finden. Die Gesinnungs- oder Lebensleitlinie einer Person ist immer hinter einer Fassade von konventionellen Verhaltensmustern, Zufallsreaktionen, erworbenen Gewohnheiten und auch berufs- oder epochebedingten Haltungen verborgen; das ›Wesen‹ eines fremden Individuums wird nur dann und wann im Spektrum der Beobachtungen sichtbar, und zwar ist es am ehesten erspürbar, wenn man in ›liebender Kommunikation‹ mit dem Betreffenden steht und nichts an ihm ›herausfinden will‹. Testmethoden, Fragebogen, künstliche Prüfungsbedingungen treffen von vornherein *nicht* auf das Personzentrum, welches allein den Schlüssel zum Verstehen des Mitmenschen bietet. Das wußte Friedrich Schiller, als er seinen Wallenstein sagen ließ:

Des Menschen Taten und Gedanken, wißt,
sind nicht wie Meeres blind bewegte Wellen. –
Die innere Welt, sein Mikrokosmos ist
der tiefe Schacht, aus dem sie ewig quellen.
Sie sind notwendig, wie des Baumes Frucht,
sie kann der Zufall gaukelnd nicht verwandeln.
– Hab' ich des Menschen Kern erst untersucht,
so weiß ich auch sein Wollen und sein Handeln.[4]

Charakterologie und Ausdruckskunde

Die obige Aussage, daß sich der ›Personkern‹ eines Menschen nur gelegentlich in seiner Eigenart enthüllt, muß relativiert werden: gewiß trifft dies zu, aber andererseits liegt auch die Person als Ganze in allen ihren Lebensäußerungen – nur pflegen wir sie nicht wahrzunehmen. Aus der Tatsache, daß im kleinsten Ausdrucks- und Verhaltensphänomen ›der ganze Mensch‹ enthalten ist, leitet sich die sogenannte *Ausdruckskunde* ab. Sie will wissenschaftlich untersuchen, wie man über das Verständnis des Ausdrucks zum Verständnis der Person gelangt.

Für diese Methode steht umfängliches Material zur Verfügung. Hauptsächlich befaßt man sich mit Physiognomik (Ausdrucksmerkmale der Gestalt und des Gesichts), Mimik (Bewegungen des Gesichts), Gestik und Motorik (Körperbewegungen), Stimme, Sprechweise und Handschrift. Im Laufe der letzten Jahrzehnte sind zahllose Arbeiten zu diesen Themen veröffentlicht worden. Die Ausdruckskunde wurde zu einem Hilfsgebiet der diagnostischen Psychologie und der Charakterologie entwikkelt.

Aber es ist längst noch nicht eindeutig klar, auf welchem Wege wir ›Ausdruck‹ begreifen und wie wir zu einiger Sicherheit im Verstehen kommen. Fast alle Autoren betonen, daß wir auf Ausdruckserscheinungen emotional reagieren, d.h., daß Ausdruck stets Eindruck macht. Wir beurteilen ›blitzschnell‹ den Ausdrucksgehalt von mimischen, gestischen, stimmlichen und anderen Äußerungen; das Grundfaktum ist vielleicht hierbei die unmittelbare ›Einsfühlung‹ von Mensch zu Mensch, auf Grund derer auch Einfühlung stattfinden kann. Da Menschen stets durch ›Gefühlsansteckung‹ aufeinander wirken, können sie ›einfühlend‹ sich darum bemühen, die ›Botschaften‹ zu zergliedern, die ihnen fortwährend bei Begegnungen mit anderen zuströmen.

An dieser Stelle hilft uns die Hypothese weiter, daß alles Psychische wesensmäßig ›Kommunikation‹ ist. Die Gesichtszüge eines Menschen, seine Handbewegungen, seine Körperhaltung, seine Stimme, seine Wortwahl, seine Schreibbewegungen usw. sind nicht einfach ›Zufallsäußerungen‹, sondern sie stellen stets eine Beziehungsaufnahme dar oder bereiten sie vor. In diesem Sinne legt unbewußt jeder Mensch in seine Ausdruckserscheinungen eine ›Wirkungsintention‹ hinein; er gestaltet sie so, daß er im Erlebnis der Ausdrucksempfänger jene Eindrücke erweckt, die ihm als wünschbar vorschweben. Es war unseres Wissens Ludwig Klages, der als erster die ›Zielvorstellungen‹ im Ausdruck erkannte; als ›Reflex‹ ist derlei kaum einzuordnen, wohl aber als Mitteilung, in der stets ›Selbstmitteilung‹ intendiert wird.

Ausdruck jeglicher Art ist *Sprache*, aber leider sind wir in dieser Sprache wenig geschult und können sie nur äußerst mühevoll in die Umgangssprache übersetzen. So war z.B. die Physiognomik lange Zeit auf die Beurteilung der festen Gesichts- und Schädelkonturen beschränkt, die großenteils konstitutionell gegeben sind – richtiger wäre jedoch, dem ›lebendigen Ausdruck‹ der Gesichtszüge nachzuspüren, der durch die Knochen- und Weichteilformen gewissermaßen ›hindurchschimmert‹. Für die Handschriftdeutung (Graphologie) wurden fast mechanische Deutungsregeln vorgegeben, und erst Autoren wie Klages und Max Pulver haben betont, daß jedes Detail einer Handschrift erst in die *Gesamtinterpretation* eingeordnet werden kann, wenn man durch die ›Kunst des Schauens‹ vom Gesamteindruck her das ›Formniveau‹ (Klages) oder den ›Wesensgehalt‹ (Pulver) der Schreibbewegung ermittelt hat.
Bedauerlich bleibt, daß bei solchen Beurteilungen dem Gefühl gegenüber dem Verstand die größere Kompetenz eingeräumt werden muß: von daher wird jeder Ausdrucksdeutung ein gewisser Unsicherheitsfaktor anhaften. Wie hier die wissenschaftliche Psychologie notwendigerweise an Grenzen stößt, sagt Hubert Rohracher in *›Kleine Charakterkunde‹* folgendermaßen:

> Niemand kann genau sagen, worin der Unterschied zwischen einem fröhlichen, spöttischen, ironischen, gezwungenen, höhnischen, vergnügten, befreienden, verlegenen, herzlichen oder hämischen Gesichtsausdruck besteht, aber jeder erfaßt diesen Unterschied mit großer Sicherheit und ohne Überlegung – der Eindruck des Hämischen, Spöttischen oder Fröhlichen entsteht ganz von selbst, ohne unser Zutun, eben ›unmittelbar‹, ohne Nachdenken und Überlegen. Nichts wäre lächerlicher, als etwa den Menschen mit wissenschaftlichen Methoden beibringen zu wollen, wie sich das verlegene vom herzlichen Lachen unterscheidet, aber nicht einmal dazu wäre die Psychologie in der Lage.[5]

Der Tiefenpsychologe und Psychotherapeut lernt sein Ausdrucksverstehen nicht im psychologischen Laboratorium, sondern im Umgang mit seelisch leidenden Menschen, die er verstehen und fördern will. Da sich psychologische Behandlungen über Monate und Jahre hinweg erstrecken, kann man bei geduldiger Forscherhaltung unzählige Beobachtungen über Charaktere in allen Lebenssituationen machen. Aber Materialsammlung ist immer erst die ›Vorstufe zum Verständnis‹: letz-

teres erfordert eine ›synthetisierende Kraft des Schauens‹, für die nicht jedermann in gleicher Weise begabt ist.
Wahre Menschenkenner sind jene, die die Summe der Detailbefunde lange ›in der Schwebe‹ halten können und mit größtmöglicher Behutsamkeit alles Beobachtete auf das ›Personganze‹ beziehen, das in ihm ›zum Ausdruck kommt‹. Die Phantasie des Interpreten, gezügelt von kritischem Verstand und wachsamem Gefühl, ist hierbei von erstrangiger Bedeutung. Auch muß man unermüdlich den ›hermeneutischen Zirkel‹ durchlaufen, der von den Details zum Ganzen und revidierend-korrigierend vom Ganzen zu den Details geht. Voreilige Schlußfolgerungen und Festlegungen führen lediglich zu vorurteilsbedingten Schematisierungen, denen sich die ›lebendige Person‹ entzieht.
Ein bedeutender Psychologe des 18. Jahrhunderts erklärte dazu:

Es liegt in den Charakteren eine gewisse Notwendigkeit, eine gewisse Konsequenz, vermöge welcher bei diesem oder jenem Grundzug eines Charakters gewisse sekundäre Züge stattfinden. Dieses lehrt die Empirie genugsam... Soviel weiß ich: wenn ich jemand eine Viertelstunde gesprochen habe, so will ich ihn gut zwei Stunden reden lassen.[6]

Tiefenpsychologische Charakterdiagnostik

Der Tiefenpsychologe achtet wohl genau auf Mimik, Gestik, Stimme und Verhalten seines Patienten, aber er holt seine Beurteilungskriterien aus ganz anderen Regionen des bewußten und unbewußten Seelenlebens. Dabei kann er die ›Einheit der Persönlichkeit‹ bis in alle ihre ›Tiefenschichten‹ hinein viel deutlicher ans Licht rücken als seine Berufskollegen, die meistens nur kurzfristige Kontakte mit ihren ›Versuchspersonen‹ aufbauen.
a) Freud wies uns als erster darauf hin, daß *neurotische Symptome* einen unschätzbaren Wert für die Persönlichkeitsdiagnose besitzen. Vor den Entdeckungen der Psychoanalyse sah man im Symptom ein ›kausal verursachtes Geschehen‹, das letztlich nur auf eine ›Gesamtdegeneration‹ des Organismus verwies. Freud jedoch faßte die Symptomatik als ›sinnhaltig‹ auf; er begriff sie als ›Botschaft des Patienten‹, die dieser selbst nicht verstand. So deutete er etwa eine hysterische Abasie (Unfähigkeit zu gehen)

als Mitteilung, daß die Patientin keinen Weg sehe, auf dem sie ›vorwärts gehen‹ könne; ein hysterischer Gesichtsschmerz drückte aus, daß die Patientin ›sich geohrfeigt fühlte‹ usw. Seit den epochemachenden ›*Studien über Hysterie*‹ (1895) wissen wir, daß sich in den neurotischen Symptomen die ganze Lebens- und Weltanschauung der Patienten ›zusammendrängt‹: man kann regelrecht auch eine Typologie aufstellen, die von den jeweiligen Neurosen her Charakterstrukturen definiert.
So spricht die Psychoanalyse von hysterischen, zwangsneurotischen (zwanghaften), angstneurotischen, depressiven und schizoiden Charakteren – Begriffsbestimmungen, die allesamt aus der Neurosenlehre und Psychopathologie stammen. Beobachten wir etwa an einem Menschen Zwangsgedanken oder -handlungen, dann können wir auf Grund neurosenpsychologischer Erfahrung von ihm ein mutmaßlich zutreffendes Charakterporträt skizzieren, das allerdings im Einzelfall der konkreten Verifizierung bedarf.
b) Nicht nur Symptome erschließen uns den Charakter: auch *Träume* sind hierzu eine entscheidende Hilfe. Freuds Buch ›*Die Traumdeutung*‹ (1900) ist eine subtile Interpretationsanleitung, mittels derer aus dem ›manifesten Traum‹ auf die ›latenten Traumgedanken‹ zurückgedacht werden kann. Dabei soll die infantil-triebhafte Basis der Persönlichkeit zum Vorschein kommen. Das Unbewußte des Seelenlebens sei im Traum noch vollständiger oder deutlicher enthalten als in der neurotischen Symptomatik: der Traum und seine Deutung seien der ›Königsweg zum Unbewußten‹.
Vereinfacht ausgedrückt kann man sagen, daß die Träume stets ein ›Charakterresümee‹ darstellen, denn der Mensch ist faktisch so, ›wie er träumt‹. Oft zeigen Traumszenen die Einstellung des Träumers viel offener als sein bewußtes Reden und Argumentieren. So wird der Ängstliche angsthaft träumen, der Mutige mutig, der Triebhafte triebhaft usw. Allerdings muß die Interpretation sehr behutsam vor sich gehen, da der Traum – wie alle Ausdruckserscheinungen – vieldeutig ist. Man liegt erst dann annähernd richtig, wenn der Befund aus der Traumbeurteilung mit den Befunden aus den übrigen Lebensäußerungen des Exploranden einigermaßen in Übereinstimmung ist.
c) Auch *Fehlleistungen* können blitzlichtartig einen Einblick in die Charakterstruktur gewähren. Solche Funktionsentgleisungen (Versprechen, Verlegen, Vergessen, Verschreiben, Unfälle

usw.) sind nicht einfach sinnlos, sondern können tiefere Intentionen enthüllen. Die Beispiele in Freuds ›*Zur Psychopathologie des Alltagslebens*‹ (1904) sind diesbezüglich oft verblüffend. Wenn etwa ein Abgeordneter in seiner Reichstagsrede versichert, daß seine Fraktion ›rückgratlos‹ (anstatt ›rückhaltlos‹) hinter dem Kaiser stehe, dann hat er seine Gesinnung ganz gut verraten. Oder wenn ein Untergebener anläßlich einer Jubelfeier die Anwesenden dazu auffordert, zum Wohle des verehrten Chefs ›aufzustoßen‹ (anstatt ›anzustoßen‹), dann wird dieser Chef nicht gerade übertrieben beliebt sein. Aber auch hier ist Vorsicht geboten. Nicht jede Fehlleistung enthält eine unbewußte Absicht: es gibt wahrscheinlich auch viele harmlose Funktionsstörungen, die aus Aufregung, Ermüdung, Unsicherheit usw. stammen.

d) *Psychosomatische Symptome* sollen ebenfalls auf die Charakterstruktur des betroffenen Patienten bezogen werden. Auch in ihnen verdichtet sich oft die gesamte Lebenseinstellung und Lebensproblematik des jeweiligen Individuums, das ›körperlich‹ erkrankt, weil es ›seelisch‹ nicht mit seinen Lebensaufgaben fertig wird. Die Hilflosigkeit angesichts drängender und bedrängender Konflikte führt dazu, daß ›Leben‹ sich in ›Leiben‹ verwandelt (wie sich die sogenannte ›Daseinsanalyse‹ von L. Binswanger und M. Boss ausdrückt): die Erkrankung des Leibes bekundet deutlich genug das ›existentielle Versagen‹.

Wiederum sind wir darauf verwiesen, den ›Sinngehalt‹ solcher Krankheiten aufzudecken. So betonen die Autoren, daß z.B. Magen- und Zwölffingerdarmgeschwüre bei Menschen auftreten, deren Lebensgefühl dauernd auf ›Ernährt-sein-Wollen‹ gestimmt sei; passive Abhängigkeitswünsche kollidieren mit dem ausgeprägten Autonomiestreben des Ulcuspatienten, der damit in unlösbare Konfliktsituationen hineingerät. Übersteigerter Ehrgeiz scheint hierbei eine wesentliche Rolle zu spielen. Die Daseinsanalytiker behaupten, nur derjenige bekäme ein Magengeschwür, dessen Existenz dauernd auf ein aggressives Verschlingenwollen der Welt und der Mitmenschen gestimmt sei. So ist erkennbar, daß die Geschwürerkrankung im Charakter des Patienten wurzelt und erst dann entscheidend beeinflußt werden kann, wenn die Charakterbeschaffenheit durch Selbsterkenntnis und therapeutische Nacherziehung geändert wird.

Das *Asthma bronchiale* mag eine biologische Basis haben (spezifische Reizempfindlichkeit der Bronchialschleimhaut), aber auch hier spielt ›das Seelische‹ oder die ›Wesensstruktur‹ eine gewichtige Rolle. Asthmatiker haben oft Mühe, den vom Leben geforderten Wechsel von Passivität zu Aktivität (und umgekehrt) zu vollziehen. Eine allgemeine ›Hingabestörung‹ liegt meistens ihrem Leiden zugrunde, respektive eine Unfähigkeit, sich bei den jeweils passenden Gelegenheiten zu ›öffnen‹ und zu ›verschließen‹.

e) Bis jetzt haben wir einzelne Tatsachen ins Auge gefaßt, in denen – gemäß den tiefenpsychologischen Hypothesen – das Ganze des Seelenlebens bzw. der ›Existenz‹ zum Ausdruck gelangt. Nun soll aber auch daran erinnert werden, daß die *gesamte Biographie* des Patienten für die Charakterdiagnostik besonders wertvolle Materialien liefert. Nichts gibt uns so viel Aufschluß über den Charakter eines Menschen wie seine Lebensgeschichte. Der Mensch ist, wie Sartre sagt, nicht mehr und nicht weniger als ›die Summe seiner Taten‹ (wozu auch seine Leiden gehören). Daher ist die Erarbeitung des inneren und äußeren Werdeganges der Persönlichkeit seit den Anfängen der Tiefenpsychologie das Kernstück der Charaktererfassung und der therapeutischen Intervention.

Leider ist es sehr schwierig, eine annähernd ›objektive Biographie‹ eines Patienten zu erhalten. Wenn dieser nämlich seine ›Geschichte‹ erzählt, dann geschieht dies unweigerlich tendenziös: er beleuchtet die ›Tatsachen‹ in sehr eigenwilliger Weise, vergißt und verdrängt das Unangenehme oder ihm nicht Passende, so daß schließlich von historischer Wahrheit in keiner Weise gesprochen werden kann. Die Psychotherapeuten wissen um die Unzulänglichkeit aller Patientenberichte, haben sich aber damit abgefunden, da sich ja auch in solchen bewußten oder unbewußten Entstellungstendenzen der Charakter des Erzählers dokumentiert. Nur muß man nach und nach einen Schlüssel finden, um Phantasie und Realität auseinanderhalten zu können. Erst dann wird die Biographie lesbar wie ein Text, zu dem man den ›Code‹ gefunden hat.

f) Die Auslegung der Patientenberichte (mit Textkritik und wahrscheinlichen Korrekturen und Konjekturen) erfolgt bekanntlich am Leitfaden jener Erfahrungen mit der Charakterstruktur des Patienten, die der Therapeut während der Therapie selbst gemacht hat. Da er in eine langdauernde und intensive Beziehung zu seinem Gegenüber tritt, kann er dessen Wesens-

art am eigenen Leibe empfinden, erleben und erleiden. So werden die Schicksale innerhalb von Übertragung und Gegenübertragung zu Hilfsmitteln der Charakterdiagnostik.
Wie der Patient sich draußen im Leben zu seinen Bezugspersonen verhält, vernimmt der Therapeut meistens nur durch die Patientenberichte, in denen Wahrheit und Irrtum sich bunt durcheinandermischen. Will er in diesem Chaos von Mitteilungen einen festen Standort finden, dann ist ihm dieser dadurch gegeben, daß sich der Patient auch ihm gegenüber so gibt, wie er ist: hier ist authentische Beobachtung möglich, die allerdings den totalen Einsatz des Therapeuten erfordert. Weiß man etwa aus eigenen Erfahrungen, daß der Patient nachtragend, mißtrauisch, kämpferisch, unverständig, reizbar und gefühlsblokkiert ist, dann wird man seinen Bericht über eheliche Kalamitäten ganz anders auswerten, als wenn man ihn als freundlich, gütig, verständig, heiter und wohlwollend kennengelernt hat.
Zwischen Lebensgeschichte und Gegenwartsverhalten muß ›hermeneutisch‹ hin- und hergependelt werden: aus der ersteren wird das letztere verstanden, und das letztere beleuchtet dramatisch immer auch die erstere.
Je kenntnisreicher und souveräner der Psychotherapeut ist, um so mehr Fakten aus dem Patientenleben und aus dem unmittelbaren Verhalten, das ihm sein Gegenüber darbietet, kann er überblicken, behalten und ›synthetisch verknüpfen‹. Diese Wahrnehmungs- und Erlebnissynthese ist ein schöpferischer Akt, der mit künstlerischer Arbeit durchaus vergleichbar ist: man bringt derlei nur zustande, wenn man dem Psychotherapeutenberuf jahre- und jahrzehntelang seine ganze Konzentration widmet und sich dabei ständig theoretisch weiterbildet.
Die Erfahrung der *Konkordanz aller Einzelbefunde* – trotz äußerlicher Disparatheiten aller Art – führt erst zu einem evidenten Verständnis, das Nähe zwischen den beiden Beteiligten des Therapieprozesses herbeiführt. Solange der Beurteilte dem Beurteiler noch als ›sehr widersprüchlich‹ erscheint, muß weiter geforscht werden. Der Mensch ist kein Chaos von Strebungen und Tendenzen; in seinen Trieben, Ausdruckserscheinungen, Gedanken und Überzeugungen steckt jeweils ein bestimmtes ›Lebensgesetz‹. So wird etwa der ›traurige Patient‹ nicht nur hängende Gesichtszüge, matte Augen, eine leise und dumpfe Stimme, sparsame Gesten, geringen Mitteilungsdrang

usw. zeigen, sondern auch dazu passende Gedankengänge, Wertvorstellungen und eine spezifische Welt- oder Lebensanschauung. Die Einheit dieses Weltentwurfs oder Lebensstils wahrzunehmen ist die erste Bedingung der psychotherapeutischen Intervention.

Dialektik zwischen Charakterdiagnose und Charakterdiagnostiker

Wiewohl der Tiefenpsychologe neben den üblichen Ausdruckserscheinungen neurotische und psychosomatische Symptome, Träume, Fehlleistungen, freie Assoziationen, lebensgeschichtliche Berichte und Übertragungsphänomene als Material zur Verfügung hat, sind seine Charakterdiagnosen keineswegs über jeden Zweifel erhaben und können oft genug in die Irre führen. Die wichtigste und in keiner Weise auszuschaltende Fehlerquelle liegt in der Persönlichkeit des Beurteilers, in seiner eigenen Charakterstruktur. Diese bestimmt nämlich, was er an seinem Exploranden wahrnehmen (tendenziöse Wahrnehmung!) kann und wie er diese Eindrücke gemäß seinen persönlichen Motivationen, Gefühlen, Vorurteilen und Lebensanschauungen einzuordnen versucht. Ist etwa der Psychotherapeut ein Geizkragen, dann wird er ›normale Konsumlust‹ seines Patienten als ›Verschwendungssucht‹ taxieren; ist er ein asketischer Puritaner, dann wird er trotz seines ausgiebigen Studiums von Freuds ›Gesammelten Werken‹ und seiner ›Lehranalyse‹ ein Gefühl des Befremdens angesichts der ›Leichtlebigkeit‹ von Patienten nicht loswerden; führt er schließlich selbst eine unglückliche Ehe (was auch bei Therapeuten häufig genug vorkommt), dann wird er bei Eheschwierigkeiten seiner Klienten unwillkürlich aus seinen eigenen Bedrängnissen heraus Stellung beziehen; diese Stellungnahme wird oft ›erschreckend subjektiv‹ sein.

Und diese Subjektivität des Therapeuten kommt nicht erst bei genauerer Beurteilung des Patienten zum Tragen. Sie determiniert bereits das ›Erfahrungsfeld‹, das in der psychotherapeutischen Situation selbst gegeben ist. Die Persönlichkeit des Patienten ist ja keine feste Größe, die sich immer in derselben Weise kundtut (wie etwa ein Stein immer ein Kilo schwer ist, ob ihn Hinz oder Kunz trägt). Wie sich ein Charakter manifestiert, ist durchaus abhängig von der zwischenmenschlichen Lage, in der er sich befindet. So kommt es, daß derselbe Patient bei zwei verschiedenen Therapeuten ganz andere Kindheitserinnerungen zutage fördert, andere Träume träumt, andere Phantasien entwickelt und in andere Stimmungen und Gefühle versetzt wird. Wenn zwei Menschen einander begegnen (und länger zusammenarbeiten), dann spielen sich blitzschnell Kommunikationsbedingungen ein, die den Rahmen abstecken für das, was in dieser Beziehung lebendig werden kann und was nicht. Daher geht der Beobachter in solchen Erfahrungsbereichen nahezu vollständig in seine Beobachtungsresultate ein. Tut er dies unkritisch, dann kann es zu jener unerfreulichen Situation kommen, die schon Spinoza beschrieb:

Wenn Paul über Peter Aussagen macht, dann erzählt er uns mehr über Paul als über Peter.[7]

Die Konsequenz daraus darf natürlich nicht dazu führen, daß man jegliche Bemühung um Objektivität in der Seelen- und Charakterforschung aufgibt. Die Schwierigkeit, zwischen Subjektivität und Objektivität zu vermitteln, ist groß, aber nicht unüberwindlich. Jedenfalls kann der Mensch mit einiger Disziplin so etwas wie eine ›kritische Subjektivität‹ entwickeln.
Kenner auf diesem Gebiet wissen, daß dies ohne lebenslange Selbsterziehung und Kulturbemühung nicht zu schaffen ist. Wer sich zu einem gelassenen und souveränen Wissenschaftler entwickeln will, muß sich allen erdenklichen Konflikten stellen, um aus eigenem Verhalten in tausendfältigen Notlagen zu erfahren, wieweit er belastbar ist und welche Konturen sein ›Wesen‹ aufweist. Viktor von Weizsäcker pflegte zu sagen: »Wer das Leben verstehen will, muß an ihm teilnehmen!« Und Teilnahme heißt hier nicht, in irgendeinem Schlupfwinkel über Büchern zu brüten oder sich in die komplizierte Arbeitsweise irgendwelcher Apparate zu vertiefen, sondern sich dem Leben in seiner ›gesamten Breite‹ zu stellen, was meist die Folge hat, daß man da und dort von der Realität kräftig gezaust wird. Lebenserfahrung wird teuer erkauft, aber nach dem Urteil der Kundigen ist sie ihren Preis wert (wenn man sie richtig verarbeitet).
So kommt es, daß gewiegte Praktiker, die sich überall den Wind um die Ohren wehen ließen, oft bessere Menschenkenner und Charakterbeurteiler sind als Psychologieprofessoren, die

sich – geschützt von Titeln, Ehren und Ämtern – von der Wirklichkeit fernhalten können und in dieser Realitätsferne ihre Theorien konstruieren. Andererseits mangelt es den Praktikern an einer Theorie, die Beobachtungen zusammenfaßt und durchschaubar macht. Das Ideal wäre ein Zusammentreffen von Lebenspraxis und theoretischem Weitblick, eine Synthese, die man jedoch nur in seltenen Fällen vorfindet. Die Übung in geistiger Arbeit bietet die Chance zur Korrektur subjektiver Vorurteile, da jede Wissenschaft Techniken der Vorurteilsüberprüfung vermittelt.

Noch bedeutsamer aber als Praxis und Theorie ist das *Ethos* des Charakterbeurteilers. Man kann in der Charakterdiagnostik nur dann gute Resultate erzielen, wenn man selbst viele Werte und Tugenden in sich verinnerlicht hat, so daß man für Werte und Tugenden an einem Du empfänglich ist. Der egozentrische, gefühlsarme, überwiegend auf Selbstdurchsetzung gestimmte Mensch wird an seinem Gegenüber nur jene Eigenschaften wahrnehmen, die er ›zu seinem Nutzen‹ ausbeuten kann oder die er ›für seinen Nutzen‹ befürchten muß. Der heitere, reife, lebensernste und lebenskluge Mensch jedoch wird sich von der Andersartigkeit des Du nicht bedroht fühlen, sondern sie als Möglichkeit zur eigenen inneren Bereicherung erkennen. Aus dem Reichtum des eigenen Wesens kann er fremde Wesensbeschaffenheit anerkennen und eventuell sogar lieben. Er wird den Blick für die Nuancen und Konturen der Fremdpersönlichkeit in sich schärfen und ausbilden.

Denn man versteht nur andere Menschen, wenn man sich selbst entwickelt und entfaltet. Ist man in sich verschlossen und blockiert, dann kann man dem Andersartigen, Andersdenkenden und Andersgläubigen nicht gerecht werden, da man menschliche Beziehungen allzusehr nach einem schroffen Freund-Feind-Schema strukturiert. Aus allen voraufgegangenen Schilderungen sollte deutlich geworden sein, daß sich zur Charakterbeurteilung nur jener eignet, der Eigenschaften in sich entfaltet hat, die man seit jeher als ›gut‹ und ›human‹ eingestuft hat, nämlich: Wohlwollen, Hilfsbereitschaft, innere Sicherheit, Humor, Toleranz, Liberalität, Mitgefühl, relative Angstfreiheit und Lebensmut.

Charakterforschung als Lebensstudium

In Abwandlung eines bekannten Ausspruchs über den Krieg und die Generale kann man den Satz formulieren: »Die Charakterologie ist eine zu wichtige Sache, als daß man sie den Charakterologen und Psychologen überlassen dürfte.« Damit wollen wir zum Ausdruck bringen, daß es für jedermann notwendig ist, sich selbst und seine Mitmenschen zu erkennen und sich über Charakterbeschaffenheiten seine Gedanken zu machen. Das Lebensglück und der Lebenserfolg ist weitgehend davon abhängig, ob man diese Aufgabe zufriedenstellend löst.

Wie aber soll man Charakterologie studieren? Der Laie gewinnt schon einiges, wenn er gelegentlich die Texte der Fachliteratur zur Hand nimmt und deren Beschreibungen und Deutungen mit seiner eigenen Erfahrung vergleicht. Hat er einigen Überblick in der charakterologischen Spezialdisziplin erlangt, ist es nützlich, die übrigen Gebiete der Psychologie (Tiefenpsychologie, allgemeine Psychologie, Erziehungslehre, Kulturpsychologie, Psychologie der Kunst, der Geschichte, der Literatur und sogar Philosophie) mit einzubeziehen. Man muß den Bogen möglichst weit spannen, um die Fülle menschlicher Wesensmerkmale ›in den Griff zu bekommen‹. Auch die moderne Psychosomatik, die uns Gesundheit und Krankheit viel gründlicher hat verstehen lassen als die materialistische Medizin des 19. Jahrhunderts, ist für den Charakterforscher (Laie und Fachmann) unentbehrlich.

Das Pensum ist groß, und man muß ein ganzes Leben hindurch Kraft investieren, um brauchbare Erkenntnis zu gewinnen. Aber das ist in allen Wissenschaften so und auch in der Kunst. Das Menschenleben ist so reich, bunt und vielfältig, daß es noch niemandem gelungen ist, seinen Gehalt voll und ganz ›auszuschöpfen‹.

Am besten kommt man in diesem Studium voran, wenn man es zum Zwecke der *Selbsterkenntnis* und *Selbsterziehung* betreibt. Man soll die eigene Person und den Mitmenschen intensiv erforschen mit der Absicht, nicht nur ›klug für ein nächstes Mal‹, sondern ›weise für immer‹ zu werden. Wer dieses Ziel anstrebt, wird nach und nach die Geduld, die Heiterkeit des Gemüts und die Schärfe der Selbst- und Fremdbeobachtung erwerben, ohne die man den in jedem Kopfe vorhandenen

Wust von Vorurteilen und überlieferten Irrtümern nicht abbauen kann. Ohne die Selbstwerdung der eigenen Persönlichkeit erschließt sich dem Forscher nicht die Vielfalt individuellen Lebens und die Subtilität unserer kulturellen Verankerung. Studium der Individuen und Studium der Kultur- und Zivilisationsstrukturen müssen einander stützen und ergänzen, da man die Menschen stets aus ihrem kulturellen und epochalen Kontext heraus verstehen soll.

Das ist ein philosophisches Anliegen: Charakterkunde berührt stets den Bereich der Philosophie. ›Das Leben aus ihm selbst heraus verstehen und deuten‹: seit Dilthey ist dies das Programm einer ›Philosophie des Lebens‹, die auch zur ›gelebten Philosophie‹ werden kann.

Josef Rattner

Ehrgeiz

Im ›*Wörterbuch der Psychologie*‹ von *Wilhelm Hehlmann* lesen wir unter dem Stichwort ›*Ehrgeiz*‹:

Das Streben, Leistungen zu vollbringen, die besonders anerkannt werden oder Ehrungen einbringen. ›Gesunder‹ Ehrgeiz ist ein normales Antriebserlebnis zu eigenen Leistungen. Übertriebener Ehrgeiz ist häufig schon ein Symptom dafür, daß der betreffende Mensch seine tatsächlichen oder eingebildeten Schwächen und Mängel durch übersteigerte Leistungen vor sich und den anderen auszugleichen oder zu verdecken sucht. Bei aktiven Menschen (auch Kindern) kann er dann zu mehr oder minder rücksichtsloser Durchsetzung der eigenen Person führen.[1]

Man spürt aus dieser Beschreibung eine ambivalente Einstellung zum Ehrgeiz heraus: halb erscheint er als Tugend, halb aber auch als Laster. Offenbar gibt es verschiedene Bedeutungsnuancen des Wortes, die von ›Schaffenskraft‹, ›Betätigungsdrang‹, ›Selbstwertstreben‹, ›Auszeichnungsverlangen‹ bis zu ›Selbstdarstellung‹, ›Aggression‹ und ›eitlem Getue‹ reichen.
Um Unklarheiten zu vermeiden, ist es daher sinnvoll, zwischen ›gesundem‹ und ›pathologischem‹ Ehrgeiz zu unterscheiden. Für den ersteren gilt, daß er im Dienst sozialer und kultureller Zielsetzungen steht und die Selbstverwirklichung des Individuums auch gesellschaftlich nutzbar macht. In diesem Sinne ehrgeizige Menschen sind in allen Bereichen kultureller Leistung zu finden. Normalerweise stößt man sich nicht an ihrem Bestreben, durch Werke und Taten über ihre Mitmenschen hinauszuragen, da früher oder später sichtbar wird, daß sie in ihrem Leben und Wirken die Interessen der Gesamtheit nicht vernachlässigen.
Beispiele für diesen Ehrgeiztypus sind *Goethe* und *Nietzsche,* deren Existenz durchaus auf Größe und Genialität hin angelegt war. Goethe schrieb (als Dreißigjähriger!) an J. C. Lavater:

Diese Begierde, die Pyramide meines Daseins, deren Basis mir angegeben und gegründet ist, so hoch als möglich in die Luft zu spitzen, überwiegt alles andere und läßt kaum augenblickliches Vergessen zu. Ich darf nicht säumen, ich bin schon weit in den Jahren vor, und vielleicht bricht mich das Schicksal in der Mitte und der babylonische Turm bleibt stumpf unvollendet. Wenigstens soll man sagen, es war kühn entworfen.[2]

Und Nietzsche, der sich in einem ›Tanzlied‹ mit dem provenzalischen Sturmwind Mistral vergleicht, wendet sich an die Windsbraut mit den beschwörenden Worten:

– und daß ewig das Gedächtnis
solchen Glücks, nimm sein Vermächtnis,
nimm den *Kranz* hier mit hinauf!
Wirf ihn höher, ferner, weiter,
stürm empor die Himmelsleiter,
häng ihn – an den Sternen auf![3]

Wer seinen Ruhmeskranz an die Sterne heften will, darf gewiß nicht zu den Bescheidenen und Demütigen gerechnet werden. Auch Freud, Adler und Jung, die der Tiefenpsychologie näher stehen als der Dichter und der Philosoph, waren außerordentlich ehrgeizige Menschen, die sich durch ihre Leistungen ins ›Buch der Menschheit‹ einschreiben wollten. Wahrscheinlich geschieht in der Welt nichts Bedeutendes ohne ein Ingrediens von Ehrgeizmotivation.

Der pathologische Ehrgeiz, der gewissermaßen ›Ehrsucht‹ und ›Ehrbegierde‹ ist, hat nicht in erster Linie ›Kulturarbeit‹ im Sinn, sondern will seine Eitelkeit befriedigen. Sie äußert sich darin, daß der Betreffende immer und überall an die Spitze drängt, um möglichst alle Rivalen zu übertrumpfen. Wer hiervon infiziert ist, will mehr ›gelten‹ als ›schaffen‹, d.h. der Oberste, der Erste und der Einflußreichste sein. Ein typisches Beispiel hierfür ist *Julius Cäsar*, der sich als römischer Statthalter nach Spanien versetzen ließ. Als man ihn fragte, warum er so weit vom ›Zentrum der Welt‹ lebe, gab er die berühmt gewordene Antwort: »Lieber in der spanischen Provinz der Erste als in Rom der Zweite!« Ähnlich mögen Diktatoren und Machthaber aller Epochen gedacht haben. Und von diesem Motiv sind auch eher durchschnittliche Charaktere beseelt, die mit allen Mitteln danach trachten, in ihrer oft winzigen Daseinssphäre überragenden Einfluß zu gewinnen, um einem

offenen oder geheimen Größenwahn zu genügen. *Plato* hat tief in das innere Getriebe der Menschenseele geschaut, als er die These aussprach: »Jeder Mensch will Herr über alle Menschen sein!«
Das Streben nach Ehrung ist tief in der menschlichen Natur verankert. Dies hängt damit zusammen, daß wir uns leichter selbst respektieren können, wenn andere uns Achtung und Wertschätzung entgegenbringen. Die ›gute Meinung der anderen‹ ist die Substanz unseres Selbstwertgefühls. Es bedarf erheblicher Charakterstärke, um ohne Anerkennung von außen die Selbstbejahung aufrechtzuerhalten. Das Urteil unserer Mitmenschen berührt uns tief, und meistens sehen wir uns nicht nur mit *unseren,* sondern auch mit *ihren* Augen.

Tiefenpsychologische Ehrgeizanalyse

Die Tiefenpsychologie befaßt sich seit ihren Anfängen mit den Problemen des Ehrgeizes, da dieser Befund bei seelisch kranken Menschen mit erstaunlicher Regelmäßigkeit auftritt. In Neurose, Psychose und anderen psychischen Anomalien haben wir mit Charakteren zu tun, die allesamt bedrückende Kleinheits- und Nichtigkeitsgefühle kompensieren müssen. Seelisch kranke Patienten haben daher oft ein starkes Bedürfnis, anerkannt und beachtet zu werden: ihre Krankheitssymptome resultieren zumindest teilweise aus diesem Anliegen. Der Patient präsentiert sich als hilfloser und leidender Mensch, aber bei genauerem Hinsehen entdeckt man auch in seinen Krankheitsmanifestationen mehr Ehrgeiz und Eitelkeit, als der Laie je ahnen würde. *Alfred Adler* pflegte die Neurose sogar als eine ›Ehrgeizkrankheit‹ zu bezeichnen.
Freuds Theorien über den Ehrgeiz haben allesamt ein ›biologisches‹ Fundament. Sie suchen eine ›triebhafte Quelle‹ für ehrsüchtiges Verhalten und sehen dieses als weitgehend in der Biologie des Menschen verankert. Gemäß der Konzeption von ›Phasen der Libidoentwicklung‹ wird in der Psychoanalyse von einem ›oralen‹, einem ›analen‹, einem ›phallischen‹ und einem ›ödipalen‹ Ehrgeiz gesprochen. Orale Charaktere sind unter gewissen Umständen vom Drang getrieben, gewissermaßen von der ganzen Welt Besitz zu ergreifen. Anale Charaktere zeigen dagegen eher einen ausgeprägten Perfektionismus; auch

wenn um jeden Preis besser sein als die anderen nur mit steriler Pedanterie zu erreichen ist. Der phallische Charakter versucht durch seine körperlichen Attribute, aber auch durch Besitz und Status zu gelten. Im ödipalen Menschen schließlich finden wir Ehrgeiz als zwanghafte Rivalität mit dem Geschlecht, dem der oder die Betreffende angehören, verbunden mit ängstlich-aggressiver Begehrlichkeit in bezug auf das andere Geschlecht. – Der Vollständigkeit halber sei erwähnt, daß Freud auch von einem sogenannten ›urethralen Ehrgeiz‹ spricht. Dieser sei ein Sublimierungs- oder Reaktionsprodukt der ›urethralen Erotik‹, der Lust an der Blasenentleerung, die vor allem beim Mann mit einem spezifischen Machtgefühl verknüpft sei. Solche Charaktere, die als Kinder in vielen Fällen Bettnässer waren, träumen von einem grenzenlosen ›Sichverströmendürfen‹: sie wollen in jeder Hinsicht frei und uneingeschränkt sein, was sie auf ihrem ehrgeizigen Weg vorantreibt.
In seiner Abhandlung *›Hemmung, Symptom und Angst‹* (GW Bd. XIV) aus dem Jahre 1926 stellte Freud den ›Kastrationskomplex‹ in den Mittelpunkt des gesunden und des kranken Seelenlebens. Entsprechend seiner damaligen theoretischen Position behauptete er, jede Angst sei im Grunde eine ›Kastrationsangst‹. Man darf hierbei jedoch nicht nur an den möglichen Verlust des Genitals denken. So kann man etwa das Abstillen des Säuglings eine erste ›Kastrationserfahrung‹ nennen, denn er verliert in dieser Phase den Kontakt zur mütterlichen Brust und damit einen Teil der zärtlichen Betreuung. Psychoanalytiker behaupten auch, das Hergeben oder Ausstoßen der Exkremente könne vom Kind als ›kastrierend‹ empfunden werden. Erst in der phallischen und in der ödipalen Phase wird – nachdem der biologische Unterschied zwischen Mann und Frau erkannt worden ist – die Kastrationsangst mit dem Sexualorgan in Verbindung gebracht. Im späteren Leben können auch Beschämung, Erniedrigung oder materielle Verluste den ›Kastrationskomplex‹ konstellieren.
Nunmehr erscheint der Ehrgeiz und die in ihm enthaltene Aggression als eine ›Antwort‹ auf *Kastrationserfahrungen*, deren Wiederkehr vermieden werden soll, indem das betreffende Individuum nach Macht und Einfluß strebt. Wer fast süchtig danach ist, andere Menschen zu überragen und zu übertreffen, leidet in der Regel an demütigenden oder frustrierenden Erinnerungen im Laufe seiner Entwicklung, die er durch seine Jagd

nach Prestige kompensieren oder verdrängen will. Diese These von Freud ist sinnvoll und mahnt uns daran, beim Ehrgeiz- und Machttyp verborgene Inferioritätsgefühle zu vermuten, die durch ›phallisches Gebaren‹ verdeckt werden sollen.
Im Gegensatz zur Psychoanalyse bekennt sich die Individualpsychologie zu einer ›soziologischen‹ Ehrgeiztheorie. *Alfred Adler* spricht in seinem Hauptwerk *›Über den nervösen Charakter‹* (1912) und in allen seinen übrigen Büchern sehr ausführlich über den neurotischen Ehrgeiz, für ihn ein kompensatorischer Charakterzug, der als Antwort auf lastende Minderwertigkeitsgefühle verstanden werden muß. Ausgangssituation in der Kindheit ist immer das Unzulänglichkeitsgefühl, das dem Menschen ›angeboren‹ ist. Verschärft wird diese Minderwertigkeitserfahrung durch Organminderwertigkeit, verwöhnende, autoritäre oder lieblose Erziehung, durch die Hierarchie innerhalb der Geschwisterreihe, durch Außenseitersituation der Familie, durch Geschlechtszugehörigkeit (z.B. Minderwertigkeitskomplex der Frau in der patriarchalischen Gesellschaft), durch Armut, permanente Verängstigung und anderes mehr. Da der Mensch Unterlegenheitspositionen schwer erträgt, reagiert er darauf, indem er charakterliche Leitlinien ausbildet, die von unten nach oben streben. Der Schlüssel zum Charakter ist allemal das eigene *Persönlichkeitsideal,* das in der Regel als Ziel Geltung, Macht und Überlegenheit oder gar Gottähnlichkeit anvisiert.
Menschen, die aus ausgeprägten kindlichen Minussituationen kommen, werden ehrgeizig, eitel, aggressiv und durchsetzungshungrig, da sie sich nur dann sicher fühlen, wenn sie andere beherrschen oder von sich abhängig machen können. Die Kultur mit ihrem ›Heldenideal‹ fügt ein weiteres hinzu, um fast jedermann mit einem nervösen *Hunger nach Geltung* zu versehen, der ihn nie zur Ruhe kommen läßt.
Korrektur kann das fiebrige Pendeln zwischen Kleinheitsgefühlen und Größenbedürfnissen erfahren durch das *Gemeinschaftsgefühl,* das nach Adler die stärkste Kraft im menschlichen Seelenleben ist. Dieses arbeitet aber nicht mit der Untrüglichkeit eines Instinkts, sondern bedarf der Pflege und Förderung durch Eltern und Erzieher. Schlägt die Erziehung in irgendeiner Weise fehl, dann entfaltet sich das kindliche Sozialinteresse nur rudimentär. Der spätere Lebenslauf ist durch vielfache Isolierungstendenzen gekennzeichnet, die letztlich auf

Angst vor den Menschen und mangelhafte Kenntnis von deren Wesensart beruhen. Das kontaktgeschädigte Menschenkind entwickelt sich nicht zum Mitmenschen, sondern zum *Gegenmenschen,* der nicht darauf vorbereitet ist, die sozial strukturierten Aufgaben des Lebens (Arbeit, Liebe und Gemeinschaft) befriedigend oder konstruktiv zu lösen. Vor diesem Hintergrund entstehen dann unliebsame Charakterzüge wie Ehrgeiz, Eitelkeit, Neid, Geiz, Haß, Trauer, Ängstlichkeit, Pessimismus und Gleichgültigkeit, die Trennwände zwischen Ich und Du oder zwischen Ich und Wir errichten.

Wer nicht an die voranstrebende Gemeinschaft aller Menschen angeschlossen ist, erlebt nach Adler die Wirklichkeit als sinnlos und sinnwidrig. Es gibt keine Sinnfindung im Dasein ohne mehr oder minder ausgewogene Beziehung zur mitmenschlichen Welt. Kämpferische Charakterzüge aller Art sind Reaktionen auf die *Lebensangst,* die aus der asozialen Grundorientierung hervorwächst.

Sehr ähnlich argumentiert *Harald Schultz-Hencke* (›*Der gehemmte Mensch*‹, 1940), der von den drei Fundamentalantrieben des Habenwollens, des Geltenwollens und des Liebenwollens spricht (Besitz- und Geltungsstreben, Zärtlichkeit und Sexualität). Die Geltungsmotivation bezieht Schultz-Hencke in die ›Aggression‹ ein, wobei er allerdings mit diesem Worte eigentlich die ›Aktivität‹ (im Sinne von ad-gredi = herangehen) beschreibt. Wo die Handlungsfähigkeit eines Menschen durch unsachgemäße Erziehung blockiert oder ›gehemmt‹ ist, entsteht Aggression im destruktiven Sinn, d.h. Feindseligkeit, Rivalitätssucht und überspanntes Gebaren. So ist es typisch für den Ungeschickten und Unbeholfenen, daß er stets Auszeichnungen begehrt. Wer wirklich etwas kann oder weiß, hat es nicht nötig, fortwährend Beifall zu heischen. Pathologischer Ehrgeiz muß immer unbewußte Nichtigkeitsgefühle übertönen und ist eigentlich ein Palliativ für tieferliegende Persönlichkeitsprobleme.

Das ist auch die Meinung von *Harry Stack Sullivan* (›*Conceptions of Modern Psychiatry*‹, 1940), der von einem ›power principle‹ in der Entwicklungspsychologie ausgeht. Dieses besagt, daß jedes Kind Kompetenz, Tüchtigkeit und Geschicklichkeit erwerben will, weil es dabei – in der Ausübung seiner natürlichen und sozialen Funktionen – Lust und Sicherheit empfindet. Wo die Entfaltung von ›social skill‹ unterbleibt,

kommt es zu Aggression und Machtstreben, die psychische Defizienzsymptome sind.
Mit offenkundiger Übereinstimmung erklären Vertreter aller tiefenpsychologischen Schulen und Lehrmeinungen den pathologischen Ehrgeiz als eine charakterliche oder gesamtpersönliche Fehlentwicklung, die aus einer irgendwie ›schiefen‹ Sozialisation im Kindesalter stammt. Der Persönlichkeitsaufbau solcher Menschen ist durch ungünstige Erziehungseinflüsse wesentlich deformiert; darum haben sie keinen festen Schwerpunkt in sich selbst und suchen fieberhaft Zustimmung bei ihrer Umwelt, wodurch sie ihr schwankendes inneres Gleichgewicht zu stabilisieren versuchen.
Da aber die soziale Einbettung und Beziehungsfähigkeit nicht richtig entwickelt worden ist, wird der Ehrgeiz regelmäßig ›flankiert‹ von einer ganzen Reihe ängstlicher und aggressiver Charakterzüge, die im Daseinskampf entweder Vorteile verschaffen oder Nachteile vermeiden sollen. Wer stets und immer die Überlegenheit über andere gewinnen will, wird kaum je ohne Mißtrauen, Vorsicht, Überempfindlichkeit, Distanzverhalten und psychische Rigidität auskommen. Des weiteren wird er seine Eitelkeit kultivieren, um jeglichen Selbstzweifel zu unterdrücken, der nicht zu seinen perfektionistischen Idealvorstellungen paßt. Auch wird ihn unterschwellig stets die Angst vor Prestigeverlust begleiten, die sich zur allgemeinen Ängstlichkeit ausweitet: wer gegenüber seinen Mitmenschen ›oben‹ sein will, hat allen Grund zu befürchten, daß er auf Grund widriger Umstände auch einmal nach ›unten‹ kommen kann, was für den Ehrgeizling nichts Geringeres als die ›Katastrophe seines Lebens‹ bedeutet.
Wir haben es somit im Seelenleben nie mit isolierten und isolierbaren Eigenschaften zu tun, sondern mit Strukturen und Ganzheiten, wobei alle Teile einen sinnvollen Komplex bilden. Wo Ehrgeiz im übersteigerten oder pathologischen Sinne vorhanden ist, da wird man nicht nur die oben geschilderten ›neurotischen Eigenschaften‹ antreffen; gewöhnlich wird auch der ›Leib‹ von der psychischen Pathologie affiziert. Bis in die Körperfunktionen hinein wird die ehrgeizige Lebenseinstellung wirksam werden: Nicht selten setzt sich nagendes Geltungsstreben in Gastritis, Magen- und Zwölffingerdarmgeschwüre, Gallenbeschwerden, Schlaflosigkeit, Kopfschmerz, Kreislaufbeschwerden und ähnliche Symptome um. Fast jede psychoso-

matische und neurotische Erkrankung enthält irgendwo einen ›Ehrgeizkern‹: Der Patient hat sich mit dem Leben und den Grenzen, die ihm darin gesetzt werden, nicht ausgesöhnt, wobei er Leib und Seele durch *verworrene Auflehnungstendenzen* zu desorganisieren vermag. Auch die Kriminalität, die Perversionen und die Psychosen müssen unter dem Gesichtspunkt des Ehrgeizes betrachtet werden. Der psychiatrische Kranke und der Delinquent wollen anders sein als die anderen, und oft sehen sie dazu kein anderes Mittel, als eben die Perversion, die Delinquenz und die Psychose, in die sie ihr aufgestacheltes Geltungsstreben nolens volens hineintreibt.
Die menschliche Gesellschaft bietet dem Kundigen ein wunderliches Bild: jedermann will von seinen Mitmenschen geachtet, geschätzt und bewundert werden. Die Wege, die man hierzu einschlägt, sind oft recht seltsam.

Pathologischer Ehrgeiz

Der Ehrgeiz kann fast alle Bereiche des Lebens und des Verhaltens betreffen: so gibt es z.B. sexuellen, religiösen, künstlerischen, wissenschaftlichen, gesellschaftlichen, militärischen, geschäftlichen und noch manchen anderen Ehrgeiz. Wir geben hierzu nur einige wenige Andeutungen.
1. Sowohl der männliche als auch der weibliche *Don-Juanismus* zeigen uns den Sexualehrgeiz in Reinkultur. Für den Don Juan ist es ein Machtkitzel, eine Frau zu erobern oder sich geneigt zu machen. Im Augenblick aber, wo er sein Opfer als gefügig erkannt hat, erlischt sein Interesse. Sein wichtigstes Ziel hat er nämlich erreicht: sich von seiner persönlichen Unwiderstehlichkeit zu überzeugen. Er betrachtet die Gefilde der Liebe und Sexualität als Möglichkeiten des Prestigegewinns; dabei zeigt er ›nebenbei‹, daß er ›männlicher als die anderen Männer‹ ist. Diesen fraglichen Ruhm verkündet auch die ›Leporello-Liste‹, die genau wiedergibt, wie viele Frauen in den einzelnen Ländern ›umgelegt‹ wurden; die Rekordleistung wurde bekanntlich in Spanien erbracht, wo es nicht weniger als ›tausendunddrei‹ waren. Don Juan gleicht einem Indianer, der anstelle von Skalpen erlegter Feinde gebrochene Frauenherzen sammelt. Diese Sammelwut wird weder von Gefühlen noch von Moralvorstellungen behindert. Man muß sich Don Juan als einen

innerlich kalten und hartherzigen Menschen denken, dem es einzig darauf ankommt, sich als attraktiven Mann zu bestätigen. Er ist ein typischer Repräsentant des Patriarchats, der Liebe zur Selbstglorifikation pervertiert.

2. Die *religiöse Sphäre* erscheint auf den ersten Blick als eine Domäne der Demut und der Innerlichkeit, aber auch sie eröffnet weite Räume für Ehrgeiz und Geltungsstreben. Da es in der Religion u.a. darum geht, die irdische Unzulänglichkeit zu überwinden, wetteifern die Frommen mit allen nur erdenklichen Mitteln, edler, frommer und unanfechtbarer zu sein als ihre Rivalen – auch wird kaum ein Tugendhafter der Verlokkung entgehen können, sich darüber zu freuen, daß er besser und vornehmer ist als die Sünder, die durch Mißachtung menschlicher oder göttlicher Gebote im Vergleich zu ihm relativ schlecht abschneiden.

In der Geschichte aller Konfessionen trieb das Verlangen der Gläubigen, sich vor allen anderen auszuzeichnen, mitunter sehr seltsame Blüten. Um zu demonstrieren, wie sie Herrschaft, Hunger, Sexualität, die Liebe zum Leben und die Todesangst besiegt hatten, peinigten sich viele ›Helden des Glaubens‹ exzessiv, manchmal bis hin zur Selbstverstümmelung. Viele Männer und Frauen, die zu ›Heiligen‹ erhoben wurden, wuschen sich nie, gingen in zerlumpten Kleidern und ernährten sich von Abfällen; noch radikalere Asketen zogen sich in die Wüste zurück, um nur noch mit ihrem Gott allein zu sein. Bußprediger aller Art verkündeten oft genug den ›Weltuntergang‹, um ihre Menschenbrüder zur inneren Umkehr zu bewegen. Die offene und geheime Zielsetzung dieser Art von ›Lebensgestaltung‹ war offenbar, schon auf Erden ›gottähnlich‹ zu werden. Man verzichtete auf Glück und ›diesseitiges Leben‹, um diejenigen zu übertrumpfen, die der Welt ›hörig blieben‹.

3. Seit dem Anbruch der Neuzeit änderte sich das Ehrgeizverhalten der europäischen Gesellschaft radikal: Die ›Heiligkeit‹ wurde abgewertet, dagegen etablierte sich das *Ethos von Besitz und Produktivität.* Nun werden Menschen nach ihrem Geld und ihren Gütern, nach geschäftlichen und technischen Leistungen gewertet. Natürlich war dies in Ansätzen auch früher schon so gewesen. Aber seit dem 15. und 16. Jahrhundert wurde diese Wertorientierung vorherrschend. Sie hat, wie Max Weber meint, ihre Ursprünge in Veränderungen des religiösen Weltbildes, u.a. in der Parole von der Selbsterlösung durch

Arbeit und beruflichen Erfolg, die von der Reformation verkündet wurde.
Seit jenen Tagen dominiert in den gesellschaftlichen Schichten, in denen Bereicherung möglich ist, ein Wettlauf um Geld und Macht, der von einer schier unmenschlichen Hektik ist. Die kapitalistische Wirtschaftsordnung bekennt sich zu einem uneingeschränkten Konkurrenzkampf, der den Wert des Menschen danach bemißt, ob er seine Konkurrenten schädigen oder gar zugrunde richten kann. Es wurde ein permanenter Wirtschaftskrieg entfesselt, der nicht nur zwischen den Individuen, sondern auch zwischen Cliquen, Völkern und Kontinenten sich austobt. Daraus erwuchs eine *kompetitive Weltanschauung*, die in alle Formen und Verhältnisse des gesellschaftlichen und privaten Lebens ausstrahlt: jeder will mehr haben als die anderen, da er nur dadurch sein Prestige glaubt aufrechterhalten und verbessern zu können. Die Anbetung von Geld, Macht und Gewalt gehört zu den Konstanten des ›kollektiven Bewußtseins‹, so daß sich der einzelne ihr kaum entziehen kann.
4. Auch in Kunst und Wissenschaft ist der Geist des Wettbewerbs ungemein lebendig. Das ist an sich noch kein Hindernis für den Fortschritt der genannten Disziplinen. Wenn der Wetteifer mit echtem Sachinteresse verbunden ist, führt er immerhin dazu, daß Künstler und Wissenschaftler alle ihre Kräfte einsetzen, um bessere und wertvollere Resultate zu erzielen als ihre Rivalen. So kämpften etwa die Künstler der Renaissance in Italien oft leidenschaftlich um öffentliche Anerkennung, wobei jeder einzelne die Leistungen seiner Mitbewerber durch überragende eigene Werke und Taten zu entwerten versuchte. So entstanden Glanzstücke von einer Genialität, wie sie in einer derartigen Häufung in kaum einem anderen Zeitalter wieder gefunden werden.
Oft aber ist die Jagd nach Titeln, äußerlichen Triumphen, Geld und Geltung in keiner Weise abgedeckt durch eigentliche Sachbezogenheit. Das Glück der Inspiration und des Schaffens wird fast vollkommen ersetzt durch direkte Machtambitionen: es geht schließlich mehr um das Scheinen als das Sein. In einer Welt, die vom Urteil der Mehrheit und der Menge beherrscht wird, ist es in der Regel lukrativer, die gerade gängigen Modeweisheiten zu verkünden, als sich der redlichen Wahrheitsforschung zu widmen. So hängen Künstler und Wissenschaftler ihr Mäntelchen nach dem jeweils wehenden Wind, wobei sie

materiell, aber auch in der Hierarchie oft besser vorwärts kommen als jene, die wirkliche Kulturwerte schaffen. Durch konventionelle Leistungen wird man am ehesten zu Ruhm und Ansehen emporgetragen.

5. Noch ausgeprägter stellt sich Ehrgeizverhalten in der *Politik* dar: hier sind Macht und Geltung die offen eingestandenen Ziele allen Energieaufwandes. Der Politiker ist besonders stark in Gefahr, ein ›Ehrgeizling‹ zu werden. Er muß sein Wahlvolk mit großen Gesten beeindrucken und ihm suggerieren, daß eine Art ›Übermensch‹ vor ihm stehe, der ihm Schutz, Sicherheit und Fortschritt bieten kann. Da politische Ämter oft mit sehr großen Machtbefugnissen verbunden sind, verleiten sie ihre Inhaber nicht selten zum Größenwahn; selbst der kleinste Beamte fungiert noch in seinem Bereich mitunter wie ein Miniaturherrgott, der seine ›Kreaturen‹ mit Zepter und Insignien regiert.

Der Machtkampf in der Politik ist hart, und nur die Härtesten und Schlauesten können in ihm obenauf sein. Politiker gehören daher oft zu jenem Menschentypus, den Fritz Künkel als Stars und Cäsaren beschrieben hat. In Demokratien und Diktaturen spielen diese extremen Ehrgeizlinge, in denen große Ambitionen, Gewalttätigkeit und Menschenverachtung eine schlimme Synthese eingehen, eine verhängnisvolle Rolle. Alles drängt sie zur ›Führerposition‹ und wenn sie diese innehaben, mißbrauchen sie die Macht zur Selbstglorifikation. Man denke etwa an die Geschichte der autoritären Bewegungen und der Diktaturen in unserem Jahrhundert. Im Grunde waren es klägliche Gestalten mit tiefliegenden Defekten, die an die Spitze der Gesellschaftspyramide gelangten. Gestützt von der Blindheit und vom Masochismus ihrer Anhänger, inszenierten sie eine Destruktion der Kultur, unter deren Folgen wir heute noch leiden.

6. Wie in der Politik kommen hierarchische Strukturen und entsprechende Ehrgeizhaltungen auch beim *Militär,* das seit jeher für ambitiöse Charaktere den passenden Rahmen anbot, überdurchschnittlich häufig vor. Wer in die militärische Welt einsteigt, findet sich innerhalb einer Stufenleiter von Positionen und Prärogativen, die Macht über Menschen und Dinge einräumen. Da die unteren Ränge fast immer unter der Willkür der oberen Ränge zu leiden haben, entsteht ein permanentes Streben nach Überlegenheit, sofern auch nur die minimalsten Vor-

aussetzungen dazu vorhanden sind. Beförderungen, Titel und Auszeichnungen kultivieren die Ehrgeizmotivation im Soldatentum, wobei die Feindschaft gegen die Menschen in anderen Ländern durch kunstvolle Indoktrination und Propaganda aufrechterhalten wird.

Wenn irgendwo, dann lebt die Ideologie des Kampfes aller gegen alle im Militarismus mit besonderer Hartnäckigkeit weiter. Heerführer wie Alexander der Große, Julius Cäsar, Karl der Große, Friedrich II., Napoleon, Moltke u.a.m. sind die Archetypen der militärischen Antihumanität, die durch Tradition und Institution über die Generationen hinweg weitergegeben wird. Bis zum kleinsten Gefreiten hinunter wirkt der Mythos der Menschenführung durch Macht, die dem eigenen Stolz so billige Gratifikationen ermöglicht. – Zusammenfassend läßt sich sagen, daß *Autoritarismus* und *Ehrgeiz* irgendwie koexistent sind: wo der eine blüht, gedeiht auch der andere. Daher wird das pathologische Geltungsstreben nicht weniger, solange in der Gesellschaft autoritäre Lebens- und Denkformen existieren; Nationalismus, Rassismus, Militarismus, Patriarchat, Kapitalismus, Konfessionalismus und Kommunismus sind Brutstätten des ehrgeizig-autoritären Menschentums, das den Fortbestand der Menschheit bedroht.

7. Auch der *Sport* züchtet ehrgeizige Einstellungen und Gefühlslagen. Es geht seit langem nicht mehr um ›Gesundheit des Körpers als Grundlage für die gesunde Seele‹, sondern um Sucht nach Rekorden, die mit allen Mitteln angestachelt wird. Wer sich in sportlichen Leistungen auszeichnen will, muß mit unerhörter Energie trainieren und fast sein gesamtes Leben in den Dienst seiner Überlegenheit in irgendeiner Sportart stellen. Athleten der verschiedensten Disziplinen werden zu ›Leistungsmaschinen‹, die auf ein Startsignal hin auf Hochtouren laufen. Die Zeitgenossen machen diesen Rummel bereitwillig mit und verwöhnen ihre Stars in der Leichtathletik, im Fußball und anderswo mit einem Ruhm, nach dem ein großer Gelehrter oder Künstler meistens vergeblich strebt.

Auch gefährliche und destruktive Sportarten haben ihren Publikumserfolg, da sich die Masse auf der Tribüne nur allzugern mit jenen identifiziert, die unter dem Einsatz von Gesundheit und Leben etwa mit rasender Geschwindigkeit Autos über eine Rennstrecke steuern oder im Boxring einander mit Fäusten zu Boden schlagen. Solche Champions amüsieren die Menge, die durch ›Brot und Spiele‹ bei guter Laune gehalten wird oder doch über die andauernde Langeweile hinwegkommt. Man muß solche sportlichen Massenveranstaltungen mit den bei ihnen entfesselten Leidenschaften gesehen haben, um die ›wahren Helden unserer Zeit‹ zu kennen.

8. Und ähnlich geht es im *Alltagsleben* zu. Jeder mißt sich am anderen und vergleicht sich mit ihm: man will das schönere Kleid, den kostbareren Schmuck, das teurere Auto, die luxuriösere Wohnung, die klügeren Kinder, die besseren Verwandten, die einflußreicheren Freunde usw. haben. Das Habenwollen erscheint als die wichtigste Motivation des Menschen, der geradezu sein Sein danach bestimmt, wieviel er eben besitzt.

Dieses *Ehrgeizverhalten* krankt offenbar an einer tiefliegenden *Anomalie des Wertempfindens,* durch welche niedere Werte wie Geld, Prestige, äußerliche Überlegenheit und gesellschaftlicher Erfolg über alles andere gestellt werden. So kommt der Gefühlsbereich zu kurz: das produktive Leben, die liebende Anteilnahme an Menschen, Tieren und Dingen, das Glück, die Freude und die Zufriedenheit.

Die durchgehende Veräußerlichung bei allen pathologischen Ehrgeizcharakteren läßt vermuten, daß das *Fehlen einer entwickelten Innerlichkeit* das Hauptsymptom dieser *Erkrankung des Selbstwerterlebens* ist. Wer ein eigentliches Selbst hat, wird sich selbst nicht quantifizieren und sich auch nicht danach bemessen, ob er in diesen oder jenen Belangen immer und überall ›an erster Stelle‹ steht. Selbstsein ist einzigartig und unvergleichlich; wahre Individualitäten können einander kennen und respektieren, ohne die Frage nach dem ›Mehr- oder Wenigersein‹ aufwerfen zu müssen.

Mit diesem Problem setzt sich Martin Heidegger in seinem Hauptwerk *›Sein und Zeit‹* (1927) eindringlich auseinander. Der Philosoph unterscheidet im Rahmen seiner ›Analyse des menschlichen Seins‹ zwischen dem sogenannten ›Man-Selbst-Sein‹ und dem ›eigentlichen Ich-Selbst-Sein‹. Nach seiner Behauptung sind die Menschen zunächst und zumeist ihrer Kollektivexistenz verhaftet, so daß sie nur nach großen Anstrengungen zum Bewußtsein ihrer selbst gelangen. Die kollektive Lebensform wird als das ›Man‹ bezeichnet: In ihr wird jeder nivelliert und ›sozialisiert‹, so daß jedermann tut, denkt, fühlt und handelt, wie ›man‹ eben zu tun, zu denken, zu fühlen und zu handeln pflegt. Das Soziale und Gesellschaftliche beherrscht

das Menschenleben bis in alle Details hinein. Es erzeugt eine gewisse Selbstvergessenheit oder Selbstentfremdung, die teilweise unvermeidlich ist, denn die Menschen können nur ›gemeinschaftlich funktionieren‹, wenn sie sich von ihrem ›Milieu‹ ergreifen und prägen lassen.
Ein unerfreulicher Grundzug des Man-Selbst-Seins ist u. a., daß die selbstvergessenen und selbstentfremdeten Existenzen sich dauernd miteinander messen und vergleichen, einander bekämpfen und übertrumpfen wollen, da sie so ihre innere Leere und Gehaltlosigkeit zudecken.
Heidegger beschreibt den Weg der Umwandlung vom Man-Selbst-Sein zum eigentlichen Ich-Selbst-Sein und legt die Schlußfolgerung nahe, daß nur das letztere jene Seinsfülle und Seinssicherheit kennt, die eine Bejahung und Förderung des Mitmenschen zuläßt. Wer sich selbst nicht ›besitzt‹, wird auf Kosten anderer gelten und scheinen wollen, um dem Gefühl der eigenen Nichtigkeit zu entrinnen.

Ehrgeiz und Neurose

Es war eine der bedeutenden Entdeckungen Alfred Adlers, daß neurotische und andere seelische Erkrankungen durchweg von der Ehrgeizmotivation der Patienten beherrscht sind. Gewiß dominieren in den psychischen Irritationen auch Angst, Isolierung, soziale Ungeschicklichkeit, Hoffnungslosigkeit, Mangel an Sinnfindung und vieles andere mehr; aber alle diese Befunde sind untermalt durch den *Ehrgeiz des Neurotikers,* der irgendwie aus der Menge herausragen möchte und seine Beziehungspersonen dauernd mit sich beschäftigen will. Das Bedürfnis nach Anerkennung und Beachtetwerden kann man sich bei den diesbezüglichen Fehlentwicklungen kaum stark genug vorstellen.
Schon die *Kinderfehler* weisen diese Eigentümlichkeit auf. Das Kind, das infolge erzieherischer Unbeholfenheit in Sackgassen der Entwicklung geraten ist, verlegt sich auf Funktionsanomalien, mit denen es den Gang des Familienlebens behindert und sich auffällig macht. Bettnässen, Stottern, Daumenlutschen, nächtliches Aufschreien, Eßschwierigkeiten, Trotz, Angst, Streitsucht, Schulversagen usw. sind Revolten, die aus kindlicher Unsicherheit und dem daraus folgenden Eigensinn ent-

springen. Wo ein Kind diese oder andere Symptome mobilisiert, rückt es unwillkürlich in den Mittelpunkt des familiären Interesses und wird sozial entlastet, ein Vorgang, den die Psychoanalyse als sekundären Krankheitsgewinn beschreibt.
In der *Schule* ist es dem mangelhaft sozialisierten Kind unmöglich, sich durch Leistungen hervorzutun; bei geeigneter Disposition oder Anregung durch die Umgebung werden dann Charakterzüge wie Faulheit, schlechte Manieren, Unpünktlichkeit, Schwatzen im Unterricht, Unaufmerksamkeit usw. dazu eingesetzt, den Ablauf der Schulstunden zu stören und den Lehrer hauptamtlich mit dem Störenfried zu beschäftigen. Man ragt aus der Schulklasse heraus, wenn man nicht mitmacht und den Lehrer durch Trotz oder Nachlässigkeit schier auf allen Ebenen scheitern läßt. Der schlimmste Ehrgeizling einer Schulklasse ist nicht der ›Musterschüler‹, sondern der notorische Faulpelz und Störenfried, der die Arbeit des Klassenverbands sabotiert.
Die *Neurose* ist – im Gegensatz zur Verwahrlosung und zum Verbrechen – eine *passive Auflehnung gegen die Umwelt.* Daher liegt es eher in der neurotischen Leitlinie, durch Ängste, Krankheitssymptome, Trauer und Demonstration von Unfähigkeit die Hilfe der Erwachsenen in Anspruch zu nehmen. Die dabei entwickelte Symptomatik hat einen hohen Stellenwert im Seelenleben des Patienten – er kreist in Gedanken oft um sie, sie ist beinahe sein Lebensinhalt. Hört man diese Menschen über ihre Störungen und Ausfallerscheinungen reden, dann bekommt man den Eindruck, daß sie immer auch ein bißchen stolz darauf sind: hat ihnen doch die Krankheit als Schutz vor den Anforderungen des Lebens gedient und hebt sie insofern vom sozialen Hintergrund ab, als sie eben ›anders sind als die anderen‹. Auch durch Angst, Leiden und Traurigsein kann man sich einer ›Elite‹ zugehörig fühlen – man ist nicht so robust wie das ›einfache Volk‹ und bedarf dauernd der Schonung.
Man achte etwa darauf, mit welchem Respekt und mit welch gedämpfter Stimme die Angehörigen eines neurotischen Menschen von dessen Leidenszuständen sprechen. So wird darauf hingewiesen, daß Frau X eine *Depression* hat und daher mit Glacéhandschuhen anzufassen ist; wenn Frau Y *ihre Migräne* hat, dann muß die Familie auf Zehenspitzen durch die Wohnung gehen, und selbst dann sind alle diese Rohlinge zu laut für das arme, kränkelnde Geschöpf, das an einer geheimnisvollen

Verkrampfung der Blutgefäße im Kopf leidet. Oder man denke an die Brutalität der Gattin von Herrn Z, die es gewagt hat, ihren Gatten zum Einkaufen zu schicken, wiewohl er habituell von *Platzangst* befallen wird. Natürlich hat dieser unglückselige Mensch auf den belebten Straßen und Plätzen sofort seine Agoraphobie bekommen, die ihn nach Hause eilen ließ. Herrn Z's bedenkenlose Ehefrau hat nun genug damit zu tun, diesen Anfall zu beheben, Medikamente zu besorgen und Trost für den armen Kranken zu spenden, der immerhin den ›guten Willen‹ aufbrachte einzukaufen, aber leider an der Aktivität seines Unbewußten scheiterte.

In der halbwegs humanen Gesellschaft hat der Patient Anspruch auf Schonung und Zuvorkommenheit aller Art. Für viele Charaktere ›zahlt es sich aus‹, ein psychisches oder psychosomatisches Leiden zu haben. Würden wir diese Dynamik etwas mehr durchschauen, dann könnten wir immer noch rücksichtsvoll gegen Leidende aller Art sein, aber ihren ›Krankheitsgewinn‹ wesentlich verringern. Dies würde die Heilung beschleunigen, oft sogar überhaupt erst ermöglichen.

Der Neurotiker ist – nach Adler – ein Ehrgeiziger auf dem *Rückzug vor der Front des Lebens.* Da er ungenügend darauf vorbereitet ist, die sozialen Fragen des Lebens – *Arbeit, Liebe und Gemeinschaft* – zu lösen, muß er zu Ausweichtaktiken greifen und nach rückwärts gehen. Man findet ihn selten vorn in den Kampflinien, dafür um so eher im geschützten Raum der Familie, die er mit seiner Symptomatik dauernd in Spannung hält.

Die Intensität des neurotischen Ehrgeizes wird sichtbar an ›begleitenden Charakterzügen‹, die oft deutlicher ans Licht treten als das Geltungsstreben selbst. So kommt es zur Ausbildung von distanzierend-kämpferischen Eigenschaften wie etwa Mißtrauen, Kontaktscheu, Vorsicht, Eigensinn, Aberglaube, Überempfindlichkeit, Angstsymptomen, Zornausbrüchen, Launen, Idiosynkrasien. Man kann auch die Faustregel aufstellen, daß bei jeder Ehrgeizhaltung mit Gewißheit Züge des Neids, des Geizes, der Eifersucht, der Eitelkeit und der Ängstlichkeit auftreten. Allerdings sind diese Mechanismen nicht immer sofort zu erkennen. Man muß sich gewissermaßen in das *geheime Phantasieleben* des Patienten versetzen, um seine sozial unadäquaten Reaktionen verstehen zu können. In seinen Phantasien ist er der ›Ausnahmemensch‹, der fast überall

Widersacher und Unverständige um sich hat. Er leidet an der Welt, die ihn nicht in seinem Sinn gelten läßt. Daraus resultiert seine Kampfstimmung, und es ist nicht abwegig, bei jeder Neurose oder psychosomatischen Erkrankung zu fragen, *gegen wen* der Patient so krank ist.
Denn aus freundlichen und wohlwollenden Gefühlen ist niemand imstande, eine Neurose aufzubauen. Eine Kampfstimmung gegen die Umwelt dagegen zementiert neurotische Verhaltensstrukturen, in denen echte Mitmenschlichkeit sich niemals durchsetzen kann. Adler beobachtete auch bei den meisten seelisch kranken Menschen eine typische *Entwertungstendenz,* die jedoch nur umwegig und verhüllt geäußert wird. Aber der ehrgeizige Neurotiker ist kaum je bereit, Menschen und Verhältnisse *in ihrem Eigenwert* zu taxieren und anzuerkennen: Er mißt alles daran, ob es seinem Sicherheits- oder Auszeichnungsverlangen dienlich ist. Kam etwa ein Ehrgeiziger bei einer Zusammenkunft von Menschen nicht genügend zur Geltung, dann wird er behaupten, daß die Leute langweilig und oberflächlich waren. Versteht er ein Buch nicht auf den ersten Anhieb, dann ist es natürlich ein schlechtes Buch und sein Verfasser ein Schaumschläger und Scharlatan. In ähnlicher Weise kann man Studium, Beruf, Frauen, Männer, Intellektualität, kulturelle Interessen usw. abwerten, mit dem offenen oder geheimen Ziel, sich selbst aufzuwerten.
Dieses Verhalten behindert die Entwicklung des neurotischen Menschen sehr. Wäre er nicht Opfer seines Ehrgeizes, dann könnte er wohl *nach und nach* alle seine Lebensschwierigkeiten überwinden, die ihm so sehr zu schaffen machen. Ginge er seine Probleme jedoch an, wäre er mit seinen Ängsten, Unbeholfenheiten, Schwächen und Kleinheitsgefühlen konfrontiert: er müßte dazu stehen, daß er ein ›Anfänger‹ ist. Vor dieser Erfahrung scheut der hochmütig-ängstliche Patient zurück, weshalb er in seiner Entwicklungshemmung verharrt.
Da die *Patienten in der Psychotherapie* meistens im Stadium ihrer Entmutigung oder ihres Zusammenbruchs erscheinen, kann der Irrtum entstehen, man müßte sie lediglich ermutigen und ins Leben zurückführen. Diese Optik erweist sich aber in der Regel als kurzsichtig. *Ermutigung* ist immer nützlich und bildet ein Kernstück jeder psychotherapeutischen Behandlung. Sie soll aber stets ergänzt werden durch die *Entmutigung* beziehungsweise Korrektur des neurotischen Gottähnlichkeits-

strebens, an dem die Therapie oft genug scheitert. Der Patient muß in die Wirklichkeit zurückgeführt werden und sich mit den Bedingungen, unter denen er lebt, aussöhnen. Er muß seine Mitmenschen als gleichwertige und gleichberechtigte Partner annehmen, die nicht nur dazu da sind, auf seine Neurose Rücksicht zu nehmen. Das Leben ist hart für alle, und es ist keine richtige Antwort auf diese allgemein bestehenden Schwierigkeiten, wenn man für sich eine *Ausnahmeposition* beansprucht.

Der ehrgeizige Neurotiker kann es mitunter nicht ertragen, von seinem Analytiker abhängig zu sein und von diesem Rat und Hilfe zu empfangen. Dies verzögert in vielen Fällen die Heilung, da auch ein Machtkampf in der Therapie entbrennt. Diesen Verwicklungen und Verstrickungen auszuweichen, ist hohe Kunst der seelenärztlichen Behandlung. Läßt man sich in Kämpfe mit dem Patienten ein, dann wird die Heilungsarbeit rasch vergessen. Ist auch der Analytiker ein Ehrgeizling, dann entsteht die tragikomische Situation, daß er zum *Zwecke seiner Selbstbestätigung* den Patienten heilen will, dieser aber aus derselben Motivation heraus die Heilung blockiert!

Am ehesten gelingt die Psychotherapie, wenn der Psychotherapeut eine in sich ruhende, gefestigte und reife Persönlichkeit ist, die Machtkämpfe mit dem Analysanden tunlichst vermeidet und auch nicht Therapie betreibt, um vor den Patienten als der ›große Heiler‹ dazustehen. Es ist schon viel wert, wenn der Analytiker versucht, saubere und sorgfältige Arbeit zu leisten, d.h., wenn er sich ganz in den Dienst der Selbsterforschung seines Schützlings stellt und zu dessen Selbsterkenntnis und Selbsterziehung beiträgt und dabei die kritische Betrachtung seines Ichs nicht außer acht läßt. Auch muß er darauf achten, daß ihm sein Privatleben, seine wissenschaftlichen und anderen kulturellen Neigungen ein möglichst großes Ausmaß von Freude und Selbstverwirklichung ermöglichen, so daß er nicht fiebrig auf Lob und Anerkennung von seiten des Patienten warten muß. Spürt dieser nämlich die innere Schwäche und den Hunger nach Anerkennung bei seinem Therapeuten, beginnt er in der Regel, diesen zu ›behandeln‹, anstatt sich von ihm ›behandeln zu lassen‹ – nicht wenige Psychotherapien enden damit, daß der Analysand seinen Analytiker manipuliert und manövriert, bis diesem Hören und Sehen vergehen.

Eine schlichte, warmherzige, sachbezogene Forscherhaltung ist

die beste Grundbedingung für eine erfolgreiche Therapie. Der Therapeut soll in seinem Verhalten Sinn für die Realität und die Gemeinschaft wecken, die der Patient mißachtet oder nicht ausreichend kennengelernt hat. So kann er einen ängstlich-ehrgeizigen Charakter umerziehen in Richtung auf Kooperation, Lebensmut und echtes Wertbewußtsein.
Parallel zur Therapie muß auch eine weltanschauliche Wandlung des Patienten angebahnt werden, denn das Weltbild des Neurotikers ist fast regelmäßig von *Ehrgeiz* geprägt, der seiner Heilung im Wege steht. Von Kindheit an haben solche Menschen gelernt, daß das Leben eine *vertikale Struktur* hat: man muß oben sein, wenn man nicht unten sein will. In ihrem Gemüt wimmelt es von autoritären Imperativen, die die zwischenmenschliche Solidarität blockieren. So heißt es etwa bei näherem Zusehen: ›Jeder ist sich selbst der Nächste!‹ Oder: ›Das Leben ist ein Kampf aller gegen alle!‹ Oder: ›Wer nicht Hammer ist, ist nur Amboß!‹ Oder: ›Der Starke ist am mächtigsten allein!‹ Oder: ›Hilfe annehmen heißt abhängig werden!‹ Oder: ›Wenn ich ein Durchschnittsmensch wäre, wären meine Probleme leicht lösbar!‹
Die Verlockung, sich mit dem Schein zufriedenzugeben, ist für jedermann groß, da das Sein beschwerlich und mühsam ist. In einer Welt und Kultur, wo Eindruckmachen wichtiger ist als Echtheit, kann sich kaum einer dem allgemeinen Rummel auf dem Jahrmarkt der Eitelkeiten entziehen. Daher wird man wahrscheinlich keinen einzigen Menschen finden können, der von dem geschilderten neurotischen Ehrgeiz gänzlich frei ist. Wir kranken alle an jener *Selbstentfremdung*, die uns veräußerlicht und inneres Wachstum und gesamtseelische Entwicklung vernachlässigt. Da wir das *Reifen und Werden* nicht gelernt haben, wollen wir scheinen und gelten und in den Augen der anderen ein Popanz sein.

Überwindung des Ehrgeizes

»Leichter findet man«, sagt der grimmige Menschenbeurteiler Larochefoucauld, »von der Liebe zum Ehrgeiz als vom Ehrgeiz zurück zur Liebe.« In diesem pessimistischen Urteil ist die Einsicht enthalten, daß Macht- und Geltungsstreben sich immer auf Kosten der Liebesfähigkeit ausbreiten: man kann nicht gleichzeitig der Selbstglorifikation und dem ›Gotte Eros‹ huldigen. Wenn man sich fragt, wie man den Ehrgeiz überwinden soll, fragt man im Grunde auch, wie man Liebe und Verständnis erlernen kann.

Der Antagonismus von ›Eros‹ und pathologischem Ehrgeiz reicht viel weiter, als man zunächst annehmen möchte. Genauere Beobachtung ehrgeiziger Menschen lehrt, daß sie – die sich ständig auf der Jagd nach Erfolgen und Triumphen befinden – nicht nur wenig *Fremdliebe* empfinden, sondern auch wenig *Selbstliebe.* Das erstaunt den Tiefenpsychologen nicht, denn er weiß, daß die Einstellungen zum Du und zum Ich oft genug dieselbe ›Färbung‹ oder ›Tendenz‹ aufweisen. So kommt es zum einheitlichen Phänomen etwa des ›aggressiven Lebensstils‹, wobei der kämpferische Mensch nicht nur seine Mitmenschen, sondern auch sich selbst bekämpft. Fremdaggression und Autoaggression laufen weithin parallel. Wer fortwährend andere überrunden und überwinden will, wird meistens hart gegen sich selbst sein und sich stets neue Bestleistungen abfordern. Daher findet man in der Seele der Ehrsüchtigen stets zumindest tiefe Unzufriedenheit mit sich selbst, wenn nicht gar *Selbsthaß.* Er gehört zum Typ, von dem *Kierkegaard* sagt, er ›wolle verzweifelt nicht er selbst sein‹.

Dies zeigt sich auch im Verhältnis des Ehrgeizigen zu seinem Körper, zu dem er meist nur eine ›instrumentale Beziehung‹ hat: Er hält ihn allenfalls fit und funktionstauglich, damit er ihn als verläßliches Werkzeug in seinem Daseinskampf einsetzen kann. Weniger vertraut ist ihm der eigene Körper in Gestalt des ›Liebesleibs‹, d.h. als Organ der sexuellen und liebenden Hingabe (die weit über die Mann-Frau-Beziehung hinausreicht). Der Leib ist nicht nur ein Instrument für den geschäftlichen und sonstigen Wettbewerb – er ist die Basis und das Zentrum unserer ›kreatürlichen Existenz‹. Aus dem lebendigen Leib steigen unsere Gefühle, unsere Hoffnungen, unsere Phantasien und die Erkenntnis unserer Möglichkeiten auf; nur durch Nähe zu unserer Leiblichkeit gewinnen wir die *Dimension des Freiseins,* die mit Freude, Glück und Schaffenskraft verbunden ist.

Ehrgeizige, eitle und rivalisierende Charaktere sind nicht nur innerlich unfrei, sondern auch ihrer ›Kreatürlichkeit‹ entfremdet, d.h. partiell ›leblos‹ oder vitalitätsgeschwächt. Daher benötigen sie so dringend den ›Blick der anderen‹: werden sie genügend beachtet, wird ihnen gleichsam von außen etwas Schwung und Spontaneität eingeflößt. Wo das Eigenleben im Menschen verstummt oder versickert, greift er süchtig nach der Zustimmung der anderen, um sich über die *innere Verarmung* hinwegzutrösten.

»Das Glück«, sagt Chamfort im 18. Jahrhundert, »ist eine komplizierte Sache: man findet es schwer bei sich selbst und kaum je bei den anderen.« Jeder Ehrgeizling muß lernen, daß er einem Phantom nachjagt, wenn ihm fremde Zustimmung die Selbstzufriedenheit, die Liebe zum eigenen Leib und die Mühe der Selbstverwirklichung ersetzen soll.

Selbstachtung und *wahrer Stolz* sind gute Heilmittel gegen den Ehrgeiz, der im gewissen Sinne eine kindische Demütigung vor jenen beinhaltet, die einem Lob und Anerkennung spenden sollen. Daher haben die Seelenkundigen aller Zeiten betont, daß Ehrgeizige und Eitle eigentlich Kinder sind und bleiben und nie wirkliche Reife erlangen. Es braucht eine schöne Portion Naivität, um sich am Strohfeuer des Ruhmes erwärmen zu wollen. *La Bruyère* sagt:

> Der Ehrgeiz selbst heilt den Weisen vom Ehrgeiz: Er strebt nach so hohen Dingen, daß er sich nicht auf das beschränken kann, was man Schätze, Vermögen und Gunst nennt. Er sieht in so schwachen Vorzügen nichts, was gut und beständig genug wäre, sein Herz damit auszufüllen und seiner Sorgen und Wünsche wert zu sein; er muß sich sogar Mühe geben, sie nicht allzusehr zu mißachten. Das einzige Gut, das ihn in Versuchung zu führen vermag, ist jener Ruhm, der aus ganz reiner und einfacher Tugend entspringt – aber die Menschen gewähren diesen nicht gern, und so verzichtet er darauf.[4]

Noch deutlicher bezeichnet den wunden Punkt des Ehrgeizes *Nietzsche*, der im ›*Zarathustra*‹ von den ›Krämpfen der Ehrgeizigen‹ spricht. An anderen Stellen beobachtete der Philosoph den Zusammenhang von Ehrgeiz und Gewissenlosigkeit: Wer über die anderen hinausstreben will, kann sein Moralempfinden nicht voll entwickeln. Des weiteren war sich Nietzsche darüber im klaren, daß der Ehrgeizige vor allem sein Machtstreben pflegt – nach Adler tut er dies aus starken Ohnmachtsgefühlen heraus, die aus der Selbstvergessenheit und dem Sinnmanko, respektive aus der Beziehungslosigkeit zum eigenen Leib stammen.

So wird man den Ehrgeizigen dazu anleiten müssen, eine gewisse ›Lebensfreundlichkeit‹ zu erwerben. Er soll sich selbst so akzeptieren, wie er ist – was ein weiteres Streben nach Entwicklung und Entfaltung keineswegs ausschließt. Auch muß er die verstiegenen Maßstäbe und Anforderungen an sich selbst relativieren, die unter dem Druck seiner Erziehung und seiner sozialen Erfahrung entstanden sind. Die antike Tugend des ›Maßhaltens‹ ist für ihn ein wichtiges Lernpensum; sie ist auch ein Ingrediens der Weisheit, einer Eigenschaft, die man bei Opfern unseres Rivalitäts- und Wettbewerbsdenkens kaum je antrifft.

Gelingt es dem ehrgeizigen Menschen, seine zwischenmenschlichen und erotischen Beziehungen wesentlich zu verbessern, dann eröffnet sich ihm der Ausblick auf ein Leben in der und für die Gemeinschaft. Man kann sich eine Lebenseinstellung erarbeiten, wonach all unser Tun und Streben wohl der Ichexpansion dient, zugleich aber auch die Interessen der Kultur und der Menschheit mitberücksichtigt. Wahrscheinlich ist dies die vernünftigste Lösung für unsere Probleme: wir müssen akzeptieren, daß unser eigener Fortschritt unlöslich mit dem Fortschritt der anderen verbunden ist. Wer so denkt und fühlt, wird mit der Zeit lernen, einen Großteil des persönlichen Ehrgeizes zu überwinden. Er wird auch dadurch lebensklüger, liebesfähiger, produktiver und weltoffener. Die Ruhe des Gemüts, die innere Gelassenheit und die Freude am Dasein sind am ehesten zu finden, wenn man sich als ein verantwortliches ›Instrument der sozialen Entwicklung‹ begreift. Wer aber nur oder überwiegend die eigene Person im Auge behält, wird früher oder später im Leben scheitern.

Das klassische Porträt eines unglücklichen Ehrgeizigen schuf Stendhal in seinem Roman *›Rot und Schwarz‹* aus dem Jahre 1830. Julien Sorel entstammt bürgerlichen Verhältnissen und leidet als Kind unter der überstarken Vaterfigur und der Überlegenheit seiner Brüder. Er entwickelt einen ›Inferioritätskomplex‹ und will aus der Enge seiner Verhältnisse ausbrechen. Er wird Erzieher im Hause des Herrn de Rênal und ruht nicht, bis er die Gattin des Präfekten in sich verliebt gemacht hat. In seinem leidenschaftlichen Wunsch, die oberen Stufen der gesellschaftlichen Leiter zu erklimmen, wägt er ab, auf welchem Wege ihm dies am leichtesten gelingen könne: soll er die *schwarze* Robe des Priesters oder das *rote* Kleid des Soldaten anziehen? Er entscheidet sich zunächst für den Talar. Aber die priesterliche Karriere erfüllt seine hochgespannten Erwartun-

gen nicht. Daher beginnt er ein leidenschaftliches Intermezzo mit dem aristokratischen Fräulein Mathilde de la Mole, die, wie er selbst, außerordentlich ehrgeizig ist. Die beiden stolzen Naturen können keinen Modus für eine Übereinstimmung finden, weshalb sich die Beziehung nach und nach auflöst.
Julien sieht seine Pläne zum sozialen Aufstieg blockiert und entschließt sich wahnhaft zum Mord an der ehemaligen Geliebten Frau von Rênal, den er in einer Kirche auch wirklich in die Tat umsetzt. Er endet als Verbrecher auf dem Schafott, und erst in seinen letzten Tagen sieht er ein, daß er an der Liebe vorbeigelebt hat, weil er nur von seinem Machtwillen bestimmt war. Stendhals Seelenanalyse nimmt die Tiefenpsychologie in vielen Punkten vorweg.

Roswitha Neiß

Eitelkeit

Der Charakterzug der Eitelkeit ist von Moralisten aller Zeiten und Zonen beklagt, kritisiert und angeprangert worden. Die religiöse Moral bezeichnet dieses Wesensmerkmal ganz entschieden als ›Laster‹. In Tragödien und Komödien beschreiben die Dichter allerlei Kalamitäten als Resultat übertriebener Eitelkeit. Auch die Psychologen fühlten sich herausgefordert, dieser ubiquitären menschlichen Eigenschaft auf den Grund zu gehen. Vor allem die Tiefenpsychologie lieferte wertvolle Beiträge zur Entstehungsgeschichte und Struktureigentümlichkeit eitler Charaktere. Allerdings läßt sich nicht behaupten, daß es hinsichtlich dieses Problems keine ›dunklen Stellen‹ mehr gibt: die moderne Charakterologie steht noch in ihren Anfängen, und es bleibt Raum genug für vielfältige Forschungen.

Die Lateiner sprachen von ›vanitas‹, welches übersetzt werden kann als: eitles Wesen, Nichtigkeit, Schein, Lüge, Prahlerei. Auch das deutsche Wort ›eitel‹ weist auf Leere und Einbildung hin. Der allgemeine Sprachgebrauch bezeichnet als eitlen Menschen einen, dessen banale Durchschnittlichkeit im Widerspruch zu seiner aufgeblähten Selbsteinschätzung steht. Definiert man es so, dann wird man zugeben müssen, daß jedermann eine Spur von Eitelkeit besitzt: denn Kontraste zwischen Selbstbeurteilung und wirklichem Wert muß man gewiß nicht nur bei notorischen Wichtigtuern suchen.

Schlägt man die ›*Maximen*‹ des La Rochefoucauld (1613–1680) auf, findet man auf fast allen Seiten dieses klugen Büchleins scharfsinnige Polemik gegen die menschliche Eitelkeit; wir greifen aus dieser Fülle nur einige Beispiele heraus:

Die Eigenliebe ist der Schmeichlerinnen beste. – Wendiger als der gewandteste Weltmann ist die Eigenliebe. – Trügen wir den Hochmut nicht in der eigenen Brust, wir beklagten uns kaum über jenen des Nächsten. – Der Hochmut ist allen Menschen mit gleichem Maße zugeteilt; verschieden aber sind die Mittel und die Art, ihn sehen zu lassen. – Sich augenfällig nie zu zieren, ist auch eine Art von Ziererei.[1]

Schopenhauer und Nietzsche, die manches ähnlich empfanden wie die französischen Moralisten, geißelten in ihrer Weise die Eitelkeit, die für sie gleichfalls im Mittelpunkt der menschlichen Untugenden stand. Schopenhauer teilt in *›Parerga und Paralipomena‹* (1851) die Grundwerte des Lebens in die bekannte Trias ein: 1. Was einer *hat*; 2. was einer *vorstellt*; 3. was einer *ist*. Besitz jeglicher Art und Reputation bei den Mitmenschen werden hierbei als zweitklassige Werte eingestuft; wahrhaft zählt eigentlich nur, was ein Mensch ist und was ihm kein anderer oder das Schicksal nehmen kann. Der Eitle versteift sich allzusehr auf seine Habe, auf Anerkennung äußerlicher Eigenschaften. Der Weise hingegen achtet auf seine inneren Qualitäten, die ihm allein maßgeblich erscheinen. Je geringer die innere Substanz eines Menschen ist, um so mehr verfällt er reiner Äußerlichkeit: Schopenhauer würde durchaus beim eitlen Menschen von ›Selbstentfremdung‹ sprechen.
Nicht anders dachte Nietzsche, dessen Aphorismen über die Eitelkeit so zahlreich sind, daß das *›Nietzsche-Register‹* von Richard Oehler mindestens fünfzig wichtige Textstellen verzeichnet, in denen sich der Philosoph zu diesem Charakterzug geäußert hat. Auch hier nur einige fragmentarische Hinweise:

Eitelkeit ist die Neigung, sich als Individuum zu geben, während man keines ist. – Wir legen mehr Wert auf die Befriedigung der Eitelkeit als auf alles übrige Wohlbefinden. – Das unbesiegbarste Ding ist die menschliche Eitelkeit. – Eitelkeit ist die Furcht, original zu erscheinen, also ein Mangel an Stolz, aber nicht notwendig ein Mangel an Originalität. – *Die Eitlen.* Wir sind wie Schauläden, in denen wir selber unsere angeblichen Eigenschaften, welche andere uns zusprechen, fortwährend anordnen, verdecken oder ins Licht stellen, – um *uns* zu betrügen. – Verletzte Eitelkeit ist die Mutter aller Trauerspiele.[2]

So könnte man endlos fortfahren. Für unsere Zwecke mag es jedoch ausreichen, auf die lange und ruhmreiche Tradition der philosophischen Ethik zu verweisen, in der Eitelkeit und Eigenliebe als Defizitverhalten den echten Tugenden der Liebe und Bescheidenheit entgegengestellt wurden. Kein Zweifel: der Charakterzug der Eitelkeit ist pathologisch, und die Vermutung liegt nahe, daß er bei Neurosen, Perversionen und Psychosen irgendwo im verborgenen zwar, aber dennoch entscheidend mitwirkt. Tatsächlich lehrt uns die psychotherapeutische Erfahrung, daß auch die kleinmütigen, selbstanklagenden, selbstquälerischen Patienten des Seelenarztes oft eine *Überempfindlichkeit* und einen *Größenanspruch* hervorkehren, den man zunächst bei ihnen nicht erwartet hätte. Alfred Adler antwortete einmal auf die Frage, ob er das Wesen der Neurose mit einem einzigen Wort charakterisieren könnte, lakonisch: ›Neurose ist Eitelkeit!‹

Tiefenpsychologie der Eitelkeit

Aber wie nähert man sich dem Thema ›Eitelkeit‹ tiefenpsychologisch? Für Freud war dieser Charakterzug offensichtlich mit einem Partialtrieb der Libido verknüpft. Er sprach von der ›phallischen Phase‹ der kindlichen Libidoorganisation, wenn er den Ursprung der eitlen Verhaltensweisen verdeutlichen wollte. In dieser Phase werde den Kindern beiderlei Geschlechts das Phänomen des Männlich- oder Weiblichseins transparent. Der kleine Knabe sei stolz auf sein Genitale und fühle sich über das Mädchen erhaben. Dieses wiederum fühle sich arg benachteiligt, weil ihr der Penis fehle, woraus wiederum die dem weiblichen Geschlechtscharakter zugehörigen Minderwertigkeitsgefühle entstünden. Bei jedem Mädchen der sogenannten Kulturvölker finde man bewußten oder unbewußten Penisneid, aus dem Charaktereigenschaften wie Kleinmut und Überheblichkeit, aber auch Symptome wie Frigidität und lesbische Neigungen entspringen können. Wenn sich nach der Pubertät weibliche Reize (Brust usw.) entwickeln, richte sich ›beim Weibe‹ (wie Freud sich auszudrücken pflegte) der Narzißmus auf diese äußerlichen Körpermerkmale, die für die frühen Minderwertigkeitskomplexe entschädigen. Immer aber finde man bei den Frauen die Trias der Wesenseigentümlichkeiten: Narzißmus, Masochismus und Infantilismus. Schon von der Biologie her neige die Frau zur Eitelkeit.

Zur phallischen Phase gehören die beiden Partialtriebregungen des Exhibitionismus und des Voyeurismus, die gleichzeitig auftreten und sich im wesentlichen kompensatorisch zueinander verhalten. Populär gesprochen, handelt es sich um Tendenzen der Selbstdarstellung und des ›Sehenwollens‹, was sich im Sinne Freuds hauptsächlich auf sexuelle Fakten bezieht. So

wollen Kinder dieser Altersstufe (3. bis 5. Jahr) ihre Sexualorgane (ihre Nacktheit) gern zeigen und beim anderen Geschlecht die entsprechenden Körpermerkmale wahrnehmen. Dieser Absicht dienen unter anderem die Doktorspiele. Beim Urinieren erlebe der Knabe ein Macht-, das Mädchen aber ein Ohnmachtgefühl: der Penis erlaubt ein souveränes ›Lenken des Harnstrahls‹, indes die weibliche Urethra nur ein ›passives Rinnenlassen‹ gestattet. Dies beeinflusse zutiefst das Lebensgefühl der beiden Geschlechter: beim Mann entstehe eine ›manipulative Beziehung zum eigenen Körper‹ und ähnlich auch zur Umwelt, indes die Frau eher Gefangene ihres Organismus bleibe. So entstehe die ›geringere Kultureignung des Weibes‹, das sich kaum je so intensiv für kulturelle Ambitionen engagiert wie der Mann. Um so stärker träten bei den Frauen Regungen der passiven Selbstdarstellung hervor, d.h. Zeigen der körperlichen Schönheit, der sekundären Geschlechtsmerkmale (Brüste), wovon die Mode – die Enthüllen und Verbergen zugleich beinhaltet – regen und auch die Männer faszinierend Gebrauch mache.
So könne man den Exhibitionismus eine spezifisch weibliche Eigenschaft nennen; Männer aber, die exhibitionieren, werden stets weiblich anmuten. Nach Freud ist Eitelkeit etwas ausgesprochen Infantiles und Feminines; wer zum ›Mann‹ heranreift, hat nur wenig daran teil.
Diese vom Ungeist des Patriarchats angekränkelte Theorie wurde von weiblichen Psychoanalytikerinnen teilweise blindgläubig übernommen (z.B. von Helene Deutsch); andere wieder (z.B. Karen Horney) setzten hier mit ihrer Skepsis gegenüber der orthodox-psychoanalytischen Theorie an und entwikkelten neue kulturpsychologische Aspekte. Horney, Fromm u.a. waren der Meinung, daß der Penisstolz des Knaben keine zwangsläufige biologische Gegebenheit sei, sondern künstlich durch die Vorrechte des Mannes in der patriarchalischen Gesellschaft anerzogen werde. Ähnlich komme es beim Mädchen zum Gefühl eines tiefsitzenden Mankos nicht auf Grund eines Organmangels. Vielmehr spiele hierfür die Einsicht in die Mißlichkeiten der Frauenrolle, die schicksalhaft den späteren Lebensweg strukturieren, eine entscheidende Rolle. Gäbe es eine echte Gleichberechtigung von Mann und Frau innerhalb der Kultur, dann wäre vermutlich der ›Kampf der Geschlechter‹ schnell am Ende, und viele Neurosen, die der unterschiedli-

chen Bewertung von Männern und Frauen entspringen, würden unweigerlich hinfällig.
Darum sprach Alfred Adler von einem spezifisch ›weiblichen Minderwertigkeitsgefühl‹, welches er allein auf erzieherische und gesellschaftliche Ursachen zurückführt. Die Frau hat es unter den gegebenen Umständen schwerer als der Mann, eine ausreichende Selbstachtung zu gewinnen. Sie wird von vornherein in die Rolle des ›anderen Geschlechts‹ (Simone de Beauvoir) gedrängt. Sie dient als negatives Gegenbild, an welchem sich die Männer zu positiven ›Lichtgestalten‹ hinaufstilisieren. Die Einschätzung der Frau im Patriarchat ist ein Krebsübel der bisherigen Unkultur.
Folgt man späteren Analytikern (z.B. Erik H. Erikson), dann ist der Sinn der phallischen Phase nicht so sehr das Bewußtsein von Besitz oder Nichtbesitz eines Penis, sondern eher der Erwerb eines *instrumentalen Umweltverhaltens,* d.h. ein Erlernen sozialer und anderer Geschicklichkeiten. Erlangen Knaben oder Mädchen solche ›werktätigen Fähigkeiten‹, dann lernen sie auch, sich selbst und ihren Körper ›in Funktion‹ zu sehen: sie gewinnen Abstand zur Körperlichkeit an sich, da sie Leib und Seele als ›Instrumente der Wirksamkeit‹ erfahren. Pathologisch würde die Sache dann, wenn durch Unbeholfenheit der Erzieher oder traumatische Vorgänge eine künstliche Schwerfälligkeit erzeugt wird: der physisch, sozial und intelligenzmäßig gehandikapte Mensch ist Gefangener seines Körpers und könne sich ›draußen‹ keine Erfolgserlebnisse holen. Reaktiv darauf käme es dann zur Überbewertung der Leiblichkeit, zur Effekthascherei ohne Leistung, zum demonstrativen Auffallenwollen um jeden Preis usw., was kaum je im Erscheinungsbild der Eitelkeit fehlt.
Damit ist wieder etwas Richtiges getroffen. Jeder Beobachter eitler Menschen wird schon festgestellt haben, daß diese im allgemeinen hinter ihren Möglichkeiten zurückbleiben. Oft, aber nicht immer, sind sie irgendwie ›Nichtskönner‹, denn meistens ist man nur auf jene guten Merkmale stolz, die man in Wirklichkeit nicht besitzt. Wirkliche Könner und Menschen mit nachweisbaren Leistungen irgendwelcher Art werden eher zum *understatement* neigen, wenn man von ihren positiven Eigenschaften spricht; der Selbstgefällige jedoch rühmt sich der Vorzüge, die er in der Regel nicht hat.
Im Sinne von Adler und Schultz-Hencke (Harald Schultz-

Hencke: ›*Der gehemmte Mensch*‹, Stuttgart 1940) kann man in jedem Fall von Eitelkeit von einer tiefsitzenden Hemmung im Persönlichkeitsaufbau sprechen. Dem oberflächlichen Betrachter mag dies zunächst paradox erscheinen: eitle Charaktere spielen sich oft genug in den Vordergrund, sprechen überall mit, ziehen eine Schau ab und bringen es oft sehr geschickt zuwege, im Rampenlicht zu stehen. Vor allem schüchterne Charaktere beneiden den eitlen Menschen ob dieser Fähigkeiten, die ihnen als ›höchstes Glück der Erdenkinder‹ erscheinen. So frisch und frech mit Menschen und Menschengruppen umzugehen, das gilt bei den Zaghaften und Zurückhaltenden als Gipfel der Lebenskunst.

Sieht man jedoch genauer hin, ist es mit dem Mut der Narzißten nicht sehr weit her. Sie raffen wohl in Gesellschaft alle ihre Lebensgeister zusammen und brillieren mit Gesten und Worten, die den Schein von Souveränität aufrechterhalten. Sobald es aber darum geht, wirkliche Lebensaufgaben anzupacken, merkt man schnell, daß ihr Strohfeuer gar nicht wärmt. Diese ›Ungehemmten‹ sind stark blockiert, wenn sie *ernsthaft arbeiten* und *wirklich lieben* sollen. Dann kommen sie mit ihren ›wenn‹ und ›aber‹ und haben alle Argumente zur Hand, die angeblich ›logisch‹ beweisen, daß die Umstände gegen sie sind und demnach ihren Rückzug in die Passivität oder in den Schmollwinkel rechtfertigen. Besonders ängstlich ist der eitle Mensch, wenn er lieben soll – gehört er doch zu jenen Neurotikern, die nach Adler wohl gelernt haben, sich lieben zu lassen, nicht aber, mit eigenem Engagement andere zu lieben.

So steckt menschliches Scheitern hinter jeder Art von Eitelkeit oder ist gar ihr Wesenskern. Auf Zehenspitzen wird immer nur jener herumstolzieren, der im Grunde gar nicht gut gehen kann. Sich selbst vergrößern muß zwanghaft der Kleinmütige, der zutiefst darunter leidet, daß ihm die Stimme im eigenen Innern jeglichen Wert abspricht. Durch eine auffallende Feder auf dem Hut, eine ungewöhnliche Blume im Knopfloch, durch Tragen der neuesten Mode, durch Schmuck und verschiedene Statussymbole wird uns nur der Mensch imponieren wollen, der im übrigen oft nicht viel vorzuzeigen hat. Entdeckt man an einem Menschen aufgeblähtes Gebaren, muß man nur genauer hinschauen, um den Minuspunkt zu erkennen, der ›ausgeblendet‹ werden soll. Hier soll wiederum Nietzsche zitiert werden, der in ›*Die fröhliche Wissenschaft*‹ die bissigen Verse einfügte:

Die Nase schauet trutziglich
Ins Land, der Nüster blähet sich –
Drum fällst du, Nashorn ohne Horn,
Mein stolzes Menschlein, stets nach vorn!
Und stets beisammen findt sich das:
Gerader Stolz, gekrümmte Nas.[3]

Wirkliche Persönlichkeiten treten schlicht auf und ruhen in sich selbst. Sie sind befähigt, ihre Arbeit zu tun und ein Du zu lieben. Sie nehmen echtes Interesse an ihrer menschlichen Umwelt. Aus ihrem Wesenskern heraus können sie teilhaben an Menschen, Tieren, Pflanzen, an der Natur und an der Gesellschaft. Nicht so der Eitle: er ist leer im Innern und muß stets vorgeben, daß er mitdenken, mitfühlen und mithandeln werde. Schein tritt anstelle von Sein, Fiktion anstelle von Faktum.

Ausdruckskunde und Charakterologie

Die Graphologen haben schon seit langem Zeichen für Eitelkeit in der Handschrift erkannt und beschrieben, die obige Thesen belegen. Der eitle Charakter wird erkennbar u. a. an folgenden Schriftzügen: unnötige Schnörkel, eigenwillige Verformung der Buchstaben, Unterstreichung des Namens, geringes Formniveau (L. Klages), seltsame Raumgestaltung der Schrift, Stilisierung des Namens in Abhebung von der übrigen Schreibweise, Tendenzen der Linksläufigkeit (nicht zum Empfänger hin, sondern zurück zum Schreiber) usw. Was in der Schrift hauptsächlich ›Mitteilung‹ sein sollte, wird beim Narzißten unwillkürlich mehr zur Selbstdarstellung.
Da die Schreibbewegung symbolisch (Max Pulver: *›Symbolik der Handschrift‹*) den Weg vom Ich zum Du darstellt, muß sie durch Eitelkeit merklich ›gebremst‹ werden. Dies findet man u. a. bei aufgebauschten Majuskeln, denen dann in den Wörtern selbst anspruchslosere Buchstaben folgen. Der große Anfangsbuchstabe verspricht etwas, was der folgende Schriftzug nicht hält. So ist ja oft auch das Benehmen des eitlen Menschen ein uneingelöstes und uneinlösbares Versprechen. Schlechte Menschenkenner lassen sich von Theatralik und Selbstgefälligkeit beeindrucken und müssen sich dann lange in Geduld üben, bis ›wirklich etwas kommt‹. Meistens kommen aber nur ›Schnör-

kel‹, Tuerei anstelle von Taten, Gebärden ohne Handlungen, Lippenspitzen, ohne daß tatsächlich gepfiffen wird. Der Umgang mit eitlen Menschen ist frustrierend, da die Hoffnung auf zwischenmenschliche Wärme enttäuscht wird.

Die ›Groß-Spurigkeit‹ des Eitlen ist nicht immer leicht zu erkennen. Am deutlichsten zeigt sie sich in einem Verhalten, das mit aller Gewalt von der Norm abweichen will: so spazierte Oscar Wilde in London herum, mit einer riesigen Sonnenblume im Knopfloch. Auf die Frage nach den zwölf besten Büchern in der englischen Literatur antwortete er salopp: »Das kann ich nicht beantworten – ich habe erst *drei* Bücher geschrieben!« Und Charles Baudelaire, der stets ›tout Paris‹ in Atem halten wollte und dabei Seitenhiebe auf seine Familie, mit der er im Streit lag, austeilte, ließ sich seine Haare grün färben: jeder sollte in dem Spaziergänger den einzigartigen Dandy sehen.

Aber auch bewußte, d.h. kokette Tiefstapelei kann diesen Zweck erfüllen. Ein reicher Jüngling in Athen liebte es, in zerlumpten Kleidern auf den Marktplatz zu gehen. Sokrates, der ihn sah, soll gerufen haben: »Jüngling von Athen, dir schaut die Eitelkeit aus den Löchern deiner Kleider heraus!«

Und als Rousseau, inzwischen berühmter Literat, an den Königshof geladen wurde, erschien er unrasiert und trat mit dem Anspruch auf, als ›Naturbursche‹ die ganze feine Gesellschaft verachten zu dürfen. Dieses Glänzenwollen durch Unzivilisiertheit dringt sogar in seine ›*Confessions*‹ (1771) ein, die nach der Devise größtmöglicher Wahrheitsliebe alle seine sexuellen Laster auswalzen und mit unverkennbarer Eigenliebe schildern, was für ein ungewöhnlich verquerer Mensch er schon von Jugend an war. Er liebäugelt mit seinen Perversionen, denn man ragt auch dann aus der Menge, wenn man sich als ›größter Sünder‹ geriert.

Nach Fritz Künkel (z.B. ›*Einführung in die Charakterkunde*‹, 12. Aufl., Stuttgart 1957) müssen wir den eitlen Menschen innerhalb seiner Typologie in die Gruppe des *Stars* (neben Heimchen, Cäsar und Tölpel) einordnen. Diese vier Typen repräsentieren nach Künkel ›Formen der Ichhaftigkeit‹, d.h. einer mißlungenen Erziehung, die kein Gefühl für Sachlichkeit und Gemeinschaft wecken konnte.

Der Star stammt aus einem Erziehungsmilieu, das verweichlicht und verwöhnt. Er antwortet auf diese Situation mit einer aktiven Lebenseinstellung, indem er – wie schon in seiner Kindheit – in allen Lebenskonstellationen zu einer *Vorrang-* und *Ausnahmeposition* drängt. Das Interesse der Mit- und Nebenmenschen wird hierbei wenig berücksichtigt. Stars haben immer nur sich selbst im Auge – alle anderen sind für sie Claqueure oder Publikum. Sind sie in Gesellschaft, finden sie diese nur dann interessant, wenn sie in ihr brillieren können. Nichtbeachtung hassen sie wie die Pest: sie fühlen sich dann ›entwertet‹. In Gesprächen reißen sie die Initiative an sich und bestreiten ganz allein die Unterhaltung. Wie zwanghaft das sein kann, berichtet die Anekdote von einem Schriftsteller, der mit einem Bekannten zusammentraf und fast zwei Stunden lang nur von sich selbst sprach. Sodann hielt er bestürzt inne und sagte mit ehrlichem Selbsttadel: »Es ist entsetzlich. Nun sprechen wir die ganze Zeit nur von *mir*. Wir müssen das Thema unbedingt wechseln. Was halten Sie denn von *meinem neuen Roman*?«

Natürlich bestimmt die Eitelkeit auch die *Partnerwahl* eines Menschen. Beim Startyp ist ausschlaggebend, ob der Partner ihn hinreichend bewundern kann: ein ›Heimchen‹ im Sinne von Künkel dürfte diesem Zweck am ehesten dienen. Endlose Partnerschaftsstreitigkeiten entspinnen sich etwa daran, daß zwei Stars einander finden, und jeder den anderen in die Rolle des Applaudierenden drängen will. Das geht selten gut und endet oft genug mit Trennung.

Der Witz hat sich dieses ergiebige Thema nicht entgehen lassen und behandelt in seiner Weise die prekäre Partnerschaftsproblematik des eitlen Menschen. Hierzu eine kleine Tierfabel:

Ein Pfau und ein Huhn gingen aufs Standesamt und wollten heiraten. »Nanu«, sagte der Standesbeamte angesichts des sehr unterschiedlichen Paares, »was hat denn euch beide zusammengeführt?« – »Oh«, erwiderte der Pfau stolz, »meine Braut und ich haben unerhört viel Gemeinsames. Um nur beim Wichtigsten zu beginnen: *Meine Braut und ich sind rasend in mich verliebt!*«

Nicht nur der ›Star‹ ist ein Ausbund von Eitelkeit: auch die übrigen drei Typen der ›Ichhaftigkeit‹ kranken an derselben psychischen Deformation. Beim ›Cäsar‹ ist diese Tatsache ganz offenkundig; wer andere Menschen beherrschen und unterjochen will, ist nicht weit davon entfernt, sich selbst als eine Art Gott zu sehen. Aber auch ›Heimchen‹ und ›Tölpel‹ sind stolz hinter der Fassade von Ängstlichkeit oder Stumpfheit – Künkel hat dies in seinen charakterologischen Studien feinsinnig beschrieben, so daß wir auf seine Publikationen verweisen können.

Eitelkeit und Neurose

Wir haben bereits die Meinung Alfred Adlers erwähnt, daß die Eitelkeit im Mittelpunkt aller neurotischen Fehlentwicklungen stehe. Diese These ist auf den ersten Blick hin nicht leicht einzusehen. Man denke etwa an den Angstneurotiker mit seinen quälenden Angstanfällen oder Phobien, den Depressiven mit seiner düsteren Verstimmung und seinen selbstquälerischen Verhaltensweisen, den Zwangsneurotiker mit seinen irritierenden Zwangsgedanken oder -handlungen, den psychosomatischen Patienten mit der Fülle möglicher Symptome, die fast jede Körperfunktion beeinträchtigen und zum Entgleisen bringen können: wo soll da das Moment der Selbstbespiegelung und Selbstgefälligkeit zu finden sein? Der Patient in der Psychotherapie tritt als ›exquisit Leidender‹ in Erscheinung; er ist von Hemmnissen aller Art betroffen und darum ist nicht ohne weiteres zu erkennen, wo er selbst die Ursache ist, weil er der allgemein üblichen Jagd nach Erfolg seinen Tribut entrichtet.
Für den Kranken sieht es so aus, als hätte ihn seine Neurose oder sein psychosomatisches Leiden ›von außen her‹ überfallen: Die tiefenpsychologische Erkenntnis jedoch lehrt uns, daß er dies ›unbewußt‹ selber konstelliert. Was als ›Kausalität des Schicksals‹ imponiert, ist im Grunde unbewußtes oder unverstandenes Wollen, d.h. eigener Daseinsentwurf, von dessen unliebsamen Folgen der ›Entwerfende‹ heimgesucht wird.
Mit dieser Optik steht und fällt jegliche Krankheitslehre in der Tiefenpsychologie, die davon ausgeht, daß das sogenannte ›Unbewußte‹ im Seelenleben Urheber unserer Träume, Fehlleistungen, neurotischen Symptome usw. sei. Freud vertrat bekanntlich die These, daß die Symptomatik ›das Liebesleben der Patienten‹ beinhalte: was andere Menschen an Interesse und Kraft in Erotik investieren, konzentriere der Patient auf seine Neurose, die ihm schließlich ›das Liebste in der Welt‹ wird. Vorsichtiger formuliert können wir sagen, daß die neurotischen Symptome ›das Ersatzleben des Neurotikers‹ verkörpern: an-

stelle von Arbeit, Freundschaft, Zwischenmenschlichkeit usw. setzen die Kranken die Beschäftigung mit ihren realen und eingebildeten Schmerzen. Aus den Ereignissen ihres Lebens sammeln sie emsig die Bausteine ihres ›Leidens‹: da die Neurose ›selbstgeschaffen‹ ist, aus allem Erlebten und Erlittenen gleichsam ausgewählt, gilt für den Lebenslauf der Patienten die Parole: ›Prüfe alles, und behalte das neurotischste!‹ – ein Satz, der trotz seiner scheinbaren Unglaubwürdigkeit die Biographie des Neurotikers prägt.

Sieht man das neurotische Leiden als mehr oder minder unbewußte ›Leistung des Patienten‹, dann ist es nicht mehr so rätselhaft, inwiefern es mit seiner Eitelkeit verknüpft ist. Die Symptome sind gewissermaßen ›ein Ausweg aus der Verzweiflung‹. Als sich der Patient durch Erzieher und Umwelt bedrängt sah und keine Antwort auf die bedrohlichen Fragen seiner sozialen Umwelt wußte, ›erfand‹ er seine Symptomatik, mittels derer er seine Familie und die weitere Umgebung manipulieren konnte. So wird die Neurose zum Hilfsmittel und Ausdruck eines ›Sieges‹, und nichts wird an diesem Faktum geändert durch die Tatsache, daß es sich immer um einen Pyrrhussieg handelt, bei dem der Sieger mehr verlor als gewann.

Neurose ist für Adler eine ›Sicherung‹, ein Schutzwall, vom Patienten in der Kindheit errichtet gegen mehr oder minder eingebildete Gefahren des Selbstwertverlustes. Um ganz sicher zu gehen, hat – nach einem witzigen Wort von Adler – der Neurotiker meistens ›etwas zuviel Symptome‹: mit weniger könnte er auch gut auskommen. Wilhelm Stekel wies auf die ›schauspielerischen Elemente‹ in der neurotischen Symptomatik hin. Fühlt man sich genau in das Gebaren der Angst- und Zwangskranken, der Depressiven, der Hypochonder usw. ein, dann ist man beeindruckt von der Suggestivität, mit der sie ihr Leiden an ihre Umwelt vermitteln können. Sie wandern klagend und anklagend durch die Welt und führen – oft schon verjährte – Prozesse gegen Eltern und Erzieher, denen ›unbewußt‹ demonstriert werden soll, wie sie das Leben des Patienten verdorben haben.

Man kann – in einer Kultur, die Mitleid als Tugend ansieht – auch durch Schwäche herrschen, durch Angst die Umgebung in Schach halten, durch Zwänge über andere Menschen triumphieren und durch Trauer und Melancholie das Glück und die

Freude der anderen entwerten oder gar zerstören. Das ist der offene und der verborgene Kampf, der vom Patienten gegen seine Umwelt geführt wird. Nietzsche hat in ›*Zur Genealogie der Moral*‹ trefflich erläutert, wieviel unbewußte Grausamkeit in der Leidensdemonstration liegen kann. Er argumentierte hauptsächlich gegen das Christentum, aber überall, wo er ›Christ‹ sagt, kann man sehr gut ›Neurotiker‹ einsetzen.
Der Psychotherapeut tut gut daran, die Symptome des Patienten als dessen ›kostbaren Besitz‹ zu betrachten und jeglichen ›frontalen Angriff gegen die Symptomatik‹ zu vermeiden. Man kann Eitelkeit nicht auf direktem Wege weganalysieren, aber man kann sehr wohl einen Menschen durch allgemeine Ermutigung, Bestärkung seiner Selbst- und Menschenkenntnis, Umstimmung seiner Persönlichkeit usw. über das Verfangensein in sich selbst hinausheben, ohne mit seinem prekären Selbstwertgefühl in Konflikt zu geraten. Schonung von Ich und Ichideal des Kranken ist eines der zentralen Gebote in der Seelenheilkunde. Eine ›Umwertung aller Werte‹ kann nur sehr langsam und fast immer nur indirekt stattfinden. Wer sich in Kampf und Geplänkel mit dem Analysanden einläßt, wird meist den kürzeren ziehen. Der Patient ahnt beim ungeduldigen Therapeuten, der ihn ›ändern will‹, eine gewisse Eitelkeit, der er die eigene Sturheit und Selbstgefälligkeit entgegensetzt. So kommt es zum Ringen zweier eitler Personen um ichhafte Ziele, bei denen der Sachbezug (Heilung) außer acht gelassen wird.
Fragt man einen annähernd gesunden Menschen, was er in seinem Leben bisher gelernt hat, dann wird er meistens Schulabschlüsse, Berufskenntnisse, Liebeserfahrungen, sozialen Umgang, Annäherung an Kulturwerte vorweisen. Der Neurotiker beantwortet diese Fragestellung mit seiner ›Leidensgeschichte‹, die demnach Ersatz für Selbstverwirklichung und Selbstwerden der Person bedeutet. Aus vielfältiger Bedrängnis heraus hat er das ›Reich der Phantasie‹ gewählt, in welchem er für seine realen Unzulänglichkeiten reichlich entschädigt wird. Es ist oft erstaunlich, welchem Narzißmus Patienten in ihrem Phantasieleben huldigen und wie selbst von der Welt abgekapselte Psychotiker in aller Stille Allmachtsgedanken ausbrüten. Die Einbildungskraft ist ein zwiespältiges Geschenk der Natur an den Menschen: sie kann dazu dienen, die Realität zu verschönern und zu bereichern, oder aber sie wird zum Opiat und Fluchtmittel, welches uns der Wirklichkeit entfremdet.

Daseinsanalyse der Eitelkeit

Zieht man die Daseinsanalyse (M. Heidegger, Ludwig Binswanger, Medard Boss u.a.) zu Rate, dann kann man unsere obigen Beschreibungen noch differenzierter darstellen. Eine daseinsanalytische Interpretation der Eitelkeit ist in der Lage, den inneren Zusammenhang aller bisher genannten Teilbefunde aufzuweisen.

Wie Boss vor allem auch in seinem ›*Grundriß der Medizin und Psychologie*‹ (2. Aufl., Bern 1975) sehr subtil darlegt, ist die menschliche Daseinsform in keiner Weise mit der tierischen oder pflanzlichen Existenz zu vergleichen. Dasein auf menschlicher Ebene heißt Weltoffenheit, d.h. Offenheit gegenüber der Realität, die ihrer jeweiligen Bedeutung entsprechend bewertet wird. Der Heideggersche Begriff des In-der-Welt-Seins muß sorgfältig geklärt werden. Der Mensch existiert in der Welt nicht nur wie ein Stein an einem bestimmten Ort. Wiewohl er körperlich an diesem oder jenem Ort ›anwesend‹ ist, umspannt sein Bewußtsein die gesamte für ihn wahrnehmbare Welt.

Dies hört sich sehr abstrakt an, kann aber konkretisiert werden. Der Mensch hält sich ›normalerweise‹ draußen bei den Mitmenschen und Dingen auf. Aus der Fähigkeit oder Wesenseigentümlichkeit, alles Seiende im Hinblick auf seine Bedeutung zu begreifen, erwächst dem Menschen auch seine Pflicht, dieses (d.h. Dinge und Menschen) so zu behandeln, daß es zu seiner bestmöglichen Entfaltung gelangen kann. Bei Heidegger (›*Sein und Zeit*‹, 1927) wird dies zum Beispiel unter dem Titel der ›vorausspringenden Fürsorge‹ abgehandelt, nämlich jener Haltung, die dem jeweiligen Du die ihm offenstehenden Möglichkeiten aufzeigt, aber nicht der Versuchung erliegt, sie ›für es‹ realisieren zu wollen. Jeder Mensch kann nur selbständig ›er selbst‹ werden, und es ist Freiheitsberaubung, wenn man – auch liebevoll – für einen anderen ›einspringt‹ und ›seine Taten‹ zu vollbringen versucht.

Beim eitlen Menschen fehlt dieser Respekt vor den Freiräumen des anderen mehr oder minder völlig. Er ist so ichbezogen, daß er kaum für andere vorausdenken kann. Freud nannte diese Ichhaftigkeit den sekundären Narzißmus: damit vertrat er die Meinung, daß der Eitle durch eine von Frustrationen geprägte Biographie auf sich selbst zurückgeworfen werde und nicht in der Lage sei, Menschen, Dinge und Werte in ihrer eigenen

Existenz zu sehen. Der eitle Charakter akzeptiert seine Mitmenschen nicht, bestenfalls sind sie für ihn ›Publikum‹. Die Interessen der anderen berühren ihn nur soweit, als sie mit den seinigen übereinstimmen oder kollidieren. Ein Geisteskranker (P.D. Schreber) bemerkte in seinen *Denkwürdigkeiten* (die Freud einer Analyse unterzog), daß ihm in der Psychose die Mitmenschen als ›flüchtig hingemachte Schatten‹ erschienen: die Parallele ist nicht zu weit hergeholt, wenn man die Eitelkeit mit diesem psychotischen Zustand vergleicht, indem die ›Kompaktheit‹ der Menschen und Dinge rings um den Eitlen sich verflüchtigt, da er weitgehend *in sich selbst verfangen* ist.

Geht dem Menschen der Bezug zur Umwelt verloren oder hat er ihn erst gar nicht richtig erlangt, dann verringert sich sein Freiheitsspielraum. Anstatt zu leben und zu wirken bleibt er gewissermaßen in seinem Körper stecken: er *leibt* mehr als er lebt. Die übertriebene Hinwendung zum eigenen Körper ist oft Symptom für eine Stagnation in der menschlichen Entwicklung; normalerweise hat der Leib des Menschen eine unauffällige Existenzform: nur bei Schmerz oder Krankheit tritt er in seiner ›Materialität‹ in den Vordergrund. Nicht einmal in der sexuellen Vereinigung spielt das rein Körperliche eine primäre Rolle; zwei sich liebende Menschen sind psychisch so stark aufeinander konzentriert, daß die beiden Körper oft als ›Instrumentarium‹ mit einbezogen werden.

Eitle Menschen liebäugeln mit angeblichen oder realen eigenen Körpervorzügen, die sie über ihre Mitmenschen hinausheben. Dies bedeutet ein Zurückbleiben gegenüber der normalen menschlichen Entwicklung, die eher nach konkretem Wirken und Handeln strebt. So zeigt sich das Infantile an der Eitelkcit, oder besser noch: das Geistlos-Primitive, denn gesunde Kinder sind selten Körperfetischisten.

Dazu passen nun die weiteren ›Existentiale‹, die Heidegger und Boss beschrieben haben: das menschliche Dasein ist eine Struktur, die in vielerlei Wesensaspekte ausgegliedert werden kann. So gibt es etwa die Existentiale des Verstehens, der Befindlichkeit und der Rede, die im Rahmen der Heideggerschen Philosophie ihre spezifische Bedeutung besitzen. Für unsere Zwecke möge die Erläuterung genügen, daß der Mensch ursprünglich gestimmt in seiner Welt lebt, daß er im Verstehen alle Formen seines Könnens versammelt und daß die ›Rede‹ das menschliche Sprechenkönnen beinhaltet. Vom Eitlen in seiner Selbst- und

Leibverfangenheit werden wir erwarten, daß er nicht in der Stimmung der ›heiteren Gelassenheit‹ existiert, sondern unter irgendeiner Form des *Verstimmtseins* leidet. Seine ›Lebenstüchtigkeit‹ haben wir schon weiter oben angezweifelt, und seine ›Rede‹ ist kaum je das Miteinandersprechen- und Schweigenkönnen, sondern das ›Gerede‹, das *boden- und haltlose Plappern über Weltbezüge,* die nicht eigens erkannt und durchdrungen sind.

Die Nietzsche-Zitate haben auch deutlich gemacht, daß der Eitle kein ›Ich hat‹ oder kein ›Ich ist‹. Nach Heidegger wäre er dem ›Man-Selbst-Sein‹ verfallen. Die Urteile und Maßstäbe der anderen bestimmen ihn weitgehend. Das eigene Denken und Fühlen hat er meist gar nicht entdeckt, deshalb jagt er fremder Zustimmung hinterher, ohne daß diese jemals das eigene Selbstbewußtsein ersetzen könnte. Eitelkeit macht ›fremdbestimmt‹: und die Heilung des eitlen Menschen kann nur darin liegen, daß er sich auf den schwierigen Weg der Selbstfindung begibt. Hierbei wird er unweigerlich mit der *Angst vor dem Selbstsein* konfrontiert.

Nach Boss und Heidegger ängstigen sich die Menschen vor der Freiheit und der Ichentwicklung, weil beiderlei untrennbar mit dem menschlichen Gewissen und dem Verantwortungsbewußtsein verbunden sind. Meistens wählt nur der den Pfad des Selbstseinkönnens, der durch Zufall oder Schicksal zu ihm hingezwungen wird. Denn diese Selbsterfahrung ist auch mit dem Todesbewußtsein verknüpft. Solange man im Man-Selbst-Sein in der Selbstvergessenheit dahintreibt, kann man sich moralischer Verantwortlichkeit entziehen und die Gewißheit des eigenen Todes verdrängen. Anders wird es für jene, die sich in eine verantwortungsbewußte Existenz vorwagen: sie sehen dem Tod als ›äußerster Möglichkeit des Daseins‹ ins Auge und hören den Gewissensruf, der ihnen ›im Modus des Schweigens‹ das ›Werde, der du bist‹ nahelegt.

Eitle Menschen empfinden es als narzißtische Kränkung, daß auch sie sterben müssen. Daher ist ihr Zeiterleben grundlegend gestört. Sie verbinden nicht die drei Dimensionen von Vergangenheit, Gegenwart und Zukunft zum ›gelebten Augenblick‹, sondern wursteln meistens von Augenblick zu Augenblick, leben in einer eher ›punktuellen Existenz‹. So erscheinen sie dem Betrachter oft als ›geschichtslos‹. Ihre sprunghafte Lebensweise verschlägt sie einmal hier- und einmal dorthin, aber die innere Kontinuität ihres Daseins geht ihnen verloren. Auch dies vermittelt ein Bild von Hohlheit und Leere. Vergessen des Vergangenen und Außerachtlassen des Zukünftigen entwertet den Augenblick, so daß Leben sich dem Vegetieren mehr annähert als einer menschenwürdigen Existenzweise. Es ist ein Existieren in der Oberflächlichkeit, fern aller Tiefe und Ernsthaftigkeit.

Wahrscheinlich beruht auf diesen Zusammenhängen der Wunsch nach verlängerter oder gar ›ewiger‹ Jugend, der heutzutage die kosmetische Chirurgie zu einem blühenden Geschäft gemacht hat, in dem mehr verdient wird als in irgendeinem anderen Zweig der modernen Heilkunde. Die Menschen wollen nicht alt erscheinen und sind krampfhaft bemüht, alle Zeichen des Alterns durch ärztliche Eingriffe zu vertuschen. Mütter wollen wie Schwestern ihrer Töchter aussehen und lassen ihre Haut an allen möglichen Körperpartien liften, nicht zu reden von Transplantationen aller Art, die mitunter sogar die Gesundheit gefährden. Man tut so, als ob Schön- oder Hübschsein das höchste Gut des Lebens sei und als ob man alle Selbstachtung verlöre, wenn man nicht bewundernde Blicke auf sich ziehen kann.

Vielleicht hat diese Mentalität Oscar Wilde das Motiv zu seinem Roman *›Dorian Gray‹* eingegeben; da der Dichter ein Narziß höchsten Grades war, lag es für ihn nahe, den Verfall der äußeren Schönheit als schwere Beeinträchtigung zu empfinden. Daher die Fiktion des Bildes, welches von Dorian im Jünglingsalter gemalt wird und durch eigentümliche Zauberwirkung im Laufe der Jahre altert, indes Dorian selbst jung und schön bleibt. Alle Laster, denen er sich hingibt, und alle Untaten, die er begeht, zeichnen keine Spuren in sein Gesicht; nur das Gemälde, das er in einem verborgenen Winkel seines Hauses aufbewahrt, wird häßlich und abstoßend, indes Dorian selbst weiterhin alle Leute durch seinen Liebreiz einnehmen kann. Aber die seltsame Dualität funktioniert nur bis zu einem gewissen Grad. Als Dorian seinen Dolch in das Porträt stößt, trifft er sich selbst und verblutet.

Eitelkeit und Psychotherapie

In der Psychotherapie tut man gut daran, den eitlen Menschen behutsam umzuerziehen und ihm langsam die eigentlich tragenden Werte des Lebens und der Kultur nahezubringen. Eine Klippe ergibt sich in der therapeutischen Situation unter anderem schon daraus, daß narzißtische Typen nicht gerne einen Fortschritt oder eine Entwicklung vollziehen, die sie *einem anderen Menschen* zu verdanken haben. Am liebsten würden sie alles Gute und Sinnvolle in ihrem Leben auf sich selbst zurückführen. Darum hat Alfred Adler den Seelenärzten geraten, die fortschreitende Gesundung des Patienten nicht als ihr eigenes Werk hinzustellen: dies mobilisiere mit Sicherheit Widerstand des Kranken, der eventuell das Selbstbewußtsein des Arztes mit Verschlimmerung seines Zustands beantwortet. Besser wäre es, dem Analysanden zu sagen, daß der ›wahre Therapeut‹ auf *seinem Stuhl* sitze, indes der Psychologe nur die Funktion eines Katalysators übernehme, der bestimmte Veränderungen ermöglicht, ohne direkt daran beteiligt zu sein.
Einfach wäre die Heilung, wenn der Eitle lediglich eine Untugend ›verlernen‹ müßte; aber dieser Punkt ist nur einer von einer ganzen Reihe weiterer. Der Lernprozeß umfaßt die gesamte Persönlichkeit. Viele verborgene Minderwertigkeitsgefühle müssen deutlich gemacht und korrigiert werden. Das Interesse für Mit- und Nebenmenschen, ausgehend von der erwachenden Sympathie für den Seelenarzt, soll gefestigt und entfaltet werden. Sodann geht es darum, viele sozial nützliche Verhaltensweisen zu trainieren, die im Leben des Narzißten verkümmerten, weil er den emotionalen Zugang zu anderen nicht fand.
So ist die Heilung von Eitelkeit ein umfängliches Unternehmen. Rationale Korrekturen allein erweisen sich fast immer als machtlos. Kritik und deutende Hinweise lassen den Eitlen oft genug kalt, oder sie erwecken seinen energischen Widerspruch. Vielfach vermutet er, daß die *Eitelkeit der anderen* an seinem ›angeblichen‹ Narzißmus Anstoß nimmt: wären die anderen nicht so borniert, dann würden sie seine Größe, Schönheit, Intelligenz und Stärke leichter anerkennen!
Der Psychotherapeut muß diese Patienten – wie alle anderen auch – ›umstimmen‹, ihre Welt- und Werterfahrung durch den von ihm selbst gelebten reineren und humaneren Weltentwurf

berichtigen, sie zum Handeln stimulieren und ihnen durch die ›Kunst der Rede‹ jenen ›menschlichen Raum‹ vor Augen führen, in den hinein sie sich wahrhaft entfalten können. In der psychotherapeutischen Situation sollen Begegnungen stattfinden, in denen der liebeshungrige Patient oft erstmals in seinem Leben die Bedeutung von Verstehen und Verstandenwerden erfährt. Er soll angenommen werden mit seinen Schwächen und Unzulänglichkeiten, die er auch deshalb so ängstlich verdrängt, weil diese in seiner Kindheit nicht akzeptiert wurden. In der Arbeit mit dem Therapeuten kann der Patient auf alles schauspielerische Getue verzichten, das aus Angst vor dem Du geboren wird und diese Angst auch weiter kultiviert. Die Gelassenheit des Seelenarztes ›induziert‹ ähnliche Haltungen im Kranken, der seinen ›inneren Krampf‹ losläßt und für Welt und Selbstsein ›ein Gespür bekommt‹.

In anderen Worten: Die Beziehungsarmut der eitlen Patienten stellt ihr größtes Handikap dar. Um die Selbstachtung vor ihrem schwachen oder verletzten Ich zu bewahren, haben sie relativ bedeutende Teile der Wirklichkeit ›ausgeklammert‹. Sie scheuen vor der Realität zurück, weil sie dann wiederum die Last des Kampfes um ihre Integrität, die dramatische Spannung ihres Selbstwertstrebens ertragen müssen. Sie wollen nicht allzuviel mit der Welt zu tun haben, da sie über eingeschliffene illusionäre Wege zur Selbsterhöhung verfügen.

Für derartige Patienten ist es nicht leicht zu verstehen, daß Welt und Ich eine Einheit sind und daß die Person in ihrem Bezugssystem lebt, gewissermaßen wie ein Herz in einem Organismus. Auch dies wirkt wie eine Mittelpunktbeschreibung, ist aber dem Mittelpunktstreben des Eitlen genau entgegengesetzt. Ein lebenswichtiges Organ in einem Lebewesen vollzieht fast automatisch alle Dienste, die von ihm gefordert werden, damit es selbst und sein Organismus gedeihen können. Nicht so die Eitelkeit: sie will sich auf Kosten des Ganzen in den Vordergrund spielen. Wer diese Enge des Blickfeldes überwunden hat, funktioniert in allen sozialen und kulturellen Situationen nach Kriterien des Allgemeininteresses. Natürlich ist dieses in vielen Lebenslagen sehr umstritten: der Mensch irrt, solange er strebt. Gleichwohl wird derjenige die beste Lösung finden, der frühzeitig lernt, seine eigene Situation mit der Lage seiner Mitmenschen und der Menschheit überhaupt zu verbinden.

Familientherapie und Kulturanalyse

Naturgemäß liegt in den obigen phänomenologischen und psychotherapeutischen Darlegungen auch implizit ein pädagogisches Programm, wie man nämlich Kinder zu selbstbewußten, eben nicht eitlen Menschen erzieht. Wir wollen nicht ausführlich bei diesem Aspekt verweilen; aber einige Motive sollten nicht unerwähnt bleiben.

Kinder werden nicht eitel, wenn ihre Eltern nicht eitel sind. Die elterliche Persönlichkeit prägt mehr als das Programm der Eltern. Horst-Eberhard Richter (›*Patient Familie*‹) führt den ›hysterischen Charakter‹ auf einen Familientypus zurück, der mit dem Schlagwort ›Familie als Schaubühne‹ gekennzeichnet wird. Wachsen Kinder in Familien heran, in denen machtbewußte Mitglieder die Beziehungspersonen in ›Theaterpublikum‹ umfunktionieren, vor dem Tag für Tag ›eine Schau abgezogen wird‹, dann wird man ihnen vergeblich Schlichtheit, Echtheit und Mitmenschsein predigen. Das *Familienbeispiel* wird ihnen in Fleisch und Blut übergehen, und später im Leben werden sie mittels theatralischer Gebärden die innere Leere übertönen, die ihnen in den ersten Lebensjahren anerzogen wurde.

Wichtig ist auch die Entwicklung aller im Kind angelegten Begabungen und die Vermittlung eines Leistungsbewußtseins. Lebenstüchtige Kinder sind für Selbstgefälligkeit weniger anfällig als Faulpelze, Versager und Opfer von Minderwertigkeitskomplexen. Ermutigung in jeder Form bestärkt das Kind darin, sich im Schnittpunkt sozialer Beziehungen und Aufgaben zu sehen. Verwöhnte und entmutigte Kinder jedoch wollen immer im Mittelpunkt stehen, Lorbeeren ohne entsprechenden Energieaufwand einheimsen und als Star durch die Gegend stolzieren, der allein schon durch seine bloße Existenz – ohne Beitragsleistung – im Mittelpunkt der Aufmerksamkeit steht.

Heitere und glückliche Kinder sind ebenfalls vor Eitelkeit geschützt. Der Schutzwall der Eitelkeit um einen Charakter ist gewissermaßen die *Abwehr von Trauer und Angstgefühlen*, die die Persönlichkeit zu übermannen drohen. Das Imponiergehabe des Eitlen kompensiert seine Selbstzweifel, in denen Kontaktscheu und Furchtsamkeit zusammenfließen.

Je schöpferischer und differenzierter das Werterleben eines Menschen ist, um so eher kann er sich selbst in seinem Wert richtig einstufen, ohne in die beiden pathologischen Möglichkeiten der Hybris und der Selbstverachtung zu verfallen. Eitle Menschen haben in der Regel ein Defizit in ihrer Empfänglichkeit für Werte. Da sie alles um sich herum als mehr oder weniger ›minderwertig‹ ansehen, bleibt ihnen zur Wertschätzung nur das eigene Ich übrig, eventuell noch der ›dazugehörige‹ Lebenspartner, das Haus, das Auto, das Kind und allenfalls noch der Hund. Die Grenze zwischen Ich und Welt wird sehr scharf gezogen. ›Wir hier‹ und ›die dort‹: dazwischen liegen Abgründe, die nicht zu überbrücken sind. Darum bestehen enge Beziehungen zwischen Eitelkeit und *Vorurteil*, letzteres in Gestalt von Nationalismus, Konfessionalismus, Rassismus und politischen Alleinseligkeitslehren.

Die entfremdende und veräußerlichende Kultur, die das ›Haben‹ über das ›Sein‹ stellt, trägt darüber hinaus dazu bei, uns alle mit mit jenem Narzißmus zu impfen, der Kommunikation und Kooperation beängstigend behindert.

Die sogenannten kollektiven Vorurteile machen das Phänomen der *stellvertretenden Eitelkeit* besonders deutlich, das ein eingehendes Studium verdient. Da viele Menschen dunkel ahnen, daß sie nicht so viele positive Eigenschaften haben, um darauf stolz zu sein, verlagern sie ihre Überheblichkeit auf soziale Gruppen oder Konfigurationen, denen sie sich zugehörig fühlen. So kann dann etwa der Gläubige sich als bescheiden und demutsvoll einstufen, aber er behauptet, sein Gott sei der einzige und ›wahre Gott‹. Ähnlich verhalten sich Sympathisanten politischer Gruppierungen und anderer Clans und Klüngel: auch das kleinste Parteimitglied sonnt sich in der Bewunderung, die etwa einem ›Führer‹ oder einem Parteiprogramm gezollt wird. So kann Eitelkeit ›delegiert‹ werden: das reicht sogar hinunter bis zum Fußballverein, den man unterstützt, und zum Arzt, von dem man sich behandeln läßt. Auch die Patienten in der Psychotherapie, die einiges über den ›Streit der Schulen‹ wissen, rühmen ihren Analytiker und die von ihm vertretene Lehrmeinung, um damit kundzutun, daß sie eben ›auf dem richtigen Dampfer sitzen‹. Eine Anekdote erzählt, daß amerikanische Filmschauspielerinnen, die miteinander in Konflikt geraten, schon seit langem nicht mehr sagen: »Ich werde dich in die Pfanne hauen!« Die übliche Redewendung lautet derzeit: »Mein Psychotherapeut wird deinen Psychotherapeuten in die Pfanne hauen!«

So strebt jeder Mensch danach, in den Augen der anderen als bedeutend zu erscheinen, und eitel sind all jene, die dies mit Hilfe von Bagatellen und Banalitäten erreichen wollen.
Zu einem eigentümlichen ›Stellvertretungsprozeß‹ kommt es auch ›binnenseelisch‹, und zwar im Verhältnis des Ichs zu seinem *Ichideal.* So heftet sich die menschliche Eitelkeit nicht nur an äußere Beziehungskreise und -personen, sondern auch an das Über-Ich, dessen Entstehung Freud sowohl auf die Triebstruktur des Individuums als auch auf die Introjektion geliebter Vorbilder in Kindheit und Jugend zurückgeführt hat. Jeder Mensch gestaltet sein Leben so, als wolle er mit allen Mitteln die Zustimmung seines Ichideals erreichen. Auch in diesem Sinne ist das Ideal-Ich der Erbe von Eltern und Erziehern, denen das Kleinkind in der Regel gefallen will. Entscheidend ist, daß das Individuum oft genug zum Ichideal ein Verhältnis aufbaut, welches man als ›verlagerte Eitelkeit‹ bezeichnen kann. Nun ist nicht mehr wichtig, wie groß und tüchtig das Ich ist oder wird; es ist zufrieden, wenn sein Über-Ich mächtig und überlegen bleibt, egal, ob das Ich selbst scheitert oder eventuell sogar untergeht. In den Psychosen wird z.B. das Ich dem Ansturm seiner Bedrängnisse preisgegeben, aber das Ichideal thront weiter in oder über der Persönlichkeit, die Schiffbruch erlitten hat. Masochistische Menschen scheinen zu ihrem Idealich wie zu einem Gott aufzuschauen, und die Psychoanalyse behauptet, der Gott, den die Religion anbetet, würde aus dem Stoff der individuellen Ichideale geformt, respektive stelle deren Projektion in den Himmel oder in die ›Überwelt‹ dar.
Bei überbescheidenen, hilflosen, kontaktscheuen und verhaltenen Menschen sitzt die Eitelkeit oft in ihrem verborgenen Idealbild, das zum Hindernis für Wandlung und Entwicklung wird.
Im Grunde geht es jedem (neurotischen) Menschen wie dem Jüngling Narziß in der griechischen Mythologie. Von ihm wird erzählt, er habe die Liebeswerbung der Nymphe Echo verschmäht, worauf diese ihn mit maßloser Selbstliebe strafte. Er verliebte sich in sein eigenes Spiegelbild, das er im Wasser erblickte – die Liebe zu seinem eigenen Bildnis wurde zu einer verzehrenden Sehnsucht, die erst ein Ende nahm, als ihn die Götter in eine Narzisse verwandelten.
Überträgt man den Mythos in die Psychologie, dann besagt er

im wesentlichen, daß die Liebe zu einem Du (und zur Welt) das wahre Heilmittel gegen den Narzißmus ist. Mißlingt diese Zuwendung zu den anderen, dann bleibt nur noch die krankhafte Leidenschaft für das eigene Ich, die fruchtlos und unergiebig ist. Der eigentliche ›Gegenstand‹ unserer Liebe sind die Mitmenschen, die Arbeit, die Schönheit, der Fortschritt. Der eitle Mensch hat nur einen Götzen zu verlieren, wenn er die Hypostasierung seines Ideal-Ichs aufgibt und sich dem Strom des inneren und äußeren Werdens anvertraut. Die in sein Idealbild investierten Energien fließen gewissermaßen in sein Ich zurück und kommen dessen Kraft und Kapazität zugute. Es vollzieht sich im individuellen Bereich jene Wendung, die ein Feuerbach oder ein Nietzsche bezüglich der Religion von den Menschen forderten: Die Liebe, die man an ein ›jenseitiges‹ Wesen vergeudet, soll ins Diesseits zurückgelenkt werden. Nietzsche sagt: »Es ist nicht genug Liebe in der Welt, daß man einen Teil davon an ein eingebildetes Wesen verschwenden dürfte!« Ähnlich gilt für die Eitelkeit, daß sie Intelligenz und Gefühl vom realen Lebensprozeß abzieht und in Phantomen fixiert.

Molière oder die Welt der Eitelkeit

Einer der bedeutendsten Porträtisten menschlicher Eitelkeit war Molière (1622–1673), in dessen Komödien viele menschliche Schwächen und Untugenden gegeißelt werden, die auf den gemeinsamen Nenner ›Eitelkeit‹ zurückgeführt werden können. Für Lustspieldichter aller Zeiten und Zonen ist der eitle Mensch ein unerschöpfliches Reservoir von Themen und Motiven; in der Kritik menschlicher Unechtheit und Überheblichkeit versieht das Lustspiel eine pädagogisch-ethische Funktion.

Molières Werk ist vielseitig und mannigfaltig, und so können wir nur auf einige seiner Texte eingehen. Der Dichter war ein scharfer Beobachter seiner Zeitgenossen während der Ära Ludwigs XIV.; er zeigte die komische Seite des Menschen, indem er einzelne Charaktertypen schuf, die sich allesamt als Ausprägungen der menschlichen Natur erweisen. Autoren wie Molière gehören in die Geschichte der wissenschaftlich-philosophischen Besinnung des Menschen auf sein wunderliches Wesen und auf seine Stellung im großen Rahmen der Natur und der Geschichte.

Sieht man von einigen ›Vorübungen‹ des Autors ab, so kann man ›*Tartuffe*‹ (1664) als seine erste große ›Komödie der Eitelkeit‹ bezeichnen. Orgon hat den Betrüger Tartuffe in sein Haus aufgenommen, weil ihn dessen angeblich frommer Lebenswandel entzückt. Tartuffe mimt den über alle irdischen Interessen erhabenen Frommen, ist aber auf das Geld seines Gastgebers versessen, dessen Frau er verführen und dessen Tochter er zu seiner Gattin machen will. Orgon in seiner Faszination ist blind für die Verlogenheit seines heuchlerischen Gastes, bis ihn seine Frau Elmire zum Zeugen von Tartuffes Liebeswerbung macht; der versteckte Gatte muß mit anhören, wie der religiöse Heuchler sein eigenes Weib zu umgarnen versucht, indem er alle ihre moralischen Skrupel als unsinnigen Irrwahn beiseite schiebt. Als Elmire in der Verführungsszene nochmals an Orgon erinnert, tut Tartuffe seinen Wohltäter mit folgenden Worten ab:

›Wozu denn all die Mühe, die Sie an ihn verschwenden?
Der Mensch ist – unter uns – wie Wachs in meinen Händen;
Man muß ihm tüchtig schmeicheln, dann tanzt er, wie man pfeift,
Und glaubt nicht einmal das, was er mit Händen greift.‹

In dieser kleinen Szene wird deutlich, daß Orgons Achillesferse nicht in seiner Leichtgläubigkeit, sondern in seiner Eitelkeit besteht. Heuchler, Betrüger und Hochstapler arbeiten hauptsächlich mit dem übersteigerten Anerkennungsbedürfnis ihrer Opfer, das Grundlage von deren Naivität und Infantilismus ist.

Frankreichs Klerus erwirkte beim König ein Verbot dieses Stückes, wiewohl es nicht die Religion selbst, sondern nur das frömmlerische Gehabe aufs Korn nahm. Aber vielleicht hatte der Pariser Erzbischof nicht so unrecht, als er sich von ›*Tartuffe*‹ gekränkt fühlte; wer die verlogene Religiosität entlarvt, ist nahe daran, Religion selbst als eine Art von Eitelkeit zu denunzieren, da der Mensch sich in ihr nicht selten als ›Pseudo-Heiliger‹ gebärdet.

Im Jahre 1666 wurde Molières ›*Misanthrop*‹ uraufgeführt. Darin zeigt er einen Menschentyp, der durch die Maßlosigkeit seiner moralischen Forderungen alle seine Mitmenschen abwertet und sich zu Feinden macht. Alceste tritt mit dem Anspruch auf, ein ehrlicher, geradliniger und aufrichtiger Mensch zu sein. Merkwürdigerweise verliebt er sich in Célimène, die eine überhebliche Intrigantin und Lebedame ist. Mit ihr will er in die Einsamkeit gehen, um dort verachtungsvoll der schnöden Welt den Rücken zu kehren. Das ist nun gar nicht in Célimènes Sinn, da sie sich in der Welt der Galanterie, der Halb- und Viertelwahrheit eigentlich recht wohl fühlt. Sie weist daher den Antrag Alcestes zurück und macht sich zuerst heimlich und dann offen über ihn lustig; sie hat seine Welt- und Menschenverachtung durchaus als Eitelkeit erkannt.

Wer menschliche Untugenden nicht tolerieren will, kann nur noch außerhalb der Gesellschaft leben und ›von außen her‹ die Überlegenheit seines Moralempfindens verkünden. Man macht sich aber lächerlich, wenn man sich zum Bußprediger für jene Laster aufschwingt, an denen unter den gegebenen gesellschaftlichen Bedingungen alle Menschen irgendwie teilhaben. Auch der Misanthrop beschmutzt sein Hemd und seine Hände, wenn er von seinem angemaßten Podest heruntersteigt und sich wirklich ›mit dem Leben einläßt‹. Dann schmilzt nämlich sein ethisches Pathos auf einen kläglichen Rest zusammen, der durch moralisierendes Eifern zugedeckt werden soll. Wer in irgendeinem Bereich ›das Absolute‹ will, ist mehr in sich selbst als in den moralischen Wert verliebt.

Zum religiösen Heuchler und zum Menschenfeind gesellt sich der Geizkragen, den Molière in *›Der Geizige‹* großartig karikiert hat. Harpagon ist der ›Mann mit der Kassette‹. Seine Truhe, mit Geld gefüllt, ist das Liebste, was er auf Erden hat. Seinen Sohn will er an eine häßliche, aber reiche Witwe verheiraten; seine Tochter soll einen Witwer ehelichen, dessen hauptsächlicher Vorzug im Reichtum liegt. Für sich selbst hat Harpagon die junge Mariane ausersehen, in die auch sein Sohn verliebt ist: so ist für eine brillante Komödie genügend Konfliktstoff gegeben.

Wie soll der Sohn Cléanthe durchsetzen, daß er und nicht sein Vater Mariane bekommt? Zum Glück ist sein Diener La Flèche ein listiger Geselle, der den alten ›Schatzliebhaber‹ dabei beobachtet, wie er seine Kassette im Garten vergräbt. Natürlich wird nun die Kassette gestohlen, eine Tatsache, die Harpagon beinahe um den Verstand bringt. Wenn er – nachdem er den Diebstahl seines verborgenen Geldschatzes entdeckt hat – mit Wut und Verzweiflungsgeheul über die Bühne rast, mutet er

wie ein Psychotiker an, der jedwede Orientierung verloren hat. Er will sich selbst und alle seine Mitmenschen aufhängen lassen, da man ihn seines Daseinsmittelpunkts beraubt hat. Ein ähnlich stereotypes Verhalten legt er bei dem Versuch an den Tag, alle Einwände gegen die Ehe seiner Tochter mit einem unsympathischen Ehemann zu entkräften; er wiederholt stets die für ihn offenbar magische Formel: »Er will keine Mitgift!« Da alle seine Pläne fehlschlagen, und jeder den heiratet, den er auch heiraten will, schließt Harpagon die Komödie mit den Worten: »Und ich gehe zu meiner geliebten Kassette.« Denn sie wird ihm zurückgegeben, weil er die Liebenden gewähren läßt und sich ihren Absichten nicht mehr entgegenstellt.
In Eckermanns ›*Gespräche mit Goethe*‹ kommt Goethe oft genug auf Molière zu sprechen und rühmt ihn als einen wahrhaft großen, reinen Menschen. Er sei immer wieder erstaunt, wenn er seine Stücke lese:

Er (Molière) ist ein Mann für sich, seine Stücke grenzen geradezu ans Tragische, sie sind apprehensiv, und niemand hat den Mut, es ihm nachzutun. Sein Geiziger, wo das Laster zwischen Vater und Sohn alle Pietät aufhebt, ist besonders groß und im hohen Sinn tragisch... Ich lese von Molière alle Jahre einige Stücke, so wie ich auch von Zeit zu Zeit die Kupfer nach den großen italienischen Meistern betrachte. Denn wir kleinen Menschen sind nicht fähig, die Größe solcher Dinge in uns zu bewahren, und wir müssen daher von Zeit zu Zeit immer dahin zurückkehren, um solche Eindrücke in uns anzufrischen. (12. Mai 1825)[4]

In einer Gesellschaft, in der alle Prestige, Auszeichnung, Ruhm und Ehre nachjagen, kann man der Versuchung, mehr zu scheinen als zu sein, kaum entrinnen. Zur Zeit Molières galten der Adel, der Klerus und die Gelehrten als gesellschaftliche Oberschicht: Kein Wunder, daß die Bürger diese Stände imitierten, um sich im Abglanz von deren Bedeutung zu sonnen. ›*Der Bürger als Edelmann*‹ karikiert einen reichen Spießer, der überglücklich ist, weil er mit einem Grafen Umgang pflegt und eine Gräfin anhimmeln darf. Natürlich fällt er den betrügerischen Manövern des Aristokraten zum Opfer und wird zum Narren gehalten. Von krasser Komik sind jene Szenen, in denen sich Herr Jourdain rasch etwas Bildung zulegen will, um damit bei seinen neuen ›Freunden‹ brillieren zu können. Sprachlehrer, Musiklehrer, Tanzmeister und ein Philosoph müssen anrücken, um Jourdains Kenntnisse und Fertigkeiten zu erweitern. Zuletzt wächst sein Enthusiasmus ins Grenzenlose, als er erfährt, daß er schon vierzig Jahre lang ›Prosa‹ gesprochen hat, ohne es zu wissen. Er muß dann aber doch dem Cléanthe seine Tochter zur Frau geben, wenn er ›Paladin‹ eines vermeintlichen türkischen Prinzen werden will, ein Rang, der seiner Eitelkeit unendlich schmeichelt.

Herrn Jourdains Gesinnungsgenossinnen sind ›*Die gelehrten Frauen*‹ (1672), die ebenfalls nach Poesie und Bildung streben. Molière nimmt sich die affektierten und sentimentalen Damen der Salons vor und stellt ihren Bildungsfimmel als eitle, geistlose Pose dar. Unterdrückte Gefühle, gewaltsam zur Intellektualität abstrahiert, sind Kennzeichen der Blaustrümpfe, die angeblich kulturelle Probleme in endlosen Phrasen diskutieren. Einem Pseudodichter spenden sie reichlich Lob, das wohl auch in verdrängter Sexualität motiviert ist. Der ganze Verein der Bildungsphilister plaudert über Philosophie. Was dabei herauskommt, sind schlichthirnige Floskeln, die allenfalls in einem Gespräch über Mode am Platze wären:

Trissotin:	Mir liegt die Systematik des Peripatetismus.
Philaminthe:	Den Sinn für Abstraktion lieb' ich am Platonismus.
Armande:	Das Weltbild Epikurs ist's, dem ich mich nahe fühle.
Bélise:	Ich neig' zu Epikurs Doktrin der Moleküle. Doch mit dem leeren Raum weiß ich nichts anzufangen, Ich fühle unbezähmbar nach der Substanz Verlangen.
Trissotin:	Ich lasse bei Descartes den Magnetismus gelten usw. [5]

Endlich soll noch ›*Der eingebildete Kranke*‹ (1673) erwähnt werden. In diesem Stück stellt Molière die damalige Medizin als Quacksalberei und berufliche Verlogenheit bloß. Der Patient Argan ist Hypochonder, findet aber schlaue Ärzte, die ihn gegen gutes Geld mit Medikamenten und Klistieren zu heilen versprechen. Sein ganzes Leben wird nun der ›medizinischen Wissenschaft‹ untergeordnet, die nach Molières eigener Erfahrung nur viel ›Wortgetöse‹ macht, um die Unkenntnis ihrer Scharlatane zu bemänteln. Voltaire sagte hundert Jahre später über diesen Mißstand:

»Oh diese Ärzte, sie geben Substanzen, die sie nicht kennen, in Körper, die sie nicht verstehen!«

Molières Argan möchte seine Tochter einem offenbar dummen jungen Arzt zur Frau geben. Dann nämlich hätte er einen Mediziner in der Familie, von dem er sich lebenslange Betreuung verspricht. Aber das Dienstmädchen Toinette hat beschlossen, daß die junge Frau den Mann ihrer Wahl heiraten soll. Sie ist es denn auch, die Argans Frau als egoistische Person entlarvt, die nur darauf wartet, ihren Gatten möglichst bald zu beerben. Der Bruder des Patienten will den Hypochonder ebenfalls zur Vernunft bringen. Er sieht den einzigen Ausweg darin, Vertreter der medizinischen Fakultät zu bestechen, die Argan in einer Scheinprüfung selbst zum ›Doktor der Medizin‹ promovieren lassen. Argan kann alle Fragen zur Befriedigung des Gremiums beantworten, so z.B. die berühmte Frage, warum das Opium einschläfere:

Quia est in eo
Virtus dormitiva,
Cujus est natura
Sensus assoupire.
(Weil in ihm eine Kraft ist, deren Natur darin besteht, die Sinne einzuschläfern.)
Auf andere Fragen des Kollegiums antwortet Argan ziemlich stereotyp:
Clisterium donare,
Postea seignare,
Ensuitta purgare.
(Ein Klistier geben, den Darm reinigen usw.)[6]

Molière verspottete die Ärzte und achtete selbst wenig auf seine Gesundheit. Auch ein Lungenleiden konnte ihn nicht daran hindern, weiter leidenschaftlich seine Theaterpläne in die Tat umzusetzen – als Stückeschreiber und Hauptakteur (darin Shakespeare und Nestroy ähnelnd). Im Jahre 1673 spielte er in Paris den ›*Eingebildeten Kranken*‹ und brach im dritten Akt zusammen. Bald darauf erlitt er einen Blutsturz: Molière starb am 17. Februar 1673.
Der französische Literaturkritiker Sainte-Beuve hat dem genialen Lustspieldichter in seinen *Literarischen Porträts* eine eindringliche Studie gewidmet. Er erzählt die Anekdote, daß Molière mitunter im Laden eines Händlers die Kasse bediente, um die Leute beim Einkauf beobachten zu können; oder man sah ihn stundenlang vor der Abfahrt auf der Postkutsche sitzen, um Leute zu beobachten, die sich auf eine Reise begeben. Ein Händler soll über ihn gesagt haben, er sei ein gefährlicher Mensch, da er ›nie ohne Augen und Ohren ausgehe‹. Dieses unfreiwillige Kompliment deutet an, daß der Dichter vermut-

lich ›in das Leben verliebt war‹ und es in allen Einzelheiten hingebungsvoll studierte. Sein eigenes Leben mit allen seinen Schwierigkeiten war da keine Ausnahme. Molière stürzte sich in ein reges Liebesleben, und viele seiner erotischen Abenteuer klingen in seinen Stücken an. Seine eigene Gattin betrog ihn wie die Gatting des George Dandin (*›Der Betrogene oder George Dandin‹*) es tat: Und wie Dandin sich vergeblich darum bemüht, seinen aristokratischen Schwiegereltern nachzuweisen, daß er ein Hahnrei sei (er konnte die Ausreden seiner Frau nicht entkräften), war auch Molière nicht in der Lage, seine wesentlich jüngere Lebensgefährtin ihrer Untreue zu überführen und sie zur Treue zu erziehen. Auch Molières Frau war Schauspielerin, und so kam es vor, daß beide, die einander in Treubrüchen überboten, auch auf der Bühne ein Ehepaar spielten, das außerhalb der Ehe seine Genüsse sucht und findet.
Molière war Sohn eines Tapeziermeisters bei Hofe und sollte auf Wunsch seines Vaters ebenfalls königlicher Tapezierer werden. Es drängte ihn jedoch zum Theater; er schloß sich einer wandernden Schauspieltruppe an. Seine Komödien sind Bestseller der Weltliteratur, nicht zuletzt, weil seine subtil gezeichneten Charaktere menschlicher Eitelkeit erbarmungslos den Spiegel vorhalten.

Josef Rattner

Geiz

Das Wort ›Geiz‹ bedeutete im alten Sprachschatz so etwas wie ›Habsucht und Gier‹. Der Geizige ist wesensmäßig ein gieriger Mensch, einer, der von Begehren und Verlangen getrieben wird. Dementsprechend besagte das Wort ›Geizhals‹ ursprünglich ›gieriger Rachen‹ oder ›Schlund eines Gierigen‹. In dieselbe Richtung weist auch ›Geizkragen‹, indem ›Kragen‹ natürlich an ›Hals‹ erinnert. Die Etymologie lehrt uns, daß Geiz mit einer Gier zu tun hat, die die orale Zone einbezieht oder auch von ihr ihren Ausgangspunkt nimmt. Wir werden daher die Analogie zu den *Suchtkrankheiten* im Auge behalten müssen: die Beziehung des Geizigen zum Geld und zu seinen Schätzen ähnelt eventuell derjenigen des Alkoholikers und des Drogenabhängigen zu ihren Rauschmitteln.

Auch die ›Weisheit des Volkes‹ hat sich ausgiebig mit dem Phänomen des Geizes auseinandergesetzt. So muß man nur den Sprichwörter-Reichtum der Völker und Nationen Revue passieren lassen, um zu sehen, wie oft über die Hartherzigkeit und Asozialität geiziger Menschen geklagt wird. Aus einer beliebigen Sprichwörter-Sammlung entnehmen wir z.B. folgende Einsichten:

Viel versprechen, wenig geben, läßt den Geizhals in Freuden leben. – Des Geizhalses einzige Wohltat ist sein früher Tod. – Ehrgeiz und Geldgeiz ist ein Brunnen allen Übels. – Geiz ist die größte Armut. – Der Geiz und der Bettelsack sind bodenlos. – Der Geizige ist ein Roß, das Wein fährt und Wasser säuft. – Der Geiz ist wie das Feuer; je mehr Holz man dranlegt, desto mehr brennt es. – Geiziger Vater, verschwenderischer Sohn.

Ein sehr anschauliches Bild des geizigen Menschen lieferte bereits *Theophrast* (372–287 v.Chr.) in seinem Buch ›*Die Charaktere*‹, das wir als die erste Charakterologie des Abendlandes bewundern. Wie sein Lehrer Aristoteles war der griechische

Philosoph und Naturforscher der Überzeugung, daß der Geiz ebensosehr ein Laster sei wie die Verschwendung; die dementsprechende ›Tugend‹ bestehe in der Sparsamkeit, welche ›in der Mitte‹ zwischen den beiden genannten Lastern plaziert werden muß. Theophrast schreibt (zit. nach G. W. Allport: *›Persönlichkeit‹*, Meisenheim 1959, S. 59f.):

Der knauserige Mensch

Knauserigkeit ist Sparsamkeit, die über das gewöhnliche Maß hinausgeht. Ein knauseriger Mensch ist jemand, der vor Ende des Monats zu einem Schuldner geht, um sich nach seinem Darlehen zu erkundigen. Bei einem Mittagessen, wo die Unkosten geteilt werden, zählt er die Anzahl der Tassen nach, die jeder trinkt, und bringt der Artemis ein kleineres Trankopfer dar als irgendein anderer. Wenn jemand zu seinen Gunsten einen guten Handel abgeschlossen hat und ihm die Rechnung zeigt, sagt er, es sei zu viel.

Wenn sein Diener einen Topf oder einen Teller zerbricht, zieht er den Wert von dessen Kost ab. Wenn seine Frau ein Kupferstück fallen läßt, rückt er Möbel, Betten, Truhen ab und kriecht hinter die Gardinen. Wenn er etwas zu verkaufen hat, setzt er einen solchen Preis dafür fest, daß der Käufer keinen Vorteil hat. Er verbietet jedermann, eine Feige in seinem Garten zu pflücken, über sein Land zu gehen, eine Olive oder eine Dattel wegzunehmen. Jeden Tag sieht er nach, ob die Grenzpfähle seines Besitztums nicht verrückt worden sind. Er wird einem Schuldner hart zusetzen und die Forderung eintreiben. Wenn er seine Bekannten einlädt, ist er sehr darauf bedacht, ihnen nur ganz kleine Stücke Fleisch anzubieten. Wenn er zum Markt geht, kommt er nach Hause, ohne etwas gekauft zu haben. Er verbietet seiner Frau, irgend etwas zu verleihen, weder Salz noch Lampendocht noch Zimt noch Majoran, weder Mehl noch Girlanden noch Kuchen zum Opfern. »All diese Kleinigkeiten«, sagt er, »summieren sich in einem Jahr.« Summa summarum sind die Kisten des knauserigen Mannes muffig und die Schlüssel verrostet, seine Angehörigen tragen eine Tunika, die kaum bis an die Oberschenkel reicht; eine lächerlich kleine Ölflasche versorgt sie bei der Salbung. Sie tragen das Haar kurz geschnitten und ziehen die Schuhe vor Mittag nicht an; und wenn sie ihren Mantel zum Färber tragen, schärfen sie ihm ein, nur ja viel Kreide zu nehmen, damit er nicht so bald fleckig wird.[1]

Fast 2000 Jahre später knüpfte *La Bruyère* (1645–1696) an Theophrast an und beschrieb seinerseits die *›Charaktere‹*, die er in seinem Jahrhundert in Frankreich und am Hofe Ludwigs XIV. vorfand. Als großer Moralist faßte er hierbei auch den geizigen und habgierigen Menschentyp ins Auge, den er treffend zu charakterisieren wußte. Bitter bemerkt er, daß Reichtum zumeist auf dem Boden der Unmoral und Gewissenlosigkeit wächst. Man muß Ruhe, Gesundheit und Ehre opfern, um Geld zusammenzuraffen. Der Besitz der einen wird durch die Armut der anderen ›erzeugt‹. Man kann sich am ehesten bereichern, wenn man gefühllos gegen das Elend der Mitmenschen ist. Reichtum erwerben hängt oft mit Eitelkeit zusammen: wer viel Habe in seinen Truhen vor sich sieht, meint leicht, daß er ein kluger Kopf sei. Geiz ist ausgeprägter Egoismus, der auch vor den eigenen Familienangehörigen nicht haltmacht.

Immerhin ist der Habgierige ein aktiver Mensch, und wenn er nicht unklug ist, kann er es mit der Zeit zu etwas bringen. La Bruyère sagt:

Man kann es auf der Welt nur auf zweierlei Art zu etwas bringen: durch eigenen Fleiß oder durch die Dummheit der anderen.

Aber die Reinheit der Seele leidet sehr unter dem Wettlauf nach Geld und Gut:

Es gibt schmutzige Seelen voll Kot und Unrat, die für Gewinn und Eigennutz so eingenommen sind wie schöne Seelen für Ruhm und Tugend; sie sind nur der einen Wollust fähig, an sich zu raffen und nichts zu verlieren, auf jeden Heller versessen und begierig, ausschließlich mit ihren Schuldnern beschäftigt, stets in Sorge um eine mögliche Geldentwertung, vergraben und gleichsam versunken in Kontrakte, Titel und Urkunden. Solche Leute sind nicht Verwandte, nicht Freunde, nicht Mitbürger, nicht Christen, vielleicht nicht einmal Menschen: sie haben Geld.[2]

Aber irgendwie übersieht der Geizige, daß er sein Geld nicht ›ins Jenseits‹ mitnehmen kann: wahrscheinlich hat er das Gefühl, daß ihn sein großer Besitz ›unsterblich‹ macht. La Bruyère weist darauf hin, daß eines Tages die Erben das Geld übernehmen und damit vielleicht den Geizhals ›nach seinem Tod‹ dazu zwingen, an einem einzigen Tag mehr auszugeben als in seinem ganzen Leben überhaupt.

Molières Komödie *›Der Geizige‹* (1682) ist – neben Plautus – offenbar auch von Theophrast und La Bruyère beeinflußt. Sein *Harpagon* ist die klassische Figur des Geizkragen auf der Bühne. Alle verfolgt er mit seinem Mißtrauen, da er stets mutmaßt, daß man ihn um sein Geld bringen will. Seine Pferde bekommen nichts zu fressen, seine Diener haben keine anständigen Kleider, Sohn und Tochter können nicht standesgemäß leben. Und dieser Geizhals begibt sich auf Freiersfüße: Er will die viel jüngere Mariane ehelichen, die bereits mit seinem Sohn

Cléanthe ein zartes Liebesverhältnis angebahnt hat. Seine Tochter soll einen alten Mann heiraten, der keine Mitgift verlangt. Auch sie ist bereits verliebt, aber ihre Einsprüche gegen die Wahl des Vaters stoßen auf taube Ohren, da Harpagon darauf versessen ist, die Mitgift zu sparen. Seine zehntausend Dukaten hat dieser Misanthrop in einer Kassette im Garten seines Hauses vergraben. Da diese vom Diener seines Sohnes gestohlen wird, verliert er beinahe den Verstand: denn die Kassette ist für ihn das Liebste auf der Welt. Er ist sogar bereit, die von ihm umworbene junge Frau an seinen Sohn abzutreten, wenn der Diener nur wieder das Geld herausgibt. Denn mit dieser Summe kann er Wuchergeschäfte treiben, die den Betrag in kurzer Zeit verdoppeln.

Man muß sich Harpagon als alt, ausgedörrt, mit lieblosem Gesicht und eitel vorstellen. Die Schmeicheleien der Kupplerin gehen ihm wie Honig ein; aber als ihn Mariane zum erstenmal sieht, erschrickt sie über seine Gestalt und sein Aussehen, die gar nicht zu Liebe und Ehe verlocken können. Harpagon muß als a- und antisexuell gedacht werden. Er ist verwitwet und liebt weder seine Kinder noch seine Hausgenossen, sondern nur sein Geld, das ihm Sicherheit für die Zukunft zu bieten scheint. Aber Gefahren lauern überall, da auch das versteckteste Gut gefunden und von anderen weggenommen werden kann.

Molière hat die Gestalt des Harpagon mit scharfen Strichen nach dem Leben gezeichnet. Man empfindet unwillkürlich: Dieser Geizkragen sperrt sicher, wenn er von zu Hause weggeht, eine lebendige Fliege in die Zuckerdose, um überprüfen zu können, ob die Diener während seiner Abwesenheit Zucker genascht haben. Wenn er Gäste einlädt, gibt er sorgfältige Instruktionen, wie viele Speisen man ihnen bei Tische servieren darf: der Rest des Mahles soll an die Nahrungsmittel-Kaufleute zurückgehen. Extremer Geiz ist eine Art von Besessensein und Wahn: die ›fixe Idee‹ solcher Menschen ist die Kassette, in der ihr Besitz vereinigt ist.

Die katholische Kirche reiht seit jeher den Geiz in die Serie der ›sieben Todsünden‹ ein. Weniger dramatisch verurteilten ihn die Philosophen von Plato bis Nikolai Hartmann, die das Menschenunwürdige am geizigen Verhalten hervorhoben. Dasselbe taten die französischen Moralisten von Montaigne über La Rochefoucauld bis zu Chamfort, Rivarol und Vauvenar-

gues. Als Erben dieser ›Kritiker des Menschenherzens‹ traten Schopenhauer und Nietzsche auf den Plan, die in ihren Aphorismen dann und wann auch auf den Geiz zurückkommen.
Schopenhauer nannte den Geiz eine ›Untugend des Alters‹: Dies stehe damit im Zusammenhang, daß der alternde Mensch die Freuden der Liebe nicht mehr genießen könne und sich daher auf das Geldsammeln beschränke. Der Philosoph ahnte bereits die Korrelation zwischen emotionalem Unglück und der Geldgier; daher sagte er:

Das *Geld* ist die menschliche Glückseligkeit *in abstracto*; daher, wer nicht mehr fähig ist, sie *in concreto* zu genießen, sein ganzes Herz an dasselbe hängt.[3]

Für Nietzsche war Geiz ein Ausdruck des Machtwillens, der sich in allen Lebensäußerungen bekundet. Die Menschen streben begierig nach Geld, weil ihnen dieses Macht über Mitmenschen und Dinge verleiht. Es ist nicht gerade die subtilste Herrschaft, die man durch pekuniäre Sammelwut über andere ausüben kann; man darf daher annehmen, daß es ein eher primitives Menschentum ist, welches sich dergestalt um Einfluß oder Erhöhung des eigenen Ichs bemüht: der Eindruck ist schwer abzuwehren, daß extreme Formen des Geizverhaltens zur psychischen Pathologie gehören.

›Charakter und Analerotik‹

In einer kurzen Abhandlung aus dem Jahre 1908 mit dem obengenannten Titel machte *Freud* erstmals den Versuch einer psychoanalytischen Charakterologie. Dabei wies er einen Zusammenhang zwischen Organverhalten (Triebschicksal) und Charakterstruktur auf. Er ging aus von der Beobachtung, daß es Menschen gibt, die die Trias der Eigenschaften Ordentlichkeit, Sparsamkeit und Eigensinn bekunden. Dazu gehören meistens auch Reinlichkeit, Gewissenhaftigkeit, Verläßlichkeit, Pflichterfüllung usw. Man hat es hier offenbar mit einer strukturalen Ordnung zu tun, deren Teile einander wechselseitig bedingen.
Wie kommt es zur Ausbildung dieses Charaktertyps? Freud meint, daß es sich hierbei um eine Reaktionsbildung auf eine spezifische Triebsituation in der Kindheit handelt. Es gebe

Menschen, die infolge von Konstitution und Erziehung mit der Disziplinierung der Darmfunktion und den Reinlichkeitsgewöhnungen Mühe haben; aus ihnen rekrutiert sich die Schar der ›Analerotiker‹, die bei günstiger Sublimierungssituation die geschilderten wertvollen Kultureigenschaften aufbauen. Freud sagt:

Wir schließen aus diesen Anzeichen auf eine überdeutliche Betonung der Afterzone in der von ihnen (den Analerotikern – J. R.) mitgebrachten Sexualkonstitution; da sich aber nach abgelaufener Kindheit bei diesen Personen nichts mehr von diesen Schwächen und Eigenheiten auffinden läßt, müssen wir annehmen, daß die Analzone ihre erogene Bedeutung im Laufe der Entwicklung eingebüßt hat, und vermuten dann, daß die Konstanz jener Trias von Eigenschaften in ihrem Charakter mit der Aufzehrung der Analerotik in Verbindung gebracht werden darf.[4]

Primär sei das Interesse des Kindes am Unsauberen und auch an den Exkrementen: wenn es Gelegenheit dazu habe, spiele es gerne mit seinem Kot, ohne sich durch Ekelgefühle gestört zu fühlen. Nach und nach werden dann die Abwehrtendenzen der Scham, des Ekels und der Moral ausgebildet; dies erfolgt aber nur in befriedigender Weise, wenn das Kind mit seinen Eltern durch Liebe und Verständigung verbunden ist.

Wo Trotz und Eigensinn überhandnehmen, erstreckt sich dies auch auf die Stuhlabgabe, die meistens nicht nach den elterlichen Wünschen erfolgt. Retention von Kot im Darm kann Lustgefühle erzeugen, wobei eine passive Art von Auflehnung zum Vorschein kommt, die später zu Masochismus führen kann.

Verstopfung und *Geiz* laufen nach Freud oft parallel. Darum weiß schon die Sprache, die vom ›schmutzigen Geiz‹ spricht. Auch wird der Geizhals als ›Dreckfresser‹ bezeichnet, der ›nicht einmal einen Furz herzugeben bereit ist‹.

Für Freud sind demnach die bleibenden Charakterzüge der Menschen Fortsetzungen infantiler Triebe oder aber auch Sublimierungen derselben und Reaktionsbildungen auf sie. Richtig beobachtet ist jedenfalls, daß derjenige, der weder Gefühle noch Sachwerte an seine Mitmenschen weitergeben kann, oft auch Verdauungs- und Ausscheidungsschwierigkeiten hat.

In der Abhandlung *›Hemmung, Symptom und Angst‹* aus dem Jahre 1926 werden die Akzente etwas anders gesetzt. Freud stellte zu jenem Zeitpunkt die ›Kastrationsangst‹ in den Mittelpunkt der seelischen Fehlentwicklungen. Kastrationsfurcht erstreckt sich aber nicht nur auf den möglichen Verlust des kostbaren Genitales, sondern auch auf Besitz jeglicher Art, ja sogar auf das Leben. Übersetzt man die Freudschen Beschreibungen aus der Sexualterminologie in die Alltagssprache, dann geht die Sorge jedes Menschenkindes dahin, in keine Unterlegenheitsposition zu kommen. Dies entspricht allerdings auch den Gedanken Alfred Adlers, die von Freud und seinen Schülern leidenschaftlich bekämpft wurden. Man kann durchaus der Meinung sein, daß der individualpsychologische ›Minderwertigkeitskomplex‹ im psychoanalytischen ›Kastrationskomplex‹ einen Zwillingsbruder erhielt, der sich von ihm nur durch winzige Nuancen unterscheidet.

In *Adlers* Psychologie stehen die psychopathologischen Phänomene im Spannungsfeld von Minderwertigkeitsgefühl und Geltungsstreben auf der einen und dem Gemeinschaftsgefühl auf der anderen Seite. Fühlt sich ein Mensch als Kind sehr unterlegen, so bildet er einen charakterlichen Entwurf (›Lebensplan‹, ›Lebensstil‹) aus, der *steil nach oben* zur Überlegenheit hinführt. Zu einem solchen Zwecke werden dann Eigenschaften wie Ehrgeiz, Eitelkeit, Neid, Geiz, Haß und Aggression mobilisiert; unter Umständen aber auch Trauer, Angst, Isolierung, Masochismus usw. In allen derartigen Fällen aber erleidet die soziale Einordnung Schiffbruch. Der von Selbstverachtung und kompensatorischem Machtwillen gehetzte Mensch kann nicht ausreichend Sozialinteresse entfalten und wird daher in den Fragen der Arbeit, der Liebe und der Gemeinschaft überhaupt keinen tragfähigen Lebensmodus finden. Er wird nicht zum Mitmenschen, sondern zum Gegenmenschen, und da die conditio humana auf gegenseitige Hilfe und Solidarität eingerichtet ist, wird er nirgendwo Glück, Ruhe und innere Sicherheit zustande bringen. Sein ›nervöser Charakter‹ verhindert seine Selbstfindung und seine Selbstverwirklichung.

Unter dem Begriff der ›Nervosität‹ beschreibt Adler in seinem Hauptwerk ›*Über den nervösen Charakter*‹ (1912) alle seelischen Entwicklungsanomalien, die schließlich in die Neurose, die Psychose, die Kriminalität, die Perversionen und die Suchtkrankheiten einmünden können. Alle Menschen dieser Art stehen in einem verstärkten Kampf mit ihrer Umwelt, der oft genug ins ›Unbewußte‹ verdrängt wird. Der geübte Menschenkenner entdeckt an ihnen Züge des Alleshabenwollens, der

Rechthaberei, der Gefallsucht, des Größen- und Gottähnlichkeitswahns, was sich jedoch – gemäß den gegebenen Umständen – in die scheinbar gegensätzlichen Ideale der Armut, der Keuschheit, des Gehorsams, der übergroßen Nachgiebigkeit, der auffälligen Schlichtheit usw. verkehren kann. Der wahre Charakter eines Menschen liegt nicht offen zutage. Er muß mitunter hinter einer vorgespielten Maskerade erkannt und erraten werden. Nach Adler hilft hier Struktursehen und Strukturerkenntnis in vielem weiter; Charaktere sind ›Ganzheitsgefüge‹. Daher sagt Adler über den Geiz und die mit ihm verwandten Wesenseigenschaften:

Mit Neid eng verwandt, meist damit verbunden, ist der Geiz. Damit ist nicht nur jene Art des Geizes gemeint, die sich darauf beschränkt, Geldstücke zu sammeln, sondern jene allgemeine Form, die sich im wesentlichen darin ausdrückt, daß es jemand nicht über sich bringt, dem anderen eine Freude zu machen, der also mit seiner Hingebung an die Gesamtheit oder an Einzelne geizt, eine Mauer um sich auftürmt, um nur selber seiner armseligen Schätze sicher zu sein. Man erkennt hier leicht den Zusammenhang mit dem Ehrgeiz und der Eitelkeit einerseits, sowie mit dem Neid andererseits. Es ist nicht zu viel gesagt, wenn man behauptet, daß alle diese Charakterzüge bei einem Menschen gleichzeitig vorhanden sind, so daß jemand durchaus noch nicht als Gedankenleser erscheint, wenn er einmal eine dieser Eigenschaften festgestellt hat, um zu behaupten, daß auch die anderen vorhanden seien.[5]

Adler verweist auch auf die Sozialpsychologie dieser unliebsamen Eigenschaft, die den Kulturfortschritt hemmt und die soziale Durchbildung des Menschen korrumpiert. Wir leben in einer Epoche, die ganz vom Wirtschaftsdenken diktiert ist. Alles dreht sich um Gelderwerb und Geldbesitz, da pekuniäre Überlegenheit fast wie moralische Überlegenheit gewertet wird. Aus diesem rein materiellen Lebensprinzip erwächst für jedermann der Anreiz, sich an der Jagd nach Geld und Gut zu beteiligen, ohne auf das Wohl der Mitmenschen und der Gesamtheit Rücksicht zu nehmen. Der Geizhals ist demnach nicht ein einzelner Pervertierter, sondern ein *Prototyp des Zeitalters*, in dem persönliche Bereicherung auf Kosten der Gemeinschaft zum Prinzip erhoben wurde. Ändert sich nichts an der kollektiven Moral oder Ethik, wird auch das Individuum verlockt, sein Herz nur dem Mammon zu schenken und dabei die Entwicklung zu Reife, Glück und Weisheit außer acht zu lassen.

Phänomenologie des Geizes

In seinem Buch ›*Geschehnis und Erlebnis*‹ (1930, Reprint Berlin 1978) hat *Erwin Straus* dem Thema Geiz eine treffende Analyse gewidmet. Es sind nur wenige Druckseiten, die im Grunde als Kritik der Psychoanalyse verstanden werden sollen: dabei wird der phänomenologische Gesichtspunkt deutlich, den Straus auch in seinen übrigen anthropologischen und psychiatrischen Arbeiten in den Vordergrund rückt.

Das Leben des Geizigen ist – nach Straus – auf den Erwerb von Geld ausgerichtet, das dann gehortet und nicht ausgegeben wird. Der Geizhals gönnt weder sich selbst noch den anderen etwas. Aber das Nichts-Hergeben-Wollen ist nicht das Wesentliche: das betrifft eher den Engherzigen. Der Geizige sitzt gewissermaßen auf seiner Kassette. Die Summen, die er darin hat, sind für ihn Möglichkeiten und Potentialitäten. Daran weidet er sich, und dies ist für ihn eine Quelle des Machtgefühls. Geld ist ›objektivierte Möglichkeit‹ (S. 32). Auch ist es von Dauer, sofern seine Wertbeständigkeit garantiert ist. Kauft man sich etwas dafür, dann schrumpfen die vielen Möglichkeiten, die man zuvor hatte. Das ängstigt den Geizigen, der Wert- und Möglichkeitsverlust fürchtet. Er ist ein genußunfähiger Mensch und stellt den Wert der Sicherheit hoch über denjenigen der Lust.

Dahinter erkennt Straus das Phänomen der ›Werdenshemmung‹, das die ›anthropologische Medizin‹ auch bei der Zwangskrankheit hervorhebt. Zwangsneurotiker haben Angst vor dem Werden und stemmen sich daher gegen Veränderungen und Wirklichkeitskonfrontationen an. Diese Haltung kann nicht sinnvollerweise auf die Kotretention in der ›analen Phase‹ zurückgeführt werden; darin nämlich sehen wir nur ein Behaltenwollen, nicht aber eine Abwehr gegen das Werden und Vergehen, die für den Zwangsdynamismus und den Geiz charakteristisch ist.

Der Geizige sperrt sich gegen seine geschichtliche Selbstverwirklichung, da diese im Werden auch das Vergehen enthält und letzten Endes auf den Tod zusteuert. Er will unsterblich sein, und sein Besitz soll ihm diese Unsterblichkeit verschaffen.

Merkwürdigerweise meint Straus, daß Harpagon nicht schlechter dran gewesen wäre, wenn er ›eine leere Kassette gehabt hätte‹ (S. 32). Denn er nütze ja die Möglichkeiten sowieso nicht, die ihm sein Geld bietet. Aber immerhin weiden sich Geizhälse am Gedanken ihres (realen) Besitzes, der ihnen das Gefühl der Überlegenheit über die Mitmenschen und oft sogar über das Schicksal gibt. Das Schwelgen in potentiellen Selbstverwirklichungen ist eine Form von pervertiertem Genuß; es ersetzt dem Geizigen die Genüsse, zu denen er aus psychischen Gründen nicht fähig ist. Glücksunfähigkeit und Geiz haben einen inneren Zusammenhang – wie Schopenhauer feststellt.

Auf diese Thematik ging auch *Ludwig Binswanger* in seiner umfänglichen Besprechung des Buches von Straus ein (in: ›*Ausgewählte Vorträge und Aufsätze*‹, Bd. II, Bern 1955, S. 147–173). Seine Analyse des Geizes ist subtiler als die von Straus: sie führt uns noch näher an die Lebenswirklichkeit heran.

Kotliebe (worauf die Psychoanalyse insistiert) und Geldliebe des Geizigen entspringen – nach Binswanger – einem gemeinsamen Dritten, nämlich dem In-der-Welt-Sein (Heidegger) des geizig-gestimmten Daseins. Hierzu sagt Binswanger in seiner eigentümlichen daseinsanalytischen Sprache:

> Der Geizige *füllt* Kisten und Kästen mit ›Gold‹. Das Füllen geht dem Nichthergebenwollen in jeder Hinsicht voraus, nicht nur zeitlich und sachlich, sondern auch hinsichtlich der emotionalen Fundierung. Im Füllen und Gefüllthaben liegt das Glück und die Freude des Geizigen, ihm gehört die Leidenschaft; das Nichtherausgebenwollen und Festhalten ist nichts Primäres, sondern die notwendige Folge davon... Beim Geizigen sehen wir also im Füllen- und Aufstapelnmüssen einen der Grundzüge seiner Befindlichkeit; er erstreckt sich ebenso auf den Leib als Höhle wie auf Kisten und Kästen, Strümpfe und Säcke.[6]

Der Geizige hockt auf seinem Geld wie eine Henne auf dem Ei. Heimlich verehrt er seinen Besitz, den er immer wieder zählt. Dabei ›nihilisiert‹ und ›verräumlicht‹ er Welt und Leben: die Welt gilt ihm überhaupt als Höhle, und auch sein Leib nimmt ›Höhlenform‹ an. Überall gähnt ihm Leeres entgegen, selbst im Zeitgeschehen oder im Zeitfluß. Darum gibt es keine Zeitigung in der Existenz des Geizigen: der Monotonie des Geizes entspricht die Monomanie des Geizhalses.

Beziehungslosigkeit gegenüber der Umwelt ist ebenfalls charakteristisch für den Geiz. Das Geld ersetzt ihm die Mitmenschen: er ist ein Einzelgänger, und auch wenn er Familie hat, ist er im Grunde allein. Hierzu wiederum Binswanger:

So führt der Lebensweg des Geizigen über den steilen Weg der dämonischen Besessenheit von einer bestimmten ›Idee‹ von Welt, zwar einer äußerst eingeengten, sinnverarmten, in steter Auseinandersetzung mit dem Dämon, zum gemeinsamen Sturz mit ihm ins leere Nichts.[7]

Menschen sind ihm nur Werkzeuge. Er will sie für seine Zwecke gebrauchen und verbrauchen. Ihre Schwächen allein interessieren ihn; denn wenn er diese ausnützt, kann er sich an ihnen bereichern. Binswanger spricht von einer ›molochhaften‹ Tendenz bei jedem Geizkragen.
Der *Geist der Quantität* beherrscht das Leben geiziger Menschen, denen alles zum Geschäft (zur Ware) wird. Kälte, Berechnung und innere Leere fügen sich zu einer Struktur. Die Psychoanalyse sah richtig, wenn sie das Wesen des Geizes auch mit dem ›Bauch‹ in Verbindung brachte. Denn auch dieser kann als ›Höhle‹ erlebt werden, in enger Sinnverwandtschaft mit dem Schlund, der verschlingen, und den Händen, die packen können. *Balzac* hat in *Eugénie Grandet* diesem Menschentypus ein unvergängliches Monument errichtet. Er wußte auch schon um den Machthunger des Geizigen, um seine Lieblosigkeit, um seine fehlende Selbstverwirklichung, um die ›Geistlosigkeit‹ seiner Existenz.

Psychosomatik des Geizes

Eine Leidenschaft wie der Geiz muß stets auch physische Begleiterscheinungen aufweisen, da heftige Gemütsbewegungen notwendigerweise auch körperliche Reaktionen nach sich ziehen. So kennt man bei Zorn und Wut den erhöhten Blutdruck, den beschleunigten Puls, die raschere Atmung und auch die Veränderungen des Darmtonus und der Darmperistaltik; im Zustand der Trauer sinken Blutdruck und Pulsschlag ab, und das Verdauungssystem wird träge und untätig. Es hat wohl keinen Sinn, hierbei von Ursache und Wirkung zu sprechen: man wüßte nicht, was man als primär ansetzen soll, die entgleiste Körperfunktion oder die psychische Anomalie. Gewiß handelt es sich um einen einheitlichen Prozeß, bei dem man körperliche und seelische Aspekte unterscheiden kann.
Schon Freuds Darlegungen lassen darauf schließen, daß der Geizige unter Umständen an Verdauungsstörungen, ja häufig

an richtiger Verstopfung leidet. Dies ist jedoch kein zwingender Befund, da eventuell auch ein ›organisches Entgegenkommen‹ bestehen muß, sofern eine neurotische Fehlhaltung somatisch deutlich zum Ausdruck kommen soll. So kann allenfalls der Geiz auch am Kreislaufsystem ›ausgedrückt‹ werden. Da der Geizhals seine emotionalen Lebensäußerungen zurückhält, bremst er die Arbeit des gesamten sympathischen Nervensystems, wodurch etwa der Blutdruck unter der Norm bleibt und der Puls abfällt. Das vegetative Leben schaltet gleichsam auf *Sparflamme.*

Das Eßverhalten solcher Menschen mag wechseln zwischen Heißhunger (Gier) und Appetitlosigkeit. Denn die Voraussetzung der Freude am Essen ist doch grundsätzlich eine ›orale Beziehung zur Welt‹, d.h. Aufnahmefreudigkeit in allen Zonen des Lebens und Erlebens. Dies ist beim Geizhals fundamental gestört, weshalb er irgendwie stets mit der Welt hadert und mit ihr im Streit liegt. Das permanente Sich-Ärgern kann zu Magenverstimmungen (Dyspepsie) und Gallenkrankheiten führen. Auch Geschwüre am Magen und am Zwölffingerdarm kommen vor. Überhaupt hat der Verdauungsapparat eine ›Affinität‹ zum Ergreifen, Verarbeiten und Bewältigen der Umwelt; bei wem sich hier eine existentielle Anomalie zeigt, der wird nicht selten auch Verdauungskomplikationen haben.

Der Enddarm als Organ der Speicherung der Exkremente und ihrer Ausstoßung ist eventuell als *Ausdrucksorgan für Gebehemmungen* bevorzugt. Er muß es aber nicht sein, da ›Geben‹ bei vielen Organen als zentrales Vitalmotiv mitspielt. Man denke z.B. an das freudig geöffnete Auge, das unwillkürlich Sympathie gibt und nimmt – oder die warme, blutdurchströmte Haut, die uns das Gefühl der Nähe des anderen vermittelt. Oder die weichen, schwingenden Bewegungen, die die Möglichkeit einer Umarmung oder doch einer anmutigen Annäherung ankündigen. Oder die zugewandte Körperhaltung, die Mimik und Gestik, die Kontakt einleiten und aufrechterhalten. Genaugenommen ist der ganze menschliche Leib ein ›Kontaktorgan‹, womit Beziehung zur Umwelt aufgenommen oder verhindert wird. Die *Thematik des Sozialen* durchdringt den Leib bis in alle seine Zellen und Organe hinein.

Der Geizige ist oft steif in seinen Bewegungen; Blässe und Kälte der Haut zeigen seine Ferne zu den Gefühlen, Auge, Mimik und Mund bekunden eventuell die *kämpferische Hal-*

tung, die ganz auf Defensive oder Angriff gestimmt ist. Am deutlichsten aber wird sich die Asozialität am Sexuellen manifestieren, da hier die kooperativste Lebensäußerung gleichsam von der Natur her vorgesehen ist. Man kann sich den Geizhals kaum als ›guten Liebhaber‹ vorstellen; eher schon als ›Sexualkunden‹, sofern sein Hang nach Unabhängigkeit und Autonomie nicht den Sexualbereich total verkümmern läßt. Hingabe wird von ihm als Hergabe empfunden: und warum sollte er sich in generöse Gefühls›ausgaben‹ stürzen, die ihm doch nur – in seiner Sicht – flüchtige und vergängliche Genüsse verschaffen? Er liebt das Beständige und Unvergängliche, nämlich das Geld und Gut, das ihn gegen die *Angst vor dem Schwinden seiner Lebenssubstanz* sichern soll.
Eros fehlt dem Geiz, und gemäß der späten Trieblehre Freuds muß demnach Thanatos die Oberhand gewinnen. Geizige Menschen stellen ›toten Besitz‹ über ›lebendige Beziehungen‹. Die Papierscheine oder Goldstücke sind ein kümmerlicher Ersatz für menschliche Interaktion und für Glück in Liebe, Arbeit und Selbstverwirklichung. Um des krankhaften und krampfhaften Gefühls der Allmacht willen wendet sich der Geizkragen von der Du- und Wir-Welt ab und isoliert sich in seiner einsamen, gefühlskargen ›Welt des Reichtums‹, wo er kein emotionales Echo bekommt; man muß sich jeden Geizigen als *unglücklichen Menschen* vorstellen.

Psychoanalyse des Geldes

Wer sich mit der Psychologie des Geizes befaßt, wird gut daran tun, auch die ›Psychoanalyse des Geldes‹ in Betracht zu ziehen. Diesem Thema hat Ernest Bornemann (*›Psychoanalyse des Geldes – Eine kritische Untersuchung psychoanalytischer Geldtheorien‹*, Frankfurt 1973) einen Sammelband gewidmet, in dem er die wichtigsten psychoanalytischen Arbeiten auf diesem Forschungsgebiet vereinigt.
Die meisten Arbeiten der orthodoxen Psychoanalyse wiederholen bis zum Überdruß die Freudsche These, daß im Unbewußten des Menschen eine Gleichung von der Form Kot = Gold = Geld besteht. Als Beleg hierfür kann angeführt werden, daß in den Märchen und Mythen, in der Folklore und im Sprachschatz des Volkes tausende Anspielungen dieser Art bekannt sind. Die

Gebrüder Grimm erzählen die Geschichte vom Goldesel, der auf Wunsch Dukaten defäzierte. In der christlichen Überlieferung verlockt der Teufel schwache Menschenseelen mit Geldgaben, aber das Teufelsgeld verwandelt sich jählings in Kot. Der Volksmund nennt Geizhälse schmutzig und filzig, gelegentlich auch ›Dreckfresser‹. Die Analogie von Dreck und Geld ist nicht aus der Luft gegriffen; es fragt sich nur, ob es sinnvoll ist, die Parallele von Kot und Geld so zu ziehen, wie es manche psychoanalytische Schriften tun.

Der gemeinsame Nenner von Geld und Exkrementen liegt vielleicht ganz anderswo. Beiderlei hat mit der Selbsterhaltung und Sicherheit des Menschen zu schaffen, ist Gegenstand ängstlicher Besorgnis des Menschen in unserer Kultur. Sein Gesundheitszustand scheint ihm von der Beschaffenheit seines Stuhlgangs abzuhängen; seine soziale Stellung aber hängt weitgehend vom Stand seines Bankkontos ab. Manche Hypochonder beurteilen ihre Defäkation mit derselben Umsicht, die die Hohepriester der Antike bei der Eingeweideschau geopferter Tiere praktizierten. Für den Besitzgierigen jedoch ist sein tägliches Horoskop im Bankauszug zu finden, an den sich eventuell ebensoviel abergläubische Überzeugungen heften wie im Altertum an Vogelflug und Tieropfer.

In der Streitfrage, ob Geld (symbolisch) Dreck sei, möchten wir uns lieber auf die Seite des römischen Kaisers Vespasian als auf diejenige Freuds schlagen. Der nämlich führte in Rom eine Urinsteuer ein und wurde deshalb von seinem Sohn Titus kritisiert. Vespasian nahm eine der Münzen, die er durch diese Steuer eingenommen hatte, in die Hand und hielt sie Titus mit dem bedeutsamen Ausspruch unter die Nase: ›Es stinkt nicht!‹ Geld ist eben eigentlich nichts weiter als *universales Tauschmittel.* Man kann dagegen in der entwickelten Gesellschaft fast alles eintauschen, also ist es ›geronnene Macht‹. Geldmangel wird vom Betroffenen nicht nur als potentieller Verursacher von Hunger, Unbehaustheit usw. gesehen, sondern auch als Merkmal *gefährlicher Ohnmacht.* Wer Geld hat, hat Freiheitsspielraum. Das weiß auch Mephisto in Goethes *›Faust‹*:

Wenn ich sechs Hengste zahlen kann,
Sind ihre Kräfte nicht die meine?
Ich renne zu und bin ein rechter Mann,
Als hätte ich vierundzwanzig Beine.[8]

Schon Kinder machen die Erfahrung, daß Geld die Quelle von Einfluß, Beliebtheit und Lebensgenuß zu sein pflegt. Viele von ihnen sehen es als Liebesbeweis an, daß ihnen die Eltern ohne Einschränkung Geld zuteilen. Es kommt häufig vor, daß Kinder Geld stehlen und damit Süßigkeiten und Spielsachen kaufen, die sie an Gleichaltrige verteilen, um auf diese Weise ›Freundschaften zu gewinnen‹. Amerikanische Autoren behaupten, daß eines der großen Traumata der Kindheit nicht darin besteht, daß die Eltern keineswegs allwissend und allmächtig sind; in den USA und anderswo wird das Frühtrauma oft in der Form erfahren, daß die *Kaufkraft der Eltern* begrenzt ist. Man kann sich ausmalen, welchen Schock es für *verwöhnte Kinder* bedeutet, denen zunächst alle geäußerten Wünsche erfüllt werden, wenn sie eines Tages an die entsprechenden Grenzen stoßen, die dann mitunter Gefühle der Wut und des Hasses gegen die ›machtlosen Eltern‹ provozieren.
Daß Geld ›Macht‹ bedeutet, begreifen in erster Linie jene, die von einem tiefsitzenden ›Bedürftigkeitserlebnis‹ in ihrer Kindheit geprägt sind. Darunter fallen nicht nur Kinder armer Leute, sondern auch Menschen aus biologischen, sozialen, geschwisterlichen und anderen familiären Mangelsituationen. Aus dem Mangel entsteht die Machtmotivation, für die unsere Kultur verschiedene Auswege parat hat: Schönheit, Wissen, Geldbesitz, Einfluß, Sexualität u. a. m.; Dostojewski beschreibt in *›Der Jüngling‹* einen gedemütigten jungen Mann, der aus den Bedrängnissen seiner Jugend heraus die ›rettende geheime Idee‹ entwickelt: er will ›Rothschild‹ werden. Um dieses Ziel zu erreichen, verhält er sich sparsam und tückisch, ist aber nicht konsequent genug, um den Kampf mit der widerstrebenden Welt aufzunehmen. Darin ähnelt er dem Helden in *Der Spieler*, einem anderen Dostojewskischen Roman, der ebenfalls um Geldmangel kreist; der Spieler hofft auf das ›geneigte Fatum‹, das ihn – wie die meisten – enttäuscht und zur Verzweiflung treibt.
Bis in die Psychosen hinein wird deutlich, wie sehr im Rahmen unserer Kultur Geld mit Einfluß, Sicherheit und Geltung zusammenhängt. Manisch-depressive Patienten geben sich in der manischen Phase zügelloser Verschwendungssucht hin, was gewiß mit ihrem sonstigen Größenwahn zusammenhängt; in der depressiven Phase wird dann wieder alles zurückgehalten, nicht nur das Geld, sondern auch die Gefühle (oft genug treten

dann Verdauungsstörungen auf)! In den Krankengeschichten schizophrener Patienten kann man mitunter lesen, daß sie Zettelchen mit Zahlen beschmieren und an die Umstehenden als ›Geld‹ verteilen. Das sieht oft wie ›hebephren‹ aus, ist aber offenkundig eine Art von Liebeswerbung der Kranken, die sich die Umwelt emotional erobern wollen.

Psychoanalytiker behaupten, Geld habe eine ›phallische Bedeutung‹ und entspräche potentiell einer Machtdemonstration. Kaufen z.B. ist eine Befriedigung der Selbstachtung, da das Verkaufspersonal in der Regel geschult ist, den Kunden als ›König‹ zu behandeln. Noch königlicher fühlt sich der ›Kleptomane‹, der, ohne zu bezahlen, ins volle Warenreservoir greift und ›sich bedient‹ – Kleptomanie ist häufig eine Abwehrreaktion gegen Kleinheitsgefühle und Depression, bei Frauen zeitlich mit der Menstruationsdepression verknüpft, die dann den diebischen Griff ins Warenlager auslöst.

Die Erfahrungen der Psychoanalyse bestätigen in einem gewissen Umfang die Lehre von Karl Marx, daß das Geld der ›Gott‹ oder ›Götze‹ der bürgerlichen Gesellschaft sei. Der Kult, der mit materiellem Besitz getrieben wird, mutet wie eine Karikatur ›sakralen Verhaltens‹ an. Die Habenorientierung – wie Erich Fromm sich ausdrückt – verdrängt weitgehend jegliche Seinsorientierung; Menschen, die als ›Personen‹ *Würde* haben, werden wie Sachen nach ihrem *Nutzwert* eingeschätzt, wobei der Geldmensch der Moderne auch sich selbst einer derart entwürdigenden Beurteilung unterwirft.

Darin liegt eine tiefgreifende Desorientierung des neuzeitlichen Menschentums, zu deren Verständnis Psychoanalyse, Ideologiekritik und Philosophie herangezogen werden müssen. Auch die Religionspsychologie muß zu Rate gezogen werden, da der ›Fetisch Geld‹, vor dem wir alle im Staube kriechen, einen Teil der Gefühle und Devotionen geerbt zu haben scheint, die frühere Epochen ihren hinter- und überweltlichen Göttern zuzuwenden pflegten. Norman O. Brown, der in seinem tiefschürfenden Buch ›*Die Zukunft im Zeichen des Eros*‹ (Pfullingen 1962) diesen Zusammenhängen mit großem Weitblick auf der Spur ist, schreibt u.a.:

Wenn es je eine Psychoanalyse des Geldes geben soll, so muß sie von der Hypothese ausgehen, daß der Geldkomplex im wesentlichen die Struktur der Religion hat – oder, wenn man will, der Verneinung der Religion, also des Dämonischen. Die psychoanalytische Geldtheorie muß von der Voraussetzung ausgehen, daß Geld – nach Shakespeare – der ›sichtbare Gott‹ oder nach Luther ›der Gott dieser Welt‹ sei.[9]

Brown knüpft an Freuds Altersphilosophie von Eros und Thanatos an, um sich die psychische Kollektivpathologie des Menschen von heute zu verdeutlichen. Die Geldliebe der bürgerlichen Gesellschaft ist für ihn ein Ausdruck des ›Todestriebes‹, jedenfalls eine exquisit ›antierotische‹ Lebenseinstellung. Analität, Sparsamkeit, Geiz, Hamstermentalität, Raffgier usw. sind Widersacher des Eros, Haltungen der Lieblosigkeit und der Blindheit für eigentliche Werte. Die Abwendung vom Erotischen wird auch deutlich in Puritanismus und Askese kapitalistischer Epochen. Dies gilt allerdings nur für jene Zeiten, in denen der Kapitalismus entstand und sich über alle Kontinente ausbreitete; heute führt er dazu, daß wir unser Ideal im totalen Konsum sehen, inklusive sexueller Freizügigkeit ohne Eros!

Der zügellose Bereicherungswille der letzten vier oder fünf Jahrhunderte europäischer Geschichte mutet wie eine Massenneurose oder ein Massenwahn an. Seit dem ausgehenden Mittelalter ist das Geld der ›nervus rerum‹, das A und O des individuellen und kollektiven Lebens. Noch hat man zuwenig über diesen Machtfaktor geschichtlicher Entwicklungen nachgedacht; es kam zum Durchbruch einer neuen ›Weltreligion‹, die die überlieferten Religionen als Schutzmäntelchen nicht verschmäht.

Der Tiefenpsychologe muß sich jenseits aller ›Analtriebhypothesen‹ daran erinnern, daß Geld eine ›gesellschaftliche Institution‹ und darum von der Biologie her kaum sinnvoll zu begreifen ist. Die Tatsache, daß Geiz in unserer Kultur häufig vorkommt, verweist auf ideologische und institutionelle Mängel, die durch Trieberziehung allein gewiß nicht beseitigt werden können.

Psychotherapie und Geiz

Nach Aussage von Ernst Bloch (›*Das Prinzip Hoffnung*‹, Bd. I, Frankfurt 1959) soll in den zwanziger Jahren in der Vorhalle des Psychoanalytischen Ambulatoriums in Wien eine Tafel mit dem Spruch angebracht gewesen sein: »Ökonomische Probleme können in die psychotherapeutische Behandlung nicht einbezogen werden!« Das war vielleicht als Schutz gegen die

leidenschaftlichen Kommunismus-Kapitalismus-Debatten jener Epoche gedacht; vielleicht war es aber auch ein Bekenntnis zur ›bürgerlichen Weltanschauung‹ der frühen Psychoanalyse, die sich nur auf Patienten beschränkte, die erotische und Beziehungsprobleme aufwiesen; Armut und wirtschaftliche Bedrängnis galten nicht als behandlungsfähig, mutmaßlich auch nicht als behandlungswürdig.
Heute dürfte sich diese Einstellung einigermaßen gewandelt haben. Man ist sich auch in Psychoanalytikerkreisen längst im klaren darüber, daß die Einstellung des Analysanden zum Geld und zu Wirtschaftsfragen psychologisch mindestens so ergiebig ist wie seine Träume, seine Erotik, seine Kindheitserlebnisse und seine Fehlleistungen. Es gibt derzeit Therapeuten, die es sogar für unabdingbar halten, dem Patienten irgendwann auch die ›Gretchenfrage‹ zu stellen: »Nun sag, wie hast du's mit dem Geld?« Viele charakterliche Anomalien und Ursachen für Neurosen entspringen dem ›Geldkomplex‹, und oft kann eine Neurose erst dann wahrhaft geheilt werden, wenn sich die Einstellung des Analysanden zu Geldfragen verbessert. Das ›psychoökonomische Problem‹ gehört in jede Analyse.
Denn der Analytiker wird davon in irgendeiner Weise mitbetroffen. In Zeiten der sogenannten ›positiven Übertragung‹ haben die meisten Patienten keine Mühe, ihr Honorar zu zahlen; sie zahlen pünktlich und ohne Vorbehalte. Schlägt aber das Pendel um und breitet sich die ›negative Übertragung‹ aus, dann wird der Patient merklich knauserig und kämpft um jeden Honorarpfennig, den der nun nicht mehr geliebte Analytiker berechnet. An der Zahlungsweise eines Patienten kann so nicht selten der Stand seiner ›Übertragungsbeziehungen‹ abgelesen werden. Sofern der Therapeut die entsprechenden ›Sturmzeichen‹ registriert, wird er sich nicht an den pekuniären Auseinandersetzungen festbeißen, sondern auch die Beziehungsfrage überhaupt aufrollen. Es wird sich dann meistens erweisen, daß sich der schlecht zahlende Analysand gekränkt oder beleidigt fühlt und den Eindruck hat, nicht richtig geliebt zu werden. Als Antwort darauf hält er sein Geld zurück, was wiederum lehrt, wie sehr Geld und Liebe im durchschnittlichen Patientengemüt einander ›stellvertreten‹ können.
Viele Geizhälse gehen gar nicht in die Therapie, weil sie es nicht ertragen können, die ja doch recht hohen Honorare zu bezahlen. Statt dessen ertragen sie lieber die Neurose, an die sie sich

leichter gewöhnen können als an große Geldausgaben. In anderen Fällen wieder begibt sich der Geizkragen in psychologische Behandlung, feilscht aber um das Honorar, achtet darauf, ob seine Sitzungen auch bis zur letzten Minute eingehalten werden. Noch traumatisierender als die Geldhändel ist für den Therapeuten, daß der geizige Patient ihm sehr wenig ›emotionales Echo‹ zu geben bereit ist. Der Geiz beschränkt sich ja nicht auf Geld, sondern schließt das Hergeben von Worten, Gedanken, Gefühlen und freundlichen Stimmungen ein. Schon mancher Analytiker hat darüber geseufzt, daß er sich nach Behandlungsstunden mit solchen emotional geizigen Menschen so ›ausgequetscht‹ und ›ausgelaugt‹ fühlt, als hätte er ein Dutzend anderer Analysanden anhören müssen.
Da sich der Geizige kaum etwas gönnt, steht auch die Heilung im Widerspruch zu seinem Charakter und seiner Weltanschauung. Daher ist es von Vorteil, wenn man in der Therapie den Patienten dazu ermuntert, das (maßvolle) Geldausgeben zu lernen, um sich selbst und anderen Freude zu bereiten. Geiz ist eine ›retentive‹ Lebenseinstellung: alles wird an sich gehalten. Der Gesundungsprozeß in der Psychotherapie besteht aber darin, das ›Expansive‹ in allen seinen Erscheinungsformen zu bestärken und zu kräftigen. Das stößt in der Regel auf enorme Widerstände beim Analysanden, der Heiterkeit als Oberflächlichkeit, Geldausgeben als Verschwendung, Gefühle als Gefühlsduselei, soziale Interaktionen als Zeitvergeudung mißversteht. Der Pessimismus und die Misanthropie des Geizhalses werden zum schwierigsten Widerstandsthema der Psychotherapie, die oft Schritt für Schritt die *Lebensabwehr* solcher Charaktere vermindern und eliminieren muß.
Psychotherapeuten müssen viel Eros in sich tragen, um die Lebensverneiner zur Bejahung, die Ängstlichen zum Mut und die Geizigen zur Freigebigkeit zu erziehen. Die geänderte Einstellung zum Geld ist dann oft ein subtiles Indiz für die gewandelte Lebenseinstellung.

Balzacs Roman ›Eugénie Grandet‹

Die Anekdote erzählt, daß der amerikanische Multimillionär John Rockefeller armen Kindern eine kleine Bibel und einen blankgeputzten Cent zu schenken pflegte. Es wird nicht berichtet, welche Vorstellung er damit verband; aber man geht wohl nicht fehl, wenn man vermutet, daß er damit die Tugenden *Sparsamkeit* und *Frömmigkeit* fördern wollte.

Dieser Zusammenhang ist nicht zufällig – er hat seine sozialgeschichtlichen und sozial-psychologischen Ursprünge. Nach der These von Max Weber entsprang der ›Geist des Kapitalismus‹ dem Glaubenswandel während der Reformation. Indem die Reformatoren gewissermaßen ›Selbsterlösung durch Arbeit und wirtschaftlichen Erfolg‹ predigten, lehrten sie eine neue Form der Askese, die nichts mehr mit dem Flagellantentum der frühen Christenheit und des Mittelalters zu tun hatte. Nun wurde nicht mehr der Leib gepeinigt und ihm die Nahrung verweigert. Aber seine Energie sollte voll in die Arbeitswelt einmünden und dem Ethos der Wirtschaft und der Industrie entsprechen. Die Menschen des 16., 17., 18. und 19. Jahrhunderts verstanden dies als Anreiz zur Produktion und zur ökonomisch-technischen Entwicklung. Sie wurden sparsame Handwerker, Kaufleute und Industrielle, die ihren Ehrgeiz darein setzten, mehr zu produzieren als zu verbrauchen, mehr zu gewinnen als auszugeben. Die ›Akkumulation des Kapitals‹, von Marx als eines der Grundgesetze des Kapitalismus definiert, konnte nur von einem Menschentyp vollzogen werden, der zur ›innerweltlichen Askese‹ bereit war.

In seinem vielbändigen Lebenswerk *›Die menschliche Komödie‹* wird Balzac zum Porträtisten der bürgerlichen Gesellschaft, der unnachsichtig ihre Mängel und Unzulänglichkeiten bloßlegt. Vor allem in *›Eugénie Grandet‹* hat er unser Wissen um den Geldtrieb oder die Geldgier des Bürgertums sehr bereichert. Balzac hat viele Geizkragen in seiner Romanserie abkonterfeit. Das ist vielleicht kein Zufall. Wer es unternimmt, die bürgerliche Gesellschaft zu malen, wird oft auf den Typus des Geldmenschen stoßen. Daher darf der Geizige in einem Gesamtbild des bourgeoisen Zeitalters nicht fehlen. Balzac selbst sagt über diese Problematik: »Daraus erwächst vielleicht die fabelhafte Neugier, welche die Geizigen erregen... Jeder hängt durch einen Faden mit diesen Gestalten zusammen, welche alle

menschlichen Gefühle berühren, indem sie sie alle zusammenfassen. Wo ist der Mensch ohne Wünsche, und welcher soziale Wunsch läßt sich ohne Geld verwirklichen?«
Wir folgen zunächst der Darstellung des Dichters, um zu erkennen, wieviel er von der Psychodynamik des Geizes begriffen hat. Balzacs Roman führt uns nach Saumur, einem kleinen französischen Städtchen. In Saumur liegt das Haus des Böttchers Grandet, der mit seiner Frau und seiner Tochter Eugénie (die zu Beginn des Romans 23 Jahre alt wird) in behaglichen Umständen lebt. Grandet hat sich nach der Revolution von 1789 und im Kaiserreich tüchtig zu bereichern gewußt. Durch eine Anzahl geschickter Spekulationen ist er zu einem schwerreichen Mann geworden. Er besitzt Weinberge, landwirtschaftliche Betriebe, ein Schloß und sehr viel Geld. Aber davon merkt man seinem Lebensstil nichts an. Er, der sich aus kleinen Verhältnissen emporgearbeitet hat, lebt immer noch wie ein einfacher, armer Handwerker. In seinem dunklen, kargen Hause wird jede Ausgabe gescheut, denn der reiche und geizige Grandet kennt nur einen einzigen Wunsch: noch reicher zu werden.
Diese Sucht verändert, wie Balzac weiß, Grandets physiognomischen Aspekt und seine Mimik: »Der Blick eines Menschen, der gewohnt ist, ungeheure Zinsen aus seinem Kapital zu ziehen, *muß* notwendigerweise wie der des Lüstlings, des Spielers oder des Höflings gewisse kaum definierbare Eigenschaften annehmen: er wird gierig, lauernd, geheimnisvoll wie die Bewegungen dieser Menschen, die von ihren Gesinnungsverwandten sehr wohl durchschaut werden.« Grandets Geiz führt auch dazu, daß er sogar sparsam mit Worten wird. Die Kampfstellung gegen die Umwelt wird durch ein den Zuhörer ermüdendes Stottern unterstrichen: auch beim Sprechen gibt der Geizkragen nur wenig oder gar nichts her. Da er immer alle Trümpfe in der Hand behalten will, kann er sich nie festlegen; seine Lieblingsredensarten sind: »Ich weiß nicht, ich kann nicht, ich will nicht, wir werden noch sehen.« Hören wir Balzacs Schilderung der Physiognomie dieses hartgesottenen, machtgierigen Menschentypus: »Die Augen hatten jenen starren, verschlingenden Blick, den das Volk den Basilisken zuschreibt... Das ganze Gesicht sprach von gefährlicher Schlauheit, von Redlichkeit ohne Herzenswärme, von der Selbstsucht eines Menschen, der gewohnt war, jedes herzliche Gefühl

auszuschalten, sich nur am Golde zu freuen und an dem einzigen Wesen, das etwas für ihn bedeutete, seiner Tochter Eugénie, der einzigen Erbin. Haltung, Manieren und Gang – alles bekundete diesen Glauben an sich selbst, der häufig Menschen eignet, denen wenig fehlgeschlagen ist. Trotz seines unauffälligen, ruhigen Wesens hatte Herr Grandet einen eisernen Charakter.«

Alles, was Grandet unternimmt, ist auf den Gesichtspunkt der Bereicherung hin orientiert. Die Ernährung im Hause, die Heizung im Winter, die Heiratspläne für die Tochter: alles ist in das Gelddenken einbezogen. Auch zum Geburtstag erhält Eugénie von Kindheit an immer dasselbe, nämlich ein seltenes Goldstück. Sie muß diese ständig wachsende Goldstück-Sammlung jeweils vorzeigen, wobei der Vater Stück für Stück wohlgefällig in die Hände nimmt. Auch Frau Grandet empfängt gelegentlich von ihrem Gatten ein ›Nadelgeld‹ für ihre Näharbeiten; davon kann sie jedoch nur einen Teil für ihre Zwecke verwenden, den Rest ›borgt‹ sich Grandet bald wieder, da er sich ständig knapp an Geld fühlt.

Die Erzählung beginnt damit, daß die 23jährige Eugénie von zwei Bewerbern umschwärmt wird, die zur Geldaristokratie der Provinz gehören und die es vermutlich ebensosehr nach Grandets Vermögen wie nach der schüchternen und herben Eugénie verlangt. Die Chancen der beiden Provinzmagnaten schwinden jedoch dahin, als Eugénies Cousin aus Paris zu Besuch kommt. Dieser Sohn von Grandets Bruder, einem Pariser Finanzmann, wird nach Saumur geschickt, weil sein Vater Bankrott erklären muß – nach Saumur kommt dann auch die Nachricht, daß sich der Bankrotteur erschossen hat. Der junge Charles stößt zumindest bei den Frauen des Hauses Grandet auf Mitleid. Er ist nun völlig verarmt und soll nach dem letzten Ratschlag seines Vaters nach Indien fahren, um sich dort ein eigenes Vermögen zu erwerben. Grandet betrachtet den Zusammenbruch der Geschäfte seines Bruders als kühler Rechner; er findet sogar einen Ausweg, durch geschicktes Manipulieren den Ruf des Familiennamens zu retten, ohne einen Franken dafür zahlen zu müssen.

In Eugénies dürftiges Leben fällt durch die Anwesenheit von Charles zum ersten Mal der Lichtstrahl der Liebe. Sie bewundert den großstädtisch gekleideten Cousin, der ihr an Lebenskunst grenzenlos überlegen ist. Es entspinnt sich eine zarte

Liebschaft zwischen den beiden jungen Leuten, die der Vater widerwillig duldet, da er ohnehin weiß, daß Charles in wenigen Tagen verreisen wird. Da der junge Mann gar keine Geldmittel mehr hat und auch von seinem reichen Onkel nichts erwarten darf, übergibt Eugénie heimlich dem Abreisenden alle ihre sorgsam gesparten Goldstücke. Sie empfängt hierfür ein zierliches, goldbeschlagenes Kästchen, gleichsam als Erinnerung und Pfand für einen kaum ausgesprochenen Liebesschwur – Charles soll eines Tages zurückkehren, und sie wird auf ihn warten.

Nun setzt der Alltag in Saumur wieder ein. Eugénies Geburtstag naht, und sie wird wieder ein Goldstück vom Vater empfangen. Bei dieser Gelegenheit will er sich wiederum den kleinen Schatz seiner Tochter zeigen lassen und erfährt das Ungeheuerliche: Eugénie hat ihr Gold weggegeben. Die Mutter, die das zunächst zu hören bekommt, wird vor Schreck geradezu krank. Sie kennt ihren Gatten genau und weiß, was ihm Geld und Besitz bedeuten. Nun kann mit allen möglichen Tricks die Stunde der Goldstückschau wohl hinausgeschoben, aber nicht gänzlich eliminiert werden. Der alte Grandet wird bleich vor Wut und Ärger – er verurteilt seine Tochter dazu, bei Wasser und Brot auf Monate hinaus in ihrem Zimmer zu verbleiben. Frau Grandet, die kümmerlich jahrzehntelang neben ihrem gefühlskargen Mann dahingelebt hat, wird ob dieser Härte regelrecht schwerkrank und siecht dahin – einige Monate später stirbt sie. Grandet ist wohl erschüttert, aber sein Charakter ändert sich nicht. An dieser Stelle äußert Balzac eine feinsinnige psychologische Bemerkung, die es verdient, zitiert zu werden: »Er (Grandet) war nun im sechsundsiebzigsten Lebensjahr. Besonders seit zwei Jahren war es mit seinem Geiz viel schlimmer geworden – es pflegt mit allen beharrlichen Leidenschaften so zu sein, daß sie ständig wachsen. Man kann bei Geizhälsen, bei maßlos Ehrgeizigen und bei allen andern Menschen, die ihr Leben unter eine einzige Idee stellen, immer wieder beobachten, daß sie ihr Herz an irgendein Sinnbild ihrer Leidenschaft hängen: Grandets Manie war der Anblick und Besitz des Goldes. Im selben Maße wie sein Geiz war auch seine Herrschsucht gewachsen.«

Eugénie erbt von ihrem Vater ein Millionenvermögen, aber ihre Erziehung hindert sie daran, ihren Besitz zu genießen. In einer unglücklichen Ehe fallen ihr nochmals ein paar Millionen zu, so daß sie achthunderttausend Franken Rente zur Verfügung hat.

Trotz dieses Reichtums lebt sie so karg, wie sie es immer gewohnt war. Heizen läßt sie nur an jenen Tagen, an denen auch ihr Vater erlaubt hatte, Feuer zu machen; und sie läßt die Heizung ausgehen – wie Balzac sagt – genau nach demselben »Programm, das in ihren jungen Jahren maßgebend war. Angezogen war sie wie ihre Mutter. Das Haus in Saumur, jenes Haus ohne Sonne, ohne Wärme, das dauernd im Schatten lag, immer düster und schwermütig aussah, war das Abbild ihres Lebens. – Sie häufte ihre Einkünfte sorgfältig zusammen und wäre manchem reichlich sparsam erschienen, wenn sie nicht aller bösen Nachrede durch gewaltige Spenden vorgebeugt hätte... Dieses edle Herz, das nur der wärmsten, innigsten Gefühle fähig war, wurde also geknickt durch Berechnungen und Geschäftsinteressen eigennütziger Menschen. Das Geld hatte seinen fahlen Glanz auf dieses fromme Dasein geworfen und in das Herz einer Frau, die nur Liebe kannte, die nichts als Liebe war, Mißtrauen gegen alle menschlichen Gefühle gesät.«

So ist eigentlich Balzacs *›Eugénie Grandet‹* sowie eine Studie über den Charaktertyp des Geizigen wie über das Geld und seine korrumpierende Funktion in der bürgerlichen Gesellschaft. Differenzierte psychologische Beobachtungen wechseln sich in diesem Text mit romanhaft vorgetragenen Gesellschaftsanalysen ab, die heute noch ihre Aktualität besitzen. Wie tiefgründig ist etwa jene Bemerkung über den alten Grandet: »Er ging zu keinem Menschen, wollte weder Besuch empfangen, noch Gastereien veranstalten, er machte niemals Lärm und schien mit allem zu sparen, selbst mit der Bewegung.« Man hat bei diesen wenigen Worten die ganze *Phänomenologie des Geizes* vor Augen.

Aber der individuelle Geizhals kann nur verstanden werden vor dem Hintergrund einer Gesellschaftsordnung, die alle menschlichen Werte – Liebe, Großherzigkeit, Solidarität, schöpferische Kraft – an den schnöden Mammon verrät. Wiewohl Balzac politisch reaktionär war (wie oft verherrlicht er in seinen Werken Napoleon!), leistete er mit seiner »Comédie humaine« einen wichtigen Beitrag zum Verständnis der bourgeoisen Welt, womit implizit auch Wege eröffnet werden, diese teilweise inhumane Gesellschaftsstruktur zu überwinden. Wir verehren in Balzac einen der größten Romanschriftsteller der Neuzeit. Als Menschenschilderer ist er stellenweise unübertroffen.

Dostojewski, ihm in der erzählerischen Kraft ebenbürtig und in der psychologischen Charakterdurchdringung noch überlegen, hat ›*Eugénie Grandet*‹ ins Russische übersetzt. 1838 schrieb er an seinen Bruder, er habe fast den ganzen Balzac gelesen. Dabei fallen die bewundernden Worte: »Balzac ist groß. Seine Charaktere sind Schöpfungen eines weltumfassenden Geistes! Nicht der Zeitgeist, sondern ganze Jahrtausende haben in ihrem Ringen in der Seele des Menschen eine solche Entwicklung und Lösung gezeitigt!«

Irmgard Fuchs

Neid

Sieht man sich in der Literatur nach ausführlichen Abhandlungen über den Neid um, so stellt man fest, daß er aus zweierlei Gründen verschwiegen wird: einmal ist er, ganz im Gegensatz zu Eitelkeit oder Geiz, einer der bestverborgenen Charakterzüge, zum anderen scheint eine gewisse Scheu zu bestehen, sich intensiver mit ihm zu befassen. Nietzsche hat bereits in seinem Buch *›Menschliches, Allzumenschliches‹* den Neid, zusammen mit der Eifersucht, als ›Schamteil‹ der menschlichen Seele bezeichnet. Dennoch zählt diese Eigenschaft, das zeigt die psychotherapeutische Praxis immer wieder, zu den am weitesten verbreiteten ›Lastern‹. Alle Autoren, abgesehen von dem Soziologien Schoeck (*›Der Neid und die Gesellschaft‹*), der im Neid eine ›anthropologische Grundkategorie‹ sieht, die soziales Zusammenleben erst ermöglicht, reihen den Neid unter die Untugenden ein. Der Frage, warum die Diskussion darüber vor allem auch in der Tiefenpsychologie, die als erste den neurotischen Menschen systematisch erforschte, nicht vertieft wurde, kann hier nicht nachgegangen werden. Faktisch hat sie es jedoch bis heute versäumt, die Erkenntnisse angrenzender Disziplinen wie der philosophischen Anthropologie und der humanistischen Ethik zu assimilieren. So darf es nicht verwundern, daß die tiefenpsychologischen Darstellungen über Ursachen, Sinn und Abbau von Neid lückenhaft bleiben und manchmal schmalspurig anmuten.

Einen guten Einstieg in das Thema ermöglichen die französischen Moralisten La Rochefoucauld (1630–1680), La Bruyère (1645–1696), der niederländische Philosoph Baruch de Spinoza (1632–1677) und schließlich der kritische deutsche Denker Friedrich Nietzsche (1844–1900). Es ist ein wahrer Genuß, ihre scharfsinnigen Beobachtungen und differenzierten Beschreibungen menschlicher Tugenden und Laster nachzuvollziehen. Selbst wenn diese Abhandlungen nicht immer vollständige

Theorien beinhalten, sind sie außerordentlich lehrreich.
Zum bereits eingangs erwähnten Stillschweigen über neidische Tendenzen sagt La Rochefoucauld, der Mensch prahle oft mit seinen verbrecherischen Leidenschaften, der Neid aber sei scheu und verschämt; ihn zu zeigen, wage niemand. Nietzsche schreibt über

Neid mit und ohne Mundstück: – Der gewöhnliche Neid pflegt zu gackern, sobald das beneidete Huhn ein Ei gelegt hat: er erleichtert sich dabei und wird milder. Es gibt aber auch einen noch tieferen Neid: der wird in solchem Falle totenstill, und wünschend, daß jetzt jeder Mund versiegelt würde, immer wütender darüber, daß dies gerade nicht geschieht. Der schweigende Neid wächst im Schweigen.[1]

Wird der Neid auch versteckt und verschwiegen, so gibt es doch Möglichkeiten, ihm auf die Spur zu kommen. Einen Hinweis auf ein äußeres Erkennungsmerkmal gibt der allgemeine Sprachgebrauch, wenn er davon spricht, ein Mensch würde gelb oder blaß vor Neid. Er zeigt damit, daß der Neid den ganzen Menschen erfaßt und ihn bereits an der Gesichtsfarbe ›verrät‹.
Aber ein Merkmal reicht nicht aus; es müssen zahlreiche Mosaiksteinchen zusammengetragen werden, um ein umfassenderes Bild zu vermitteln. Nietzsche empfiehlt, bei der Beurteilung des Charakters eines Menschen einen Blick auf sein Umfeld, seine zwischenmenschlichen Beziehungen zu werfen. Der Mangel an Freunden, so führt er aus, lasse auf Neid oder Anmaßung schließen. Mancher verdanke seine Freunde nur dem Umstand, daß er keinen Anlaß zum Neid habe. In *›Die fröhliche Wissenschaft‹* entfaltet er feinsinnig die Struktur des *Neidbolds* vor unseren Augen: man dürfe diesem keine Kinder wünschen, da er selbst auf sie neidisch sein würde, und zwar allein aus dem Grunde, nicht mehr Kind sein zu dürfen. Auch hat der Autor erkannt, daß der Neidische nur im Abstand zu seinen Mitmenschen neidisch bleiben kann. Er schreibt in *›Morgenröte‹*: »*Sich irren wollen.* – Neidische Menschen mit feiner Witterung suchen ihren Rivalen nicht genauer kennenzulernen, um sich ihm überlegen fühlen zu können« (S. 210). La Bruyère nennt als weiteres Charakteristikum des Neidischen dessen Unfähigkeit, an der Freude anderer teilzunehmen.
Wie bereits angeklungen, tritt der Neid niemals isoliert in Erscheinung, sondern stets in Begleitung anderer aggressiver

Affekte, von denen Haß, Eifersucht, Rachsucht, Habgier, Selbstsucht, Schadenfreude und Mißgunst die am häufigsten erwähnten sind. Adler bezeichnet diese Charakterzüge als die *trennenden,* und Fromm hat dafür den Begriff *lebensfeindliches Syndrom* gewählt.

Die Herkunft des Wortes Neid ist unklar. Bekannte, bedeutungsverwandte Ausdrücke weisen in Richtung auf feindselige Gesinnung, Kampf, Streit, Haß usw. Ursprünglich war mit Neid wohl Eifer, Wetteifer oder Anstrengung gemeint, möglicherweise im Sinne von ›niederkriegen, befehden, schmähen‹. (Kluge, ›*Etymologisches Wörterbuch*‹)

Die Verbindung von Neid und Haß stellt auch Spinoza in seiner ›*Ethik*‹ vor. Für ihn ist Neid eine ›Leidenschaft des Gemüts‹, durch die das Handlungsvermögen des Körpers verringert wird. Neid oder Mißgunst bedeuten nichts anderes als Haß, »insofern (sie) betrachtet (werden) als den Menschen so disponierend, daß er sich über das Unglück eines anderen freut und sich über dessen Glück betrübt«. La Rochefoucauld bringt dem Neid weniger Verständnis entgegen als dem Haß und der Eifersucht. Er meint, Eifersucht sei in gewissem Sinne zu rechtfertigen, da sie ja versuche, das Unsere oder was wir für das Unsere halten zu verteidigen. Neid aber sei Wut über den Besitz anderer. Für La Bruyère gibt es keine Eifersucht ohne Neid, wohl aber Neid ohne Eifersucht und zwar als Leidenschaft, die das Unerreichbare in unserer Seele erregt wie z.B. großes Vermögen, eine erstrebenswerte Stellung u.a.m.

Den Neid, oft Hintergrund von Gier und Selbstsucht, hat Nietzsche in seinem ›*Zarathustra*‹ als krankhafte Lebenshaltung beklagt:

> Eine andere Selbstsucht gibt es, eine allzu arme, eine hungernde, die immer stehlen will, jene Selbstsucht der Kranken, die kranke Selbstsucht. Mit den Augen des Diebes blickt sie auf alles Glänzende; mit der Gier des Hungers mißt sie den, der reich zu essen hat: und immer schleicht sie um den Tisch des Schenkenden. Krankheit redet aus solcher Begierde und unsichtbare Entartung: vom siechen Leibe redet die diebische Gier dieser Selbstsucht.[2]

Die psychologische Forschung bestätigt auch die Feststellung La Rochefoucaulds, daß der Neid das Glück des Beneideten meist überdauert, d.h., daß der Neidische die Begünstigung des Mitmenschen fast immer überschätzt.

Sicherlich sind jedem Menschen Neidregungen bekannt, niemand ist in einer Konkurrenzgesellschaft frei davon; entscheidend jedoch ist, was er daraus macht: und der Neidische tut nichts, um seine Situation zu verändern oder zu verbessern, so daß Passivität als weiteres Wesensmerkmal festgestellt werden kann. Der neidische Mensch sitzt still in seiner Ecke, grollt und stempelt sich auf diese Weise selbst zum Objekt. Obwohl er dabei nach und nach verkümmert, schafft er den Schritt aus seiner Ohnmachtsposition nicht allein. Sein geringes Selbstwertgefühl und seine mangelnde Ichstärke lassen ihn ans Leben einen Maßstab anlegen, der ihm ständig beweist, daß *er* nichts, der *andere* aber alles hat.

Tiefenpsychologie des Neides

Wie die verschiedenen tiefenpsychologischen Schulen zum Phänomen *Neid* Stellung beziehen, soll im Folgenden untersucht werden.
Freud, der Begründer der Psychoanalyse, legt die Entstehung des Neids, den er vorwiegend der Frau zuordnet (*Penisneid*), in die dritte Phase der kindlichen Entwicklung, in die ›phallische‹ oder ›ödipale‹, die den Zeitraum zwischen dem 5. und 6. Lebensjahr umfaßt. Bis dahin gibt es seiner Auffassung nach für Jungen und Mädchen nur ein Geschlecht, und zwar das männliche. In dieser Phase wird sich das Mädchen plötzlich der Tatsache bewußt, daß es ›zu kurz‹ gekommen ist, weil es keinen Penis vorzuweisen hat, den es beim Jungen angeblich so sehr bewundert. Auch der Junge nimmt diesen fundamentalen Mangel beim Mädchen wahr und erschrickt, da er annimmt, das Mädchen sei kastriert worden und ihm drohe das gleiche Schicksal. Aus Angst davor entwickle er ›eine anhaltende Geringschätzung der Frau‹ (Chasseguet-Smirgel). Selbst im Verlangen des Mädchens, lieber ein Junge sein zu wollen, glaubt Freud den Wunsch nach einem Penis wiederzuerkennen. Sowohl Adler als auch Horney, Fromm u.a. bezweifeln jedoch, daß es sich dabei um eine angestrebte Veränderung der Anatomie handelt, sondern vermuten, daß das Mädchen viel eher neidisch sei auf die Bevorzugung des männlichen Geschlechts in einer patriarchalischen Kultur. Sogar aus den Reihen der Psychoanalytiker sind Stimmen laut geworden, die an der

traumatischen Wirkung, die vom Anblick des männlichen ›Kleinods‹ ausgehen soll, Zweifel anmelden.
In der narzißtischen Wunde, die der Penismangel hinterläßt, wurzele das grundsätzliche weibliche Minderwertigkeitsgefühl, das Folge der Verachtung für das eigene unvollständige Geschlecht sei. Der Groll des Mädchens richte sich nun gegen die Mutter, die beschuldigt wird, es so mangelhaft ausgestattet zu haben, und geht dann in Geringschätzung über, da ja auch sie zu den ›Kastrierten‹ gehört. Wenn der Wunsch des Mädchens nach einem Penis zugunsten des Wunsches nach einem Kind aufgegeben werden kann, verläuft seine Entwicklung normal, denn es beginnt, seiner Geschlechtsrolle gerecht zu werden. Zuerst möchte es dem Vater ein Kind schenken; da diese Aufgabe aber bereits der Mutter zugefallen ist, entstehen gegen sie massive Eifersuchts- und Rivalitätsgefühle. Schließlich sieht das Mädchen jedoch die Aussichtslosigkeit seines Verlangens ein und schickt sich in sein Los.
Freud sieht den Höhepunkt des Frauseins in der Geburt eines Sohnes, womit er eines der Vorurteile seiner Zeit unreflektiert übernimmt. Obwohl er zugesteht, daß Eifersucht nicht nur bei der Frau zu beobachten sei, hält er sie bei ihr für fundamentaler als beim Mann, da sie der Penisneid ständig mit frischer Energie versorge. So hat der große Tiefenpsychologe, der zwar einräumte, in bezug auf die Psyche der Frau im dunkeln zu tappen, sie mit seiner Stellungnahme zu einem verunglückten, kastrierten ›Mann‹ gemacht und ihre Anatomie zu ihrem Schicksal erklärt. Neid, Eifersucht, Infantilismus, Dominanzstreben, mangelndes Gerechtigkeitsgefühl und ein Überwiegen gefühlsmäßiger Entscheidungen vor verstandesmäßigen sowie Passivität seien charakteristisch für die Psyche der Frau. Selbst ihr Wunsch nach Unabhängigkeit und Gleichberechtigung scheint, durch die patriarchalische Brille betrachtet, nur Ausdruck des ursprünglichen Penisneids zu sein. Hat Freud als außergewöhnlich scharfer Beobachter bezüglich weiblicher Verhaltensweisen durchaus Richtiges festgestellt, so ist es ihm jedoch nicht gelungen, die Gründe dafür in den damals herrschenden gesellschaftlichen Gegebenheiten zu erkennen. Auf Grund dieses Irrtums verabsolutierte er die oft neurotischen Frauen seiner Zeit, um die ›weibliche Natur‹ zu enträtseln.
Analog fehlschließend nahm er den Neid des älteren Kindes auf die nachfolgenden Geschwister als ›naturgegeben‹ an; eigentlich

möchte das Ältere das Nachgeborene verletzen und verstoßen; allein die Angst vor Bestrafung und die Einsicht, daß auch dieses Kind von den Eltern geliebt wird, hält es von seinem Vorhaben ab und zwingt es, sich mit ihm zu identifizieren. So entsteht Gemeinschafts- oder Zusammengehörigkeitsgefühl erst als Reaktionsbildung auf Neid. Arno Plack (›*Die Gesellschaft und das Böse*‹) stellt in diesem Zusammenhang die Frage, ob die angeblich unvermeidliche Rivalität zwischen Geschwistern nicht eine andere Ursache haben könne, nämlich die so große

> Freude der Eltern am jeweils niedlicheren Kinde. Das Kind, das unversehens wegen dem so niedlichen neuen sich zurückgesetzt fühlt, muß zwangsläufig das Neugeborene hassen. Eltern, die in jedem ihrer Kinder den ganzen Menschen liebten, der es eigentlich werden soll, würden quasi ›instinktiv‹ den Fehler der Zurücksetzung des älteren Kindes vermeiden.[3]

Melanie Klein, eine umstrittene Vertreterin der britischen Psychoanalyse, geht noch einen Schritt über Freud hinaus und erklärt Neid, Gier und Haß als konstitutionell gegeben. Haben die angeborenen kannibalischen Triebe im Menschen die Oberhand über die ebenfalls angeborenen libidinösen, so ist die Charakterentwicklung von vornherein in ungünstige Bahnen gelenkt. Den Penis des Vaters fordere das Mädchen nicht als Korrektur an ihrer Anatomie, sondern als Objekt oraler und genitaler Befriedigung. Für Chasseguet-Smirgel, die der Kleinschen Schule nahesteht, ist der Penisneid Ausdruck des Neids auf die omnipotente Mutter, von der man sich nur unabhängig machen und gegen die man sich nur behaupten kann, wenn man etwas besitzt, was ihr fehlt. Nach Kleins Theorie von der Entwicklung des Menschen und der Entstehung von Neid zeigt ein Kind bereits im Säuglingsalter unmenschliche Züge, und man ist reichlich verwundert darüber, daß sie dennoch an Veränderungen in der Therapie glaubt und solche auch vorzuweisen hatte.

Mit der Annahme angeborener aggressiver Triebe als bestimmend für die Charakterentwicklung steht sie auf dem Boden einer autoritären Ethik, wonach der Mensch von Geburt an determiniert und seiner ›bösen Natur‹ ausgeliefert ist. An diesen abstrusen Spekulationen ist auch Kritik von psychoanalytischer Seite geübt worden, u.a. von Glover, der Klein

›biologischen Mystizismus‹ vorwirft. Geistige Verwandtschaft besteht dagegen zwischen ihr und dem Soziologen Schoeck, für den der Neid zur ›biologischen Grundausstattung‹ des Menschen gehört. In Anlehnung an die Tierverhaltensforschung postuliert er angeborene Aggressionskräfte, die den Neid speisen. Bezeichnet der überwiegende Teil der Autoren Neid als Krankheit, die die zwischenmenschlichen Beziehungen stört oder gar unmöglich macht und daher den Menschen in seiner gesamten Existenz beeinträchtigt, so geht Schoeck davon aus, daß das Individuum erst über die Neidfähigkeit zum ›eigentlichen Menschen‹ werde.

Adler und Horney halten andere Ursachen für maßgebender. Beide bezweifeln eine angeborene aggressive Triebstruktur und die Konkordanz biologischer und charakterlicher Entwicklung. Horney kritisiert die von Freud auf Grund des Penismangels vertretene ›Minderwertigkeit der Frau‹ und hinterfragt die Bedeutung des Ödipuskonflikts für die Ausprägung neidischer Strebungen. Ihrer Erfahrung nach ist nicht der Penisneid für den Charakter der Frau bestimmend, sondern eine Erziehung, die vom Wertsystem einer patriarchalischen Kultur geprägt ist. Dieser Auffassung schließt sich auch Simone de Beauvoir (*›Das andere Geschlecht‹*) an, wenn sie den Phallus nur als Symbol männlicher Vorrechte deutet, die zwangsläufig den Neid des Mädchens erregen müssen. Die Basis für den Neid ist bei Horney die *Grundangst,* gegen die sich das Kind zu schützen versucht, indem es sie mit dem Streben nach Macht kompensiert. Habgier, Haß, Herrschsucht, Demütigung, Dominanz, Konkurrenz und Feindseligkeit sind Ausdrucksweisen dieses Strebens. Ähnlich wie Plack sieht Horney die westliche Welt bestimmt von der Jagd nach Erfolg, Prestige, Besitz und Bewunderung. Sie weist darauf hin, daß der Mensch sich dadurch immer weiter von seinen Mitmenschen entfernt und sich ihnen entfremdet. Da er sich ein Miteinander nicht zutraut, wählt er den Weg, sich über sie zu erheben. Der Konkurrenzkampf, getragen vom Neid auf die anderen, beherrscht jedoch nicht nur die beruflichen, sondern auch die privaten Beziehungen. Sadismus, für Klein naturgegeben, stellt für Horney lediglich ein Symptom dar, das zur neidischen Gefühlshaltung gehört. Ihrer Meinung nach entwickelt nur ein Mensch, der von der Sinnlosigkeit des eigenen Lebens überzeugt ist, sadistische Tendenzen. Er haßt alles Positive mit dem Neid dessen, der das

Ziel seiner Wünsche nicht erreichen kann. »Es ist der bittere, mißgünstige Neid eines Menschen, der das Gefühl hat, daß das Leben ihn ausgeschlossen hat.« Da er von den anderen abrückt, kennt er sie nicht und überschätzt deren Glück. Er kann es ihnen nicht gönnen, weil er selbst unfähig ist, glücklich zu sein. So bleibt ihm nur der Ausweg, andere zu demütigen und zu beherrschen. *Eine* Möglichkeit jedoch hat er, seinen Neid zumindest kurzfristig zu mildern: er kann das Beneidete abwerten. Horney wählt als Beispiel den Fuchs aus der Fabel ›*Der Fuchs und die Weintrauben*‹ von Jean de la Fontaine (1621–1695), der die Trauben als sauer bezeichnet, weil sie zu hoch hängen und er sie nicht erreichen kann. Dennoch, meint die Autorin, bleiben sie weiterhin für ihn erstrebenswert. Mit Nietzsche ist sie der Ansicht, daß der Neidische seine Mitmenschen überwiegend nicht einer bestimmten Sache wegen beneidet, sondern daß es sich dabei um ›Lebensneid‹ handelt, der tiefer geht und grundsätzlicher ist. Der Neidische fühlt sich vom Leben abgeschnitten, seine Lebensfreude ist aber nur gedrosselt, nicht erloschen.

Der Penisneid als solcher spielt für Alfred Adler, den Begründer der Individualpsychologie, eine ähnlich untergeordnete Rolle wie für Horney. Das neidisch-rivalisierende Streben des Kindes sei nicht von sexuellem Verlangen bestimmt, sondern drücke symbolisch Besitzergreifen bereits neurotisierter Kinder den Eltern gegenüber aus. Adler warf Freud vor, die Persönlichkeit, die hinter dem Sexuellen stehe, nicht berücksichtigt zu haben. Zu Beginn der Theorie vom Penisneid galt er als ›männlicher Protest‹, d.h. als Protest des Mädchens gegen eine Kultur, die Tüchtigkeit, Einfluß, Autorität, Aktivität und Macht nur dem Mann zugesteht, während Kinder und Frauen als minderwertig gelten. Der Gegensatz ›männlich/weiblich‹ entspricht dem Schema ›oben/unten‹. Später engt Adler diesen Begriff jedoch ein und verwendet ihn nur noch, um die Haltung von Frauen zu beschreiben, die ihr Frausein nicht akzeptieren. Er ersetzt ihn durch das ›Überlegenheits- und Machtstreben‹, war allerdings der Überzeugung, daß diese Haltungen sowohl für den Mann als auch für die Frau gelten. Kann ein Kind in der Kindheit nicht genügend *Gemeinschaftsgefühl* erwerben und seine natürlichen Minderwertigkeitsgefühle nicht als Ansporn für Wachstum verwerten, kommt es zu einer Fehlentwicklung. Das Minderwertigkeitsgefühl steigert sich zum Minderwertig-

keitskomplex, der nach Kompensation verlangt. Werden kindliche Neid- und Rivalitätsgefühle von den Erziehern nicht verstanden, sondern bestraft oder ignoriert, so verfestigen sie sich und arten zu einem unstillbaren Verlangen, *alles* haben zu wollen, aus. Da der Blick dabei zu sehr auf die vorgebliche eigene Mangelsituation gerichtet ist, können positive Eigenschaften nicht ausreichend entwickelt und betätigt werden. Aggressive Charakterzüge überwuchern mehr und mehr das Gemeinschaftsgefühl, in deren Folge das Kind nicht Solidarität mit anderen, sondern Triumph über sie anstrebt. Adler zählt vor allem Neid, Eifersucht, Trotz, Haß, Ehrgeiz, Egoismus und Herrschsucht, aber auch Selbstverleugnung in Form aufopfernder Güte, zu den Haltungen, die wir anfangs als ›trennende‹ bezeichnet haben. Durch sie wird die Beziehung des Menschen zur Umwelt gestört, denn »ein zeitlebens von Neid erfüllter Mensch... (ist) für eine Zusammenarbeit unfruchtbar«. Er wird immer nur einen Wunsch haben, nämlich, den anderen etwas wegzunehmen, sie zu schädigen und ihnen für all das, was er selbst nicht erreicht hat, die Schuld zuzuschieben. Der Zwang, sich ständig mit seinen Mitmenschen zu vergleichen, trägt dazu bei, den Neidischen in seinem Gemütszustand zu belassen; da seine Vergleiche hinken und er seinen Mängeln die Stärken anderer gegenüberstellt, ist die ungünstige Bilanz von vornherein programmiert.
Es sind also weder die Anatomie noch die Triebnatur des Menschen, die Adler für die Entstehung neidischer Züge verantwortlich macht, sondern die Erziehung, insbesondere aber die Erzieherpersönlichkeit, auf die das Kind jeweils individuell antwortet. In diesem Punkt ist er mit Nietzsche einig, der den Einfluß der Erziehung auf den Charakter folgendermaßen beschreibt:

Man muß lieben lernen, gütig sein lernen, und dies von Jugend auf; wenn Erziehung und Zufall uns keine Gelegenheit zur Ausübung dieser Empfindungen geben, so wird unsere Seele trocken und selbst zu einem Verständnis jener zarten Empfindungen liebevoller Menschen ungeeignet. Ebenso muß der Haß gelernt und genährt werden, wenn einer ein tüchtiger Hasser werden will, sonst wird auch der Keim dazu allmählich absterben.[4]

Schultz-Hencke, einer der wichtigsten ›Neo-Psychoanalytiker‹, diagnostiziert den Neid als eine Haltung, die zwar von allen Menschen verworfen wird, aber dennoch allen eigen ist. Er unterscheidet zwischen einem positiven ›glühenden‹ Neid, der zu Aktivität und Aufbau ansporn und einem negativen zerstörerischen ›scheelen‹ Neid. Auch bestätigt er, daß der Neid verborgen ist, und meint, daß er sogar dem Neidischen selbst um so mehr verborgen bleibt, je stärker er ausgeprägt ist. Wenn der Therapeut aber Nebengedanken, Träume und Phantasien des Neidischen untersucht, erhält er ein plastisches Bild dieses kaptativen Charakterzugs, d.h. desjenigen, der auf ›Alles-haben-Wollen‹ ausgerichtet ist.

Die Entstehung von Neid führt Schultz-Hencke zum Großteil auf eine Erziehung zurück, die durch eine Kombination von Verwöhnung und Härte gekennzeichnet ist. Einerseits lähmen Eltern die Expansion ihres Kindes durch Überbesorgtheit, nehmen ihm jede Pflicht und jede Verantwortung ab, andererseits schüchtern sie es durch Warnungen, Ge- und Verbote, Strafen und Strafandrohungen ein. Vor allem die Bedrohung durch Liebesverlust in Form von Schlägen, abschätziger Kritik und Nichtbeachtung, machen dem Heranwachsenden deutlich, daß bestimmte Expansionsschritte nicht erwünscht sind. Der aus solch unsachgemäßer Erziehung hervorgehende inaktive Mensch entwickelt schließlich überhöhte Erwartungen. Wer *kaptativen Riesenerwartungen* unterliegt, verlangt mehr oder minder bewußt, daß die Mitmenschen seine Erwartungen erfüllen. Das bedeutet nichts anderes, als daß er sie zum Zweck der eigenen Befriedigung mißbraucht. Diese Tendenz untersuchte auch Erich Fromm in *›Psychoanalyse und Ethik‹* und reihte sie unter die *nicht-produktive Orientierung* ein, da sie mehr auf Nehmen als auf Geben eingestellt ist.

Neid und Aggression stehen nach Schultz-Hencke in enger Beziehung zueinander. Er vergleicht sie mit zwei verbundenen Linien und beschreibt die Aggression als Druck, der nach außen will und die ›seelische Oberfläche‹ ausbeult. Trotz ihrer Heftigkeit sei die Aggression dem Bewußtsein in dieser Deutlichkeit nicht zugänglich, da Angst zu ihrer Abwehr erzeugt werde; es käme lediglich zu einem diffusen Gefühlseindruck. Der Inhalt kaptativer Züge bleibe der Vorstellung aber mehr oder weniger erhalten.

Zerstörerischer Neid richtet sich, wie bereits erwähnt, nicht nur auf den Besitz von Sachen, sondern nach Schultz-Hencke vor allem auch *›auf das feinere Erleben des Glücklichseins‹*,

d.h. auf Gefühlsinhalte, die tatsächlich einen höheren Wert darstellen als Dinge.
Der Autor wirft außerdem noch die Frage auf, warum Neid denn von allen als verwerflich angesehen und moralisch verurteilt werde, und findet zwei wichtige Gründe: zum einen ist es eine bekannte Tatsache, daß kaptative Bestrebungen allgemein stärker verurteilt werden als z.B. retentive, wie sie in der Eifersucht zum Tragen kommen. »Wer hat, der darf eher behaltenwollen, als derjenige habenwollen darf, der noch nicht hat« (›*Der gehemmte Mensch*‹, S. 159). Diese Überlegung fand sich schon bei La Rochefoucauld. Der Neidische wird äußerlich zum Ruhestörer, während der Eifersüchtige (scheinbar) bemüht ist, Ruhe und Ordnung aufrechtzuerhalten. Zum anderen will sich der Neidische den natürlichen Gegebenheiten, die zu Erfolg und Fortschritt führen, nicht unterordnen. Er tut so, als gäbe es Erfolg ohne Arbeit und ohne Anstrengung und erwartet, daß all seine Wunschträume Wirklichkeit werden. Damit stellt er eine Versuchung für andere dar, sich ähnlich zu verhalten. So ist die heftige Abwehr gegen den Neidischen und seine Ideologie zu erklären.
Der Erkenntnis Schultz-Henckes, daß der Neidische eigene Lebensregeln aufstellen will, die mit der Realität nicht vereinbar sind, kann die Tiefenpsychologie allein nicht gerecht werden. Hier geht es nicht mehr um einzelne Charaktereigenschaften, deren Ursachen herausgefunden werden sollen, sondern um die Frage nach der *menschlichen Natur*, dem Akzeptieren menschlicher Möglichkeiten und Grenzen, auf die später noch eingegangen werden soll.
Der Neidische lehnt normal-menschliches Streben, das nur in kleinen Schritten erfolgreich sein kann, ab und fordert Übermenschliches für die eigene Person. Die Verbissenheit, die er dabei an den Tag legt, das Festhalten am Gefühl der eigenen Wertlosigkeit auf der einen, den Gottähnlichkeitswünschen auf der anderen Seite, verstärken seine Resignation und begraben damit seine Hoffnung auf Glück und Zufriedenheit. Seine Riesenerwartungen hindern ihn weitgehend daran, sinnvoll zu handeln. Aber das ist nicht alles: auf der anderen Seite geht er Fehlern, Irrtümern und Mißerfolgen aus dem Weg, mit denen jeder aktive Mensch konfrontiert wird. Aus diesem vermeintlichen Versagen anderer leitet der Neidische für sich das Recht ab, über die Mitmenschen zu triumphieren, denn *er* macht

schließlich keine Fehler! Dabei verzichtet er allerdings auch auf die wichtigen kleinen Erfolgserlebnisse, die das Ich, die Selbstachtung des Lernenden, stärken.
Der Neidische, sagt Adler, verteidige sein Nichthandeln immer mit Ausflüchten; Schultz-Hencke ist der Ansicht, daß er im Innern doch ahnt, daß sein Unwohlsein und sein Stagnieren mit ihm selbst zu tun haben. Er projiziert die eigene ›Schuld‹ auf die anderen, um sie an ihnen bekämpfen zu können und um sich gleichzeitig ein Alibi dafür zu verschaffen, nicht näher mit ihnen in Kontakt treten zu müssen.

Neid und menschliche Natur

Betrachtet man die Ausführungen der verschiedenen tiefenpsychologischen Schulen, stößt man auf Begriffe wie: Charakter, Ich, Trieb, Persönlichkeit, Objekt, Neurose, Syndrom, Krankheit usw. und kann sich, je nach eigenem Wissen, ein Bild davon machen, was darunter zu verstehen sei. Im Alltag jedoch haben wir es weder mit ›Objekten‹ noch mit ›Charakteren‹ oder ›Triebbündeln‹ zu tun, sondern mit *Personen.* Die menschliche Person mit all ihren Befindlichkeiten, Eigenschaften, Entwicklungsmöglichkeiten, Handlungen und Wertmaßstäben ist Gegenstand der philosophischen Anthropologie und der humanistischen Ethik. Diese Disziplinen integrieren die Teilergebnisse der Tiefenpsychologie zu einem Ganzen und heben die Sonderstellung des Menschen als ›Kulturwesen‹ innerhalb der Natur hervor.
Weitreichende Erkenntnisse über die Person in ihrer Totalität, ihrem Wesen und ihrer Stellung in der Welt haben wir, neben den bereits erwähnten Autoren, auch Nicolai Hartmann und Philipp Lersch zu verdanken. Hartmann schreibt:

Im Leben pflegen wir diese Einheit des geistigen Einzelwesens als ›Person‹ zu bezeichnen. Wir unterscheiden sie damit schon im Alltag von der Sache, dem Organismus, ja dem Seelenleben und dem Bewußtsein. Unter Personen verstehen wir die menschlichen Individuen, sofern sie als Handelnde, Redende, Sollende und Strebende, als Vertreter ihrer Meinungen, Einsichten, Vorurteile, als Wesen mit Ansprüchen und Rechten, Gesinnungen und Wertungen irgendwie Stellung nehmen.[5]

Person ist mehr als Ich, mehr als Subjekt, mehr als Individuum.

Nach Josef Rattner (›*Tiefenpsychologie und Ethik*‹) versteht man unter Ich meist das Zentrum des Bewußtseinsfeldes, den bewußten Aspekt der Person; mit Subjekt ist die Person gemeint, die den Objekten gegenübersteht, und Individuum ist der einzelne, sowohl der Mensch als auch das Tier. Der Charakter verweist auf das Verhältnis des Menschen zu sich selbst und zu den Mitmenschen, er ist gewissermaßen die soziale Außenseite der Person. Als Persönlichkeit bezeichnet man einen Menschen, der kraft seiner Beziehungsfähigkeit und Wertverwirklichung überdurchschnittlich stark entwickelt ist.
Das *Ich* der Person ist nach Hartmann immer: »ich handle«, nicht: »ich denke«. Erst handelnd wird der Mensch zur Persönlichkeit. Er findet bestimmte Umstände vor und gerät immer wieder in Situationen, die er nicht verändern kann: Krankheit, Verlust, Niederlagen, Tod usw. Dennoch ist er als einziges Lebewesen in der Lage, Stellung zu beziehen und Entscheidungen zu treffen; nach Sartre ist er dazu sogar ›verdammt‹. Dabei ist zu beachten, daß Unentschlossenheit und Entscheidungsschwäche ebenfalls Stellungnahmen sind. Wenn der Neidische die Beziehung zu seinen Mitmenschen scheut oder lockert und nichts tut, um sie zu verbessern, so spricht diese Passivität eine deutliche Sprache: indem er sich gegen die Verbindung zu den anderen entscheidet, leugnet er gleichzeitig die Grundlage seiner Existenz als Person, denn Person ist der Mensch immer nur in seinem Bezug zur Welt. Er hat Teil *an* ihr und ist in gleicher Weise Teil *von* ihr. Person und Welt sind nach Hartmann untrennbar miteinander verbunden und ihr Verhältnis ist ein zweifaches: zum einen steht die Person als Ich (Subjekt) dem Nicht-Ich (Objekt) gegenüber, zum anderen als Ich dem Du, also einem anderen Ich. Erst durch die Existenz des Du wird der Mensch zum Ich und zur Person. Sullivan vertrat die Meinung, das Ich eines Menschen sei die Summe seiner zwischenmenschlichen Beziehungen. Der Gedanke, daß es der andere Mensch ist, der für den Menschen die größte Bedeutung hat, findet sich auch bei Spinoza: »... denn dem Menschen ist das am nützlichsten, was mit seiner Natur am meisten übereinstimmt, d.h. ... der Mensch« (›*Ethik*‹, S. 507).
Seine *Natur* ist dem Menschen *nicht gegeben* wie dem Tier, sondern sie ist ihm *aufgegeben.* Er muß sich selbst gestalten durch seinen und in seinem Bezug zur Welt, und sein Dilemma besteht nicht, wie die autoritäre Ethik zu beweisen versucht, in

seiner naturgemäßen Bösartigkeit, sondern in seiner *Eigenverantwortlichkeit.*

An diesem Punkt wird auch der Irrtum des Neidischen sichtbar: die Weltferne, die Entfremdung von den Mitmenschen, die Leugnung der Selbstverantwortlichkeit und der Fähigkeit zur Eigengestaltung lassen ihn ständig um sein ›Zu-kurz-gekommen-Sein‹ und sein ›Nicht-Haben‹ kreisen. Welt und Menschen interessieren ihn nur insofern, als er sie braucht, um sie bekämpfen zu können. Die mangelhafte Lebensgestaltung des Neidischen zeigt, daß er in seiner Entwicklung zur Person steckengeblieben ist und den Weg zu den anderen nicht gefunden hat.

Bei Fromm ist Neurose das Ergebnis eines moralischen Konflikts und Ausdruck eines Kampfes, den der gesunde Teil der Persönlichkeit gegen schädigende Einflüsse aufnimmt. ›Moralisch‹ heißt hier nichts anderes als ›dem Menschen gemäß‹ oder ›menschlich‹. In diesem Sinne könnte man die Bitterkeit, die der Neid im Individuum hinterläßt, als Signal dafür werten, daß es sich gegen seine Natur vergeht. Wenn seelische Krankheit und Laster zusammengehören, so müssen auch seelische Gesundheit und Tugend gleichzusetzen sein. Die Grundlage der Tugend, meint Spinoza, sei das Bestreben, das eigene Sein zu erhalten, zu handeln und sich auf die Welt zuzubewegen, um sich selbst zu finden. Da der Neidische sich gegen dieses Grundprinzip menschlicher Existenz auflehnt, verstößt er damit gegen sein Menschsein. Die meisten Autoren sind davon überzeugt, daß er den falschen Weg beschreitet, wobei Fromm als Kriterium für richtig oder falsch nur das Wohl des Menschen als Maßstab akzeptiert. Die humanistische Ethik vertritt den Standpunkt, daß der Mensch von Natur aus die Fähigkeit besitzt, zwischen gut (richtig) und böse (falsch) zu unterscheiden. Läßt man ihm genügend Freiraum, wird er danach streben, seine Persönlichkeit zu entfalten und sie in Verbindung mit der Umwelt zu formen. Sind die Bedingungen jedoch ungünstig, so besteht die Gefahr, daß er sich auf sich selbst zurückzieht und auf gesellschaftlich unwichtige Werte fixiert bleibt. Das häufige Auftreten von Neid, Eifersucht, Eitelkeit u. a. m. weist darauf hin, daß eine sinnvolle und menschenwürdige Lebensgestaltung schwierig ist.

Neben Weltbezug sind noch Ganzheit und Identität grundlegend für das Person-Sein. Was bedeutet nun Ganzheit? Nach

Hartmann handelt es sich dabei nicht um die Summe einzelner Akte, sondern um die einheitliche Stellungnahme des Individuums zur Welt und zur eigenen Existenz. Diese Stellungnahme entspringt aber nicht allein einer augenblicklichen Stimmung, sondern sie spiegelt das Bekenntnis des Menschen zu sich als Gewordenem, Seiendem und Werdendem wider. Alle Lebensäußerungen bilden eine Struktur, in der körperliche, seelische und geistige Befindlichkeiten sinnvoll ineinandergreifen. Jede Einzelbestrebung ist Ausdruck der Einheitlichkeit der Person:

... von jedem Detail läßt sich das Ganze erschließen, aber auch der partikuläre Befund ist nur aus der Totalität heraus deutbar. Auch die rein biologischen Reaktionen fallen nicht aus dem Rahmen der Person: auch sie sind sinnhaft und haben ihre Funktion innerhalb des Personseins.[6]

Der Begriff der Struktur geht auf Felix Krüger (1874–1948) zurück, der sie definiert als ganzheitliches Gefüge von psychischen Dispositionen. Auch Lersch betont den Integrationszusammenhang der einzelnen Charakterzüge, durch den bestimmte andere Bestrebungen ausgeschlossen werden. Wenn man sich an die den Neid begleitenden Tendenzen erinnert, kann man davon ausgehen, daß sie eine Struktur bilden, in der Güte, Engagement, Sympathie, Mut, Wohlwollen, Humor u.a. keinen Platz haben.

Da der Werdensaspekt unzweifelhaft zur Ganzheit gehört, muß mit Hartmann beim Neidischen ›Halbheit‹ konstatiert werden: er lebt nur begrenzt, weil er nur begrenzt handelt; er will ein Ziel, jedoch nicht den Weg dazu; er will haben, aber nicht erwerben; er lehnt die Verantwortung für sein Leben ab und versucht sie zu delegieren. Daß er mit dieser Orientierung im Leben nicht zum Ganzen werden kann, ist für Hartmann nur folgerichtig:

Was sich im Leben forttreiben, hin- und herwerfen läßt, was wir als Person gelten lassen, weil es fortvegetiert oder den Namen weiterträgt, das ist nicht Person. Individuum, Subjekt, Bewußtsein mag es sein, der empirische Einzelmensch in seiner Halbheit. Person ist Ganzheit. Sie ist das geistige Wesen, das sich zu dem immer erst machen muß, was es in Wahrheit ist.[7]

Der Leugnung von Verantwortung liegt ein mangelhaft ausgeprägtes Ich und ein gestörtes Selbstbild zugrunde, zwei Krite-

rien für einen mißlungenen Individuationsprozeß. Lersch führt aus, daß sich das Kind in dieser Phase der Ichwerdung als getrennt von den anderen erlebt, gleichzeitig jedoch mit ihnen verbunden und auf sie angewiesen bleibt. Die Ausbildung eines *gesunden Egoismus*, einer Sonderform des Selbsterhaltungstriebes, ist ein wesentliches Resultat dieses Prozesses. Das hervorstechende ›Für-sich-haben-Wollen‹ erreicht jedoch erst in der Erprobung der Realität ein sozial annehmbares Maß. Entscheidend für das erfolgreiche Durchschreiten dieser Entwicklungsphase ist die Art und Weise, in der die Erzieher dem Kind entgegentreten. In einer sado-masochistischen Kultur, in der Eigenständigkeit, Unabhängigkeit, Stabilität und Festigkeit nicht gefragt sind, kommen meist kämpferische und/oder verwöhnende Haltungen zum Tragen: in beiden wird das Kind fallengelassen. Versucht der Erzieher, ihm das ›Für-sich-haben-Wollen‹ mit latenter oder offener Gewalt auszutreiben, wird es Trotz entwickeln und zum Neinsager aus Prinzip; bringt er ihm Gleichgültigkeit entgegen, wird es maßlos. Das Kind wird dann versuchen, sein unentwickeltes Ich ebenfalls mit Gewalt zu verteidigen, wobei der gesunde Egoismus zur Sucht des ›Nicht-genug-haben-Könnens‹ pervertiert, die der Neidische nicht hat ablegen können. So beschreitet er also den gleichen Weg wie seine Vorbilder, einen Weg, der von einer quälenden Einstellung zu sich und zum Leben gekennzeichnet ist.
Nur wenn genügend Freiraum dem Kind ermöglicht, Fehler zu machen und daraus zu lernen, wird sein Ich sich stärken. Aber Freiraum kann wiederum nur der Erzieher gestatten, der ihn für sich selbst beansprucht, der in der Lage ist, eigene Ichgrenzen zu vertreten und die anderer zu respektieren.
Flüchtet das Kind vor der Auseinandersetzung mit der Umwelt, so bleibt sein Ich schwach und anfällig gegen Einflüsse von außen. Da der Neidische diese Schwäche spürt, fühlt er sich seinen Mitmenschen unterlegen und kann sich nicht mit ihnen solidarisieren. Er will nicht tüchtig, klug, zuverlässig, beliebt usw. sein, sondern tüchtiger, klüger, zuverlässiger und beliebter als alle anderen. Da er dafür keine solide Grundlage besitzt, nimmt er Zuflucht zu Affekten und zerstörerischem Verhalten.
Nach einem Modell von Lersch, das verdeutlicht, wie sich der Mensch vom abhängigen zum ichbewußten und autonomen, der Welt zugewandten Wesen entwickelt, muß er bestimmte

Stadien durchlaufen und auch bewältigen. Im ersten Stadium geht es um die Antriebserlebnisse des *lebendigen Daseins*, zu dem der Tätigkeits- und Erlebnisdrang und die damit verbundenen Empfindungen von Freude, Schmerz und Lust gehören. Es folgt das Stadium des *individuellen Selbstseins* mit dem Selbsterhaltungstrieb, dem Eigenwert- bzw. Selbstwertstreben und dem gesunden Egoismus; bei Störung führt letzterer zu Neid, Eifersucht u. a. m. Schließlich gipfelt die Entwicklung im Stadium des Antriebserlebnisses des *Über-sich-hinaus-Seins*, das sich im Miteinander und Füreinander, schaffender Teilhabe, Liebe und Liebesfähigkeit spiegelt. Haß, das Negativ zur Liebe, zeigt das Mißlingen der Persönlichkeitsentwicklung.
Vergleicht man die natürlichen Tendenzen mit denen des Neidischen, so entdeckt man, daß er fundamental gestört ist: die Orientierung auf Aktivität und Erleben ist stark beeinträchtigt von dem zwanghaften Wunsch nach Bewahrung und absoluter Sicherheit. So vermeidet der neidische Mensch zwar Schmerz und Unlust, bringt sich jedoch um die Freude und Lust am aktiven Menschsein; er möchte wohl beides, scheut aber das Risiko des Mißerfolgs. Der realistisch eingestellte Mensch weiß, daß Selbsterkenntnis, Wachstum und Selbstverwirklichung nur im Ringen mit sich und der Welt zu erreichen sind. Erst auf diese Weise erfährt er, wer er wirklich ist, und kann seinem Leben einen Sinn geben. Allein diese Lebenshaltung ist dazu angetan, seine Kraft und seine Fähigkeiten zu steigern und ihm zu erlauben, das Machbare zu leisten und auf anderes zu verzichten, ohne dabei von Selbstzweifeln gequält zu werden. Hat ein Mensch seine Identität gefunden, besitzt er etwas, das ihm niemand streitig machen kann. Der sich selbst verwirklichende Mensch verfügt über eine Kraftquelle, die wächst, indem er davon abgibt. Die Gedanken des Neidischen dagegen kreisen ständig um sein lädiertes Ich. Er kann sich der Umwelt nicht freundschaftlich zuwenden, nichts geben, sondern nur nehmen. Er kann sich für kaum etwas begeistern, weil er nicht gelernt hat zu kooperieren.
Mit sich identisch sein heißt aber auch, die eigenen Mängel und Schwächen anzunehmen, um sie nach und nach abbauen zu können. Jeder, der in diese Richtung geht, weiß, wieviel Geduld und Energie Fortschritt kostet, und wird deshalb den Unzulänglichkeiten seiner Mitmenschen verständnisvoll gegenüberstehen. Erfahrung und Wissen werden ihn nicht dazu

veranlassen aufzutrumpfen, wie es der Neidische tut, sondern er wird es als Aufgabe ansehen, seine Mitmenschen solidarisch bei deren Ichentfaltung zu unterstützen.
Die Orientierung an der relativ gesunden, ichstarken und produktiven Persönlichkeit, wie sie uns die humanistische Ethik nahebringt, läßt viel eher die ›menschliche Natur‹ erahnen als die Orientierung am psychisch Kranken. Sie erlaubt trotz des Wissens um die mannigfaltigen Probleme im zwischenmenschlichen Bereich einen optimistischen Ausblick auf ein fruchtbareres Zusammenleben. Im Endeffekt hat der festgefahrene Blick der Psychoanalyse auf den Neurotiker dazu geführt, Menschen eher pessimistisch zu betrachten: für trennende Affekte wird die ›böse‹ Triebnatur des Individuums verantwortlich gemacht. Philosophische Anthropologie und humanistische Ethik vertreten jedoch die Auffassung, daß der Mensch nur dann aggressiv reagiert, wenn er sich Veränderung aus eigener Kraft nicht zutraut, wenn er glaubt, keinerlei Einfluß auf sein Leben und seine Mitmenschen zu haben. Sartre beschreibt in seinem ›*Entwurf einer Theorie der Emotionen*‹ (1964) Affekte nicht als Trieb-, sondern als Bewußtseinsphänomene, die der Mensch einsetzt, um die Welt magisch zu verändern. Auf Magie setzt der Neidische, weil er seine Vorzüge und tatsächlich vorhandenen Fähigkeiten nicht zu schätzen weiß; daß er damit zu den tief Unglücklichen gehört, wird immer wieder hervorgehoben. Es scheint, als fürchte er positive Veränderung und ›launisches‹ Glück und ziehe es vor, im bekannten, dafür ›sicheren‹ Unglück zu verweilen.

Neid und Psychotherapie

Die humanistische Ethik beschäftigt sich seit Jahrhunderten mit der Frage, was denn eigentlich Glück sei und worin es bestehe. Eine der vielen möglichen Antworten könnte den Menschen zuversichtlich stimmen, da sie ihm versichert, daß Glück weder zufallsabhängig noch schicksalsbedingt ist, sondern allein in seiner Hand liege. Spinoza geht davon aus, daß das Glück des Menschen in der Fähigkeit bestehe, das eigene Sein zu erhalten und das Bezogensein auf die Welt anzunehmen. Ähnliches findet sich im Modell von Lersch, der als höchste Leistung des menschlichen Individuums das Streben über sich hinaus zu den anderen hin würdigt und als besten Weg dorthin den der Liebe aufzeigt. Da der Neidische jedoch zu den lieblos erzogenen Menschen gehört, ist ihm der ›wohlwollende Blick‹ sowohl auf sich selbst als auch auf die anderen fremd. Liebe, Zuneigung, Toleranz, Freundlichkeit wertet er ab und kann deshalb nicht an sie glauben. Macht er sich aber eine Vorstellung davon, so hat sie den Charakter einer Illusion: er möchte geliebt, bevorzugt und bewundert werden, allerdings ohne jegliche Gegenleistung, und zürnt der Welt, daß sie seinem Anspruch nicht nachkommt. Die einzige Bindung, die ihm dann noch bleibt, ist die des Hasses.

Liebe und Liebesfähigkeit, die den Boden für menschliches Glück bereiten, stehen an der Pforte zum Menschsein. Nach Fromm (*›Die Kunst des Liebens‹*) werden sie dem Menschen nicht geschenkt, er muß sie sich erobern.

Da der Blick des Neidischen getrübt und seine Wahrnehmung auf Grund des Gefühls des ›Zu-kurz-gekommen-Seins‹ verfälscht ist, kann er weder Interesse noch Aufmerksamkeit für die Welt aufbringen; beides jedoch sind Komponenten der Liebesfähigkeit und Grundbedingungen für menschliche Reife. Sein zwanghaftes Rotieren um sich selbst ist ein Ausdruck von Unfreiheit und Rigidität.

Die Psychotherapie sollte daher zum Befreiungsprozeß werden und dem Neidischen einen besseren Zugang zu sich selbst und damit auch zu seinen Mitmenschen ermöglichen. Sie müßte einen kontinuierlichen Prozeß der Selbsterkenntnis und Menschenkenntnis einleiten und ihn ›zur Liebe verführen‹, wie Nietzsche in seiner *›Morgenröte‹* so treffend zu formulieren verstand:

> *Zur Liebe verführen:* – Wer sich selbst haßt, den haben wir zu fürchten, denn wir werden die Opfer seines Grolls und seiner Rache sein. Sehen wir also zu, wie wir ihn zur Liebe zu sich selbst verführen.[8]

Eine Voraussetzung dafür jedoch ist, daß sich der Therapeut einem positiven und optimistischen Menschenbild verpflichtet sieht. Rattner betont, daß die Behandlung der Analysanden in der Therapie immer von der Einstellung abhängt, die der Analytiker zum Menschen hat. Hält er ihn für ein von Natur aus determiniertes, triebgelenktes Wesen, so wird sein Zutrauen zu sich selbst und zu anderen entsprechend gering sein. Man

kann vom Menschen schließlich nicht mehr erwarten, als ihm seine Natur gestattet.
Glaubt der Therapeut aber auf Grund seiner Erfahrung an die soziale Orientierung des Individuums, an seine Fähigkeit zu Autonomie und Verantwortung, an seine Entwicklungschancen und an die Möglichkeit der Veränderung, so wird er diese Überzeugung ausstrahlen, genauso wie ein kleinmütiger Therapeut seinen Pessimismus und sein geringes Selbstvertrauen weitergibt – ob er will oder nicht. Es ist keineswegs ein Geheimnis, daß Einstellungen und Gefühlshaltungen anstekkend sind wie manche Krankheiten.
Die Aufgabe des Therapeuten besteht nun darin, die Not und Verzweiflung des Neidischen zu erkennen, aber gleichzeitig auch, dessen Möglichkeiten und Fähigkeiten zu überschauen. Meist hat er es mit einem gefühlsmäßig verschlossenen, oft kämpferischen Gegenüber zu tun, das darin geübt ist, andere kritisch zu betrachten und ihre schwachen Stellen blitzartig zu erfassen. Schnelle Erfolge sind in der Therapie nicht zu erwarten. Bringt der Analytiker dem Analysanden aber Achtung und Verständnis entgegen, so schafft er ein Klima, das es dem Neidischen erlaubt, einen Weg aus seinem Gefühlsdilemma zu finden. Er wird in der Psychotherapie zwar kein grundsätzlich anderer, kann aber Ansätze zur Persönlichkeitsentfaltung finden und sich mit sich selbst anfreunden. Spürt der neidische Mensch, daß er so wie er ist angenommen wird, besteht die Chance, daß die Öffnung nach außen schrittweise gelingt. Wenn er lernt, sich mit seinen Mitmenschen auszutauschen und sich mit ihnen zu solidarisieren, so entkommt er nach und nach der peinigenden Isolation. Das Vorbild der anderen führt dazu, daß er nicht Sklave der eigenen Schwächen bleibt, sondern sie als Anregung für selbständiges Wachstum akzeptiert. Durch seine veränderte Haltung wird er sein Nicht-Haben aus den Augen verlieren; denn wenn man das eigene Leben anpackt und dafür die Verantwortung übernimmt, hat man keine Zeit mehr, andere mißgünstig zu beobachten und zu kontrollieren, ob sie gerade etwas besitzen, was man selbst entbehrt.
Ein ›Nebenprodukt‹ der aktiveren Lebenseinstellung ist *Freude*, die der Neidische kaum oder nur in Zerrform kennt. Durch zähes, kontinuierliches Bemühen kann aus *Lebensneid* so etwas wie *Lebensfreude* werden. Erfahrungen und Aktivitäten eröffnen dem ehemals Neidischen Gefühlsdimensionen, die ihm

fremd waren und vor denen er sich ängstigte. Kann er wirklich Freude empfinden, so werden Unlust, Schmerz und Trauer nicht länger seine Existenz bedrohen.
Person-Sein heißt demnach auch, durch Niederlagen und Ablehnung hindurchzugehen, ohne an ihnen zu zerbrechen. Zarathustras Hymne auf die Freude ist gleichzeitig eine Hymne auf Mitmenschlichkeit:

Wahrlich, ich tat wohl das und jenes an Leidenden: aber besser schien ich mir stets zu tun, wenn ich lernte, mich besser freuen. Seit es Menschen gibt, hat der Mensch sich zu wenig gefreut: Das allein meine Brüder ist unsere Erbsünde! Und lernen wir besser uns freuen, so verlernen wir am besten anderen wehe zu tun und Wehes auszudenken.[9]

Den Wert der Freude im zwischenmenschlichen Bereich betont der Philosoph auch, wenn er sagt, daß erst diejenigen unsere wahren Freunde sind, die sich mit uns freuen können; diejenigen, die mit uns leiden, sind lediglich ›Leidensgenossen‹.

Die Überwindung des Neides

Haben die psychologischen und phänomenologischen Befunde ergeben, daß Neid nur auf dem Boden von Ichschwäche, Selbstverleugnung, Selbstverachtung und Lebensangst entstehen und gedeihen kann, so gilt es für die Zukunft, Bedingungen zu schaffen, die Neidlosigkeit ermöglichen. Soziale Veränderungen wie die Gleichstellung und Gleichberechtigung von Mann und Frau im beruflichen wie auch familiären Bereich müßten dabei an erster Stelle stehen, gemeinsam mit dem Bemühen, die Diskrepanz zwischen Reichtum und Armut, zwischen Wohlstand und Elend zu verringern und eine gerechtere Verteilung lebenswichtiger Güter zu gewährleisten. In gleichem Maße geht es jedoch auch darum, daß jeder einzelne das Seine dazu beiträgt, indem er das eigene Leben verantwortungsvoller gestaltet und die Beziehung zu seinen Mitmenschen neu definiert.
Mag es vielen auch heute noch unmöglich erscheinen, Einfluß auf das eigene Leben zu nehmen, weil Schicksalsgläubigkeit und der Irrglaube von der festgelegten und bösen menschlichen Natur noch weit verbreitet sind, so weist die *verstehende*

Tiefenpsychologie in eine andere Richtung: sie durchbricht diese künstlich aufgebauten Hindernisse und klärt den Menschen über seine Möglichkeiten auf. Sie ermutigt ihn, liebgewordene Verdrängungen aufzugeben, sich zu seiner Ichschwäche zu bekennen und die ›faulen Kompromisse‹ in den zwischenmenschlichen Beziehungen zu durchschauen. Damit entzieht sie dem Sado-Masochismus, der nur vom verkrüppelten Ich lebt, den Nährboden. Derjenige, dem seine Mängel und Schwächen bewußt werden und der einen Weg sucht, sein Ich zu stärken, wird sich nicht mehr mit der Rolle des ›Opfers‹ zufriedengeben. Während der Sadist seine Ichschwäche und seinen Selbsthaß in Form offener oder versteckter Gewalt (Zerstörungswut, Abwertung, Verletzungen, Überheblichkeit, Rechthaberei, Intoleranz, Verachtung, Konkurrenz, Triumphgefühle usw.) kompensiert, ist die Kompensation des Masochisten nicht so leicht als pathologisch zu durchschauen. Dem geübten Beobachter entgeht jedoch nicht, daß auch er sein kleines, dürftiges Ich durch Überlegenheitsgefühle stärkt, allerdings mit anderen Vorzeichen: er opfert sich auf, verzichtet auf die Gestaltung des eigenen Lebens, zeigt sich immer verständnisvoll, auch wenn er nicht versteht, und blickt mitleidsvoll auf andere herab, die noch schwächer zu sein scheinen als er selbst. Dieser Typus ist es, der am ehesten unter den ›Leidensgenossen‹ zu finden ist. Beide Charaktere, der Sadist und der Masochist, haben gemein, daß sie von der Ichschwäche ihrer Mitmenschen abhängig sind, ohne deren Ohnmacht und Hilflosigkeit sie selbst ohnmächtig und hilflos wären. Würde der jeweilige Partner das Spiel nicht mehr mitspielen, würden sie auf sich selbst zurückfallen und müßten nach neuen Lebensinhalten Ausschau halten.

Die Tugenden Mitleid, Opferbereitschaft und Verzicht auf Selbstverwirklichung stimmen nicht mit den Tugenden der humanistischen Ethik überein, wenn sie den Mitmenschen als Mittel zum Zweck benutzen. Spinoza verweist darauf, daß der Mensch niemals Mittel zum Zweck (z.B. zum Beweis der eigenen Überlegenheit) sein dürfe; sein Sinn liege in ihm selbst.

Einem weiteren Aspekt von Ichstärke, der zu Achtung vor den anderen führt, mißt Plack in seinem Werk größere Bedeutung bei. Es handelt sich darum, Abstand zu sich und zu den Mitmenschen zu halten, um genauer beobachten, prüfen und reflektieren zu können. Klebt man, wie der Sado-Masochist, am anderen, so verliert man sowohl sich selbst als auch den anderen aus dem Blick. Wenn es gelingt, immer wieder befreiende Distanz herzustellen, so wird mehr Aufrichtigkeit und Klarheit entstehen. Das Individuum kann auf diese Weise lernen, ›ohne Lüge‹ zu leben, d.h. möglichst ohne Verdrängung eigener vitaler Wünsche und Bedürfnisse. Erst dann wird der Mitmensch nicht mehr als Gegner oder gar Feind gesehen, sondern vielmehr als Verbündeter im gemeinsamen Kampf für ein lebenswerteres Leben.

Wenn der Mensch sein Menschsein in diesem Sinne bejaht, so werden Toleranz, Wissen, Verständnis, Mut, Takt, Offenheit und realistische Selbst- und Fremdeinschätzung den Alltag bestimmen und Neid und Haß an Gewicht verlieren.

Neidische Regungen würden in den Familien in dem Maße abnehmen, in dem Kinder nicht mehr als Lückenbüßer oder Krücken für das schwache Ich der Eltern fungierten und dazu benutzt würden, deren Lebensschwierigkeiten zu überdecken. Nur wenn Kinder aus Liebe zum Leben und zum Menschsein überhaupt in diese Welt gesetzt werden und nicht aus Flucht vor ihr, werden sich ›Mitspieler‹ und nicht Neider aus ihnen entwickeln. Sie würden zu Menschen erzogen, die dank ihrer Vorbilder zu der Überzeugung gelangen, daß es sich lohnt, für den Menschen einzutreten und sich für ihn zu engagieren.

Wolfgang Köppe

Eifersucht

Eifersucht ist ein allgemein bekanntes, weitverbreitetes Verhalten, das in mannigfaltiger Differenzierung auftreten kann. Zwischen der leichten Eifersuchtsregung des seelisch Stabilen und dem mit schweren Persönlichkeitsstörungen einhergehenden Eifersuchtswahn liegt eine breite Spanne von Verhaltensmöglichkeiten, von denen wohl jeder Mensch im Laufe seines Lebens einige in sein Verhaltensrepertoire aufnimmt. So gibt es zum Beispiel in Kindheit, Jugend und Erwachsenenalter bestimmte Situationen, die Eifersuchtsgefühle geradezu provozieren. Man denke nur an die in der Erziehungsliteratur oft beschriebene Tragödie der ›Entthronung‹. Ein Kind bekommt ein Geschwister, meint dadurch Liebe und Zuwendung einzubüßen und gebärdet sich entsprechend kämpferisch. Von den Eltern ungenügend auf die Situation vorbereitet, traktiert es den Neuankömmling, und es ist durchaus nicht selten, daß handfeste Bedrohung und sogar Beseitigungswünsche zum Ausdruck kommen. Auswüchse frühkindlicher, vom vernunftbetonten Denken noch unberührter, zügelloser Phantasie? Keineswegs! Die hervorragendsten Zeugnisse menschlicher Kultur wie Mythen und Sagen oder Dramen und Romane der Weltliteratur sind ein Beispiel dafür, wie das Gift der Eifersucht nicht nur das kindliche Emotionalleben erkranken läßt. In tragisch-dramatischen Darstellungen werden die unheilvollen Verstrickungen derjenigen geschildert, die von der Allgewalt der Eifersucht erfaßt werden. An erster Stelle sei hier Shakespeares ›*Othello*‹ erwähnt: darin bringt der Titelheld, angestachelt von dem Intriganten Jago, seine geliebte Desdemona im Eifersuchtswahn um. Nicht weniger dramatisch geht es in Hebbels Tragödie ›*Herodes und Mariamne*‹ zu. Der ebenfalls vom Eifersuchtswahn befallene Herodes erteilt den Befehl, bei seinem Tode auch das Leben seiner Frau zu beenden, da ihm der Gedanke an ihre mögliche Wiedervermählung unerträglich ist. Auch Georg Büchner nahm sich dieses Themas an. Sein Theaterstück ›*Woyzeck*‹ ist ebenfalls ein eindrückliches Beispiel dafür, welch qualvolle Gemütsregungen die Eifersucht hervorruft und zu welch blinden Affekthandlungen sie verleitet.

Oft wird angenommen, daß Eifersucht nur in Liebesbeziehungen auftritt. Das ist nicht der Fall. Die Erfahrungen der psychotherapeutischen Praxis zeigen vielmehr, daß sie in allen zwischenmenschlichen Bereichen anzutreffen ist. Im Berufsalltag ebenso wie in der Kindererziehung und in Freundschaften können sich eifersüchtige Regungen einnisten und, einem schlimmen Fieber gleich, ihre unheilvolle Wirkung ausüben. Wer die Ursache der Eifersucht kennt, ist darüber nicht verwundert. Offenbar ist sie zutiefst mit Mangelgefühlen an Liebe und Anerkennung verknüpft, und da jedermann meint, nicht genug Liebe zu bekommen, findet die Eifersucht reichliche Nahrung. Von den Anfängen unserer Kultur bis zum heutigen Tag zählt sie zu den häufigsten Negativ-Verhaltensweisen des Menschen.

Die vorliegende Untersuchung ist nicht der einmaligen oder doch nur wenige Male im Leben eines Menschen auftretenden Eifersuchtsregung gewidmet. Im Mittelpunkt steht vielmehr die Eifersucht als konstantes Verhalten, als bleibende Kontur, als individuelle Prägung der Einstellung zu sich selbst und zu den Mitmenschen, kurz: als Charakterzug. Entsprechend wurden auch die Beispiele ausgewählt, die den Eifersüchtigen par excellence zeigen. Nicht jeder ›Gelegenheitseifersüchtige‹ wird sich darin wiedererkennen.

Wie der tiefenpsychologischen Forschung zu entnehmen ist, sind Charakterzüge weitgehend ›erfahrungsresistent‹. Hat man erst einmal einen bestimmten Charaktermodus entwickelt, so ordnet man die Realität bis zu einem gewissen Grad so ein, wie sie zum Charakter paßt und nicht so, wie sie ist. Der Eifersüchtige kann also vor sich selbst durchaus triftige Gründe für sein aggressives, attackierendes, den persönlichen Umgang mit ihm sehr erschwerendes Verhalten anführen. Außenstehende allerdings werden sein Bemühen kaum verstehen. Will man von daher dem Eifersüchtigen zu einem angenehmeren Leben verhelfen, so hat es keinen Sinn, sein Verhalten moralisierend zu bewerten. Man muß vielmehr begreifen, daß eine seelische Notlage seine destruktive Weltsicht bestimmt. Auch ist ihm mit der Aufforderung, per Vernunft seine Befürchtungen zu überwinden, wenig gedient. Da das Symptom ›Eifersucht‹ fest im Gefühlsleben verwurzelt ist, kann es nicht per Ratschlag aus der Welt geschafft werden. Für den Betroffenen ist es bittere Realität, daß ein Dritter ihm die Liebe des Partners streitig macht, daß die ihm ›zustehende‹ mütterliche Zuwendung auf andere verteilt wird oder daß andere Liebe, Zuwendung und Anerkennung spendende Quellen bedroht sind. Ändern kann er sich von daher allein in der kontrollierten Situation der Psychotherapie, in der er die Chance erhält, seine Selbsterkenntnis zu steigern, um mit zunehmender menschlicher Reife auch die Realität richtig einschätzen zu können.

Beispiele von Eifersucht

Das Problem der Eifersucht kommt in der psychotherapeutischen Praxis sehr oft zur Sprache. Dabei kann man beobachten, daß der Eifersüchtige gegenüber seinem Partner ein hartes Verhalten an den Tag legt. Mit Vorwürfen, Verdächtigungen und anderen feindseligen Attacken verwandelt er die Liebesbeziehung in eine Kampfstätte mit der Absicht, den Freiheitsspielraum des Partners einzuengen. Die Freiheit, das Unberechenbare, das Unvorhersehbare ist für ihn ein großer Unruheherd. Ein freier Mensch kann sich in gewissen Grenzen in der Welt einrichten, wie er es für richtig hält. Er kann seinen Blick auf andere richten, kann seine Aufmerksamkeit in verschiedene Richtungen lenken, kann Beziehungen aufnehmen – das alles stört den Eifersüchtigen. Er will derjenige sein, der bestimmt, der dirigiert und den Gefühlshaushalt des Partners verwaltet. Wollte man eine von Eifersucht geprägte Partnerschaft pantomimisch darstellen, so wäre man gut beraten, die Partnerschaftsszenerie in einen Gefängnishof zu verlegen, in welchem der Eifersüchtige den ohnehin arg dezimierten Bewegungsspielraum seines Partners noch dadurch einengt, daß er ihn am Sehen, Sprechen und Hören hindert. »Weil ich dich liebe« – so heißt es wohl in der Sprache des Eifersüchtigen – »mußt du dich an dem orientieren, was ich für richtig halte.« Diese Haltung, aus ›Liebe‹ Forderungen abzuleiten, ist offenbar ein weitverbreitetes Übel.
So hört man z.B. immer wieder, daß der Eifersüchtige über den Tagesablauf des Partners genauestens unterrichtet sein will.

Wie eine Patientin berichtete, scheute ihr Ehemann auch nicht davor zurück, sich durch Telefonate zu versichern, daß sie zu einem bestimmten Zeitpunkt tatsächlich am angegebenen Ort war. Kam es zu Verspätungen – was infolge ihrer Vertretertätigkeit vorkam – so mußte sie ihre ganze Überzeugungskraft aufwenden, um den erbosten Partner zu beruhigen. Der witterte sofort ein Rendezvous, verdächtige Bekannte und Verwandte und verunsicherte die Frau so stark, daß sie brav über jede Stunde ihres ohnehin anstrengenden Tages Rechenschaft ablegte.
Eines Tages kam es aber doch zum Eklat. Auf dem Wege zu einem Kunden begegnete der Patientin ein ehemaliger Studienkollege, mit dem sie während ihrer Ausbildungszeit ein recht freundschaftliches Verhältnis unterhalten hatte. Sie freuten sich über das unverhoffte Zusammentreffen und beschlossen sogleich, eine kleine Kaffee- und Plauderpause einzulegen. Ein Café war schnell gefunden. Unterdessen hatte der Ehemann seine üblichen Nachforschungen betrieben. Als nach mehreren Anrufen seine Frau nicht zu erreichen war, konnte er seine Unruhe nicht mehr beherrschen. Unter einem Vorwand nahm er Urlaub und – er kannte den von seiner Frau zurückgelegten Weg genau – machte sich auf die Suche nach ihrem Auto. Es kam, wie es in solchen Situationen wohl immer kommt. Der Ehemann fand das Café, ließ sich zu einer ausgedehnten Szene hinreißen und traktierte seine Frau noch Wochen danach mit häßlichen Verdächtigungen und Ausfällen. Die Situation wurde so unerträglich, daß sie sich entschloß, einen Eheberater aufzusuchen, und zwar allein – der Ehemann weigerte sich.
In einem anderen Fall war die Ehefrau eines Patienten nicht von der Meinung abzubringen, daß sich ihr Mann zu wenig um sie kümmere. Sie fühlte sich zu wenig geachtet und geschätzt, und was ihr Mann auch immer tat, sie kritisierte ihn. Besonders argwöhnisch beobachtete sie seinen Umgang mit anderen Frauen. Bei Familientreffen achtete sie sehr darauf, daß er nur mit Frauen sprach, die älter waren als sie. Da ihr Mann zur Genüge vorgewarnt war, ließ er sich auch willig auf das ›Spiel‹ ein und begann mit der Zeit sogar, Gefallen daran zu finden. Dennoch konnte es bei derartigen Anlässen passieren, daß seine Frau ihn beiseite winkte und ihm verbot, auch nur noch einen Blick in die Richtung zu senden, in der der jüngere Teil der Gesellschaft Platz genommen hatte. Besonders von blonden Frauen oder

sehr jungen Mädchen fühlte sie sich herausgefordert. Immer wieder glaubte sie, in ihnen ernsthafte Rivalinnen sehen zu müssen, die nur auf eine günstige Gelegenheit warteten, um ihr den Ehemann abspenstig zu machen.
Auch dieser Fall führte schließlich zu einer Therapie. Eine entferntere Verwandte des Patienten, ein blondes, hübsches vierzehnjähriges Mädchen wurde konfirmiert. Während der Feier drehte sich natürlich alles um die Konfirmandin, die von den Gästen mit Gratulationen und Geschenken überhäuft wurde. Auch der Patient schloß sich den Gratulanten an. Er übergab dem Mädchen ein Geldgeschenk, über das sie sich sehr freute. Sie umarmte und küßte ihren Onkel, der die Umarmung erwiderte. Plötzlich wurde ihm klar, wie ›gefährlich‹ sein Verhalten war. Er versuchte zu retten, was zu retten war, doch vergebens. Der Sturm der Entrüstung war nicht mehr aufzuhalten. Noch Wochen nach diesem Vorfall überschüttete ihn seine Frau mit Anschuldigungen: er mache nun nicht einmal mehr vor Minderjährigen halt, und sie könne unter diesen Umständen an derartigen Zusammenkünften nun nicht mehr teilnehmen. Nach einigen Therapiesitzungen, die der traktierte Ehemann anfänglich ohne Wissen seiner Frau aufgenommen hatte, erklärte sie sich bereit, ihrerseits die Problematik zu bearbeiten, so daß ihr partnerschaftliches Zusammenleben nach einiger Zeit freundlichere Züge annahm.

Seelische Hintergründe der Eifersucht

Die geschilderten Beispiele zeigen, daß der Eifersüchtige ein zutiefst unsicherer Mensch ist, der ein auffallend schwaches Selbstwertgefühl besitzt. Seine Kleinheits- und Minderwertigkeitsgefühle beruhen auf der Vorstellung persönlicher Wertlosigkeit. Deshalb kann er sich nur schwer oder gar nicht vorstellen, daß man ihn liebt. Obwohl eifersüchtige Menschen äußerlich oft sehr attraktiv sind, haben sie alles mögliche an sich auszusetzen. Die anderen sind immer schöner, klüger, intelligenter und anziehender, und so suchen sie ständig nach einer Möglichkeit, ihre Ängste, Unsicherheiten und Überempfindlichkeiten zu kompensieren. Hierzu scheinen ihnen Liebesbeziehungen besonders geeignet. Sie erwarten vom Partner absolute Sicherheit. Er soll sich nur für sie interessieren, soll ständig für sie da sein und ihnen seine Liebe beteuern. Da niemand diesem verstiegenen Verlangen auf die Dauer nachkommen kann, wundert es nicht, daß die Liebe des Eifersüchtigen so gut wie immer unglücklich verläuft. Das Resultat solcher Beziehungen ist dann Haß und Feindseligkeit, zu denen sich mit der Zeit ein gesteigertes Mißtrauen gesellt.

Auffällig am Eifersüchtigen ist auch seine Unfähigkeit, zu sich selbst ein ausgewogenes Verhältnis zu finden. Nur in geringem Maße gelingt es ihm, sich selbst zu bejahen, anzuerkennen und eine ansprechende Selbsteinschätzung zu finden. Betrachtet man seine fiebrigen, ständig nach außen gerichteten Aktivitäten, so kann man geradezu von einer Flucht vor sich selbst sprechen. Wer aber sein Leben auf ein gesichertes Fundament stellen will, muß ruhig und geduldig den Kontakt zu seinem Innern suchen. Da der Eifersüchtige das nicht kann, darf man annehmen, daß er zum Selbsthaß neigt. Der sich hassende Mensch beschäftigt sich natürlich nicht gern mit sich selbst. Er lehnt den Kontakt mit sich ab, klammert sich dafür aber um so mehr an seine engsten Bezugspersonen, die ihm die Selbstachtung, Bejahung und Anerkennung vermitteln sollen, die er selbst zu erreichen nicht imstande ist.

Selbsthaß und Fremdhaß sind aber im Grunde identisch. So wie jeder, der sich selbst akzeptiert, auch fähig ist, andere zu akzeptieren, so lehnt der sich selbst Hassende auch alle anderen Menschen ab. In seinen Augen zeigt sich die Welt als Feindesland, in dem Wärme, Geborgenheit, Unterstützung und Ermutigung nicht zu erlangen sind. Dementsprechend zieht er sich von ihr zurück und versucht, sein Sicherheits- und Liebesbedürfnis in der Partnerschaft zu stillen. Intime freundschaftliche Beziehungen im großen Kreis anderer Menschen, wie sie jeder zur Abstützung seines Selbstwertfühls braucht, traut er sich lediglich in der Phantasie zu. So ähnelt sein Verhalten dem des Paranoikers, dessen Angst vor der Intimität sich wie ein roter Faden durch sein Leben zieht. Kommt es zu intimeren Beziehungen, so treten sofort trennende Tendenzen auf. Mißtrauen, Unsicherheit, Negativismus und Angst sind die bevorzugten ›Hilfsmittel‹, mit denen der erforderliche Sicherheitsabstand hergestellt wird.

Im Umgang mit dem Eifersüchtigen spürt man förmlich, daß er sich wie ein Deklassierter vorkommt. Angriffslustig und kämpferisch verfolgt er seine Ziele, und vehement setzt er sich in

Situationen zur Wehr, in denen ein selbstsicherer Mensch gelassen reagiert. In diesem Zusammenhang fragt man sich, welchem Familientypus der Eifersüchtige angehört. Horst-Eberhard Richter vertritt in seinem Buch ›*Patient Familie*‹ (1970) den Standpunkt, daß jede Neurose einem bestimmten Familientypus entspricht. Der Neurotiker wird dabei lediglich als Exponent der Krankheit angesehen, an der die ganze Familie leidet. Die Erkrankung der paranoiden Familie zeigt sich vornehmlich daran, daß sie wie in einer Festung verschanzt lebt. In ihrem wahnhaften System kreist alles um die angebliche Bösartigkeit der Welt, und sie ist von ihrer eigenen Unfehlbarkeit überzeugt. Der gemeinsame Wahn bietet oft, wie Richter betont, die ›letzte Chance einer gemeinsamen Solidarisierung‹.
Die ›Festungsfamilie‹ hat daher nur wenig Gelegenheit, kooperative, auf den Mitmenschen gerichtete, ›liebende‹ Verhaltensweisen zu entwickeln. Deshalb konnten eifersüchtige Menschen in ihrer Kindheit nicht lieben lernen. Die frühkindlichen Bedingungen boten ihnen zu wenig Gelegenheit dazu. Lebt man selbst in einem kalten, liebeleeren Milieu, so wird man sich kaum die Fähigkeiten und Eigenschaften aneignen können, die andere Menschen erfreuen und sie in ihrer Entwicklung fördern.
Lieben bedeutet ja in erster Linie, sich auf andere Menschen einzustellen, sie in ihrer Individualität zu verstehen und eine produktive Aktivität in ihnen zu wecken. Diesem Maßstab kann der Eifersüchtige nicht entsprechen. Denkt man an das oben beschriebene harte, oft auch rücksichtslose Verhalten, so fragt man unwillkürlich nach der ›weichen Seite‹ des Eifersüchtigen, nach Hingabe und Anlehnung, nach Zärtlichkeit und Sexualität. Nicht ohne Grund wird in der tiefenpsychologischen Literatur die Meinung vertreten, daß die Fähigkeit zur Hingabe durch hartes, unflexibles und rigides Verhalten beeinträchtigt wird. Härte und Rigidität weisen ja darauf hin, daß Liebe nicht mehr als gemeinsame Aufgabe erlebt wird, als ein ständiges Bemühen, einem Menschen des anderen Geschlechts emotional näher zu kommen. Sie wird vielmehr zum Kampfgebiet erklärt, in dem es um Anerkennung, Geltung und Macht zu fechten gilt. Das führt naturgemäß zu zahllosen Mißstimmungen, die die Bereitschaft zu Hingabe und Zärtlichkeit reduzieren.
So liegt es fast nahe, vom ›Defensivcharakter‹ der Eifersucht zu

sprechen. Er steht in direktem Gegensatz zum Liebesverhalten des Menschen, das Offenheit, Kooperation und Werbung in sich vereint. Der Liebende bemüht sich fortwährend um den Partner, weil er ihn jeden Tag aufs neue für sich gewinnen will. So sieht es auch Erich Fromm, der sich in seinem Buch ›*Die Kunst des Liebens*‹ (1979) dagegen wehrt, die Liebe als selbstverständlichen Bestandteil des Lebens aufzufassen. Sie ist vielmehr eine Kunst, die mit dem ganzen Einsatz der Person erlernt werden muß. Da sie zu den großen Aufgaben des Lebens gehört, kann sie derjenige am besten bewältigen, der sich selbst und den anderen bejahend gegenübertritt und produktiv in das zwischenmenschliche Geschehen eingreift.
Anders der Eifersüchtige. Beobachtet man seine Attacken und Ausbrüche, so bekommt man den Eindruck, daß er ständig mit dem Rücken zur Wand stehend eine ihm entgleitende Liebe verteidigt. Die Mittel hierzu sind nicht kleinlich gewählt. Beschimpfungen, Drohungen und Vorhaltungen sind an der Tagesordnung. Daß der Eifersüchtige weder werbend noch fördernd, sondern immer nur kränkend und herabsetzend ist, braucht nicht weiter betont zu werden. Die negative Auswirkung dieses Verhaltens auf das partnerschaftliche Leben liegt auf der Hand. Der Eifersüchtige kämpft um einen Besitz, der ihm nicht gehört und den er dennoch zu verlieren glaubt. Seine ganze Kraft setzt er dazu ein, Wahnvorstellungen nachzujagen, die ihm nicht nur die Gefahr des Verlustes, sondern noch mehr den Eindruck suggerieren, daß schon alles verloren sei. Dadurch entsteht die signifikante Atemlosigkeit des Eifersüchtigen, die an den Wütenden erinnert. Wie bei ihm, so hat man auch beim Eifersüchtigen den Eindruck, daß er den Bogen weit überspannt und schnell an Kraft verliert. Das ist nicht verwunderlich, denn das ständige ›In-Schach-Halten‹ der Mitwelt erfordert tatsächlich ein weitaus größeres Maß an seelischer Ausdauer und Energie, als es das kooperative miteinander Leben, Lernen, Denken, Fühlen und Handeln verlangt.

Eifersucht als Affekt

Versucht man die wichtigsten Züge der Eifersucht zu analysieren, so stellt man als erstes fest, daß sie ein Affekt ist. Affekte sind heftige Gemütsbewegungen oder Erregungszustände, die Einsichtsfähigkeit und Kritikvermögen auf ein Minimum einschränken und eine vernünftige Selbststeuerung unmöglich machen. Spinoza bezeichnete Affekte von daher als ›kleine Geisteskrankheiten‹. Psychosen gleich engen sie das realistische Welterleben ein, schalten das klare Denken aus und wirken sich entsprechend negativ aus. Von den Leidenschaften unterscheiden sie sich durch ihre geringere seelische Tiefe sowie die wesentlich kürzere Dauer.

Einen scharfsinnigen Beitrag zum Affektverständnis lieferte Jean-Paul Sartre in seinem 1939 erschienenen Essay ›*Entwurf einer Theorie der Emotionen*‹, der das Ergebnis von Sartres Auseinandersetzung mit der naturwissenschaftlich-positivistischen Psychologie ist, gleichzeitig aber auch seine Auffassung von einer philosophisch orientierten Menschenkunde darlegt.

Affekte unterliegen nach Sartre nicht den üblichen physiologischen, d.h. kausal-genetischen Erklärungsmustern. Sie sind vielmehr ein intentionales Geschehen, das eine umfassende Bedeutung im Rahmen der gesamten Lebensführung eines Menschen besitzt. Sie werden dann ›eingesetzt‹, wenn in schwierigen Situationen die üblichen Verhaltensmuster versagen. So sind Affekte nicht kausal, sondern immer final zu begreifen. Sie sind nicht biologisch bedingt, sondern werden zum Zwecke der Selbstwertsicherung eingesetzt. Wo Vernunft, Verstand und kooperative Emotion versagen, soll der Affekt für Ausgleich sorgen. Gleich einer Zauberkraft soll er die Mitwelt so formen, wie sie unserer Vorstellung entspricht. In diesem Sinne ist auch der Eifersuchtsausbruch zu betrachten. Er soll die Mitwelt bewegen, uns weniger zu belasten, weniger Mühe und Fleiß abzufordern und uns dennoch zu akzeptieren.

Ein weiteres Merkmal des Affekts ist die von ihm hervorgerufene ›Werdenshemmung‹. Normalerweise wendet man sich von Kindesbeinen an immer stärker der Umwelt zu, Ziele und Aktivitäten sind in ihr verankert. Man ahnt, daß persönliche Entwicklung mit der Assimilation der Arbeits-, Kultur- und

Wertwelt gleichzusetzen ist. Um geistige und kulturelle Fähigkeiten zu entwickeln, muß man der Menschen- und der Dingwelt sehr nahe kommen. Das Verhältnis zu den Mitmenschen soll deshalb weder von übertriebenen Minderwertigkeitsgefühlen noch von Überheblichkeit bzw. Egozentrik belastet sein. Ideal für das geistige und emotionale Wachstum ist vielmehr eine Gemütslage, in der man sich mit den anderen ›auf einer Ebene stehend‹ erlebt. Erst dann wird man die Vorurteilslosigkeit, Denk- und Handlungsfähigkeit gewinnen, die einen als reife, erwachsene Persönlichkeit auszeichnet.
Das alles läßt eine affektbestimmte Lebensführung aber nur bedingt zu. Wie jeder aus eigener Erfahrung weiß, besitzen Affekte keine verbindende, sondern eine zerstörende Wirkung. Sie schaffen Distanz, verhindern Zwischenmenschlichkeit und dämmen damit eine der wichtigsten Quellen geistigen und produktiven Daseins, das Gefühl des Eingebundenseins in die Menschengemeinschaft, ein. Mögliche Folgen davon sind stagnierende Kreativität und ein unterdrückter Reifungs- und Entwicklungsprozeß.
Die Überwindung derartiger Krisen erfordert in erster Linie die Einsicht, daß man nur dann ein produktives Leben führen kann, wenn man den Sinn des Lebens in der sozialen Beitragsleistung sieht. Das ist für den Eifersüchtigen schwer nachzuvollziehen. Er ist ja in seinem Innern davon überzeugt, daß nicht er sich zu bemühen habe, sondern daß man sich um ihn kümmern muß. Die Aufforderung zu Fleiß, Anstrengung, zur Mitarbeit und zum Lernen gilt seines Erachtens nicht für ihn. Seines Wissens hat er seinen Beitrag schon allein dadurch geleistet, daß er anwesend ist. Mit dieser Haltung gerät er natürlich leicht in Gefahr, übersehen zu werden. Das ist auf die Dauer für niemanden erträglich, schon gar nicht für den Eifersüchtigen. Um sich Gehör zu verschaffen, produziert er deswegen von Zeit zu Zeit seine Affekte, die seine mangelhafte soziale Bildung dann weithin sichtbar machen.
Zum Verständnis der Eifersucht gehört auch die Beobachtung, daß sie niemals allein, sondern immer in Verbindung mit anderen Affekten auftritt. Oftmals kann man geradezu von einer ›Versammlung‹ der ganzen Affektfamilie sprechen. So trifft man neben der Eifersucht zumeist auch Wut-, Haß-, Neid- oder übermäßige Ehrgeizgefühle an, von denen je nach Situation das Familienmitglied in den Kampf geschickt wird,

das zur Erreichung des jeweiligen (Macht-)Ziels am geeignetsten erscheint.
Ohnmacht zu vermeiden und Macht zu erreichen ist das eigentliche Ziel des Eifersuchtsaffekts. Es hieße von daher in veraltete Vorstellungen zurückfallen, würde man bestimmte Gemütsdispositionen (Temperamente) oder Organbeschaffenheiten (Nebennierenrinde, Adrenalinhaushalt usw.) als Affektgrundlage ansehen. Er (der Affekt) wird vielmehr von der Ganzheit der Person lanciert. Für diese ist er ein Hilfsmittel, um Kleinheit, Unbeholfenheit und Angst in Macht und Stärke umzuwandeln.

Sigmund Freud und Alfred Adler: Beiträge zum Eifersuchtsverständnis

In dem Aufsatz ›*Über einige neurotische Mechanismen bei Eifersucht, Paranoia und Homosexualität*‹ (1922) faßt Freud seine Erkenntnisse in bezug auf die Eifersucht zusammen. Er weist darauf hin, daß die Fälle von Eifersucht, mit denen man es in Analysen zu tun bekommt, dreifach geschichtet sind. Es sind dies die Schichten der 1. konkurrierenden oder normalen, 2. der projizierten und 3. der wahnhaften Eifersucht.

Über die normale Eifersucht ist analytisch wenig zu sagen. Es ist leicht zu sehen, daß sie sich wesentlich zusammensetzt aus der Trauer, dem Schmerz um das verloren geglaubte Liebesobjekt, und der narzißtischen Kränkung, soweit sich diese vom anderen sondern läßt, ferner aus feindseligen Gefühlen gegen den bevorzugten Rivalen und aus einem mehr oder minder großen Beitrag von Selbstkritik, die das eigene Ich für den Liebesverlust verantwortlich machen will. Diese Eifersucht ist, wenn wir sie auch normal heißen, keineswegs durchaus rationell, das heißt aus aktuellen Beziehungen entsprungen, den wirklichen Verhältnissen proportional und restlos vom bewußten Ich beherrscht, denn sie wurzelt tief im Unbewußten, setzt früheste Regungen der kindlichen Affektivität fort und stammt aus dem Ödipus- oder aus dem Geschwisterkomplex der ersten Sexualperiode.[1]

Die Eifersucht der zweiten Schicht, die projizierte, führt Freud beim Mann wie bei der Frau auf selbst praktizierte bzw. in der Phantasie vollzogene Untreue zurück, die dann verdrängt wurde. Die alltägliche Erfahrung lehrt, daß die in Liebesbeziehungen geforderte Treue nur gegen ständige Versuchung aufrechterhalten werden kann. Sie ist – auch wenn sie verdrängt wird – so stark, daß unbewußt gern ein erleichternder Mechanismus in Anspruch genommen wird: die eigenen Antriebe zur Untreue werden auf den Partner projiziert. Die Projektion äußert sich in der Überlegung, daß der Partner auch nicht besser ist als man selbst. Um diese spezifische Form der ›Gewissenserleichterung‹ zu demonstrieren, zitierte Freud eine Strophe im Lied der Desdemona:

Ich nannt' ihn: Du Falscher. Was sagt er dazu?
Schau ich nach den Mägdlein, nach den Büblein schielst du.[2]

Freud weist darauf hin, daß die durch Projektion entstandene Eifersucht zwar fast wahnhaften Charakter hat, daß sie aber der analytischen Arbeit, die die unbewußte, in der Phantasie begangene Untreue aufdeckt, nicht widersteht. Schwieriger zugänglich sei dagegen die Eifersucht der dritten Schicht, der eigentlich wahnhaften.

Auch diese geht aus verdrängten Untreuestrebungen hervor, aber die Objekte dieser Phantasien sind gleichgeschlechtlicher Art. Die wahnhafte Eifersucht entspricht einer vergorenen Homosexualität und behauptet mit Recht ihren Platz unter den klassischen Formen der Paranoia. Als Versuch zur Abwehr einer homosexuellen Regung wäre sie (beim Manne) durch die Formel zu umschreiben: Ich liebe ihn ja nicht, sie liebt ihn.
In einem Falle von Eifersuchtswahn wird man darauf vorbereitet sein, die Eifersucht aus allen drei Schichten zu finden, niemals die aus der dritten allein.[3]

Wie Freud bei der Beschreibung der konkurrierenden oder normalen Eifersucht anführt, setzt sie früheste Regungen der aus dem Ödipuskomplex resultierenden kindlichen Affektivität fort. Der Inhalt der ödipalen Situation sei kurz referiert. Die libidinöse Genitalbesetzung führt nach dieser Theorie beim Knaben zu dem Wunsch, Liebhaber seiner Mutter zu werden. Er hofft, sie in einer der Formen besitzen zu können, die ihn in seinen Phantasien vom Genitalleben beschäftigen. Der Vater, den er bei der Mutter ersetzen will, wird zum Rivalen und mit Eifersucht und ›mörderischer Wut‹ besetzt. Er soll auf irgendeinem Wege beseitigt werden. Dieser Liebe-Haß-Konflikt wird nach der griechischen Sage vom Ödipus, der unwissend seinen Vater tötet und seine Mutter heiratet, Ödipuskomplex genannt. Am Ende der phallischen Phase steht seine Auflösung an.

Unter dem Schock der elterlichen Kastrationsdrohung zerschellen Eifersucht, Wut und Haß, und durch Identifikation mit den Eltern und Introjektion ihrer Gebote gelingt es dem Knaben, seine Wunschvorstellungen zu verdrängen. Damit ist das Fundament für ein produktives Leben gelegt. Mißlingt die Verarbeitung der Ödipussituation, so kommt es zu Fixierungen der Seelenenergie und Denken, Verhalten, Fühlen und Wollen können sich im weiteren Leben nur schwer entfalten. Deshalb reagiert der Betreffende in vielen Lebenssituationen mit Eifersucht und Rivalitätsgefühlen, wo andere mit Gelassenheit und Umsicht handeln können.
Die altersentsprechende Entwicklung des Mädchens unterscheidet sich nach der Ansicht Freuds wie folgt: Nachdem die früheren Phasen der Libidoentwicklung ohne Divergenz zum Knaben durchlaufen wurden, kommt es nun zu erheblichen Unterschieden. Sie sollen durch die Verschiedenheit von Penis und Vagina bedingt sein. Angesichts seines ›kastrierten Zustandes‹ meint das Mädchen, ›zu kurz‹ gekommen zu sein. Es entwickelt deshalb ein Gefühl der Minderwertigkeit, das es zu kompensieren gilt. Es wünscht sich vom Vater ein Kind, belegt die Mutter mit den gleichen Gefühlen wie in der vorgenannten Situation der Knabe den Vater, und Eifersucht, Wut und Neid werden zu gängigen Gefühlsreaktionen.
Da die Entwicklung von Kastrationsängsten, die die Umbildung der Ödipuswünsche beim Knaben erzwingt, beim Mädchen nicht gegeben ist, bleibt ihm eine ideale Bearbeitung seiner Situation verwehrt. Die Erkenntnis des Schon-von-Geburt-an-kastriert-Seins führt zu einem immerwährenden Penisneid, der seinen charakterlichen Niederschlag in der Ausbildung von Eifersuchts- und Neidgefühlen erfährt. Diese sollen nach Freud ebenso zu den typischen Merkmalen der Frau zählen wie mangelndes Rechtsgefühl, Infantilität oder die Abneigung dagegen, sich großen Forderungen zu stellen. So wird die weibliche Eifersucht als anatomisches Schicksal dargestellt.
Freuds theoretische Erwägungen fanden schon in der Frühzeit der tiefenpsychologischen Forschung ihre Kritiker. Einer der fundiertesten war sein langjähriger Mitstreiter Alfred Adler, der im Zuge der darauffolgenden Jahre eine völlig neuartige Seelenkunde entwarf. Nach seiner Aussage ist der Mensch weniger ein Wesen, das von übermächtigen Trieben geleitet wird, noch spielen Triebschicksale bei der Entstehung des

Charakters eine entscheidende Rolle. Für ihn ist der Charakter vielmehr eine schöpferische Reaktion, eine eigengewählte Antwort auf die Gegebenheiten der frühkindlichen Situation, entstanden in der Auseinandersetzung zwischen persönlichen Strebungen und der äußeren Realität.

Mit Freud stimmt Adler darin überein, daß die Eifersucht unsere Aufmerksamkeit durch ihre außerordentliche Häufigkeit fesselt. Dabei ist nicht nur die Eifersucht in Liebesbeziehungen gemeint, sondern auch jene, die in allen anderen Beziehungen anzutreffen ist. In seinem Werk ›*Menschenkenntnis*‹ (1927) führt er z. B. an, daß sie fast regelmäßig bei Kindern zu finden ist, besonders wenn ein jüngeres Geschwister geboren wird, das die Aufmerksamkeit der Eltern auf sich zieht. Das ältere Kind kommt sich wie ein entthronter König vor, besonders dann, wenn es sich vorher sehr umsorgt gefühlt hat. So schildert er den Fall eines Mädchens, das im Alter von acht Jahren aus Eifersucht drei Morde begangen hat.

Sie war ein etwas zurückgebliebenes Kind, dem man infolge seiner Zartheit jede Arbeit abnahm, so daß es sich in einer verhältnismäßig günstigen Situation befand. Das änderte sich plötzlich, als sie in ihrem sechsten Lebensjahr eine Schwester bekam. In ihr ging eine völlige Wandlung vor sich, sie verfolgte die Schwester mit einem wütenden Haß. Die Eltern, die sich keinen Rat wußten, griffen strenge ein und versuchten, dem Kind seine Haftbarkeit für jede Untat klarzumachen. Da ereignete es sich eines Tages, daß in dem Bach, der am Dorf vorbeifloß, ein kleines Mädchen tot aufgefunden wurde. Nach kurzer Zeit wiederholte sich dieser Fall, und endlich ertappte man dieses Mädchen in dem Augenblick, da es wieder ein kleines Mädchen ins Wasser gestoßen hatte. Sie gestand auch ihre Mordtaten ein, kam zur Beobachtung in eine Irrenanstalt und wurde schließlich einem Erziehungsheim übergeben.[4]

Die Eifersucht war in diesem Fall von der eigenen Schwester abgelenkt und auf jüngere Mädchen übertragen worden. Bemerkenswert dabei ist, daß das Mädchen gegen Knaben keine feindseligen Gefühle empfand. Die Aggression überkam sie lediglich im Zusammensein mit den jüngeren Mädchen, in denen sie wohl ihre jüngere Schwester sah. Durch die Tötung wollte sie ihr Rachegefühl für die ihr zuteil gewordene Zurücksetzung befriedigen.

Noch leichter können nach Adler Eifersuchtsregungen zwischen Geschwistern verschiedenen Geschlechts wach werden.

Auch heute noch ist es in unserem Kulturkreis üblich, Knaben mit besonderer Sorgfalt und Liebe zu behandeln und ihnen obendrein noch eine Reihe von Vorteilen gegenüber Mädchen einzuräumen. Kein Wunder, daß diese leicht in Unmut geraten und eifersüchtige Gefühle entwickeln. Aus diesem Verhältnis kann sich auch eine Art gesteigertes Wettrennen zwischen den Geschwistern ergeben. Das Gefühl der Zurücksetzung kann im Mädchen unablässig wie ein Stachel wirken, der es ständig vorwärts treibt und zu Leistungen führt, welche die des Jungen weit übertreffen.
Grundsätzlich macht Adler zur Eifersucht folgende Ausführungen:

Man erkennt sie an den Zügen des Mißtrauens, des Lauerns, des Messens und der steten Furcht, daß man nicht verkürzt werde. Welche Form mehr hervortritt, ist Sache der bis dahin gediehenen Vorbereitung für das gesellschaftliche Leben. Es kann eine Eifersucht sein, die sich selbst verzehrt, oder eine, die in ein waghalsiges, energisches Verhalten ausmündet. Sie kann erscheinen in der Spielverderberin, die versucht, den Rivalen herabzusetzen, oder im Bestreben, jemanden zu fesseln, seine Freiheit einzuschränken, um sich zum Herrn über ihn zu machen. Es ist eine überaus beliebte Methode, die Eifersucht in den Beziehungen der Menschen so zu placieren, daß der andere dadurch gewisse Gesetze bekommt. Es ist eine eigne seelische Linie, auf der sich ein Mensch bewegt, wenn er einem anderen z. B. ein Gesetz der Liebe aufzwingen will, wenn er den andern abschließen will, wenn er ihm vorschreibt, wie er seine Blicke zu lenken, seine Handlungen, ja sein ganzes Denken einzurichten habe. Die Eifersucht kann auch dem Zweck dienstbar gemacht werden, den anderen herabzusetzen, ihm Vorwürfe zu machen u. dgl. Alles aber sind Mittel, um dem anderen seine Willensfreiheit zu nehmen, um ihn zu bannen und zu fesseln... Somit ist die Eifersucht eine besondere Form des Strebens nach Macht.[5]

Therapie der Eifersucht

Für die Therapie psychischer Störungen gilt allgemein das Leitmotiv ›Erkenne dich selbst‹. Das ist nicht erst seit Beginn der tiefenpsychologischen Ära der Fall. Schon von Anfang des europäischen philosophischen Denkens an ist man der Meinung, daß allein die Erkenntnis seiner selbst zu Reife, Menschlichkeit und Vernunft führt. Anhand der Fragen ›wer bin ich?‹,

›wie bin ich geworden, der ich bin?‹ und ›wie stehe ich zu den gegenwärtigen Lebensfragen?‹ soll man seine Gefühle, Gedanken, Motive, Träume, Einstellungen, Phantasien u. a. m. einer eingehenden Reflexion unterziehen. Gelingt dies, so sieht man sich im Laufe der Zeit in der Lage, zum eigenen Wesen gehörende Verhaltensweisen zu stabilisieren, störende abzulegen und neue, die Person bereichernde hinzuzufügen. Die Therapie gelangt zu einem sinngemäßen Abschluß, wenn der Patient in großen Zügen ein annähernd richtiges Bild von sich selbst erarbeitet hat und sich in das gemeinschaftliche Leben produktiv einfügen kann.

Neben dieser allgemeinen ›Behandlungsvorschrift‹ gibt es in jeder Therapie eine Reihe spezieller Maßnahmen zu berücksichtigen, die sich in unserem Fall wie folgt darstellen. Wir haben schon erörtert, daß im Eifersüchtigen unterhalb der Angst des Partnerverlustes eine zweite Angst existiert. Er fühlt sich nicht nur durch den vermeintlichen Verlust von Liebe und Zuwendung bedroht. Im tiefsten Innern ist er vielmehr davon überzeugt, daß sich mit der geliebten Person auch die Welt von ihm abwendet; sein ganzer Weltbezug kommt ins Wanken.

Auch der ›Normale‹ ist nicht frei von solchen Gefühlen. In gemilderter Form wird auch er von dem steten Bedürfnis geleitet, sich sowohl den Partner als auch andere lebenswichtige Beziehungspersonen gewogen zu halten. Sie sind ja unverzichtbar für unser psychisches Weltbefinden. Sobald sich aber ein liebender Mensch von uns abwendet, gerät unser Weltbild ins Wanken. Die Distanz zur Umgebung vergrößert sich, der Betroffene atmet gewissermaßen ›Höhenluft‹. Wichtiger Bestandteil der Therapie ist es von daher, dem Eifersüchtigen eine verläßliche Welt anzubieten. Gelingt es, die Distanz des Patienten aufzubrechen und wirkliche Nähe herzustellen, so wird der Therapeut zum Vermittler zwischen Patient und Welt. Er zeigt dem Patienten, daß die Welt nicht so flüchtig ist, wie er es stets empfindet, und gibt ihm das Gefühl, eine verläßliche Weltbeziehung zu haben.

Fast noch wichtiger als die Stetigkeit einer zwischenmenschlichen Beziehung ist der Aufbau einer ›Stetigkeit im eigenen Innern‹. Der Eifersüchtige muß zu sich selbst eine von Konstanz und Festigkeit gezeichnete Beziehung herstellen, er muß sich seine eigene Lebensgeschichte verfügbar machen. Ein Mensch, der seinen eigenen Werdegang überblickt, assimiliert und bejaht, d.h. darauf verzichtet, wesentliche Teile von ihm abzuspalten, fügt seine Lebensgeschichte zu einer Ganzheit zusammen. Das ist zumeist ein langwieriger, mehrere Jahre in Anspruch nehmender Prozeß. Die Aufarbeitung von Kindheit, Pubertät und Jugend ist oft mit Schmerz verbunden, und es dauert einige Zeit, bis auch die schwierigen Entwicklungsperioden als dazugehörig empfunden werden. Gelingt dies aber, so bleibt das nicht ohne ontologische Wirkung auf die Welt. Je stetiger man sich in seinem eigenen Werden begreift, um so mehr Konstanz gewinnt auch die äußere Welt.

Besonderes Augenmerk muß der Therapeut auch auf Pessimismus, Hoffnungslosigkeit und Selbsthaß des Eifersüchtigen richten. Durch Wort und Ausdruck vermittelt dieser, daß er sich eine Zukunft ohne den Partner nicht vorstellen kann. Alle Wege scheinen ihm im Falle einer Trennung verschlossen; die Lebensperspektive endet im Nichts. Das liegt vor allem daran, daß der Eifersüchtige den Schwerpunkt seines Lebens nicht in sich selbst hat, sondern ihn auf andere, vornehmlich den Partner verlagert. Entsprechend ist auch der Umgang mit ihm. Er wird vergöttert und verabsolutiert und muß, da er den Mittelpunkt des eigenen Selbst verkörpert, ständig präsent sein. Entsprechend ist aber auch der Umgang des Eifersüchtigen mit sich selbst. Da nur derjenige umsichtig und liebevoll mit sich in Beziehung stehen kann, der sich anerkennt und bejaht, d.h. seinen Schwerpunkt in sich selbst findet, verfällt der Eifersüchtige in Selbstzweifel und Selbsthaß. Deshalb muß neben der Aufarbeitung von Hoffnungslosigkeit, Pessimismus und Selbstzweifeln der Aufbau von Selbstliebe erfolgen. Sie ist das Fundament der ›Freiheit zum Selbstsein‹, die jeder produktiven Lebenshaltung zugrunde liegt. Hat man sie sich erobert, so wird man arbeits- und liebesfähig, und das Dasein bekommt einen Sinn, der aus Beitragsleistungen für die Allgemeinheit, d.h. in einer Lebensführung auf der Nützlichkeitsseite des Lebens besteht (Adler).

Ein weiteres in der Therapie zu bearbeitendes Problem ist die als ›Bestimm- und Dirigiersucht‹ zutage tretende Überexpansion des Eifersüchtigen. Es ist ja eines seiner Charakteristika, daß er den Partner und auch andere nahestehende Personen immerzu bestimmen und dirigieren möchte. Er weiß genau, wie sie ihr Leben einzurichten haben, welche Kontakte sinnvoll für sie sind und welchen Personen sie unbedingt aus dem Wege gehen sollten. Es ist so, als wenn er in das Innere der anderen eindringen wolle. Für sich selbst sieht er keine Schranken. Der frühkindliche Hintergrund dabei ist tatsächlich ein großer, freilich neurotisierender Expansionsspielraum, der dem Patienten frei zur Verfügung stand. Ihm wurden von der Umwelt zu wenig Grenzen gesetzt. Immer durfte er ungehemmt seine Interessen verfolgen, Situationen bestimmen und Verhalten manipulieren, und dieses Verhalten setzt er nun als Erwachsener fort. Daher muß ihm der Therapeut mit Konsequenz begegnen. Er muß zu spüren bekommen, daß es Ich-Grenzen gibt und daß andere sehr wohl darauf bedacht sind, daß sie eingehalten werden. Erst wenn im Bewußtsein des Eifersüchtigen die Ich-Grenzen anderer präsent sind, wird er fähig, eigene Ich-Grenzen aufzubauen.

Zur Behandlung der Überexpansion gehört auch das Erlernen ›feiner Umgangsformen‹. Der Eifersüchtige benimmt sich ja äußerst unzivilisiert. Wenn er zum Beispiel von seinem Partner verlangt, daß der keine anderen Männer (Frauen) anschauen darf oder zu einer bestimmten Uhrzeit anwesend sein muß, wenn er Wutanfälle bekommt und sich in Vorwürfen ergeht, dann hat das mit einem zivilisierten Benehmen nichts zu tun. Tatsächlich besitzt der Eifersüchtige ein Erziehungsdefizit, das in der Therapie ausgeglichen werden soll. Da das wahrscheinlich nur über die Identifikation mit dem Therapeuten geschehen kann, sollte er dem Patienten ausgesprochen höflich begegnen. Nur so besteht Hoffnung, daß der Patient den Umgangsstil des Therapeuten übernimmt und auf das zwischenmenschliche Geschehen überträgt.

In die Therapie Eifersüchtiger sollen nach Möglichkeit auch deren Partner einbezogen werden. Kommt man mit ihnen in Kontakt, so fällt auf, daß es zumeist sehr weiche, nachgiebige Menschen sind, die selbst keinen festen Standort im Leben beziehen können. Egal was sie – aus dem Blickwinkel des Eifersüchtigen gesehen – auch immer tun, ein Sicherheitsgefühl vermitteln sie nicht. Da aber die Chance für die Heilung der Eifersüchtigen dann am größten ist, wenn der Patient auf sichere, innerlich geschlossene Menschen trifft, sollte sich sein Partner ebenfalls in Therapie begeben. In dem Maße, wie er Stetigkeit, Sicherheit, Zielbewußtsein bekommt, wird auch der Eifersüchtige seine Haltung ändern.

Bei diesen Überlegungen muß aber eine besondere Schwierig-

keit bedacht werden. Der Eifersüchtige ist ja jemand, der seinen engsten Beziehungspersonen und zumal seinem Partner individuelle Entfaltung kaum zugestehen kann. Da er am liebsten alles kontrollieren und überwachen möchte, fühlt er sich in einer statischen Welt am wohlsten. Bewegung, Entwicklung und Wachstum sind ihm nicht geheuer. Sie bringen Unüberschaubares, Überraschendes mit sich, was für den Eifersüchtigen eine Gefahr darstellt. Da er sich selbst nicht entwickeln kann, soll auch der Partner stagnieren. Der Partner wird zum Gefangenen degradiert, den man beliebig dirigieren kann.
Wenn aber der Therapeut den Eifersüchtigen zu einer selbständigen Entwicklung motivieren kann, die ihn auch belastbar macht für eine sich dynamisch verändernde Welt, so wird er auch den Partner als lebendiges und vielschichtiges Wesen akzeptieren. So lernt er, sich aus seinen Ängsten und Erstarrungen zu befreien und das Leben als Wachstumsprozeß zu verstehen. Damit kommt es auch zu einem vorläufigen Abschluß seiner Therapie.

Ein Beispiel aus der Literatur

Nachdem die wesentlichen Charakterzüge des Eifersüchtigen, die Bedingungen, unter denen sein Verhalten entstand, sowie die für die Therapie notwendigen Maßnahmen dargestellt wurden, soll nun, dem Beispiel der Pioniere der Tiefenpsychologie, Freud, Adler und Jung, folgend, der Wahrheitsgehalt unserer Ausführungen an einem Werk der Weltliteratur überprüft werden. Es ist bekannt, daß bis um die Jahrhundertwende Menschenkenntnis und Charakterkunde eher Sache der Dichter und Philosophen war. In vielen Werken der Weltliteratur, es seien hier nur die der französischen Moralisten Montaigne und La Rochefoucauld, der ›Autobiographen‹ Rousseau und C. Ph. Moritz, oder der Romanciers, Stückeschreiber und Dichter Molière, Flaubert, Balzac, Schiller, Goethe und Lessing erwähnt, finden sich ›blutvollere‹, lebensnähere und tiefgründigere Charakterbeschreibungen, als sie der psychologischen Forschung jener Jahre zu entnehmen sind. Der Künstler scheint besonders prädestiniert dafür zu sein, Wesenseigentümlichkeiten der Menschen klar zu erkennen. Seine Einsichten über das Denken, Empfinden, Handeln und Intuieren sind von einem umfassenden ›Lebenswissen‹ geprägt, welches dem ungebrochenen Verhältnis zum eigenen Unbewußten entspringt. So kann jedem an intelligenter Charakterkunde Interessierten das Studium der Weltliteratur nur dringend empfohlen werden. Zwar ist das intuitive Wissen der Dichter wenig systematisiert, doch liegt oft ein großartiges Material der Menschenbeobachtung und -beurteilung vor, was auch aus der folgenden Darstellung der Charaktertragödie *›Othello oder der Mohr von Venedig‹* ersichtlich werden wird.

William Shakespeares 1604 in London uraufgeführtes Werk zählt zu den erschütterndsten und erfolgreichsten Dramen überhaupt. Wohl kein aufmerksamer Betrachter wird sich der eindringlichen Wirkung des Stückes entziehen können, das alle Nuancen menschlicher Emotionen vom aufrichtigen Mitgefühl bis zum tiefsten Abscheu zu wecken imstande ist. Ohne Umwege führt Shakespeare in die Handlung ein.

Der Erzschurke Jago, Fähnrich des in venezianischen Diensten stehenden maurischen Feldherrn Othello, und ein junger Venezianer namens Rodrigo eilen nachts zum Hause des Senators Brabantino, um ihm Mitteilung zu machen, daß Othello mit seiner liebreizenden Tochter Desdemona heimlich die Ehe geschlossen hat. Jago handelt mit Bedacht. Von dem Mohren bei einer Beförderung übergangen, fühlt er sich gedemütigt und versucht, einen teuflischen Racheplan in die Tat umzusetzen. Er ist sich bewußt, daß Othello ob seiner vielen erfolgreichen Kriegszüge für die Republik Venedig großes Ansehen genießt. Seine Zugehörigkeit zu einer anderen Rasse bedeutet aber eine schwere, für ihn nicht abzuschüttelnde Bürde. Als Schwarzer ist Othello nur ein Mann zweiter Klasse, dem die vornehmen Bürger mit Verachtung begegnen. Das läßt sich auch an der Reaktion Brabantinos erkennen. Zwar achtet auch er den kriegserfahrenen Helden – als Gemahl seiner Tochter will er ihn aber auf keinen Fall akzeptieren. So klagt er ihn vor dem Dogen der Entführung an. Doch die herbeigeholte Desdemona bekennt sich zu ihrem Gemahl, nachdem Othello mit ergreifenden Worten die Geschichte ihrer Liebe geschildert hat. Der Vater willigt schließlich ein, nicht ohne jedoch seiner tiefen Abneigung gegen die Verbindung, die er als widernatürlich empfindet, mit nachfolgenden Worten Ausdruck zu geben:

Ein Mädchen, niemals keck
so still und schlicht von Geist, daß jede Regung
sie schamrot machte; und *sie* – der Natur,
den Jahren, Land, dem Ruf zum Trotz und allem –
verliebt in das, wovor ihr Auge graust!
Nur ein verkrüppelt ungesundes Urteil
glaubt, daß Gesundheit so abirren kann
von allen Regeln der Natur.[6]

Bevor der Doge ein endgültiges Urteil fällen kann, kommt die Nachricht, daß Zypern von den Türken bedroht wird. Man beschließt sogleich, Othello mit einer Flotte dem Feind entgegenzuschicken; Desdemona, Jago und sein Leutnant Cassio begleiten ihn. Auf Zypern setzt Jago seinen teuflischen Plan ins Werk. Desdemonas Liebe bedeutet für Othello die Erlösung aus dem Chaos des sozial Diskriminierten, das er trotz aller Feldherrnerfolge niemals überwinden konnte. Bislang war er immer der Ausgestoßene, der Einsame, mit Unruhe erfüllte Heimatlose, dessen karger Kriegsalltag durch die Liebe der zarten und sanftmütigen Frau mit Wärme und Licht erfüllt wird. Seine Worte: »Liebt' Ihr mich nicht, so kehrt das Chaos wieder«, lassen uns die Bedeutung dieser Verbindung für sein Seelenheil ahnen. Dies erkennt aber auch Jago, dessen Schurkeninstinkt seiner Rachelust den richtigen Weg weist. Er sieht Othellos Verwundbarkeit und beschließt, den Seelenbrand an der Stelle zu legen, an dem es keine Löschung geben kann. Durch einige flinke Bemerkungen legt er in Othellos Gemüt den Keim des Zweifels an der treuen, hingebungsvollen Liebe Desdemonas. Er fällt auf fruchtbaren Boden. Eifersucht, Verzweiflung und Wahn bestimmen von nun an das Geschehen, das mit der Unerbittlichkeit eines Uhrwerks vor den Augen der Zuschauer seinem tragischen Ende entgegenläuft.
Daß Othello so leichtgläubig auf die haltlosen Verdächtigungen Jagos eingeht, ist kein Zufall. Er ist in dieser Richtung disponiert. Da er nur wenig mehr vom Lauf der Welt versteht, »als was zum Streit gehört und Werk der Schlacht«, hat er ein tiefes Mißtrauen auf alles Zwischenmenschliche entwickelt. Nur zu oft ist er hintergangen und ausgenutzt worden; die Intrigen der Welt, in der er sich bewegt und seinen Geschäften nachgeht, haben tiefe Spuren in ihm hinterlassen.
Tiefe emotionale Beziehungen waren ihm bisher fremd. Daher entbrennt er nun mit ungeheurer Leidenschaft, als ihm von

Desdemona hingebungsvolle Zuneigung entgegengebracht wird. Seine Zweifel an sich selbst und sein immerwährendes Mißtrauen gegenüber der Aufrichtigkeit anderer verliert er dadurch allerdings nicht. Othello ist ein von Grund auf paranoider Charakter. Sich ewig verfolgt und bedroht fühlend, kann er auch in den Stunden der Ruhe und des Glücks seine Übersensibilität nicht ablegen. Sich verraten zu fühlen, ist ihm vertrauter als geliebt zu werden. Der schurkische Jago weiß das geschickt für seine Pläne zu nutzen.
Er ist zunächst darauf bedacht, Leutnant Cassio, der ihm bei besagter Beförderung vorgezogen wurde, um die Gunst Othellos zu bringen. Danach erschmeichelt er sich Cassios Vertrauen und rät ihm, Desdemona aufzusuchen, damit sie bei Othello für ihn um Gnade bitte. Gleichzeitig macht er Othello gegenüber Andeutungen über eine angebliche Liebschaft zwischen Cassio und Desdemona, ja, er verdächtigt Desdemona, Leutnant Cassio ihre Gunst erwiesen zu haben. Als diese sich tatsächlich lebhaft für Cassio verwendet, bricht in Othello eine Welt zusammen. Sich eben noch als glücklicher Liebhaber fühlend, wähnt er sich nun in das gefürchtete Chaos zurückgestoßen, dem er durch Desdemonas Liebe zu entkommen hoffte. Aller Friede entgleitet seinem Herzen, so daß er ausruft:

O nun auf immer
fahr hin geruhiger Sinn, fahr hin mein Friede!
Fahrt hin helmbuschige Scharen, stolzes Heer,
das Ehrgeiz macht zur Tugend, o fahrt hin!
Fahr hin du wiehernd Roß, du Sturmfanfare,
herzhebende Trommel, ohrdurchbohrende Pfeife,
fürstlich Panier und alle Eigenschaft,
Pracht, Pomp und Beiwerk des berühmten Kriegs!
Und o, tödlich Geschütz, des rauhe Kehle
nachgemacht des ewigen Zeus entsetzlich Tosen,
fahrt hin, Othello hat sein Werk getan.[7]

Der paranoide Charakter ist durchaus keine so seltene Erscheinung, wie gemeinhin angenommen wird. Jahre-, oft jahrzehntelang kann er unauffällig in einer Scheinanpassung leben, ohne daß seine Angst- und Verfolgungsproblematik sichtbar wird. Das ist erst dann der Fall, wenn es in einem entscheidenden Lebensbereich (Liebe, Beruf, freundschaftliche Beziehungen) zu einer ernsthaften Erschütterung kommt. Aber auch dann muß es noch nicht zum Wahnausbruch kommen. Dies ist nach

den Erkenntnissen der tiefenpsychologischen Forschung dann der Fall, wenn eine exemplarische Beziehung zerbricht und der Betreffende mit seiner Einsamkeit konfrontiert wird. In dieser Situation befindet sich Othello, als er von Jago den Beweis für Desdemonas Untreue fordert und diesen scheinbar erhält. Jago läßt durch seine Frau Emilia Desdemona jenes Taschentuch entwenden, das Othello ihr als erstes Liebespfand geschenkt hat. Er spielt es Cassio zu, der es arglos an eine Kurtisane weitergibt. Als Othello, von Jagos Lügen aufgestachelt, von Desdemona das Tüchlein fordert und sie es nicht beibringen kann, ist es um ihn geschehen. Er verliert alle Fassung, versinkt im Eifersuchtswahn und ist von nun an nur noch eine Marionette, die sich dem bösen Einfluß Jagos willig überläßt. Alsbald ist er nur noch zu einem Gedanken fähig: nämlich Rache für die ihm vermeintlich angetane Schmach zu nehmen.
Reagiert schon der ›normale‹ Paranoiker auf leichte Zurückweisungen mit Überempfindlichkeit, Eifersucht und dem Mißdeuten der Gefühle anderer, und ist er nur allzu schnell bereit, jede Geste als unfreundlich, feindlich oder als bewußte Demütigung zu werten, so hat der Wahn in Othello einen wahren Sturm rachsüchtiger Gefühle ausgelöst. Er faßt den Entschluß, Desdemona zu töten. Unfähig, zwischen Freund und Feind zu unterscheiden, nimmt sein Haß überwältigende Formen an. Der Realitätsverlust ist vollkommen. Desdemonas Schwüre und Beteuerungen besitzen in seinen Augen nicht die Spur von Wahrheitsgehalt. Emilia, ihre Kammerzofe, wird zur heuchlerischen Kupplerin erklärt, Jago hält er für einen ihm von Herzen zugetanen Menschen und den wackeren Cassio, der ihm tatsächlich treu ergeben ist, hält er für seinen Nebenbuhler. Am Orte ihrer ›frevlerischen Tat‹, dem Ehebett, soll Desdemona ihr Vergehen büßen. Wie ein brutaler Krieger würgt und ersticht er sie, während Desdemona, Othello noch im Tode nahestehend, ihn vor Verfolgung und Strafe zu schützen versucht. Als Emilia das infame Ränkespiel Jagos entlarvt, erkennt Othello seine schauerliche Verfehlung. Schmerz und Verzweiflung übermannen ihn, und er nimmt sich selbst das Leben.

... und so endet die Tragödie der Schurkerei und der Eifersucht mit dem Tode aller, die in sie verstrickt waren. Für den Zuschauer wird während des Ablaufes der gewaltigen und gewaltsamen Ereignisse klar, wie sehr der Mensch in seinen Gedanken und Mutmaßungen von der Realität abirren kann, wie kostbar das menschliche Leben ist und wie kompliziert alle menschlichen Beziehungen sind, an deren Bestand unser Glück und Unglück hängt. Besonders tiefgründiger Einblick jedoch wird gewonnen in die Seele jener Selbstverächter, die infolge eines Mangels an Selbstliebe an die Liebe anderer nicht glauben können: Othello ist die Tragödie der Eifersucht eines Menschen, der durch einen zufälligen Makel (Hautfarbe) außerhalb der ›Normalwelt‹ gestellt ist.[8]

Katja Kaminski/Martin Bauknecht

Wut und Zorn

Wut und Zorn sind Emotionen, die im Bereich der Aggressionsäußerungen angesiedelt werden. Obwohl man sie häufig synonym verwendet, lassen sich doch ganz beträchtliche Unterschiede zwischen ihnen feststellen. Schon der Sprachgebrauch macht die Bedeutungsunterschiede sichtbar. So heißt es im Volksmund: ›blinde Wut‹, ›tierische Wut‹, ›rasende Wut‹, ›Tollwut‹, ›Zerstörungswut‹ oder ›von Wut besessen‹, während der Begriff Zorn mit den Zusätzen ›heiliger‹ oder ›gerechter‹ Zorn oder sogar in der Formulierung ›der heilige Zorn Gottes‹ verwendet wird. Bei Wut handelt es sich um einen eher undifferenzierten Gefühlszustand, der mit enormer Einengung des menschlichen Welt- und Werthorizonts (›blind vor Wut‹) einhergeht, wohingegen der Zorn eine bewußtere Gefühlsäußerung ist, die sich gegen die Verletzung eines höheren Wertes richtet und Ausdruck eines entwickelten Wertempfindens ist. Bereits Homer macht von dieser Unterscheidung Gebrauch, indem er den Zorn des Helden Achill, ein Ausdruck seiner menschlichen Größe und seines gesellschaftlichen Ranges, der blinden Wut des rasenden Ajax gegenüberstellt. Ajax begann zu toben, nachdem er bei der Verteilung der Kriegsbeute benachteiligt worden war, und tötete die Schafherden, weil die Tiere für ihn die Griechen verkörperten, die ihn gekränkt hatten.
Wenn man diese Spur weiterverfolgt, liegt die Schlußfolgerung nahe, daß die Wut eine pathologische Erscheinung ist, hingegen der Zorn eine Tugend oder Fähigkeit, die mit Willensstärke, Mut und Lebenskraft verwandt ist.
Allerdings war die Bewertung des Zorns als Tugend durch die Jahrhunderte hindurch einem starken Wandel unterworfen. In der Antike verurteilten die Stoiker Seneca und Plutarch den Zorn eindeutig als Laster und stellten ihn der hochgeschätzten Vernunft als Gegenspieler gegenüber. Das Christentum prangerte den Zorn sogar als eine der sieben Todsünden an. Erst in

der Renaissance erfuhr diese Eigenschaft gewisse Aufwertungen, sie wurde hauptsächlich Männern mit Charakterstärke, Profil und Lebendigkeit zugeschrieben. Der Wandel in der Bewertung, der sich in erster Linie um die Fragestellung ›Tugend oder Untugend‹ zentrierte, hing eng mit den kulturellen Bedingungen und Wertsystemen der verschiedenen Epochen zusammen. Erst mit dem Aufkommen der Psychologie gewann die Frage der Bewertung von Wut und Zorn eine neue Dimension. Die Tiefenpsychologie brachte Wut und Zorn in einen Zusammenhang mit der frühkindlichen Entwicklung und suchte die innerpsychischen Konflikte zu ergründen, die beiden Affekten zugrunde liegen. Es ging nunmehr vornehmlich um die Frage nach seelischer Gesundheit bzw. Pathologie.

Phänomenologie von Wut und Zorn

Zorn oder auch gelegentliche Wutanfälle kennen sicher sehr viele Menschen. Wut und Zorn sind keine willkürlichen, zufälligen Phänomene, sondern sie sind immer Ausdruck einer sehr angespannten Situation, die nur auf dem Hintergrund der Lebensstimmung und der Charakterstruktur eines Menschen verständlich wird. So können bei genauerer Betrachtung Elemente herausgefunden werden, die mit Wut oder auch mit Zorn verschwistert sind. Im Rahmen dieser Betrachtung werden die Unterschiede zwischen Wut und Zorn sehr plastisch.
Ähnlich wie ein Mensch, der zu Haß neigt, ist auch ein Wütender in ständiger Alarmbereitschaft. Ressentiment, Verstimmtheit und Feindseligkeit verdüstern sein Gemüt. Die Welt eines Wütenden wird besonders in ihrer Widerständigkeit erlebt. Ein wütender Mensch stößt immer wieder unwillkürlich auf die ›Tücke des Objekts‹, was seinem untergründigen Ärger stets neue Nahrung gibt. Nach Medard Boss nimmt ein auf Wut gestimmter Mensch alle ihm begegnenden Dinge und Menschen als widerständige Schranken wahr, die sich seinem Selbstsein entgegenstellen. Deshalb geht, so Boss, ein wütender Mensch stets auf Zerstörung und Vernichtung der ihm als hinderliche Barrieren erscheinenden Dinge aus. Dabei fühlt sich der Wütende nicht selbst für die Lebenshindernisse und Schwierigkeiten verantwortlich. Sie stürmen vielmehr von außen auf ihn ein und entziehen sich seinem Einfluß, so daß er oft

das Gefühl hat, vom Leben ungerecht behandelt zu werden. Er lebt in einer Grundstimmung, die ihm ständig suggeriert, ohnmächtig und überfordert zu sein.
Der Weltbezug eines solchen Menschen ist extrem eng und schmal. Der Wütende hat wenig Freiheitsspielraum, was sich unter anderem darin zeigt, daß er wenig Humor besitzt, kaum Distanz zu sich einzunehmen vermag und nur schwer über sich und seine Schwäche lachen kann. Die Perspektive ist ähnlich ichbezogen wie die eines verzogenen Kindes. Ein Kind denkt, wenn es an einen Tisch stößt, daß der Tisch es ›höchst persönlich‹ gemeint hat, und ist empört über die Unverfrorenheit des Tisches, ihm überhaupt auch nur im Wege zu stehen. Ganz ähnlich ist das Verhältnis eines Wütenden zu Hindernissen in seinem Leben. Die kindliche Perspektive der Wut zeigt sich auch in der Beziehung des Wütenden zur Zeit. Die Wut ist ein reines Augenblicksphänomen, Zukunft und Vergangenheit bleiben ausgeschaltet.
Anders ist das Verhältnis des Zornigen zur Welt. Ein Mensch, der zornig reagiert, kreist nicht nur um sich selbst, sondern hat länger anhaltendes Interesse an einer Sache, nimmt leidenschaftlich, ›mit Leib und Seele‹ an der Welt teil. Im Zorn drückt sich das Empfinden von heftiger Empörung darüber aus, daß eine Wertordnung verletzt worden ist. Für den Zornigen scheinen sich plötzlich die Weltbezüge zu verengen, sie sind beeinträchtigt. Er will nun in kraftvollem Protest den zur Rechenschaft ziehen, der sein Moralempfinden verletzt hat, und die verletzte Wertordnung wiederherstellen. Der Zorn ist nicht getragen von dem Gefühl totaler Ohnmacht, sondern es liegt auch Hoffnung und Zuversicht darin. Der Zornige glaubt durch seinen Protest Entscheidendes bewirken zu können, die Perspektive der Zukunft ist also deutlich mitbeteiligt.
Im Unterschied zum Wütenden sieht der Zornige die Umwelt nicht vernebelt, sondern sein Bewußtsein ist hell und bleibt voll funktionsfähig, auch wenn es sich für Momente verengt. Ein Zorniger weiß genau, warum er zornig ist und gegen wen er seinen Zorn richtet. Damit erscheint der Zorn kontrollierbarer und kann sich eher artikulieren als die Wut; der Zornige hat einen weitaus größeren Freiheits- und Handlungsspielraum.
Das gesamte Gebaren des Wütenden ist laut, unkontrolliert und wild. Die Bewegungen eines Wütenden werden zackig und unharmonisch, genau entgegengesetzt etwa zu den schmiegsa-

men Bewegungen eines Menschen, der sich einer Situation hingibt. Ein Wütender gleicht jemandem, der sich dem Erstikken nahe fühlt und durch die ungeheure Aufblähung seines Leibes die Beengung zu sprengen versucht. Er wirkt wie ein Wahnsinniger oder Alkoholkranker, was Seneca sehr eindrucksvoll beschrieben hat:

Damit klar wird, daß die vom Zorn (das lateinische Wort ›ira‹ entspricht dem hier dargestellten Begriff der Wut) Besessenen nicht bei Verstand sind, brauchst du bloß ihr Äußeres anzusehen…; der ganze Körper ist in einem Zustand der Erregung, ein Bild wüster Drohung, gar übel anzusehen, wenn der Mensch sich so gehen läßt und bersten will vor Zorn…[1]

Der Körper eines Wütenden ist verspannt, verkrampft und wie gepanzert. Er kann sich – auch körperlich – nicht ›einpassen‹. Die Welt und der starre, wütende Mensch bleiben voneinander getrennt und stoßen sich aneinander wund. Ein Wütender reagiert gewissermaßen wie ein Dampfkessel. Der fehlende ›Druckausgleich‹ führt zu einer Stauung. Die angestaute Erregung drückt sich dann häufig in psychosomatischen Symptomen wie z.B. Bluthochdruck aus.
Anders ist sowohl die Körperhaltung als auch der mimische Ausdruck und das Leibgeschehen eines zornigen Menschen. Die Haltung bleibt hier würdevoller, kontrollierter, und die Körperreaktion ist eher unauffällig. Obwohl sich der Zornige mit ›Haut und Haaren‹ für eine Sache einsetzt, fehlt ihm das übertriebene und aufdringliche Gebaren des Wütenden. Im mimischen Bild des Zornigen dominiert das Auge. So sagt man von den Augen des zornigen Jupiter, daß sie blitzen; auch der Ausdruck ›wenn Blicke töten könnten‹ geht auf das Bild eines vor Zorn brennenden Auges zurück.
Zu Wut neigt jemand nur dann, wenn er sich selbst sehr schwach und unsicher fühlt. Jeder Wutanfall erwächst aus einem intensiven Ohnmachts- oder Verletztheitsgefühl. Man sieht das ohnehin brüchige Selbst in seiner Integrität bedroht. Der Wutanfall, der den ganzen Körper vibrieren läßt und sich bis in die Fingerspitzen hinein ausbreitet, kann ein Versuch sein, sich selbst und den anderen zu beweisen, daß man eben doch eine Persönlichkeit ist. Typisch ist der große Unterschied zwischen niedrigem Selbstwertgefühl und dem kompensatorischen Größenideal. Ein Wütender will im Grunde nur so sein

wie sein Ideal, und immer, wenn er in seinen Phantasien von der Realität gestört wird, bäumt er sich gegen die schmerzliche Korrektur auf. Ein wütender Mensch ist also immer auch ehrgeizig, eitel und perfektionistisch. Kern jeden Wutausbruchs ist auch eine ausgeprägte Willensschwäche, die wiederum mit dem mangelnden Selbstwertgefühl zusammenhängt. Ein Wütender wünscht oft zu viel, d.h., ihm fehlt der Blick für ein realistisches Abwägen zwischen den eigenen Kräften und Fähigkeiten und dem von der Realität geforderten Kraftaufwand: er überschätzt sich leicht. Ein willensstarker Mensch kann diese Kräfterelation hingegen sehr viel besser einschätzen und erlebt deshalb nicht so viele Mißerfolge und Enttäuschungen wie der Wütende.

Zorn entsteht eher auf dem Boden eines kräftigen Selbstwertgefühls. Er setzt Willensstärke und Mut voraus. Ein Zorniger ist in der Lage, sich für eine Sache einzusetzen, für etwas Überpersönliches zu kämpfen und dabei auch für gewisse Zeit auf die unmittelbare Anerkennung seiner Mitmenschen zu verzichten. Der Hunger nach Bestätigung, charakteristisch für den Wütenden, ist untypisch für einen zornigen Menschen.

Die Beziehung eines Wütenden zu seinen Mitmenschen ist durch starke Unsicherheit und Angst vor Nähe und Hingabe geprägt. In der Wut selbst ist das Gefühl der Verbundenheit mit der Welt und den Menschen sehr stark gelockert. Die ›anderen‹, durch deren Nähe oder bloße Existenz sich ein Wütender bedroht fühlt, weil sie die Macht haben, ihn so zu sehen, wie sie es wollen, ihn einfach zum Objekt ihrer Wahrnehmung machen können, werden im Wutanfall ausgeblendet. Der Wütende ist blind gegenüber seinen Mitmenschen und deren Weltsicht. Er bleibt deshalb völlig gefangen in seiner beklemmend engen Welt. Der Mitmensch wird weggestoßen, überrannt und damit ›verkleinert‹. Mit dem furchterregenden Gebaren, das in jedem Wutanfall liegt, flößt der Wütende seinem Gegenüber Angst ein, er will es ins Bockshorn jagen.

Weil der Mitmensch für Minuten nicht mehr zu existieren scheint, äußert sich Wut ziellos und kommunikationsunfähig. Das Gegenüber fühlt sich kaum als Person angesprochen, sondern nur diffus verletzt. Das narzißtisch einsame Beziehungsmuster des Wütenden kommt ganz extrem bei Geisteskrankheiten wie z.B. Paranoia oder Manie zum Ausdruck. Der Kontakt zum Mitmenschen ist bei diesen Krankheiten, in denen Wut eine zentrale Rolle spielt, fast völlig abgerissen. Eigene Ängste und Haßgefühle werden auf die Bezugspersonen projiziert. Dem Paranoiker erscheint fast jeder Mensch als Verfolger, die ganze Welt hat sich scheinbar gegen ihn verschworen. Er meint dann schließlich, zu Verteidigungszwecken Wut oder sogar Gewalt mobilisieren zu müssen, um überhaupt seine Haut retten zu können. Die Formulierungen ›wahnsinnige Wut‹, ›von Wut besessen‹ zeigen die Verwandtschaft zwischen Wut und Geisteskrankheiten. Auch Spinoza bezeichnete die Affekte in seiner *›Ethik‹* berechtigterweise als ›kleine Geisteskrankheiten‹.

Ganz anders ist die Beziehung eines Zornigen zu seinen Mitmenschen. Philipp Lersch charakterisiert den Zorn als ein ›gerichtetes Gefühl‹, d.h. Zorn zielt auf ein konkretes Gegenüber ab. Obwohl sich auch Zorn machtvoll ausdrückt, überrennt er nicht das Gegenüber, sondern er steuert direkt darauf zu. Der Zornige formuliert sein Anliegen, kleidet es in Worte, die genau auf das Gegenüber zugeschnitten sind. Ein Zorniger ist nicht in seiner eigenen Welt gefangen, sondern er bezieht die Welt des Gegenübers in seine Perspektive ein, er vermag sich in sein Gegenüber einzufühlen, um zu erahnen, wie er seinen Zorn gezielt beim Gegenüber anbringen kann; denn er will um jeden Preis, daß der andere sein Anliegen versteht, er will etwas Wichtiges bewirken und drückt durch den Zorn aus, daß er an eine Veränderung glaubt. In diesem Sinne hat Zorn, wie Hölderlin schreibt, »etwas Reinigendes, ihm wohnt eine Schöpferkraft inne... Er tötet und verzehrt das Erstarrte, das Gesetzte, daß es lebendig werde« (P. Bertaux, *›Friedrich Hölderlin‹*, Frankfurt 1978, S. 293, 295). Hölderlin, der den Zorn als etwas Göttliches betrachtet, sieht in ihm die Quelle jeden Neuanfangs, von Schöpfung und von Selbsterkenntnis. Ähnlich verwendet auch Nietzsche den Zornbegriff, wenn er schreibt: »Der Zorn schöpft die Seele aus und bringt selbst den Bodensatz ans Licht« (F. Nietzsche, *›Menschliches, Allzumenschliches‹* II, München 1969, S. 763).

Der Zornige gibt mit seinem Standpunkt auch sich selbst den anderen preis. Im Zorn bringt er sich kraftvoll ein und ringt mit der Welt um eine Einigung. Im Gegensatz zum Gegenüber eines Wütenden fühlt sich dasjenige eines zornigen Menschen stark angesprochen, vielleicht sogar bis ins Mark getroffen. Freud schildert in seinem Aufsatz über die Figur des Moses von

Michelangelo das Gefühl eines Menschen, der sich vom Zorn getroffen fühlt:

Denn ich habe von keinem Bildwerk je eine stärkere Wirkung erfahren. Wie oft bin ich die steile Treppe vom unschönen Corso Cavour hinaufgestiegen zu dem einsamen Platz, auf dem die verlassene Kirche steht, habe immer versucht, dem verächtlich-zürnenden Blick des Heros standzuhalten, und manchmal habe ich mich dann behutsam aus dem Halbdunkel des Innenraumes geschlichen, als gehörte ich selbst zu dem Gesindel, auf das sein Auge gerichtet ist, das keine Überzeugung festhalten kann, das nicht warten und nicht vertrauen will und jubelt, wenn es die Illusion des Götzenbildes wieder bekommen hat.[2]

Der appellative Charakter des Zorns wird hier sehr deutlich zum Ausdruck gebracht.

Charakterologie der Wut

Die bisherigen Ausführungen haben ergeben, daß der Zorn nicht als ein Ausdruck einer festgefügten Charakterstruktur, sondern als eine Fähigkeit anzusehen ist, die eine sich entwikkelnde Persönlichkeit im richtigen Moment und in der richtigen Situation einzusetzen weiß. Im Unterschied zum Zorn ist die Wut als ein fester Bestandteil einer Charakterstruktur beschrieben worden, die weitgehend unabhängig von der Vielfalt der äußeren Ereignisse in einer vorhersehbaren Regelmäßigkeit und fast wie unter einem Zwang in Erscheinung tritt. Aus diesem Grunde beschränkt sich der folgende Abschnitt auf die Darstellung der Charakterstruktur des Wütenden und ihrer Entstehung anhand der Theorien verschiedener Schulen der Tiefenpsychologie.

Sigmund Freud führt die Wut hauptsächlich auf drei unterschiedliche Bedingungen zurück.

Eine davon ist für ihn die Reaktion auf Versagungserlebnisse, die um so schmerzlicher empfunden werden, je maßloser die Wünsche nach verwöhnender Zuwendung sind. So tritt Wut hauptsächlich in der Entwicklungsgeschichte desjenigen auf, dem es als Kind überdurchschnittlich schwerfiel, auf lang vertraute und lustvolle Gewohnheiten zu verzichten. Zu zentralen Versagungserlebnissen im Leben eines Kindes kommt es, wenn es der Mutterbrust entwöhnt wird oder wenn es Reinlichkeit

lernen muß. In diesen Entwicklungsphasen reagieren Kinder häufiger als sonst mit Wut.
Als eine weitere Erklärung für von Wut bestimmtes Verhalten nennt Freud die Herausbildung verschiedener Formen der Triebenergie. So kann Wut als eine Äußerung der kindlichen Partialtriebe verstanden werden, wie z. B. des oral-sadistischen Partialtriebs, der sich zeigt, wenn das Kind in die Mutterbrust beißt, oder des anal-sadistischen, der hauptsächlich im Zurückhalten von Kot besteht. Diese Partialtriebe verwandeln sich nach Auffassung Freuds nicht notwendigerweise in höherentwickelte Formen der Libido, sondern können im Falle von Entwicklungsstörungen zu Fixierungen führen, die das Kind daran hindern, sein orales oder anales Triebverhalten aufzugeben und eine gewisse Vielfalt von Triebreaktionen auszubilden.
Im Anschluß an sein Konzept von den kindlichen Fixierungen beschreibt Freud die Wut im Erwachsenenalter als eine Regression, als ein Zurückfallen auf Formen der Triebbefriedigung, die in der Kindheit eingeübt und beibehalten worden sind. In diesem Sinn kann Wut als infantiler Versuch, Probleme zu lösen, verstanden werden. Freuds Triebmodell läßt jedoch die Frage offen, warum für den einen bestimmte Erlebnisse eine ungeheure Frustration bedeuten, während ein anderer dieselben Ereignisse gelassen hinnehmen kann.
Die unterschiedliche Intensität der Wut führt Freud im wesentlichen auf die Triebanlage eines Menschen zurück. So nimmt er z. B. an, daß Männer deshalb im Durchschnitt aggressiver sind als Frauen, weil der männliche Sexualtrieb mit mehr Aggressionsenergie ausgestattet ist.
Bei Alfred Adler gilt die Wut als ein ›trennender Affekt‹ und als Kompensationserscheinung eines sich schwach und minderwertig fühlenden Menschen, der ein gesundes Selbstvertrauen durch eine das Ich stärkende Eingliederung in die Gemeinschaft nicht entwickeln konnte. Sein ausgeprägtes Minderwertigkeitsgefühl versucht er durch Macht- und Geltungsstreben auszugleichen. Folglich besteht sein Lebensziel in dem Wunsch, seine Mitmenschen zu übertrumpfen und aus allen Lebenssituationen als der Stärkste und Größte hervorzugehen. Adler bringt die Wutausbrüche eines Menschen mit Situationen in Zusammenhang, in denen sein neurotisches Ziel, Größe und Überlegenheit um jeden Preis aufrechtzuerhalten, durch bestimmte

Erlebnisse in Frage gestellt wurde. In solchen Situationen dient die Wut für den Betreffenden als ein seit langem bewährtes Mittel, sich wieder als Herr der Lage zu fühlen. Indem er sich aufplustert, anderen damit angst macht und sie verkleinert, dreht er in einem Moment, in dem er sich sehr ohnmächtig fühlt, den Spieß um. Die Angst des Wütenden vor Schwäche, vor Unterlegenheit und vor der Möglichkeit, in den Augen anderer als Objekt dazustehen, ist so groß, daß er fast jede Hingabesituation, von anderen Menschen als Quelle des Glücks empfunden, durch Wutausbrüche zerstört.

Die Frage, welche Erziehungseinflüsse das Entstehen eines wütenden Charakters begünstigen, beantwortet Adler mit dem Hinweis auf die Verzärtelung und die Verwöhnung als Hauptquellen späterer Aggressionen. Charakteristisch für verwöhnende Erziehung ist die Tatsache, daß die Mutter häufig selbst liebeshungrig ist und in der Beziehung zum Kind ihre übertriebenen Liebeswünsche auslebt: sie versucht das Kind in eine allzu große Abhängigkeit zu zwingen, um sich so selbst zu bestätigen. Ein Kind wächst dann wie ›in Watte gepackt‹ auf und fühlt sich später angesichts der weniger liebevollen Realität ständig frustriert und enttäuscht.

Auch eine sehr harte Erziehung kann nach Adler zu der Bereitschaft führen, mit Wut gegen die äußeren Lebensumstände anzukämpfen. Eine autoritäre Erziehung vermag zwar den Eigenwillen des Kindes sehr bald zu brechen; dieses paßt sich jedoch nur scheinbar an, während sich sein Gemüt durch das Ausbrüten sadomasochistischer Phantasien verdüstert. Im Laufe von unzähligen Demütigungssituationen beginnt das Kind, auf Rache zu sinnen. Damit wird der Grundstock gelegt für die Entwicklung zum autoritären Charakter, der Autoritäten gegenüber sich zwar häufig fügt, seine Wut jedoch bei Schwächeren oder Untergebenen auslebt.

Adler legt besonderes Gewicht auf den Mechanismus der Identifizierung, der bei der Charakterbildung eine entscheidende Rolle spielt. So kann es geschehen, daß Kinder einen Elternteil wegen seines durch die Wut bestimmten Charakters bewundern, da sie Wut mit Stärke und Ansehen gleichsetzen. Gerade wenn sich ein Kind besonders minderwertig fühlt, greift es zu dem vorgelebten Aggressionsverhalten, um seine Unzulänglichkeit zu überdecken.

Nach Auffassung des Adler-Schülers Fritz Künkel neigt der

›Startyp‹ sehr leicht dazu, mit Wut zu reagieren. Er möchte immerzu im Mittelpunkt stehen und erwartet, daß ihm Hindernisse und Schwierigkeiten abgenommen werden. Wenn dies nicht geschieht, wenn andere etwas anderes wollen als er selbst, oder wenn er ein Ziel nicht ganz besonders schnell erreicht, bietet sich ihm die Wut als ein naheliegendes Mittel an, um mit der Widerständigkeit der Realität fertig zu werden. Die Grundstimmung eines solchen Menschen besteht in Ungeduld und Anspannung.

Karen Horney sieht in der Wut eine Zerrform der Bewältigung neurotischer Grundangst. Wut als vorherrschende Stimmung läßt sich ihrer Meinung nach besonders bei den ›narzißtischen‹ und den ›arrogant-rachsüchtigen‹ Typen beobachten, die beide eine ›expansive Lösung‹ wählten, um ihr psychisches Überleben zu sichern, die also aus ihrer Angst heraus die Konfrontation mit ihren Mitmenschen suchen.

Die Aufmerksamkeit des narzißtischen Typs ist ständig auf das eigene Ideal-Ich gerichtet. Er will nicht nur groß sein, sondern auch von den anderen dafür gehalten werden. Deshalb ist er abhängig davon, daß seine Mitmenschen ihn ununterbrochen bewundern und ihm bestätigen, wie großartig er ist. Dabei spürt er durchaus Angst vor der Macht, die andere deshalb über ihn gewinnen; sein Bedürfnis nach Unabhängigkeit wird nicht befriedigt. Die Wut des Narzißten, die dann ausbricht, wenn er durch Mißerfolge oder Kritik mit seinem realen Selbst konfrontiert wird, interpretiert Horney einerseits als Ausdruck von Selbsthaß – das schwache, verachtete Ich soll zerstört werden –, andererseits als Versuch, sich in ein Machtgefühl hineinzusteigern und sich auf diese Weise dem idealen Selbst wieder zu nähern. Solche Menschen empfinden ihr Verhalten oft mehr oder minder bewußt selbst als Heuchelei und leiden dann unter nagenden Selbstzweifeln. Sie leiden unter ständiger Angst, die Diskrepanz zwischen ihrem realen und ihrem idealen Selbst könne entdeckt werden und sind erfüllt von Anspannung und Scham.

Wie am ›narzißtischen‹ Typ läßt sich auch am ›arrogant-rachsüchtigen‹ ein ausgeprägt anspruchsvolles Verhalten beobachten. Er meint immer, besondere Behandlung verdient zu haben. Horney deutet das folgendermaßen:

Bei genauerem Hinsehen erweisen sich seine Ansprüche jedoch als Forderungen auf Wiedergutmachung für erlittenes Unrecht. Um diese

Basis seiner Ansprüche zu festigen, muß er natürlich erlittenes Unrecht hegen und lebendig halten, sei es uralt oder neu.[3]

Harry Stack Sullivan, der sich eingehend mit sehr frühen psychischen Schäden befaßt hat, beschreibt ausführlich, wie sich die Bereitschaft zu Wutreaktionen schon in der frühen Mutter-Kind-Beziehung entwickelt, wenn diese unharmonisch und unbefriedigend verläuft. Sullivan sieht in der Wut eine archaische Reaktion auf tiefe Verunsicherung und Angst. Angst, Nervosität und Reizbarkeit der Mutter wirken sich auf das Kind aus, das auf Grund seiner Empathie ihre Affekte unmittelbar wahrnimmt, selbst wenn die Mutter sie vor dem Kind zu verbergen sucht. Das Kind entwickelt daraufhin seinerseits starke Angst, die es durch eigene Abwehr- oder Angriffshaltungen übertönen möchte. Die feindseligen, aggressiven Reaktionen des Säuglings – Sullivan bezeichnet einen sich blau schreienden Säugling als den Inbegriff der Wutäußerung – provozieren wiederum Feindseligkeiten bei der Mutter, die sich in ihrer Zuneigung und ihrem mütterlichen Stolz verletzt fühlt und das Kind ablehnt, weil es ihren Wunschvorstellungen nicht entspricht, wodurch sie neue Angst und Feindseligkeit im Kind hervorruft. Es entsteht eine Affektspirale von Angst und Aggression.

Die Wut, die Sullivan als ›gesteigerte Form von Zorn‹ bezeichnet, übernimmt die Funktion eines Sicherungsapparats für das Selbst. Die Wut ist also einerseits Ausdruck eines schon defekten Selbst, andererseits eine sinnvolle Reaktion, weil sie ein schwaches, schutzloses Selbst vor feindlichen Umwelteinflüssen teilweise abzuschirmen vermag. Die Abwehr- und Schutzfunktion der Wut hat allerdings auch eine Kehrseite; denn sie beeinflußt die Umwelt im Sinne einer Verstärkung des dem Selbst entgegenkommenden Feindseligkeitspotentials.

In Heinz Kohuts Theorie der Wut vereinigen sich Elemente Adlers, Horneys und Sullivans. Auch Kohut sieht im Zentrum eines zu Wut neigenden Charakters ein schwaches Selbst. Er verwendet in diesem Zusammenhang den Begriff der ›narzißtischen Wut‹, die seiner Meinung nach bei einem bestimmten Menschentyp auftritt, nämlich bei der sogenannten ›narzißtisch gestörten Persönlichkeit‹.

Charakteristisch für die narzißtische Persönlichkeit ist ein schon während der frühen Mutter-Kind-Beziehung entstandener Defekt in der Selbststruktur eines Menschen. Häufige

Frustrationen, die das Kind in einer feindseligen Beziehung zur Mutter erfährt, und das Ausbleiben von Identifikationsprozessen, die das Selbst des Kindes stabilisieren, hindern es daran, ein Gefühl für seinen eigenen Wert zu entwickeln. Das unterentwickelte Selbst des späteren Erwachsenen nimmt deshalb die Realität nicht angemessen wahr und vermag die Beziehung zwischen sich und der Umwelt nicht realistisch einzuschätzen. Es bleibt ihm nur der kindliche Traum erhalten, ein ›grandioses Selbst‹ zu besitzen, allmächtigen Einfluß auf die nahestehenden Bezugspersonen zu nehmen und mit denjenigen von ihnen zu verschmelzen, die von ihm idealisiert werden. Denn er hat die Erfahrungen, die zu einer realistischen Selbsteinschätzung führen – Kohut bezeichnet diese als ›transmutierende Internalisation‹, d.h. die Verinnerlichung der ›guten‹ Mutter als Grundlage für den Aufbau des Selbst – nur in unzureichendem Maße gesammelt.

Ähnlich wie Adler und Horney beschreibt Kohut bestimmte Situationen, die narzißtische Wut auslösen. Ein narzißtisch gestörter Mensch wird immer dann mit ziel- und grenzenloser Wut reagieren, wenn seine um die eigene Großartigkeit kreisende Phantasie von der Realität gestört wird oder wenn er spürt, daß seine ›idealisierten Selbstobjekte‹, d.h. die überhöhten Vorstellungen von einem oder von beiden Elternteilen, in Frage gestellt werden, oder wenn er keine Kontrolle über diese ›Selbstobjekte‹ ausüben kann. In diesem Zusammenhang deutet Kohut die Wut als Reaktion auf ein intensives Schamgefühl. Wut und Scham sind seiner Meinung nach zwei unterschiedliche Äußerungsformen ein und derselben Persönlichkeitsstruktur.

Sehr plastisch stellt Kohut den Zustand und die Dynamik der Wut dar. So wird in der Wut das Gegenüber nicht als eigenständige Person gesehen, sondern es verschwimmt mit dem eigenen gekränkten Selbst. Wut zielt auf die Auslöschung des anderen in seiner Eigenständigkeit und ist deshalb nahezu grenzenlos. Die ›gesunde Aggression‹ jedoch, die dem oben definierten Begriff des Zorns ungefähr entspricht, hört dann auf zu existieren, wenn sie ihr Ziel für erreicht hält.

Ein narzißtischer Mensch betrachtet sein Gegenüber als eine Art ›Störung‹ in einer Welt, die er ausschließlich in seiner narzißtisch-ichhaften Art und Weise wahrnimmt. Schon die bloße Andersartigkeit oder auch die Unabhängigkeit eines

Menschen, der zudem noch das Ich des Narzißten eventuell anders beurteilt, als dieser es sich wünscht, stört das eigene Weltbild und wird zur Bedrohung. Die Kränkungen, die zu den heftigen Wutreaktionen führen, sind oft nicht einmal real vorgekommen, sie sind reine Phantasieprodukte. Deshalb kann ein Außenstehender oft nicht mehr nachvollziehen, wie es zu dem Wutausbruch kam.

Aus dem kurzen Überblick über die verschiedenen tiefenpsychologischen Theorien zur Charakterologie der Wut geht hervor (darin sind sich die erwähnten Autoren einig), daß der zu Wut neigende Charakter in seiner Kindheit keine Möglichkeiten hatte, ein starkes Ich aufzubauen. Auch im Erwachsenenalter erkennt er nur selten, wie er aus eigenem Antrieb und mit Hilfe der anderen sein Ich stabilisieren könnte. Mit ihren Beiträgen zum Verständnis eines wütenden Charakters haben die erwähnten Autoren die tiefenpsychologische Begründung für ein Verhalten geliefert, das im vorhergehenden Abschnitt über die Phänomenologie der Wut als unmittelbarer Gesamteindruck von einer wütenden Persönlichkeit beschrieben wurde. Wenn man versucht, die Erscheinungsform der Wut vereinfacht darzustellen, kann man behaupten, daß sie in den meisten Fällen als ein sofort in die Augen springender und als ein deutlich spürbarer Affekt in Erscheinung tritt. Daß jedoch Wut auch Äußerungsformen animmt, die ihre Wirkungen im verborgenen entfalten und die auf den ersten Blick nicht wahrgenommen werden können, versucht der folgende Abschnitt über die durch Wut hervorgerufenen psychosomatischen Erkrankungen nachzuweisen.

Wut und Psychosomatik

Wut spielt bei der Entstehung von psychosomatischen Symptomen und bei Depressionen eine entscheidende Rolle. Der Affekt äußert sich hier nur indirekt und wendet sich zunächst gegen die eigene Person. Er trifft die Mitmenschen lediglich auf dem Umweg der Selbstschädigung des Wütenden, die jedoch häufig durchaus provokatorischen Charakter hat.

Zum entwicklungsgeschichtlichen Hintergrund der Entstehung verborgener Wut lassen sich bei Sullivan wichtige Hinweise finden. Seiner Auffassung nach haben die an Wut psychosomatisch Erkrankten in ihrer Kindheit Aggressionen zwar offen gezeigt, sind aber mit diesen Äußerungen auf massiven Widerstand von seiten der Umwelt gestoßen. So lehnen manche Eltern ein Kind ab, sobald es Wut zeigt, strafen es und verbieten damit von vornherein jede Wutäußerung. Bald koppelt sich dann im Kind die Wut mit der Angst vor der Wut. Es beginnt, seine Affekte aus Angst vor der elterlichen Ablehnung zu unterdrücken und zu verdrängen und sinnt unwillkürlich auf andere Formen der Aggressionsverarbeitung und Wutäußerung.

Oft entwickelt sich gleichzeitig mit der Verdrängung von Wut auch eine Hemmung der ›gesunden Aggression‹, die psychische Voraussetzungen für Selbstbehauptung und Expansion bietet. So kommt es, daß der vernünftige Umgang mit Wut und mit Aggression nicht erlernt wird. Neben der Angst vor der Wut des Gegenübers, der man nichts entgegenzusetzen vermag, bleibt eine untergründige Angst bestehen, man könne von den eigenen, unberechenbaren Wutgefühlen völlig überschwemmt werden. Die daraus sich entwickelnden, verborgenen Formen der Wut enthalten zwei Aspekte, die im Zusammenhang mit den hier ausgeführten Überlegungen von besonderer Bedeutung sind.

Zum einen schädigt die Wut in Form von psychosomatischen Symptomen und Depressionen die eigene Person, da diese unter ihnen immer intensiv leidet. Freud beschreibt am Beispiel der Depression sehr anschaulich, wie sich ein Melancholiker vor Selbsthaß geradezu ›zerfrißt‹, indem das unerbittlich harte Über-Ich sich gegen das schwache Ich wendet und dessen Handlungsfähigkeit vermindert. Ebenso beinhaltet jedes psychosomatische Symptom eine Selbstaggression. Man denke nur an das Magengeschwür, bei dem der Magen sich selbst verdaut, oder auch an Anfallsleiden, die schon in ihrem Erscheinungsbild Angriffen auf sich selbst gleichen. Ganz extrem kommt die Selbstaggression beim ›status asthmaticus‹ zum Ausdruck, der sehr häufig zum Tod, also zur totalen Selbstzerstörung, führen kann.

Die andere Seite der unauffälligen Arten der Wutverarbeitung besteht jedoch darin, daß sie einem Menschen oft einen gewissen Schonraum oder auch einen Ersatz für den Sinn des Lebens einzubringen vermögen, was Adler als den ›Krankheitsgewinn‹ bezeichnet und unter dem finalen Aspekt interpretiert. Ein

Kind zum Beispiel, das unter Kopfschmerzen leidet, wird meist von der Mutter gepflegt und mit liebevoller Zuwendung belohnt, statt, wie es bei der offenen Wut der Fall ist, auf Ablehnung zu stoßen. Auch durch eine Depression kann ein Wütender indirekt sein Ziel erreichen: er erhält einerseits eine Sonderbehandlung und man nimmt ihm Aufgaben ab, deren Bewältigung er sich nicht zutraut. Andererseits verdirbt er seinen Bezugspersonen die gute Stimmung und Lebensfreude. Dies kann eine fast schlimmere Strafe sein als die offen geäußerte Wut, was im Sinne von Nietzsche verstanden werden soll, der einmal geschrieben hat, daß ›Klagen immer auch Anklagen sind‹.

In diesem Zusammenhang muß auch der Gedanke von Arthur Jores erwähnt werden, der alle psychosomatischen Symptome und auch die Depression als Ersatz für nicht gelebtes Leben oder für mangelnde Liebesfähigkeit versteht. Oft brechen psychosomatische Symptome dann aus, wenn ein Mensch zu lieben aufhört, was z.B. nach einer zu Ende gegangenen Partnerschaft der Fall ist. In solchen Situationen verleihen die Symptome den Wut- und Enttäuschungsgefühlen über die fehlende Zuwendung oder die verlorengegangene Liebe beredten Ausdruck.

Im Zentrum vieler Theorien psychosomatischer Erkrankungen steht der Gedanke von der Aggressionshemmung als Hauptursache des körperlichen Leidens. Wie oben erwähnt, gehen Aggressionshemmung und verborgene Wut meist Hand in Hand.

Franz Alexander, ein Pionier der Psychosomatik, teilt die psychosomatischen Erkrankungen in zwei verschiedene Kategorien ein. Seiner Ansicht nach kann die erste Kategorie der Symptome – hierzu zählen Hypertonie, Herzneurose, Migräne und Hauterkrankungen – als Hemmung des Angriffs- oder Fluchtverhaltens interpretiert werden. Der Körper gerät in Aufruhr, ohne tatsächlich handlungsfähig zu sein. Alexander beschreibt diesen Vorgang unter physiologischem Aspekt: der Körper ist durch die Aktivierung des sympathischen Nervensystems auf Kampf eingestellt, es besteht jedoch eine psychische Hemmung, den vorbereiteten Angriff in die Tat umzusetzen. Die bereitgestellte Energie bleibt im Körper stecken und stört den Ablauf der vegetativen Funktionen. Die daraus resultierenden, fehlgesteuerten Körperreaktionen bleiben Schein- oder

Ersatzhandlungen; denn der echte Handlungsimpuls ist im Ansatz blockiert.

Die zweite Gruppe der Symptome, die nach Alexander Magengeschwüre, Darmerkrankungen, Asthma und Eßstörungen umfaßt, gehen auf die unzweckmäßige Überaktivierung des parasympathischen Nervensystems zurück und gründen hauptsächlich auf unerfüllten, oft maßlosen Liebes- und Verwöhnungswünschen. Hinter diesen Symptomen steht ebenfalls heftige, unbewußte Wut, die aus Enttäuschungen wegen unbefriedigter Geborgenheitswünsche resultiert.

Siegfried Elhard bezeichnet die in psychosomatischen Symptomen enthaltene Wut als ›defensive Aggression‹. Erkrankungen wie z.B. Erbrechen, Ulcus, psychogene Harnsperre, Hypertonie oder Diabetes mellitus entstehen stellvertretend für eine fehlende Selbstbehauptung. Sie dienen der Verteidigung und sind in diesem Sinne für den Erkrankten nützlich. Der Körper teilt durch seine Funktionsstörung die Botschaft mit, daß der Kranke sich zuviel vorgenommen hat oder von anderen Menschen zu stark in Anspruch genommen worden ist. Die Krankheit schafft dann eine Rückzugsmöglichkeit, einen Schonraum, was dem Patienten die Chance gibt, über sich nachzudenken. Dieter Beck bezeichnet deshalb die psychosomatische Erkrankung auch als Selbstheilungsversuch.

Psychosomatische Symptome deuten nicht nur darauf hin, daß Wut nicht mehr mitgeteilt werden kann, sondern daß sie nicht einmal mehr dem Erleben des Betreffenden zugänglich ist. Das körperliche Symptom tritt als Ersatz für Sprache und Empfindung in Erscheinung. Es muß als Verhaltenshieroglyphe vom Therapeuten entziffert werden. Wenn dies gelingt, kann dem Kranken zu wichtigen Einsichten in Ursachen seiner Werdenshemmungen verholfen werden.

Medard Boss nimmt an, daß den psychosomatischen Symptomen, den Depressionen und der offenen Wut eine enorme Gestaltfeindlichkeit gemein ist. Wie ein ewig Trauernder oder ein durch körperliche Symptome geplagter Mensch macht auch ein Wütender einen verkrampften, entstellten und häßlichen Eindruck.

Es wird also deutlich, daß eine Verdrängung, Unterdrückung oder Nach-Innen-Wendung der Wut ebenso ungesund und pathologisch ist wie die zuvor beschriebene offene Wut.

Psychosomatische Symptome dürfen aber nicht nur als Folgeerscheinungen der Unterdrückung von offener Wut gedeutet werden, sondern sie lassen sich auch als Ergebnis der Unfähigkeit, soziale Ungerechtigkeit und inhumane Lebensbedingungen im Beruf und in der Familie mit berechtigtem Zorn zu beantworten, interpretieren. Diese Unfähigkeit, Gefühle des Zorns zu äußern, und die daraus resultierende Neigung zu offener und versteckter Wut treten innerhalb unserer Gesellschaft in einer solchen Häufigkeit auf, daß sie als ein Problemkomplex der Massenpsychologie betrachtet und untersucht werden müssen.

Zur Massenpsychologie von Wut und Zorn

Wut und Zorn sind besonders wegen ihres offensiven, lauten, nahezu brachialen Grundzugs und wegen ihres Ansteckungscharakters, der hauptsächlich bei größeren Menschenansammlungen zur Geltung kommt, von beachtenswerter gesellschaftlicher Tragweite. Die Wirkung, die von diesen Affektäußerungen in einer Masse ausgeht, kann im positiven Fall zu kraftvoller Durchsetzung bestimmter Interessen führen, im negativen Fall aber gefährliche Ausmaße annehmen und sich in Kriegen oder blinder Destruktivität entladen. Deshalb muß auch im Bereich der Massenpsychologie die Wut vom Zorn abgegrenzt werden, wobei dem Zorn eine für alle Beteiligten befreiende Wirkung zukommt.
Die Frage, ob ein Massenaufstand als zornig-berechtigtes oder als nur ohnmächtig-kurzlebiges, blindes Aufbegehren zu beurteilen ist, kann nur im Einzelfall entschieden werden. Ernst Bloch geht davon aus, daß auf tausend Kriege nur ein einziger wirklicher Revolutionskrieg kommt, der vor allem an dem ›aufrechten Gang‹ der am Aufstand Beteiligten zu erkennen ist. Der ›aufrechte Gang‹ ist eine Gefühlshaltung, die emotionale Voraussetzungen für die Äußerungen von Zorn herstellt.
Eines von mehreren Kriterien für die Entscheidung, ob es sich bei einem Massenaffekt um eine Wut- oder Zornesäußerung handelt, besteht in der Frage, ob die Ziele eines Aufstands human, freiheitlich und aufklärerisch sind und ob ein Aufstand durch die Art und Weise, wie er organisiert wird, diese Ziele verkörpern kann. Ein weiteres Kriterium ist die Dauer der Bemühungen um die überpersönlichen Ziele der Gerechtigkeit,

Freiheit und Humanität. Massenzorn muß also einhergehen mit dem Festhalten an zentralen ethischen Werten und einer von möglichst vielen Menschen getragenen Erarbeitung von psychologischem und soziologischem Wissen.

In einer Masse kann es sehr leicht geschehen, daß Affekte wie Zorn und Empörung ihre Gebundenheit an ethische Werte verlieren und sich zu Affektregungen verselbständigen, die weitgehend frei von gedanklichen Inhalten sind. Oft lassen sich Menschen blindlings von Zornaffekten anstecken, sie sind, ohne die wirklichen Gründe zu kennen, empört, verschaffen sich durch die Beteiligung am Massenaufruhr ein Ventil für angestaute Emotionen und fühlen sich wohl dabei, sich vom Strom der Menge treiben zu lassen. Nach Gustave Le Bon neigt eine Masse dazu, von einem rationalen in einen affektiven und triebgebundenen Zustand abzugleiten. Freud vertritt die Ansicht, daß der einzelne innerhalb der Masse »unter der Vorherrschaft des Es steht«, und sich damit nahezu ganz dem Lustprinzip hingibt, während ein einzelner außerhalb der Masse sich eher nach dem Realitätsprinzip ausrichtet.

Diese von Freud vorgenommene Differenzierung ist vielleicht auch der Grund dafür, daß Charaktere, die Geschichte gemacht haben, meist einzeln auftreten. Sie empören sich über die allgemein verbreitete Verletzung ethischer Normen und versuchen, mit Hilfe einer intensiven, aufklärerischen Beeinflussung der Masse deren moralisches Niveau anzuheben. So schleuderte Moses zornentbrannt die beiden Gesetzestafeln zu Boden und machte damit sein Volk, das dem ›richtigen‹ Glauben untreu geworden war, nachdrücklich auf dessen Vergehen aufmerksam.

Ein Beispiel für eine zornige Haltung gegenüber den Unwerten der Autoritätshörigkeit, der Staatsvergötzung und der rassistischen Vorurteile aus unserer Zeit ist der französische Romanschriftsteller Emile Zola. Moralischer Zorn trieb ihn 1898 dazu, in Zeitungsartikeln und Flugschriften für die Wiederaufnahme des Gerichtsverfahrens gegen den Hauptmann Dreyfus zu kämpfen, der jüdischer Herkunft war und wegen angeblicher Spionage zu lebenslanger Haft in einer Strafkolonie verurteilt wurde. Das Ergebnis von Zolas Bemühungen bestand darin, daß ihm seinerseits der Prozeß gemacht wurde, in dessen Verlauf er die Wut des Pöbels in vollem Ausmaß zu spüren bekam. Es gab eine lautstarke Feindseligkeit der wartenden Menge bei seiner Ankunft vor dem Justizpalast... Sobald sein Wagen gesichtet wurde, ging ein Aufschrei durch die Menge: »Nieder mit Zola! Nieder mit den Juden.«[4]

Der von Zola durchgefochtene Kampf um die Verteidigung eines Unschuldigen hebt den Unterschied zwischen dem Zorn eines einzelnen und der eher blinden Wut der Volksmenge besonders deutlich hervor. Der Zorn äußert sich in einem ganz auf sich selbst gestellten Individuum, das ethische Werte im Auge behält, für die es schon vorher gekämpft hatte. Die Masse jedoch läßt sich zu dem undifferenzierten und primitiven Affekt der Wut hinreißen, der auf viele deshalb eine so starke Anziehungskraft ausübt, weil er oft ohne jede gedankliche Auseinandersetzung mit dem Gegenstand der Aggression hervorbricht.

Von besonderem psychologischem Interesse sind im Zusammenhang mit der Wut der Masse die Phänomene des Vorurteils und der Ansteckung, die vor allem auf den psychischen Mechanismen der Projektion, der Identifizierung und der Regression beruhen.

In Vorurteilen gegen Frauen, Ausländer, Andersgläubige oder Randgruppen ist die Wut für einen psychologisch nicht geschulten Menschen auf den ersten Blick kaum zu erkennen. Die Wut- und Haßgefühle, die immer den Kern eines Vorurteils bilden, äußern sich zunächst nur still in Omnipotenzgefühlen und Abwertungsphantasien oder auch einfach in Berührungsängsten. Die aggressive Komponente dieser Vorurteile fällt auch deshalb nicht so stark auf, weil sie weit verbreitet sind, häufig sogar von den Medien und der sogenannten öffentlichen Meinung unterstützt werden, so daß sie oft als gesellschaftlich legitimierte Formen der Wutäußerung bezeichnet werden können. Dennoch haben diese scheinbar stillen Vorurteile verheerende Konsequenzen: sie führen dazu, daß Menschen blind und unüberlegt Sadismus und Gewalt gegenüber Schwächeren unterstützen; denn unmenschliches, Vorurteilen verhaftetes Denken zieht immer auch entsprechendes Handeln nach sich.

Das Vorurteil bietet für Menschen, die sich ohnmächtig und einsam fühlen, ein Ventil, das ihnen gestattet, ihre Enttäuschung und Wut durch die Abwertung von gesellschaftlichen Randgruppen auszuleben, wobei verdrängte Aggressionen auf diese Gruppen projiziert werden. So fühlt man sich einerseits von ihnen bedroht, andererseits verachtet man sie. Diese doppelte negative Reaktion bleibt den Betroffenen natürlich nicht verborgen, sie antworten ihrerseits mit Wut, und so entsteht eine Wut- und Angstspirale: alle Beteiligten steigern sich in immer stärkere Feindseligkeit hinein.

Das Phänomen der Ansteckung von Wut innerhalb einer Masse führt Freud auf die Verlockungen der Regression zurück. Als psychische Grundlage dieses Mechanismus nimmt Freud die Identifizierung der Massenmitglieder untereinander an. Indem sich jeder einzelne mit den anderen Massenmitgliedern identifiziert, erfahren die Inhalte seines Über-Ichs eine gewisse Wandlung. Die strenge Zensur, die den einzelnen davon abhält, sich primitiven Triebregungen zu überlassen, wird innerhalb der Masse gelockert, manchmal sogar ausgeschaltet. Plötzlich glaubt sich jeder berechtigt, Kontrollen und Abwehrmechanismen fallen zu lassen und das zu tun, was auch die anderen tun; denn die Verantwortung für ungezügeltes Verhalten muß nicht mehr vom Individuum allein getragen werden.

Rollo May schildert in seinem Buch ›*Quellen der Gewalt*‹ den Fall einer jungen, masochistischen Frau, die in allen Lebensbereichen die größte Mühe hat, ihre Interessen zu vertreten, bei der also aus Angst vor Liebesverlust eine starke Hemmung an konstruktiver Selbstbehauptung vorliegt. Diese Frau kann nur, wenn sie an Massendemonstrationen teilnimmt, ihre angestaute Wut ungezügelt ausleben. Sie weiß dabei oft nicht einmal genau, welche Ziele die Demonstranten, denen sie sich anschließt, vertreten, schlägt jedoch voller Inbrunst und Wutempfindungen während der Demonstrationen um sich. Diese Frau ist ein Beispiel dafür, wie eine von Wut aufgewühlte Masse dem aggressionsgehemmten einzelnen Menschen Erleichterung verschafft, indem sie seine Eigenverantwortung und seine inneren Kontrollen nahezu aufhebt. Es wird auch deutlich, daß es sich in diesem Fall nicht um sachbezogene Empörung handelt; denn die junge Frau informiert sich nicht einmal über die Kampfziele der jeweiligen Demonstration. Das Mitlaufen in der Masse bietet hauptsächlich die Möglichkeit für ichbezogene Affektentladungen.

In einer von Wut aufgepeitschten Masse vollziehen sich psychische Dynamismen, die nach ganz bestimmten, feststehenden Gesetzen ablaufen und deren Wirkungsweise unmittelbar kaum verändert werden kann. Eine langfristige Beeinflussung wütender Massen besteht einzig und allein in der Möglichkeit, die auch Rollo May in seinem eben erwähnten Fallbeispiel angedeutet hat, nämlich in psychotherapeutischen Gesprächen, in denen die emotionalen Hintergründe für die Bereitschaft der Analysanden zur Wut bewußt gemacht und verschiedene Entwicklungsschritte nach und nach aufgezeigt werden, deren Verwirklichung die Wut als überflüssig erscheinen läßt. Diese Möglichkeit wird sicher von vielen als uneffektiv und wirklichkeitsfremd beurteilt. Ihr Vorteil liegt jedoch darin, daß nicht nur in ferner Zukunft auf Grund der wachsenden Zahl denkender Individuen weniger Massenreaktionen sich ereignen, sondern daß schon in der Gegenwart einzelne Menschen durch psychotherapeutische Gespräche eine Befreiung von den scheinbar zwingenden Mechanismen der Wut erfahren.

Wut und Zorn in der Psychotherapie

Im Zusammenhang mit dem Thema Wut und Zorn in der Therapie sind die folgenden beiden Fragestellungen von besonderem Interesse:
1. Welche Bedeutung hat die Wut in einer psychotherapeutischen Situation?
2. Wie können derartige Affekte mit Hilfe einer Psychotherapie abgebaut werden?
Zu Frage 1: Die Wutgefühle, die ein Analysand in einer bestimmten Phase des Therapieverlaufs verspürt, deuten meist darauf hin, daß der betreffende Analysand sich in einer kritischen Therapiesituation befindet, die entweder durch innerpsychische Konflikte oder durch Probleme in der Beziehung zum Therapeuten entstanden ist. Die Wut kann, wenn sie ausagiert wird, den therapeutischen Prozeß massiv stören, sie kann zu Stagnation in der persönlichen Entwicklung oder sogar zum Abbruch einer psychotherapeutischen Behandlung führen. Sie kann aber auch, wenn der Therapeut mit ihr umzugehen weiß und ihre Bedeutung versteht, zu einem wichtigen Schlüssel für die Selbsterkenntnis des Analysanden werden.
Freud erörtert die in der Theapie aufkommende Wut im Zusammenhang mit seinen Ausführungen über den Widerstand. Der Widerstand äußert sich häufig in einer Wut, die entweder diffus empfunden wird oder sich gegen den Therapeuten rich-

tet. Freud bezeichnet die auf den Therapeuten gerichtete Wut auch als eine von mehreren möglichen Formen der negativen Übertragung. Sie läßt sich nach Freuds Ansicht aus der Tatsache erklären, daß der Analysand in bestimmten Stadien seiner Therapie eine große Scheu entwickelt, wichtiges, verdrängtes Seelenmaterial mitzuteilen und gemeinsam mit dem Therapeuten zu reflektieren. In diesem Falle tritt eine Entwicklungshemmung auf, die darin ihren Ausdruck findet, daß der Analysand die beruflichen Fähigkeiten des Therapeuten in Frage stellt, anstatt sich um die Aufdeckung und Bewältigung seiner eigenen Probleme zu kümmern.

Eine zentrale Stellung in den Ausführungen Freuds über den Widerstand nimmt auch der Gedanke ein, daß die im Verlauf der Therapie entstehenden Wutgefühle des Analysanden der Realität oft nur wenig entsprechen, sondern eine ›Neuauflage‹ von den in der Kindheit erlebten Wutgefühlen darstellen, die der Analysand seinen Eltern gegenüber empfunden hatte und verdrängen mußte.

Erst wenn es dem Therapeuten gelungen ist, dem Analysanden die Wut als eine Form des Widerstands begreiflich zu machen, verliert sie an Heftigkeit und schwindet allmählich ganz. Dann wird es möglich sein, daß der Analysand seine eigene Entwicklung neu betrachtet, indem er sich sein verdrängtes Seelenmaterial bewußt macht, auf den Kampf mit dem Therapeuten verzichtet und die dadurch frei gewordene Energie auf das Wesentliche, nämlich auf die eigene Persönlichkeitsentfaltung hinlenkt.

Der Therapeut soll sich nach Freud so weit wie möglich aus den in der Therapie aufbrechenden Emotionen heraushalten, d.h., er darf die Wut des Analysanden nicht auf sich beziehen. Dieser wird nur dann, wenn die gewünschte oder gewohnte Reaktion auf die eigenen Wutäußerungen nicht erfolgt, auf sich selbst zurückverwiesen, um so zu erkennen, warum er wütend geworden ist.

Wenn man wie Horney und andere Neopsychoanalytiker die Beziehung zwischen Therapeut und Patient als lebendiges zwischenmenschliches Geschehen betrachtet, gewinnt der Begriff der Übertragung eine andere Bedeutung als bei Freud. Ein Narzißt wird, seinem vertrauten Beziehungsmuster entsprechend, um jeden Preis dem Therapeuten gefallen und von ihm bewundert werden wollen. Er reagiert mit Wut, wenn er sich der Anerkennung nicht mehr sicher ist oder wenn er spürt, daß Leistungen von ihm verlangt werden, welche die Größenvorstellungen von seinem Ich in Frage stellen. Ein arrogant-rachsüchtiger Typ wird das unbewußte Ziel verfolgen, seinen Therapeuten zu übertrumpfen, nicht aber seinen Charakter zu verändern. Möglicherweise wird seine Wut zum Ausbruch kommen, wenn er spürt, daß der Therapeut nicht bereit ist, sich mit ihm auf einen Machtkampf einzulassen.

Bekanntlich setzt ein Analysand alles daran, den Therapeuten von der Richtigkeit seines eigenen Weltbildes zu überzeugen. Ein Wütender wird seine Erlebniswelt dem Therapeuten so schildern, daß Kampf und Wut als notwendige Verteidigungsmaßnahmen betrachtet werden müssen. Die Darstellung von demütigenden Situationen, von Gefahren und von ungerechter Behandlung wird großen Raum in seinen Ausführungen einnehmen. An Mimik und Gestik, wie z.B. einem finsteren und verschlossenen Gesicht, einer verkrampften Haltung oder an sichtbaren nervösen Spannungen kann man erkennen, wie er sich fühlt. Mit jeder Faser seines Körpers möchte er dem Therapeuten zu verstehen geben: ich kann mich nicht entspannen, die Welt ist doch nur gegen mich!

Wenn es dem Therapeuten gelingt, die scheinbar stichhaltigen Argumente des Analysanden zu durchschauen, zu erkennen, daß er die eigene Weltsicht als objektiven Sachverhalt darzustellen versucht, hat er nach Ansicht von Horney eine zentrale therapeutische Aufgabe gelöst. Horney geht sehr viel differenzierter als Freud auf das Phänomen der Gegenübertragung ein. Sie beschäftigt sich mit der Frage, welche Gefühle die Wut des Analysanden im Therapeuten auslöst. Es kann leicht geschehen, daß der Therapeut sich eingeschüchtert fühlt. Oder er entwickelt dem Analysanden gegenüber Gefühle der Ablehnung, was eine produktive analytische Arbeit unmöglich macht. Horney empfiehlt deshalb dem Therapeuten:

> Hingegen wird er das notwendige, mitfühlende und respektvolle Verständnis aufbringen, wenn er erkennt, daß auch dieser Patient, trotz seiner gegenteiligen Behauptungen, ein leidender und ringender Mensch ist.[5]

Diese Empfehlung kann ein Therapeut nur dann befolgen, wenn er sich selbst und seine Gefühlsreaktionen gut kennt und sich aus innerer Stabilität und Selbständigkeit von den Affektäußerungen des Analysanden zu distanzieren vermag. Ist ein Therapeut durch eigene Charakter- und Lehranalyse in der Wahrnehmung eines umfangreichen Gefühlsspektrums geschult, beherrscht er auch die Fähigkeit, den psychischen Hintergrund eines Affekts an den in ihm selbst aufkommenden Gefühlen sehr differenziert abzulesen. Durch Deutung und Verbalisierung seiner Gefühle wird er dem Patienten zu Selbsterkenntnis verhelfen können. Wut wird in dem Maße im Analysanden zurückgehen, wie der Therapeut sich als Gegenüber in die verengte Weltsicht des Analysanden einzuschalten vermag. Dies wird nur auf der Grundlage von gegenseitiger Sympathie gelingen können.

Ein unbewußtes Ziel der Wut des Analysanden besteht auch darin, Distanz in der Beziehung zum Therapeuten herzustellen und aufrechtzuerhalten, da er eine fast panische Angst vor Nähe und Hingabe hat. Mit seiner Wut stößt der Analysand den Therapeuten von sich weg und macht sich dadurch selbst wenig liebenswert, um zu verhindern, daß im Gegenüber Sympathie entsteht. Auf diese Weise bestätigt er sich die eigene Feindseligkeitserwartung und das Mißtrauen.

Auch die Distanz erzeugende Wirkung der unterdrückten Wut kann ohne weiteres erkannt werden. Häufig versuchen Analysanden, ihren Groll zu verbergen, entwickeln eine große Distanz und zweifeln insgeheim an der Kompetenz des Therapeuten. Die Angst, seine Wut auch zu äußern, wird oft mit dem Argument begründet, der Analysand könne die Liebe des Therapeuten verlieren. Diese Furcht erweist sich jedoch oft nur als Vorwand. Dahinter verbirgt sich die Angst, wirklich eine Beziehung mit dem Therapeuten einzugehen und damit auch, sich verändern zu müssen. Die unterdrückte Wut bietet Anlaß für die abenteuerlichsten Projektionen, die sich ebenfalls dazu eignen, die Distanz zum Therapeuten zu festigen. Der Analysand empfindet hierbei weniger die eigene Wut, vielmehr glaubt er, der Therapeut sei wütend auf ihn oder könne ihn nicht besonders gut leiden. In diesem Fall ist ein offenes Gespräch über die lange angestauten Wutgefühle für den fruchtbaren Fortgang der Therapie von entscheidender Bedeutung.

Die von Kohut speziell für narzißtische Persönlichkeiten entwickelte Form der Analyse legt den Schwerpunkt auf das Aussprechen und ›Durcharbeiten‹ der narzißtischen Wut, die innerhalb der Übertragungsprozesse auftritt. Demnach soll im

Anschluß an jede Wutempfindung des Analysanden genau nachgeforscht werden, was diese Wut jeweils ausgelöst hat. Meist hängen die Auslösesituationen für Wut mit Verletzungen des eigenen, überhöhten Selbst oder mit der Enttäuschung darüber zusammen, daß sich der Therapeut als nicht so vollkommen erweist, wie ihn der Analysand gerne sehen möchte, um sich mit ihm identifizieren zu können. Oder sie hängen damit zusammen, daß der Analysand den Therapeuten als eine eigenständige Person erlebt, die er nicht kontrollieren kann. Das ›Durcharbeiten‹ dieser Auslösesituationen soll dem Analysanden dazu verhelfen, ein realistisches Bild von sich selbst und seiner Beziehung zur Umwelt zu entwickeln, die Größenphantasien abzubauen, Riesenansprüche und Erwartungshaltungen zu verringern, um sie in das Selbst zu integrieren und dieses damit zu stabilisieren.

So fruchtbar das ›Durcharbeiten‹ von Wutgefühlen für den eigenen Entwicklungsgang sein kann, so schädlich ist das Ausagieren der Wut, das in einigen neueren Therapieverfahren eifrig befürwortet wird. Dieses Ausagieren gibt dem Analysanden nicht die Möglichkeit zu tiefgreifender Selbsterkenntnis, sondern verschafft ihm eine nur kurzfristige Spannungsabfuhr oder sogar einen gewissen Machtrausch.

Zu Frage 2: Da die Wut ein fester Bestandteil der gesamten Charakterstruktur eines Menschen ist, kann die übermäßige Affektbereitschaft nur dann abgebaut werden, wenn eine Person sich insgesamt verändert, d.h. sich entwickelt und zu höherer Reife heranwächst. Nur wenn der Anspruch auf Überlegenheit, die Riesenerwartungen, das Mittelpunktstreben, die Empfindlichkeit, die Feindseligkeitserwartung, die Hingabeangst und andere mit der Wut verflochtene Charaktereigenschaften nach und nach schwächer werden, nimmt auch die Wutbereitschaft ab, was nur dann geschieht, wenn das Selbstwertgefühl des Wütenden zu wachsen beginnt. Denn all den genannten, trennenden Charaktereigenschaften liegt ein *mangelhaft ausgebildetes Selbst* zugrunde.

Die Icherweiterung vollzieht sich zunächst in der Beziehung zum Therapeuten, in welcher es dem Analysanden auf die Dauer möglich sein sollte, Nähe und gegenseitiges Verstehen zuzulassen, ohne Gefahren für das eigene Ich zu befürchten. Auch Identifikationsprozesse spielen eine ganz entscheidende Rolle. William James weist darauf hin, daß jeder Mensch so viel an Ichstärke besitzt, wie er andere ›Ichs‹ durch Identifikation in sich aufgenommen hat. Eine beträchtliche Vermehrung von Identifikationsmöglichkeiten wird vor allem in Gruppentherapien angeboten.

Von großer Wichtigkeit ist auch die Erkenntnis, welche Bedeutung den Affekten im Rahmen des eigenen Charakters zukommt. Wenn diese Erkenntnis praktische Folgen nach sich ziehen soll, darf sie nicht nur auf rationalen, sondern sie muß auch auf emotionalen Verständnisprozessen beruhen, die auf dem in der Beziehung zwischen dem Therapeuten und dem Analysanden allmählich entstehenden Gefühlshintergrund der Liebe und Sympathie in Gang gesetzt werden.

Ein weiterer Schritt zum Aufbau eines stabilen Ichs besteht darin, die Diskrepanz zwischen realem und idealem Ich abzubauen, eine Diskrepanz, die wir schon als charakteristisches Merkmal des Wütenden beschrieben haben. Wenn das erdrükkende Ideal-Ich reduziert wird und sich immer mehr der Realität anpaßt, muß sich das reale Ich nicht mehr minderwertig fühlen, sondern der Analysand lernt, sein Ich zu akzeptieren, wie es ist. Er wird dann wagen, Hindernissen ins Auge zu blicken und das Handeln in der Realität einzuüben. Auf Wutausbrüche als Handlungsersatz kann er dann verzichten.

Der Abbau von Wut kann also nur erreicht werden, wenn ein positives Ziel angestrebt wird, nämlich die Stabilisierung und Ausbildung eines eigenständigen Ichs. Die allmähliche Verwirklichung dieses Ziels geht einher mit dem Gefühl der Zufriedenheit über die kleinen, aber kontinuierlichen Entwicklungsschritte. Eine zufriedene Stimmung steht in direktem Gegensatz zur Wut, da der zufriedene Mensch in den meisten Lebenssituationen mit sich selbst im Einklang lebt, während ein Wütender nicht nur andere, sondern auch sich selbst gleichsam in Stücke zerreißen möchte. Es gibt jedoch Situationen, in denen einer reifenden und sich entwickelnden Persönlichkeit Verhaltensweisen abverlangt werden, die ihr kaum eine Chance lassen, ihre innere Ausgeglichenheit zu bewahren. Gerade ein ichstarker und realitätsbezogener Mensch, der sich auch durch die Fähigkeit auszeichnet, ethische Werte von Pseudowerten genau zu unterscheiden, wird angesichts von Situationen, in denen die Entwürdigung und ungerechte Behandlung einzelner widerspruchslos geduldet wird, seine innere Ausgeglichenheit aufgeben und statt dessen den Gefühlen des Zorns freien Lauf lassen, um darauf hinzuweisen, daß keine Solidarität zwischen ihm und denjenigen besteht, denen moralische Grundsätze gleichgültig sind.

Eine Psychotherapie, die über die Behandlung auffälliger Symptome hinausgeht und sich durchaus für ethische Werte engagiert, wird sich nicht darauf beschränken, die Wut eines Analysanden abzubauen. Sie wird ihn dagegen dazu ermutigen, auf der Grundlage einer differenzierten Beurteilung ethischer Werte die Bereitschaft und die Fähigkeit zu Zornesäußerungen in sich zu entwickeln. Zornesäußerungen deuten darauf hin, daß das Ich des Analysanden einen beträchtlichen Zuwachs an persönlicher Macht erfahren hat. Auf seinen Zorn reagieren die anderen oft zunächst erschrocken, dann nachdenklich. Wutgefühle verlieren ihre drohende Wirkung dagegen sehr schnell und vermögen immer weniger Menschen einzuschüchtern.

Im Gegensatz zum wütenden Menschen, der seine Affekte nicht auf eine konkrete Situation abstimmt, sondern sie wahllos und in einer eintönigen Regelmäßigkeit äußert, vermag der zornige Charakter nüchtern und realitätsgerecht die Besonderheiten der Situationen, in denen er gerade lebt, einzuschätzen und nur die Emotionen zum Ausdruck zu bringen, von denen er auf Grund seines Takts und Feingefühls weiß, daß sie in der jeweiligen Situation sinnvoll und notwendig sind. Die in einer Therapie sich vollziehende Ausbildung der Fähigkeit zu zornigen Gefühlen stimmt also völlig mit dem Grundanliegen einer richtig verstandenen Psychotherapie überein, nämlich mit dem Bemühen, dem Analysanden einen möglichst großen Gefühlsreichtum und eine umfassende Lebenskenntnis zu vermitteln, die ihn dazu befähigen, das richtige Wort im richtigen Augenblick auszusprechen, und ihm den Mut geben, im Kampf gegen Dummheit, Vorurteile und die verschiedensten Formen gesellschaftlicher Unterdrückung zeitweiliges Alleinsein zu ertragen.

Josef Rattner

Haß

Wenn man Liebe als ›Gefühl‹ bezeichnet, wird man den Haß kaum in dieselbe Kategorie seelischer Erscheinungen einordnen können. Hier passen wohl besser die Bezeichnungen ›Affekt‹ und ›Leidenschaft‹. In einem ›*Wörterbuch der Psychologie*‹ heißt es dazu:

Affekt, Wallung, heftige Gemütsbewegung; ein Erregungszustand, der zu gesteigertem Antrieb führen, aber Einsicht und Kritik ausschalten und die Herrschaft des Menschen über sich selbst beeinträchtigen kann. Inhalt und Grade der Affekterlebnisse sind überaus mannigfaltig... Von den Leidenschaften unterscheiden sich die Affekte durch die geringere Dauer; Leidenschaften schließen eine gewisse Affektbereitschaft ein.[1]

Da es viele Affekte und Leidenschaften gibt, muß man noch weiter spezifizieren: Haß ist ein *exquisites Aggressionsphänomen* und soll daher im Rahmen einer ›Theorie der Aggression‹ abgehandelt werden. Haß ergibt sich in erster Linie im zwischenmenschlichen Bereich; der Mitmensch ist das bevorzugte Objekt unserer Haßgefühle, indes wir Tiere, Pflanzen, Landschaften, Kunstgegenstände vielleicht nicht gerade mögen, aber kaum je hassen werden.

In der Populärpsychologie werden oft Liebe und Haß nebeneinander gestellt, und es wird sogar behauptet, daß Liebe besonders leicht in Haß ›umschlagen‹ kann. Diese These ist sehr fragwürdig. Wenn ein Liebender sich in einen Hassenden verwandelt, werden wahrscheinlich enttäuschte Begierde, frustrierte Herrschsucht und ähnliche Regungen eine viel größere Rolle spielen als echte Zuneigung.

Richtig ist allerdings, daß Liebe extreme Bejahung des Geliebten und Haß extreme Verneinung des Gehaßten beinhaltet: insofern kann man davon ausgehen, es mit polaren Seelenvorgängen zu tun zu haben. Im Haß fühlt man sich zutiefst gestört

und irritiert durch das Verhalten und die Existenz des Objekts; in der Liebe ist man beseligt, daß es das Du überhaupt gibt, und man akzeptiert dieses Gegenüber mit seinen Tugenden und Schwächen. Auch wünscht man dem Geliebten ein langes, reiches und erfülltes Leben. Der Hassende dagegen tendiert dazu, dem anderen ein erfülltes Leben zu mißgönnen, ihm sogar Untergang und Unglück zu wünschen.
Jeder nachdenkliche Beobachter wird zugeben, daß es unendlich viel Haß in der Welt gibt und daß die Menschheit vielleicht eines Tages an ihrem extrem ausgelebten Haß zugrunde gehen kann. Nicht nur im Zusammenleben der Völker, Rassen, Religionen und Klassen nehmen Haßgefühle einen gewaltigen Raum ein, sondern auch im Mikrokosmos der Familie, in der Beziehung von Mann und Frau, Eltern und Kindern und der Geschwister untereinander. In der psychotherapeutischen Beratungspraxis wird oft der rosenfarbige Vorhang beiseite geschoben, der die familiären Disharmonien vor der Außenwelt verbirgt: dann zeigt sich das Heim der ›gutbürgerliche Familien‹ als Kriegsschauplatz, auf dem jeder gegen jeden kämpft, oder wo Koalitionen bestehen, zwischen denen grimmige Auseinandersetzungen stattfinden. Der ›Kampf aller gegen alle‹, den Darwin in der Natur zu beobachten glaubte, ist zumindest in der Familienpathologie eine unbestreitbare Tatsache.

Freuds Lehre vom Haß

Die Psychoanalyse befaßte sich seit ihren Anfängen mit der Haßproblematik; dennoch ist sie kaum bis zu den letzten Hintergründen dieses Phänomens vorgedrungen. Der frühe Freud ordnete die Entstehung von Haßregungen beim Kind der oralen und der analen Phase der Libidoentwicklung zu: er sprach von oral-kannibalistischen Regungen und jenen Haß- und Wutgefühlen, die mit der Zurückhaltung des Kots bei der Reinlichkeitserziehung im Zusammenhang stehen. Um 1914 formulierte er seine ›Narzißmustheorie‹. Sie beschreibt die Ausgangssituation der kindlichen Entwicklung als ›narzißtische Selbstverliebtheit‹. Man müsse sich den Säugling als ein in sich verkapseltes Wesen denken, welches nur sehr zögernd und vorsichtig mit der Umgebung Kontakt aufnimmt. Dabei erfährt sein grenzenloses Luststreben überall Frustrationen, auf die er mit Erbitterung und Empörung reagiert. Innerhalb der oralen und der analen Stufe der Libidoorganisation ist der Haß – nach Freud – viel stärker ausgeprägt als die Liebe, die erst nach und nach unter dem Einfluß einer entsprechenden Betreuung emporkeimt.

Später wurde das Ich zur ›Stätte des Hasses‹, und ein Zitat aus dem Jahre 1915 beleuchtet schlaglichtartig Freuds düsteres Menschenbild, das den Menschen als ›Raubtier‹ definiert. So schreibt er:

> Das Ich haßt, verabscheut, verfolgt mit Zerstörungsabsichten alle Objekte, die ihm zur Quelle von Unlustempfindungen werden, gleichgültig, ob sie ihm eine Versagung sexueller Befriedigung oder der Befriedigung von Erhaltungsbedürfnissen bedeuten. Ja, man kann behaupten, daß *die richtigen Vorbilder für die Haßrelation nicht aus dem Sexualleben, sondern aus dem Ringen des Ichs um seine Erhaltung und Behauptung stammen.*[2]

Die anfängliche Auffassung, der Haß sei die urtümliche Weltbeziehung des Menschen, die nachträglich von der Liebe gemildert werde, behielt Freud zeit seines Lebens bei. Er verschärfte sie noch, als er in ›*Jenseits des Lustprinzips*‹ (1920) den berühmt-berüchtigten ›Todestrieb‹ postulierte, die These nämlich, derzufolge es angeborene destruktive Mächte im Menschen gibt, die auf seine eigene Vernichtung hinarbeiten. Ein großer Teil dieser Zerstörungsenergie werde als Sadismus nach außen abgeleitet, wo er den Mitmenschen erheblich zu schaffen macht; der Rest der ›Destrudo‹ jedoch (wie es bald im Jargon der Psychoanalytiker hieß) fließe zurück nach innen und erzeuge dort ›sekundären Masochismus‹, ein unerbittliches Über-Ich oder Gewissen, eventuell sogar Krankheitserscheinungen und Todessehnsucht.

Damit hatte Freud die Aggression als einen festen Bestandteil der ›menschlichen Natur‹ etabliert. Die von Rousseau und den Sozialisten vertretene Meinung, das Wesen des Menschen sei prinzipiell gut (und nur durch die gesellschaftlichen Verhältnisse zur Böswilligkeit entartet), wies er spöttisch als oberflächlich zurück. Überall in der Geschichte sah er das Walten einer unkontrollierten und kaum kontrollierbaren Aggressivität, die sich gegen alle richtete, die der Mensch als ›im Wege stehend‹ empfinde. Homo homini lupus (Der Mensch ist dem Menschen ein Wolf) – das sei das wahre Geschichtsgesetz. Man müsse blind sein, um nicht das Meer von Haß und Grausamkeit zu

sehen, das die ungesicherten Küsten der Zivilisation und Humanität umspült.
Für Freud ist demnach nicht der Haß ein erstaunlicher Charakterzug, sondern die Liebe und die Tatsache, daß die Menschen auch solidarisch und freundlich miteinander umgehen können. Dies führt er auf den ›Eros‹ zurück, eine zweite ›kosmische Instanz‹, die dem ›Thanatos‹ (Todestrieb) entgegenarbeitet. Haß und Liebe treffen in der menschlichen Seele aufeinander, wo es zu einem heftigen Ringen um die Vorherrschaft kommt. Die Wirkung der erotischen Kräfte beschreibt Freud in ›*Warum Krieg*‹ (1932) mit folgenden Worten:

Alles, was Gefühlsbindungen unter den Menschen herstellt, muß dem Krieg entgegenwirken. Diese Bindungen können von zweierlei Art sein. Erstens Beziehungen wie zu einem Liebesobjekt, wenn auch *ohne sexuelle Ziele*. Die Psychoanalyse braucht sich nicht zu schämen, wenn sie hier von Liebe spricht, denn die Religion sagt dasselbe: Liebe Deinen Nächsten wie Dich selbst. Das ist nun leicht gefordert, aber schwer zu erfüllen. Die andere Art von Gefühlsbindung ist die durch Identifizierung. Alles, was bedeutsame Gemeinsamkeiten unter den Menschen herstellt, ruft solche Gemeingefühle, Identifizierungen, hervor. Auf ihnen ruht zum guten Teil der Aufbau der menschlichen Gesellschaft.[3]

Viele Kritiker Freuds haben hervorgehoben, daß diese Lehre von der ›Raubtiernatur des Menschen‹ eine Apologie autoritärer politischer Systeme und Weltanschauungen impliziere; in der Tat nähern sich Freuds Gedankengänge in bedenklicher Weise den Konzepten von Hobbes, Machiavelli, Schopenhauer, Nietzsche und Oswald Spengler (von unbedeutenderen Ideologen des Konservatismus nicht zu reden). In jüngerer Vergangenheit hat Konrad Lorenz als Verhaltensforscher mit Bezugnahme auf Freud ähnliche Thesen formuliert (›*Das sogenannte Böse – Zur Naturgeschichte der Aggression*‹, Wien 1963), worin er weitschweifig ein Amalgam von autoritären Relikten, biologischen Erkenntnissen und politischen Banalitaten vortrug.
Die leichtfertigen Parallelen, die Lorenz zwischen Tier und Mensch zieht, sind selbst im Kreise seiner Schüler und Mitarbeiter nicht unangefochten geblieben. Man hat an seinen farbigen Schilderungen der Aggressionen im Tierreich bemängelt, daß er die Phänomene der Solidarität und gegenseitigen Hilfe der Artgenossen untereinander (was erst die Evolution im

Tierreich möglich machte) eindeutig unterbewertet. Auch wird des öfteren die Frage aufgeworfen, ob die menschlichen Phänomene von ›Liebe‹ und ›Haß‹ mit irgendwelchen Vorgängen in der Tierpsyche identifiziert werden können. Irenäus Eibl-Eibesfeldt rät in *›Liebe und Haß – Zur Naturgeschichte elementarer Verhaltensweisen‹* zur größtmöglichen Zurückhaltung und sagt:

Ich verwende in diesem Buch des öfteren den Begriff Liebe. Es ist dabei nicht allein die geschlechtliche Liebe gemeint, sondern allgemeiner die gefühlsmäßige, persönliche Bindung eines Menschen an einen anderen oder die daraus erwachsende Bindung über Identifikation mit einer bestimmten Gruppe. Das Gegenstück zur Liebe ist der Haß als individualisierte emotionelle Ablehnung und der daraus erwachsende Gruppenhaß. Wir können in diesem Sinne genaugenommen nur beim Menschen von Liebe und Haß sprechen. Bei Tieren können wir nur rein beschreibend individualisiertes Kontaktstreben und Bindung beziehungsweise Aggression feststellen. Aussagen über die solches Verhalten begleitenden Gemütsbewegungen sind aus erkenntnistheoretischen Gründen grundsätzlich nicht möglich.[4]

Wenn wir in der Folge die ›Psychologie des Hasses‹ untersuchen, vermeiden wir die kurzschlußartige Verankerung der Haßgefühle in der angeblich ›bösen Menschennatur‹ und lassen auch die niedlichen Beispiele aus der Tierwelt beiseite, deren Erklärungswert uns als null und nichtig erscheint.

Phänomenologie der Haßkrankheit

Im durchschnittlichen Alltagsleben bewahren die Menschen eine relativ große Distanz zueinander, und die Gefühle, die sie hierbei entwickeln, sind matt und undifferenziert. Damit heftige Gefühlsregungen wie Liebe oder Haß entstehen können, ist Nähe in irgendeinem Sinne des Wortes unabdingbar; wir kennen den Haß in Familienbeziehungen, in Partnerschaften, in Berufsverhältnissen, in Nachbarschaften (wobei auch verschiedene Konfessionen, Rassen und Nationen als ›nachbarlich‹ aufgefaßt werden müssen), in der Politik und im Kulturleben.

Der Hassende und sein ›Objekt‹ sind dadurch miteinander verknüpft, daß beide um dasselbe Gut rivalisieren oder daß der eine an den anderen leidenschaftlich Ansprüche stellt, die er nicht erfüllen will oder kann. So kann es etwa in menschlichen Beziehungen um Anerkennung, sexuelle Befriedigung, materielle Güter und dergleichen gehen. Wer das Anrecht zu haben glaubt, dies oder jenes mit Affektaufwand fordern zu dürfen, wird tiefe Frustration empfinden, wenn es ihm verweigert wird. Jeder Hassende kann ›Gründe‹ angeben, warum er haßt: in seinem Denksystem ist dann logisch alles folgerichtig, aber die Argumentation folgt oft einer sehr merkwürdigen Willkür.

Genau studiert wurde schon häufiger die Entstehung von Haß in Ehen oder Liebesverhältnissen. Zunächst sind die beiden Beteiligten in ›Liebe‹ miteinander verbunden. Sie gehen ihre Beziehung ein mit dem Wunsch, von ihrem Du Achtung, sexuelle Zuneigung, Fürsorglichkeit und Bewunderung zu empfangen. Es ergibt sich aber früher oder später ein ›Teufelskreis‹, in den die beiden Partner fast blindlings eingespannt sind: Lieb- und Verständnislosigkeiten fangen irgendwo an, werden mit ebensolcher Münze heimgezahlt, so daß sich eine emotionale Kluft auftut. Es ist nicht jedermanns Sache, diese *resignativ* zu akzeptieren und sich aus einem solchen Verhältnis – wenn es sehr unbefriedigend geworden ist – zurückzuziehen. Der Hassende läßt sein Objekt nicht los und baut tiefgreifende Ambivalenzen auf, in denen er sein Gegenüber einerseits bekämpft, andererseits aber auch als Partner haben will. Mächtige Affekte werden mobilisiert, um in diesem Zweikampf nicht zu unterliegen. So lernen wir im Haß einen Affekt zu sehen, der einen wirklichen oder vermeintlichen Widerstand nicht auflösen, sondern brechen will – der Haß intendiert die Durchsetzung des eigenen Willens, und möge dabei auch das gehaßte Du zugrunde gehen. Daher kann man von ›blindem Haß‹ sprechen; wo dieser auftritt, ist er mit den Affekten der Wut, des Zorns, der Anklage und der Schuldzuschreibung verschwistert.

Wir hassen Menschen, die uns – angeblich – Unrecht angetan haben. Um dieses Gefühl kultivieren zu können, muß stets ein ›Feindbild‹ strukturiert werden; der andere läßt uns nicht so sein, leben oder handeln, wie wir es unbedingt für nötig halten. Daraus entspringt die ›Hinderniserfahrung‹, um die es im Haß immer geht: man fühlt sich vor einer Wand oder in einer ›ummauerten Welt‹, gegen die man in verzweifelter Auflehnung anstürmt.

Hätte dieser Kampf gute Aussichten auf Erfolg, würde man ihn mit Vernunft und Besinnung angehen können. Der Hassende aber fühlt sich ohnmächtig gegenüber seinem ›Feind‹, weshalb er auf die destruktive Leidenschaft zurückgreift, um sich gegen die ›unsägliche Gefahr‹ verteidigen zu können. Hierbei spielt ihm seine pessimistische und misanthropische Lebenseinstellung schlimme Streiche. Mit Hilfe der Phantasie universalisiert der hassende Mensch seine ›Widersacherempfindungen‹, bis er sich im Mittelpunkt von Intrigen, Unterschätzungen und Angriffen gegen seine Person glaubt. Die Nähe zur *Paranoia* tut sich an dieser Stelle auf: der Hassende und sein Objekt sind durch Regungen des ›Verfolgungswahns‹ miteinander verbunden, wobei es – wie bei der genannten Psychose – nicht selten zum Phänomen des ›verfolgten Verfolgers‹ kommt. Das bedeutet: der Paranoiker benimmt sich schlecht und verkehrt gegen jenen, den er als seinen Gegenspieler sieht; wenn dieser reagiert, hat er rasch Argumente beisammen, die seine Kampfstimmung zu rechtfertigen scheinen und ihm Antrieb zu neuen Aggressionen bieten.

Die ›Struktur Haß‹ ist zusammengesetzt aus Nichtigkeitsgefühl, wütender Revolte dagegen, Aufbruch zur Destruktion, Neid, Eifersucht, Groll und Selbsterhöhungsstreben. Die Linie des Haßaffekts führt ›von unten nach oben‹; der Hassende meint, wenn er seinen Widersacher besiegt oder eliminiert habe, werde er groß, unanfechtbar und strahlend dastehen. So kann man aggressiv-haßerfüllte Regungen als *Pervertierung des menschlichen Vollkommenheitsstrebens* begreifen.

Die Grundstimmung des Hassenden ist finster, traurig und trostlos. Man sucht vergebens nach Heiterkeit, Humor und Freude am Lachen beim haßkranken Menschen. Bestenfalls labt er sich an Schadenfreude, bissigen Kommentaren und Hohngelächter, das aber stets gequält klingt. Um hassen zu können, muß man gefühlsmäßig verschlossen und schwer ansprechbar sein; der gefühlsbetonte Charakter wird doch da und dort zum Lieben verleitet, was das Negieren und Verkleinern der Objektwelt mildert. Der Hassende ist immer darauf aus, die Fehler und Schwächen seines ›Objekts‹ zu suchen. Er richtet sich an diesen wirklichen oder eingebildeten Mängeln gleichsam auf, da ihm seine subjektive Optik vorspiegelt, er selbst sei von den Untugenden des Gehaßten frei.

Dieses ›Sich-Aufgeilen‹ am Manko des anderen ist mit dem *Ärger* verwandt. Der Hassende ärgert sich über den Gehaßten, wann immer er an ihn denkt. Dies löst fast zwangsläufig einen kleinen oder großen Wutanfall aus. Nun sind Zorn und Wut ein Tonikum, ein Steigerungsmittel für dumpfe und düster gestimmte Seelen. Der Hassende hat irgendwann gelernt, daß er sich von Trauer und Kleinmut befreien kann, wenn er an sein Objekt erinnert wird. Er sucht daher diese Erinnerung, weil sie auf ihn wirkt wie Alkohol oder eine psychotrope Droge. Hierbei wirkt auch der Mechanismus der ›Projektion‹. Projektion heißt: eigene Unzulänglichkeiten auf andere verlagern und eventuell gar an ihnen bekämpfen. Es besteht kein Zweifel, daß dies Entlastung von Schuld- und Minderwertigkeitsgefühlen mit sich bringt und so eine kümmerliche Art von Befriedigung herstellt.

Die Eigenschaften und die Wesensart des Haßobjekts reichen wohl kaum je hin, um den Haß als sinnvolle Regung zu motivieren. Man muß schon zusätzliche Motivationen (zum Beobachteten und Wahrgenommenen) bereitstellen, um vor sich selbst den Haß zu ›begründen‹. Für manche oder viele Menschen sind Haßgefühle eine ›gesuchte Lebensform‹; sie sind gleichsam dispositionelle Hassende, die nicht viel ›Stoff und Anlaß‹ benötigen, um sich ihrer Leidenschaft hinzugeben. Natürlich kommt hierbei der Sozialisation der Betreffenden und ihren späteren Schicksalen eine erhebliche Bedeutung zu. Man wird in die Welt des Hasses ebenso ›eingeführt‹ wie in die Welt der Liebe. Nur unterscheiden sich beide Welten gewaltig: erstere ist eng, verschlossen, atembeklemmend und finster, letztere jedoch weit, offen, hell und heiter, ein Feld unendlicher oder doch weitläufiger Freiheiten.

Aus dieser Verbannung in eine dunkle Umgebung explodiert gleichsam der Hassende diskontinuierlich in Richtung auf sein Objekt. Liebe wurde von den Phänomenologen als stetige Hingabe der eigenen Existenz an das geliebte Du beschrieben. Der Hassende verhält sich genau umgekehrt. Haß äußert sich abrupt, gewaltsam und ›unmenschlich‹. Er leugnet von vornherein eine gewisse Gemeinsamkeit aller Menschen, d.h. ihr Teilhaben an Tugenden und Lastern, Fehlern und Vorzügen. Dieser ›Demokratismus‹ stört den Hassenden, da er seinen Affekt eher lähmt als fördert. Der hassende Mensch ist ›Manichäer‹: die Welt muß in Gott und Teufel aufgeteilt sein, und er selbst gehört zu den Heiligen, deren Aufgabe es ist, die ›Ketzer‹ mit allen Mitteln zu bekämpfen.

So enthält das Haßgefühl ein religiöses Moment, und es ist kein Wunder, daß die Geschichte der Religionen (auch der politischen Religionen!) eine Geschichte des Hasses und der Ketzerverfolgung ist. Man hat gesagt: Fanatismus sei das Mittel der Dummen, ihre Ansichten zu vertreten. Wenn dumme Menschen an etwas glauben, sind sie in der Regel von der Einzigartigkeit ihrer ›Erkenntnis‹ überzeugt: alle, die anders denken, müssen Narren oder Bösewichter sein. Wie leicht schleicht sich da Haß gegen jene ein, die die eigene Sicherheit bedrohen, weil sie anders glauben, sich verhalten und fühlen! Das prekäre Selbstwertgefühl der Fanatiker wäre erst dann stabilisiert, wenn niemand in der Welt ihre unumstößlichen Überzeugungen anzweifelt. Daher die Versuchung, mit Kreuzzügen und Inquisition gegen das ›böse Prinzip‹ zu Felde zu ziehen.

Wir können den Haß einen ›sthenischen‹ (kraftvollen) Affekt nennen, im Gegensatz zur Trauer, die eher ›asthenisch‹ (kraftlos) ist. So gesehen ist die Depression oder Melancholie häufig eine unterdrückte oder versteckte Haßregung, die nicht zu äußern gewagt wird und darum als *traurige Verstimmung* zum Vorschein kommt. Damit stimmt überein, daß Beobachter mit guter Menschenkenntnis aus den Klagen des Depressiven so etwas wie ›Anklagen‹ heraushören. So empfindet man auch den Melancholiker, unter dessen Selbstbezichtigungen und Schuldgefühlen seine Umwelt schwer zu leiden hat. Die Tiefenpsychologie vermutet sogar im Suizid einen Versuch, die Umwelt und vor allem wichtige Beziehungspersonen zu treffen; im Selbstmord kann ein *Racheakt* enthalten sein.

Wir sollten vielleicht noch den Blick auf den *Ehrgeiz* und die *Eitelkeit* des Hassenden lenken. Nur wer immer ganz oben sein will und sich selbst für enorm wichtig hält, wird auf Frustrationen im zwischenmenschlichen Bereich mit so ungezügelter Empörung reagieren wie der Hassende. Weniger ehrgeizige und eitle ›Naturen‹ schicken sich eher in die Benachteiligungen und Zurücksetzungen des sozialen, familiären und beruflichen Daseins. Nicht so der hassende Mensch: was ihm im Wege steht, gilt ihm als Majestätsbeleidigung, und die Maßnahmen, die er – wenn er kann – dagegen ergreift, sind das Wüten eines Pseudoherrschers, dem man den Gehorsam verweigert hat. Stark ausgeprägter Haß ist demnach ohne *Größenwahn* im Hintergrund kaum vorstellbar.

Und dieser Größenwahn wirkt kompensatorisch: er beschwichtigt die Wertlosigkeitsgefühle, die am ›Saum des Bewußtseins‹ jedes Hassenden existieren. Hierzu hat er Grund genug. In der Liebe sah Max Scheler die Bewegung vom niederen zum höheren Wert hin; folglich wird man beim Haß voraussetzen dürfen, daß er ständig vom höheren Wert zum niederen tendiert. Er entdeckt nicht ›im Vollzug‹ die möglichen höheren Werte im Objekt, sondern ist fasziniert von den realen und eingebildeten negativen Werten, die er im Du findet oder in es hineininterpretiert. Alle Hassenden malen sich gleichsam ein düsteres Bild von der Welt. Sie glauben, gegen den Schmutz in der Welt zu kämpfen, aber sie beschmutzen sie eben erst, bevor sie in den Kampf ziehen: daher ihre Neigung zur ›Analsprache‹, zu Beschimpfungen und Verunglimpfungen, die Ersatzhandlung für stärkere Aggressionen sind oder diese einleiten.

So hat der hassende Mensch seine liebe Not mit sich selbst und mit den Mitmenschen; er leidet an sich und an ihnen, was ungefähr der Definition von *Psychopathie* entspricht. Wo das Haßsyndrom deutlich ausgeprägt ist, sollen wir nach den übrigen ›psychopathischen‹ Merkmalen fahnden, die in unserem Sinne jedoch nicht als anlagebedingt, sondern als lebensgeschichtlich determiniert gelten sollen. Daß wir es hier mit Erscheinungen ›außerhalb des Normalen‹ zu tun haben, betonte schon Spinoza in seiner ›*Ethik*‹ (IV, Lehrsatz 44, Anmerkung) sehr eindrücklich:

Es gibt viele Menschen, denen ein und derselbe Affekt hartnäckig anhaftet. Denn wir sehen, wie Menschen zuweilen von einem Gegenstand so affiziert werden, daß sie ihn, obgleich er nicht gegenwärtig ist, dennoch vor sich zu haben glauben; geschieht dies einem Menschen in wachem Zustande, so sagen wir, er sei verrückt... Wenn jedoch der Habsüchtige an nichts anderes denkt als an Gewinn oder Geld, der Ehrgeizige nur an Ruhm, so hält man diese nicht für verrückt, sondern nur für unangenehm und verächtlich. In der Tat aber sind Habsucht, Ehrgeiz und so weiter Arten der Verrücktheit, obgleich man sie nicht den ›Krankheiten‹ zuzählt.[5]

So ist auch der Hassende oft mit ›Wahnwitz‹ geschlagen, da er leidenschaftlich und ›fiebrig‹ an sein Objekt denkt und mit diesem bis in den Schlaf hinein seine Kämpfe ausficht. Der hassende Mensch hat meist aggressive und ängstliche Träume, und er muß Angst haben, weil er ständig von aggressiven Stimmungen beherrscht wird. Er ist nur äußerst selten ruhig

und gelassen, und er wird gejagt von seiner ›fixen Idee‹, die seinen Haß auf einen bestimmten Menschen begleitet. In manchen Fällen kann sich der Haß bis zur ›Monomanie‹ steigern, zu einer Art von Besessenheit.
Sofern der *Leib* des Hassenden in seine Krankheit einbezogen ist, kommt es zu spezifischen psychosomatischen Symptomen. Gehäuft treten etwa Hypertonie, Geschwürkrankheiten (Ulcus duodeni et ventriculi) auf; auch Asthma bronchiale kann ein solches Symptom sein. Nur wäre es arg verfehlt, wenn man in jedem Falle solcher Erkrankungen einen zugrunde liegenden ›Haß‹ vermuten würde; auch die anderen Affekte spielen in derartige Leiden hinein, und meistens sind es vielfältige Motivationssysteme, die in der ›Psychosomatose‹ ihren Ausdruck finden.
Wo immer Haß die dominierende Leidenschaft eines Menschen ist, müssen wir mit einem ernsten *Defizit am Personsein* rechnen. Die Persönlichkeitsentwicklung des Menschen hängt in kaum zu überschätzendem Maße von seiner Fähigkeit zu lieben ab. Er kann nur so weit in seine Umwelt integriert werden, wie er lieben kann. Der Hassende jedoch ist nicht nur beziehungsarm, sondern auch partiell oder gar total ›weltlos‹. Dementsprechend verarmt seine Persönlichkeit, oder sie ist sogar nie richtig aufgebaut worden. Darum gibt es eigentlich keine ›Freundschaft im Haß‹ (Freundschaft als personale Beziehung von Ich und Du), sondern höchstens die ›Gemeinschaft der Hassenden‹, nämlich eine größere oder kleinere Gruppe, die zusammengekittet wird von gemeinsamen Affekten, Abneigungen und Destruktionsgelüsten. Partnerschaft im Haß imitiert lediglich emotionale Innigkeit.
Aus allem Geschilderten sollte hervorgehen, daß Haß eine *Verkrüppelung der menschlichen Natur* darstellt, eine Krankheit, die mehr als Angst oder Verzweiflung im Sinne Kierkegaards eine ›Krankheit zum Tode‹ bedeutet.

Haß und Ressentiment

Einer der bedeutendsten Psychologen auf dem Gebiet der Haßthematik war Friedrich Nietzsche, der allerdings seine Erkenntnisse zu diesem Problem unter dem Titel ›Ressentiment‹ abhandelte. Max Scheler, der in einer umfangreichen

Untersuchung Nietzsches Thesen systematisierte, gibt folgende Definition:

Ressentiment ist eine *seelische Selbstvergiftung* mit ganz bestimmten Ursachen und Folgen. Sie ist eine dauernde psychische Einstellung, die durch systematisch geübte Zurückdrängung von Entladungen gewisser Gemütsbewegungen und Affekte entsteht, welche an sich normal sind und zum Grundbestande der menschlichen Natur gehören, und die gewisse dauernde Einstellungen auf bestimmte Arten von Werttäuschungen und diesen entsprechenden Werturteilen zur Folge hat. Die hier an erster Stelle in Betracht kommenden Gemütsbewegungen und Affekte sind: Rachegefühl und -impuls, Haß, Bosheit, Neid, Scheelsucht, Hämischkeit.[6]

Nietzsches Ressentimentbegriff stammt aus seiner Kritik der christlichen Religion und Moral. In seinem Buch ›*Zur Genealogie der Moral*‹ (1887) befaßte sich der Philosoph mit den sogenannten ›asketischen Idealen‹, d.h. jenen Wertmaßstäben, die in Zielsetzung oder Tendenz das Leben verneinen. Damit glaubte er die Rolle des Christentums in der europäischen Geistesgeschichte als verhängnisvoll entlarven zu können. Die Christen – in der Antike versklavt und verfolgt – inszenierten seiner Meinung nach einen ›Sklavenaufstand in der Moral‹, indem sie die Werte der Demut, der Keuschheit, des Gehorsams, der Unterwürfigkeit, der Armut und der Selbstverleugnung predigten. Alle diese Ideale müssen als Kampfmittel der Sklaven gegen ihre Herren verstanden werden.
Nach Nietzsche haben die ›vornehmen Menschen‹ des Altertums eine Moral gelebt und gelehrt, die sich auf aktive und expansive ›Tugenden‹ gründete. Man bekannte sich ohne Rückhalt zur Sinnenfreude, zum Machtwillen, zur Begehrlichkeit, unter Umständen auch zu Gewalt und Herrschaft. Dies sei Ausdruck eines starken und siegesbewußten Lebensgefühls gewesen, das dort zustande kommt, wo soziale Stände oder Schichten sich an der Macht halten können.
Nun beruhte aber die Gesellschaftsordnung der Antike auf Sklaverei, und die Zahl der Sklaven, die in absoluter Ohnmacht und Abhängigkeit vegetierten, war bei weitem größer als diejenige der Herren. Offenbar ertragen Menschen es schlecht, wenn sie unterdrückt und ausgebeutet werden. Es kommt immer zu offener oder heimlicher Auflehnung. Revolten erschütterten gelegentlich das römische Imperium, doch die Chancen der Sklaven, ihre Ketten abzuwerfen, waren sehr gering.

Aber der ›indirekte Aufstand‹ hatte mehr Aussicht auf Erfolg und zog die Ängstlichen, Schwachen und Mutlosen an. Nietzsche vertritt die Lehre, nach der das Christentum in seinem Wesen eine solche ›umwegige Revolution‹ gewesen sei. Die Christen vergällten den Sklavenhaltern ihre Lust an Schönheit, Macht, Sinnlichkeit und Lebensfreude, indem sie durch ihr Leben und Verhalten die *gegenteiligen Werte* propagierten. Da psychisches und soziales Chaos diese Phase des Umbruchs regierten, waren die Menschen reif für eine Botschaft, die ihnen die Erde als ›Jammertal‹ schilderte und ihren Blick auf das ›Jenseits‹ und das ›Leben nach dem Tode‹ lenkte.
Nietzsche bezweifelt radikal, daß die christliche ›Nächstenliebe‹ als ›Liebe‹ gemeint war: vorherrschend in Denken und Handeln der Christen war der Haß gegen eine bestehende Welt, in die man sich nicht integriert fühlte. Deshalb wurde sie mit allen nur denkbaren Mitteln entwertet und angeschwärzt. Man erkenne das am ›reaktiven Charakter‹ der verkündeten Ideale und Wertvorstellungen, in denen allzusehr der grimmige Mißmut und die Lebensverleugnung an den Tag drängen. So heißt es in Abschnitt 10 der ersten Abhandlung von ›*Zur Genealogie der Moral*‹ u.a.:

– Der Sklavenaufstand in der Moral beginnt damit, daß das Ressentiment selbst schöpferisch wird und Werte gebiert: das Ressentiment solcher Wesen, denen die eigentliche Reaktion, die der Tat, versagt ist, die sich nur durch eine imaginäre Rache schadlos halten. Während alle vornehme Moral aus einem triumphierenden Ja-sagen zu sich selber herauswächst, sagt die Sklaven-Moral von vornherein nein zu einem ›Außerhalb‹, zu einem ›Anders‹, zu einem ›Nicht-selbst‹: und dies Nein ist ihre schöpferische Tat. Diese Umkehrung des werte-setzenden Blicks – diese *notwendige* Richtung nach außen statt zurück auf sich selber – gehört eben zum Ressentiment: die Sklaven-Moral bedarf, um zu entstehn, immer zuerst einer Gegen- und Außenwelt, sie bedarf, physiologisch gesprochen, äußerer Reize, um überhaupt zu agieren, – ihre Aktion ist von Grund aus Reaktion.[7]

Aus solchen rein ›reaktiven Lebensvorgängen‹ kann nach Nietzsche nichts Lebensförderndes und Kulturschaffendes entstehen. Die Stärke des Ressentimentcharakters besteht allein in Verneinung und Herabsetzung; er pervertiert jede menschliche Regung, die von ihm Besitz zu ergreifen droht. Es ist ein kaum wiedergutzumachender Schaden für die Menschheitsentwicklung, wenn die Unglücklichen, die am Leben Leidenden und

die ›Mißratenen‹ ihre ›Wertmaßstäbe‹ durchsetzen können; meistens verschwören sie sich gegen gesunde und schöpferische Existenzen, die ihnen ein Dorn im Auge sind.
Das ist nach Nietzsche der Sinn der ›asketischen Ideale‹, die mit dem Christentum in Europa zu dominieren begannen. Die zur Macht gelangte Kirche habe den unerbittlichen Kampf gegen alle menschliche Größe und Selbstverwirklichung aufgenommen. Vor dem Jammerbild des gekreuzigten Heilands machte sie die Lebensfreude beinahe zum Sakrileg; die auf Armut, Keuschheit und Gehorsam verpflichteten Mönche wurden zu Idealen sittlicher Lebensführung emporstilisiert. Da hierdurch Sinnlichkeit, Lebensgenuß und Selbstverwirklichung in die Kategorie der ›Laster‹ fielen, wurden für zwei Jahrtausende die natürlichen Regungen und Bedürfnisse der Menschen ›verteufelt‹; die Folge davon war, daß sich Natur oft genug in Unnatur und Perversion verwandelte. In den abschließenden Sätzen von *›Zur Genealogie der Moral‹* klagt Nietzsche das asketische Ideal als einen ›Brunnenvergifter des Lebens‹ an und sagt:

> Man kann sich schlechterdings nicht verbergen, was eigentlich jenes ganze Wollen ausdrückt, das vom asketischen Ideale her seine Richtung bekommen hat: dieser Haß gegen das Menschliche, mehr noch gegen das Tierische, mehr noch gegen das Stoffliche, dieser Abscheu vor den Sinnen, vor der Vernunft selbst, die Furcht vor dem Glück und der Schönheit, dieses Verlangen hinweg aus allem Schein, Wechsel, Werden, Tod, Wunsch, Verlangen selbst – das alles bedeutet, wagen wir es, dies zu begreifen, einen *Willen zum Nichts,* einen Widerwillen gegen das Leben, eine Auflehnung gegen die grundsätzlichsten Voraussetzungen des Lebens, aber es ist und bleibt ein *Wille!*... Und, um es noch zum Schluß zu sagen, was ich anfangs sagte: lieber will noch der Mensch *das Nichts* wollen, als *nicht* wollen...[8]

Übersetzt man diese kultur- und religionskritischen Auslassungen in die für uns interessante ›Psychologie des Hasses‹, dann wird man diesen als eine Art von *Nihilismus* begreifen, der sich gerne als ›Dienst am Leben‹ maskiert, aber seinen Ursprung in der Verzweiflung am Leben hat.
Was Nietzsche als Kulturpsychologe beschreibt, bezieht sich auf ›großflächige‹ Phänomene, deren Beurteilung dem philosophischen und psychologischen Laien Mühe bereiten wird. Dieser kann Ressentiments besser dort studieren, wo sie sich im Verhältnis von Individuum zu Individuum zeigen. Wir sprechen in diesem Zusammenhang vom sogenannten *Existenzial-*

neid: der zu kurz gekommene Mensch haßt seinen Mitmenschen nicht nur wegen bestimmter Eigenschaften, sondern weil er ist, wie er ist. Vor allem wird die ›Lebensfülle‹ des anderen beneidet; sie macht die Armseligkeit des eigenen Daseins erst richtig bewußt. Das scheint Goethe im Sinn gehabt zu haben, als er schrieb:

Was klagst du über Feinde?
Sollten solche je werden Freunde,
Denen das Wesen, wie du bist,
Im stillen ein ewiger Vorwurf ist?[9]

Man kann diesen Existenzialneid ungemein häufig bei individuellen und kollektiven Haßerscheinungen feststellen. Vor allem Probleme im ›Kindheitsmilieu‹ bieten hierfür lehrreiche Beispiele; aber auch im Verhältnis von Liebespartnern zueinander können solche destruktive Regungen eine große Bedeutung haben. Hier müßte dem Hassenden der Goethesche Rat in Erinnerung gerufen werden: »Gegen große Vorzüge eines anderen gibt es kein Rettungsmittel als die Liebe.«

Ein erschütterndes Beispiel für ein solches Ressentiment gibt Herman Melville (1819–1891) in seiner Erzählung ›*Billy Budd*‹. Der schöne und liebenswürdige Matrose Billy wird vom Offizier Claggart ›grundlos gehaßt‹ und aus purem Lebensneid der Meuterei bezichtigt – Billy wehrt sich dagegen mit einem Faustschlag, der Claggart tötet, Billy aber das Todesurteil bringt.

Haß und Vorurteil

Eine spezielle Form der Haßmanifestation ist das Vorurteil, welches eine kollektiv-psychologische Erscheinung ist, die aber auch in individueller Ausprägung vorkommt. Wir definieren das Vorurteil als ein ungünstiges Urteil über Personen und Sachen, das nicht auf Erfahrung basiert und aus affektiven Gründen sehr schwer korrigierbar ist. Vorurteile werden durch neue Erkenntnis kaum widerlegt; der Vorurteilsträger findet immer ›Bestätigungen‹ für das, was er schon glaubt und für wahr hält.

Vorurteile ergeben sich, wenn ein Mensch in bestimmten Gruppen heimisch und in anderen fremd ist. Die Andersartigkeit der anderen beunruhigt das Gemüt; auch kommt es aus geschichtlichen Gründen zu gegenseitigen Animositäten und Antipathien. Benachbarte Gruppen kennzeichnen einander gern mit Schwarzweißmalerei. Wert und Unwert der *ingroup* oder *outgroup* werden oft sehr ungerecht beurteilt. Es werden völlig irreale Kategoriebildungen propagiert, wobei oft gegen alle Evidenz der Fremdgruppe Eigenschaftskomplexe zugeschrieben werden, die Haß und Verachtung verdienen. Die eigene Gruppe weist diese Mängel natürlich nicht auf und kann deshalb ohne weitere Differenzierung als über jede Kritik erhaben akzeptiert werden.

In der Geschichte der Menschheit haben vor allem nationale, rassische, religiöse und geschlechtsspezifische Vorurteile eine verhängnisvolle Rolle gespielt. Es kam zu Stereotypenbildung, die rein schematisch festlegte, wie der Angehörige der Neben- oder Gegengruppe beschaffen sei. Auf Grund autistischer Denkprozesse wurde hierbei die Realität bis zur Lächerlichkeit vereinfacht; alle spezifischen Eigenarten bestimmter Völker, Rassen, Nationen und Volksgruppen wurden auf das Prokrustesbett einer vorgefaßten Negation gespannt, so daß Selbsterhöhung auf Kosten dieser ›Opfer‹ mühelos zu bewältigen war. Das Vorurteil argumentiert in primitiver Weise folgendermaßen: da die anderen schlecht oder böse sind und ich sie bekämpfe, muß ich jedenfalls ›gut‹ sein!

Die Tiefenpsychologie hat zur Vorurteilsforschung einige Konzepte beigetragen, die unseres Erachtens zum Verständnis des Hasses wertvoll sind. Es handelt sich um die Begriffe der Verdrängung, der Projektion, der Rationalisierung und der Abwehrmechanismen.

1. Nach dem ursprünglichen Freudschen Theorem bedeutet *Verdrängung* die Nicht-Annahme von Triebregungen durch das Bewußtsein. Es wird einem Trieb die Zulassung zum bewußten Seelenleben verweigert, wobei eine Gegenbesetzung geschaffen wird, die den ständig drängenden und bedrängenden Vitalanspruch niederhält. Diese Konfliktlage führt zu mannigfaltigen Ersatzhandlungen und Reaktionsbildungen: der verleugnete Trieb hat die Möglichkeit, sich in Träumen, Fehlleistungen, neurotischen Symptomen und Vorurteilen zur Geltung zu bringen.

Die Verdrängung macht das Individuum allergisch gegen alles, was zur Aufhebung von Verdrängungen führen könnte. Selbstverkennung, Grundvoraussetzung der Verdrängung, wird zur Quelle falscher Fremdeinschätzungen; die Wirklichkeit im Ganzen wird stark ›subjektiv verkannt‹. Wahrnehmung, Denken, Fühlen und Wollen unterliegen einer Deformation, die in extremen Formen wahnhaft anmutet. Auch ist die Kehrseite der Verdrängung ein merkwürdiges ›Besessensein‹ von der jeweils verdrängten Regung.

2. Auf die *Projektion* kamen wir bereits weiter oben zu sprechen. Hier sei nur noch erwähnt, daß feindselige Gemütsregungen besonders häufig projiziert werden. Wer Haß, Mißtrauen, Aggression und Wut in sich trägt, wird unwillkürlich seine gesamte Umwelt dieser Affekte und Emotionen wegen beschuldigen.

3. *Rationalisierung* zeigt die Korrumpierbarkeit des Intellekts, wenn in den tieferen Schichten der Persönlichkeit Unruhe und Chaos vorherrschen. Man bemäntelt die eigenen Fehler und rechtfertigt sie mit einer ›Privatlogik‹, die vom ›gesunden Menschenverstand‹ erheblich abweicht und seltsame Wege des Denkens und Fühlens beschreitet. Rationalisierung als Selbstbetrug verweist auf eine grundlegende ›Lebenslüge‹, die die Selbstachtung mit fadenscheinigen Gedankenoperationen aufrechterhalten will.

4. Als *Abwehrmechanismen* haben Sigmund Freud und Anna Freud vor allem Scham, Ekel, Angst und Moral beschrieben. Alle diese psychischen Instanzen gelten als Schutzmaßnahmen des Ichs gegen die bedrohliche Überrumpelung durch nicht akzeptierte Triebregungen. Man kann es aber auch anders definieren: die Abwehrmechanismen sind die letzten Bastionen des Ichs in seiner Selbstbehauptung, und zwar nicht nur angesichts der ›innerpsychischen‹ Triebe, sondern auch der Umwelt: je größer die Ichschwäche, um so mehr affektgeladene Abwehr gegen die Welt der Menschen und Dinge.

Die meisten Vorurteile findet man bei der sogenannten ›autoritären Persönlichkeit‹, die Horkheimer, Adorno, Flowerman und andere eingehend erforscht haben (›*The Authoritarian Personality*‹, New York 1950). Diese Soziologen und Psychologen bewiesen die ›Einheitlichkeit‹ des ›autoritären Weltbildes‹, indem sie an einer beachtlichen Zahl von Versuchspersonen die Verflechtung verschiedener ethnischer, politischer, ökonomischer und rassischer Vorurteile statistisch ermitteln konnten. Auch fanden sie beim autoritären Menschentyp:

a) Angst vor Gefühlsaustausch
b) Überwiegen von Verdrängungen
c) Mangel an Selbsterkenntnis
d) Selbstidolatrie und Humorlosigkeit
e) Unduldsamkeit gegenüber komplexen Zusammenhängen (für alles gibt es stets nur *eine* Lösung)
f) Rigidität (Starrheit im Denken und Urteilen)
g) Angst vor Neuerungen
h) autistisch-undiszipliniertes Denken
i) Neigung zur Analsprache (Kot, Schmutz in Verbindung mit dem Objekt des Vorurteils)
j) Dschungelphilosophie (Meinung, daß in der Welt der ›Kampf aller gegen alle‹ herrsche).

Spätere Untersuchungen unterschieden noch zwischen den sogenannten extra-, intro- und impunitiven Menschen. Extrapunitiv werden jene genannt, die Frustrationen im Leben durch *Bestrafung anderer* abreagieren; intropunitiv jene, die *sich selbst bestrafen*; der impunitive Typ bestraft niemanden, sondern sucht die Lösung des frustrierenden Problems, die zu finden er auch unter den drei Typen die größten Chancen hat. Der impunitive Mensch scheint in unserer Kultur der seltenste Typ zu sein.

In der Haßthematik spielt der *extrapunitive Typ* die wichtigste Rolle, wobei auch der *intropunitive* nicht vernachlässigt werden darf. Es besteht nämlich die begründete Vermutung, daß derjenige, der extrapunitiv ist, auch unter entsprechenden Umständen zur Intropunition bereit ist. Wer andere anzuklagen fähig ist, wird auch sich selbst hart und unnachsichtig behandeln. Es besteht offenbar eine einheitliche ›punitive Weltanschauung‹, die bei allen Unzulänglichkeiten des Daseins nach Schuldigen sucht, sich selbst nicht ausgenommen.

So gibt es Menschen, die immer auf der Jagd nach ›Sündenböcken‹ sind, wenn individuelle oder kollektive Schwierigkeiten auftauchen, die sie mit ihrer eingeschränkten Vernunft gedanklich nicht durchdringen können. Im Haß liegt eine Kapitulation vor der Logik; es geht nur noch darum, durch einen Affektrausch die wahre Notlage zu vergessen und sich auf Kosten von meistens wehrlosen Opfern in Omnipotenzgefühle hineinzusteigern. Besonders schwer gestörte Charaktere sind zu solchen psychischen Funktionsentgleisungen tauglich; sie spielen daher in politisch-ökonomischen Krisenzeiten eine verhängnisvolle Rolle, da sie die verwirrte Masse zu eigentlichen ›Haßorgasmen‹ anleiten, die als problemlösend mißverstanden werden. Man denke etwa an Ernst Kretschmers weises Wort über die Psychopathen, die wir in normalen Zeiten begutachten, indes sie uns in epochalen Krisen zu beherrschen pflegen. Auch Sartre sagt in *›Betrachtungen zur Judenfrage‹*, der Hassende weiche in seiner Angst vor dem Ich und vor der Wahrheit in die ›Starrheit des Felsblockes‹ aus; er will dann eine ›Naturgewalt‹ und nicht mehr ein ›Mensch‹ sein.

Haß und Neurose

Es mag auf den ersten Blick verblüffen, daß auch die Neurose zum Haß in Beziehung gebracht wird; mutet doch der neurotische Patient für den oberflächlichen Betrachter (und auch in seiner Selbsteinschätzung) vornehmlich als ›Leidender‹ an: wie sollte er da die ›Kraft zum Hassen‹ aufbringen? Wir haben aber bereits im Zusammenhang mit dem tiefenpsychologischen Verständnis der Depression darauf hingewiesen, daß Selbstbezichtigungen, Schuldgefühle und sogar Selbstvernichtungstendenzen eine verborgene Aggression gegen die Umwelt enthalten können. So wäre es durchaus möglich, daß jede Neurose von einer *Kampfstimmung* gegen das Leben und die Mitmenschen getragen wird.

Schon in der Kindheit erzeugt der Haß neurotische Symptome, die wir großenteils ›Kinderfehler‹ (Bettnässen, Trotz, Nägelbeißen, Daumenlutschen, Eß-Störungen, Sprechhemmungen, nächtliche Angst, Verwahrlosung usw.) nennen. Diese Symptomatik tritt in der Regel auf, wenn das Kind mit seinen Eltern uneins ist und sich von ihnen nicht verstanden oder angenommen fühlt. Das Symptom entsteht, weil soziale Einfügung und innere und äußere Weiterentwicklung nicht erreicht wurden; es ist eine Revolte gegen Bedingungen, die das Kind nicht akzeptieren kann. Oft wird die Verdrängung aus einer Mittelpunktstellung (›Entthronungserlebnis‹) durch ein nachgeborenes Kind zum Anlaß der Symptomentstehung; der Haß gegen den Rivalen in der Gunst der Eltern kleidet sich dann in die verwandten Gefühle von Neid und Eifersucht, die das Lebensglück des Kindes zerstören.

Die Psychoanalyse befaßte sich vor allem mit dem Vaterhaß des heranwachsenden Knaben und dem Mutterhaß des Mädchens (Ödipus- oder Elektrasituation). Sie postulierte, daß der Knabe die Mutter allein besitzen wolle und den Vater als Rivalen empfinde (analog ist es beim Mädchen). Es ist sehr zweifelhaft, ob dies ein ›natürliches Durchgangsstadium‹ der kindlichen Seelenentwicklung ist. Viele Autoren sprechen davon, daß derartige Antagonismen nur zustande kommen, wenn Mutter und Vater mit sehr verschiedenen Erziehungsstilen operieren. Ist etwa der Knabe von der Mutter verwöhnt worden, und will der Vater dieser Verzärtelung durch Strenge und Forderungen Grenzen setzen, wird das Kind in ihm einen Feind sehen, der die von der mütterlichen Erziehung geförderten Wünsche nach Verwöhnung frustriert. Damit wäre der Haß gegen den gleichgeschlechtlichen Elternteil das Kunstprodukt einer verwirrten und verwirrenden Pädagogik, mutmaßlich auch das Resultat der patriarchalischen Lebensordnung, die die Mütter infantilisiert und die Väter verhärtet.

Richtig scheint allerdings die psychoanalytische These, daß dem Übergang von der Mutter zum Vater (und zur Welt) in der kindlichen Persönlichkeitsentfaltung eine große Bedeutung zukommt. Die väterliche Rolle in unserer Gesellschaft impliziert oft das Berufsethos, das Realitätsprinzip und die Übernahme von sozialer Verantwortung. Hat das Kind zu große Mühe, den Vater innerlich zu assimilieren, bleibt es oft in einer Wunsch- und Traumwelt gefangen, von der nur schmale Wege in die Wirklichkeit zurückführen. Wer am Vater scheitert, scheitert nicht selten auch später am Leben. Natürlich wird all dies schon durch ein chaotisches Mutterverhältnis eingeleitet, für welches das Stichwort ›Verzärtelung‹ zu wenig Aufschluß gibt. Generell läßt sich sagen, daß spätere Neurotiker in der Kindheit einen Elternteil oder beide Eltern mehr haßten als liebten und daher ›auf sich selbst zurückgeworfen‹ wurden. Daraus entspringt der *Egozentrismus der Neurose,* der eine der Grundlagen für gesteigerte Lebensangst und soziale Ungeschicklichkeit ist.

In Freuds dritter Trieblehre aus dem Jahre 1920 (›*Jenseits des Lustprinzips*‹) wird die Neurose ›metapsychologisch‹ auf die ›Entmischung‹ der beiden Grundtriebe des Seelenlebens – des Eros und des Todestriebs – zurückgeführt. Hat ein Kind während seines Heranwachsens nicht genug Liebe empfangen (die immer auch mit Verständnis verbunden sein muß!), kann

es nach Freuds metaphysischer Ausdrucksweise die destruktiven Energien des ›Selbstvernichtungstriebs‹ nicht neutralisieren und sinnvoll nach außen ableiten (in Arbeit und soziale Zuwendung). So bleibt ein Destruktionspotential im Innern erhalten, wo es ängstliche und aggressive Seelenregungen auslöst und sich auch in psychische und psychosomatische Symptome umsetzt. Streicht man von diesem Konzept das mythologische Beiwerk, dann bleibt die Einsicht, daß der Mensch körperlich und seelisch nur dann gut funktioniert, wenn er liebt und handelt (im konstruktiven Sinne); Lieblosigkeit aber macht krank und ist auf die Dauer sogar ›tödlich‹.
Auch die psychotherapeutische Praxis zeigt deutlich genug, daß Neurotiker weniger gut lieben als hassen können. Viele von ihnen haben das Partnerschaftsproblem nicht oder nur schlecht gelöst. Sie leben einsam vor sich hin oder sind als Erwachsene noch irgendwie im Schlupfwinkel der elterlichen Familie heimisch; haben sie eine Partnerschaft, dann ist diese oft eine ›Einsamkeit zu zweit‹, nicht ein Aufeinanderbezogensein. Die ›Kunst des Liebens‹ hat der Neurotiker nicht gelernt.
Das erfährt auch der Psychotherapeut im Verlaufe der Behandlung, wenn er nach und nach sein Gegenüber ›auftauen‹ und zu einer ›wohlwollend-produktiven Zusammenarbeit‹ motivieren will. Der Patient ist häufig mißtrauisch, unkooperativ, störrisch und negativ gestimmt. Dies wird in der Therapie als ›Widerstand‹ registriert, und oft beginnen die Widerstandsmanöver unmittelbar nach Beginn der Behandlung. Besonders in während der Therapie auftretenden Krisen werden starke Affekte mobilisiert, die den ärztlichen Helfer in den Augen des Hilfsbedürftigen als Feind und Widersacher erscheinen lassen. Die Tiefenpsychologie spricht in diesem Zusammenhang vom ›Übertragungsphänomen‹ und meint, daß der Patient Gefühle, die irgendwelchen Bezugspersonen aus seiner Frühsozialisation galten, nunmehr unkritisch auf seinen Seelenarzt ›überträgt‹. Abgesehen von diesen Reminiszenzen aus dem gesamten ›Werdensverlauf‹ spielen hier aber auch *reale Konflikte* aus der Interaktion zwischen Analytiker und Analysand eine Rolle; in allen engeren menschlichen Beziehungen tauchen Antagonismen auf, und der neurotische Patient hat meist geübt, Konfliktkonstellationen mit Haß und heftiger Streitlust zu beantworten. Techniken des Kompromisses und der Verständigung sind bei ihm nicht ausreichend entfaltet worden.

Man kann diese Schwerfälligkeit im Überbrücken von Uneinigkeiten ›Egoismus‹ nennen, muß sich aber vor moralisierenden Verurteilungen hüten. Der Neurotiker ist tatsächlich in seiner ›Ichhaftigkeit‹ eingesperrt, und dies hindert ihn am Leben, Lieben und Verstehen. Das Lebensgefühl solcher Menschen hat Schopenhauer in *›Parerga und Paralipomena‹* treffend dargestellt, wobei er leider das, was zur Neurose gehört, unkritisch der ›menschlichen Natur‹ zuschrieb; seine Worte über den Egoismus verdienen aber wohl unsere Aufmerksamkeit:

Der Egoismus ist, seiner Natur nach, grenzenlos. Der Mensch will unbedingt sein Dasein erhalten, will es von Schmerzen, zu denen auch aller Mangel und Entbehrung gehört, unbedingt frei, will die größtmögliche Summe von Wohlsein, und will jeden Genuß, zu dem er fähig ist, ja sucht wo möglich noch neue Fähigkeiten zum Genusse in sich zu entwickeln. Alles, was sich dem Streben seines Egoismus entgegenstellt, erregt seinen Unwillen, Zorn, Haß; er wird es als seinen Feind zu vernichten suchen. Er will womöglich alles genießen, alles haben; da aber dies unmöglich ist, wenigstens alles beherrschen: »Alles für mich, und nichts für die andern«, ist sein Wahlspruch. Der Egoismus ist kolossal. Er überragt die Welt. Denn wenn jedem einzelnen die Wahl gegeben würde zwischen seiner eigenen und der übrigen Welt Vernichtung, so brauche ich nicht zu sagen, wohin sie, bei den allermeisten, ausschlagen würde. Demgemäß macht jeder sich zum Mittelpunkte der Welt, bezieht alles auf sich und wird, was nur vorgeht, z. B. die größten Veränderungen im Schicksale der Völker, zunächst auf sein Interesse dabei beziehen und, sei dieses auch noch so klein und unmittelbar, vor allem daran denken.[10]

Neurosentherapie ist Umwandlung des ›Egoismus‹ in Sozialinteresse, Abbau von Haß, Liebestraining und die Erziehung zu menschen- und lebensfreundlicher Gesinnung, Orientierung auf ›höhere Werte‹, die den Minimalwert der Selbsterhaltung und Selbstdurchsetzung weit hinter sich lassen, mit anderen Worten: es gilt, den bislang gestörten Reifungsprozeß des Patienten zu fördern.
Die Schwierigkeit besteht für den Psychotherapeuten unter anderem darin, daß die verstärkte Liebesfähigkeit des Patienten sich nur am ›liebenden Verstehen‹ des Arztes entzünden kann. Nun ist es keineswegs leicht, sehr vielen und zum Teil störrisch-widerspenstigen Analysanden Liebe und Verständnis gleichbleibend und dauerhaft entgegenzubringen. Die Anforderungen an den Analytiker sind diesbezüglich fast unmensch-

lich hoch. Er kann sich darüber hinwegsetzen und seinen Beruf mehr routinemäßig ausüben: dann aber wird der Erfolg gering bleiben. Um das ungeheure Maß an Haß in der Neurotikerseele zu überwinden, muß der Therapeut zu einem weit überdurchschnittlichen Engagement fähig sein.

Kurze und radikale Wege sind wohl in der Therapie Haßkranker nicht gangbar. In jüngster Vergangenheit kamen Verfahren auf (z.B. Urschreitherapie), die versprachen, durch ›ungezügelte Abreaktion‹ die Psyche des Menschen haßfrei und liebesfähig zu machen. Es handelt sich um Modeerscheinungen eines ›Psycho-Betriebes‹, die von sinnvoller ärztlicher Arbeit weit entfernt sind. Um Haß ab- und Liebe aufzubauen, bedarf es großer Geduld und Zuwendung.

Haß und Aggressionstheorie

Wir haben die Instinkt- und Triebtheorie zum Thema Haß zurückgewiesen, da sie unseres Erachtens das vorliegende Problem nicht klärt, sondern viel eher verdunkelt. Letzten Endes läuft die Verlagerung der Haßreaktionen in die ›menschliche Natur‹ auf eine bloße Tautologie hinaus; man erklärt feierlich, daß der Mensch hasse, weil es in ihm ›Kräfte des Hasses‹ gebe. Dies ist doch eigentlich nur ein Spiel mit Worten, das eher an Metaphysik als an Wissenschaft erinnert. Letztere begnügt sich nicht mit Nomenklaturen; sie will die Phänomene beschreiben und gliedern und sie auch in größere Wesenszusammenhänge einfügen.

Etwas realistischer als die ›nativistischen Aggressionslehren‹ ist die sogenannte *Frustrations-Aggressions-Hypothese,* die durch die amerikanischen Forscher Doob, Miller, Mowrer, Sears u.a. (›*Frustration and Aggression*‹, Yale University 1939) publik wurde. Dieses Psychologenteam ging von der Auffassung aus, daß der menschliche Organismus zahlreiche primäre und sekundäre Bedürfnisse habe, die er mit entsprechenden Aktivitäten und Strebungen zu erfüllen suche. Wird ein solches Streben blokkiert, so kommt es zur Frustration, die man als Strebenshemmung, Handlungsvereitelung usw. definieren kann. Je stärker das Bedürfnis und je massiver dessen Blockade ist, um so mehr Aggression wird entwickelt. Dies kann mühelos im Tier- und Menschen-Experiment nachgewiesen werden.

Auch in unserem Text klang bereits an, daß der Hassende immer ein Mensch ist, der sich überall eingeengt und aufgehalten fühlt, und zwar hauptsächlich von seinem Haßobjekt, aber auch von der ›Macht der Umstände‹ insgesamt. Von daher rührt seine gewaltige Feindseligkeitsspannung, die mehr oder minder ständig vor der Explosion steht. Diese Disposition kann bis in die Anfänge der Lebensgeschichte zurückverfolgt werden. Die Frustrationen für den späteren Haßcharakter begannen oft schon an der Mutterbrust, setzten sich in der Geschwisterbeziehung, in Kindergarten und Schule fort, erhalten durch Erfahrungen in Beruf, Liebe und Sexualität zusätzliche Nahrung und verdichten sich schließlich zu einer ›Gesamtfrustration‹, die das Dasein an sich als widerständig und ichauslöschend empfinden läßt. Es ist einfühlbar, daß aus einer derartigen Perspektive heraus der Haß zum *vorherrschenden Lebensgefühl* werden kann und daß ein betroffenes Individuum in der auf Feindseligkeit und Vorurteil gestimmten Kultur nicht lange suchen muß, bis es auch passende Objekte für diesen Haßaffekt gefunden hat. Diese bieten sich in den geläufigen Ideologien und Weltanschauungen an.
Präzisiert werden muß bei dieser Theorie, welcher Menschentyp unter den genannten Bedingungen für Haßgefühle besonders prädestiniert ist. Denn nicht jedermann reagiert auf die gegebenen Konstellationen mit der Entwicklung von Haßleidenschaft; es kommt auch zu traurigen Verstimmungen, Resignation, Gleichgültigkeit, Angst und Apathie. Wahrscheinlich gehört zur Ausbildung der Haß-Persönlichkeit eine gewisse Vitalität, ein aktives Temperament; wir haben es als ›das Sthenische‹ am Haß bereits erwähnt.
Dazu kommen die ›Zufälle des Lebens‹, die als ›Schulung im Hassen‹ aufgefaßt werden können. Hierzu zählen wir z. B. eine Familienatmosphäre, die wir im Sinne von H.-E. Richter mit dem Stichwort ›Familie als Festung‹ bezeichnen möchten. Es gibt Familien, die sich scharf gegen ihre Umwelt abgrenzen, wobei die Nachbarn und die Menschheit als Ganzes mit kritischen und herabsetzenden Beurteilungen etikettiert werden. Sicher lernt man in solchen misanthropischen Familienverbänden viel leichter Haß und Verachtung als etwa in den ›Sanatoriumsfamilien‹ (Angstpatienten) oder in den ›Theaterfamilien‹ (Hysteriepatienten). Es ist für den später Hassenden ›nützlich‹, wenn er schon in seiner Kindheit ›Vorbilder‹ vor Augen hat, die

ihm durch Identifikation und Imitation die *traurige Gewohnheit des Hasses* nahelegen.
Oft gelingt es dem heranwachsenden Hassenden auch, durch grimmiges Verhalten, durch Schimpfen und Fluchen, durch drohende Gebärden usw. *Furcht einzuflößen,* und sei dies auch nur bei Spielkameraden oder schwächeren Kindern; so erlebt er einen Machtrausch. Nun werden – wie die Behavioristen sagen – alle Verhaltensmuster beibehalten und ausgebaut, die Erfolg irgendwelcher Art bringen. Meistens macht der hassende Mensch die Entdeckung, daß er durch ›Aufplusterung‹ seines schwachen Ichs andere ›kleinmachen‹ kann. Auf dieser Spur schreitet er voran, wobei er bei jeder Minderung seines Selbstwertgefühls zum Haßgefühl rekurriert, welches ihm mit der Zeit zur unentbehrlichen *Droge* wird. Auch auf den Haßrausch haben wir bereits mehrmals hingewiesen.
Eine von kollektivem Haß erfüllte Welt muß auf viele Individuen stark prägend wirken. Daraus soll man aber nicht die Lehre ziehen, daß die Kultur den Haß nicht überwinden kann. Sie wird dies leisten, wenn die Eltern in der ›Kunst der Erziehung‹ besser geschult werden; wenn die Schulen nicht nur ›Stätten des (meist unbefriedigenden) Lernens‹, sondern auch ›Orte der Psychohygiene‹ sein werden; wenn die überwiegende Mehrheit der Bürger psychologisch geschult sein wird, so daß sie den Einflüsterungen der Haßideologen ihr Ohr verweigern kann; wenn der Kulturbetrieb nicht auf Profit und oberflächliche Unterhaltung, sondern auf die ›Menschwerdung des Menschen‹ hin orientiert wird usw.
Wir haben den Haß als ›verunglückte Entwicklung zur Reife‹ dargestellt, sozusagen als eine Verkrüppelung des Menschen, der als seelischer und sozialer Krüppel den ›Aufschwung zur Liebe‹ nicht vollbringt und in der bedrückenden Welt des Hasses steckenbleibt. Da Haßgefühle in unserer derzeitigen Kultur noch so weit verbreitet sind wie im Mittelalter (mit seiner Inquisition, seinen Hexenprozessen und Kreuzzügen) und im Altertum (mit seiner Sklaverei und seinen Menschenopfern), müssen wir annehmen, daß der Hebel zur eigentlichen Kulturförderung noch nicht gefunden wurde oder nicht richtig angewendet wird. Das *psychologische Verstehen der Haßdynamik* scheint eine Chance zur wirksamen Bekämpfung dieser Form der Unmenschlichkeit zu bieten; aber der Weg zu diesem Ziel ist lang und steinig.

Günther Köhnlein/Rüdiger Schlott

Angst

Weder vom Hunger, noch von der Liebe,
nicht von der Bösartigkeit,
einzig von der Angst
kommt alles Leiden in die Welt.
Brauchte man keine Angst zu haben,
wie schön wäre die Welt![1]

Dieser Ausruf in einer Erzählung von Leo Tolstoi scheint das Grundgefühl vieler Menschen wiederzugeben.
Unser Zeitalter ist von Angst geprägt. In den Nachrichten, in Zeitungen, Büchern, in tausendfältigen Alltagssituationen werden wir offen oder verdeckt mit Problemen und Konflikten konfrontiert, die in uns Angst wachrufen, auch wenn wir die Angst nicht immer als solche wahrnehmen. Ein Rückblick auf die Menschheitsgeschichte zeigt, daß Angst in vielen Mythen, Religionen, Sagen, Märchen, Liedern und Tänzen zum Ausdruck kommt. Wissenschaftliche Disziplinen wie Philosophie, Anthropologie, Psychologie, Medizin, Sozialwissenschaften haben ein reiches Wissen über Angst zusammengetragen.

Der Begriff der Angst

Dem Wortstamm nach verweist Angst auf ›Enge‹, wie wir sie im Hals oder Brustkorb verspüren. Nach der Sprachforschung wird der sprachliche Ausdruck für das Sich-bedroht-Fühlen auf eine alte indogermanische Sprachwurzel zurückgeführt: ›anĝh‹ bedeutet eng, einengen, schnüren. Das Wort ›Angst‹ stammt von dem lateinischen Begriff ›angustiae‹ und ist gleichbedeutend mit Enge, Beengung. Diese Beengung des Ängstlichen, die der Sprachbildung zugrunde liegt, läßt sich leicht nachvollziehen. Die große Bedeutung des Angstphänomens kommt auch im Wortschatz reichlich zum Ausdruck. Als sogenannte

›Angstwörter‹ werden in der Umgangssprache verwendet: Furcht, Bangen, Grauen, Entsetzen, Schrecken, Panik, Unruhe, Beklemmung, Unsicherheit, Ungewißheit, Unbehagen, Beunruhigung, Aufregung, Bestürzung, Flucht.

Vielfach wurde der Versuch unternommen, zwischen den Begriffen ›Angst‹ und ›Furcht‹ zu unterscheiden und ihnen verschiedene Gefühlsqualitäten zuzuschreiben. Furcht wird zumeist als Reaktion auf eine konkrete Gefahr, einen bedrohlichen Gegenstand oder eine einengende Situation verstanden, Angst dagegen als ein diffuser, emotionaler Zustand, der nicht auf eine direkte Ursache zurückgeführt werden kann.

»Die Angst weiß nicht, wovor sie sich ängstigt« (Heidegger). Furcht hat man vor etwas Konkretem, dem man ausweichen kann und auch zu entgehen versucht; in der Angst scheint die Situation jedoch ausweglos, so daß die Orientierung zusammenzubrechen droht. Furcht wird auch als ein gerichtetes Gefühl, Angst dagegen als eine umfassende, zustandsbedingte Stimmung oder Gestimmtheit bezeichnet.

Weitere verwandte oder benachbarte Begriffe zur Angst sind die ›Phobie‹ und der ›Streß‹. Bei immer mehr Menschen kristallisieren sich die Ängste an einem Punkt besonders heraus und verstärken sich zu panikartigen Zuständen. Dies wird als *Phobie* bezeichnet und tritt in Verbindung mit Lebewesen, Gegenständen, Orten, Zeiten oder Situationen auf. Dabei werden innere Ängste zum Zwecke der Entlastung nach außen verlagert, wobei die Steuerungsfähigkeit des Betreffenden verlorengeht. Manche Menschen haben Angst vor überfüllten Räumen (Klaustrophobie), dem Überqueren eines freien Platzes (Agoraphobie), vor Krankheit (Hypochondrie), vor Erröten (Erythrophobie), vor Krebs (Carcinophobie) u. a.

Der *Streß*, als Folgeerscheinung unseres schnellebigen und hochtechnisierten Wirtschaftssystems, kann dagegen eher mit ›Überforderung‹ gleichgesetzt werden. Der moderne Mensch wird mit zu starken und zu vielen Außenreizen konfrontiert, die an seinem Lebensnerv nagen und damit sein psychisches Gleichgewicht beeinträchtigen. Diese Überforderung kann durch Angst verursacht sein, etwa Angst vor beruflichem Versagen u. a. Des weiteren kann dieses Gefühl der Überforderung wieder neue Angst hervorrufen, z. B. die Angst, auf Grund des Stresses nicht so leistungsfähig zu sein wie andere.

Physiologie der Angst

In der Umgangssprache weisen verschiedene Ausdrücke und Redewendungen auf physiologische Begleiterscheinungen des Angstphänomens hin. Sie betreffen vor allem die Atmungs-, Herz- und Kreislauffunktionen: ›Blut schwitzen‹, ›sich verfärben‹, ›den Atem anhalten‹, ›die Kehle zuschnüren‹, ›das Herz beklemmen‹, ›zittern wie Espenlaub‹, ›zu Berge stehende Haare‹, ›die Nerven verlieren‹, ›kein Auge schließen‹, ›sterben vor Angst‹.

Angstzustände können sich in einer ›schillernden Maske‹ darstellen. Folgende seelische Symptome sind dabei zu registrieren: innere Unruhe, Nervosität, Spannung, Fahrigkeit, rasche Ermüdbarkeit, Scheintätigkeit, Erregungszustände mit sinnloser Flucht oder dranghaft-ziellosem Weglaufen bzw. psychomotorische Hemmung bis zu einem betäubungsähnlichen Zustand.

Die körperlichen und psychosomatischen Störungen, die mit Angstzuständen gekoppelt sind, machen sich noch vielfältiger bemerkbar: Herzbeschwerden aller Art, Atemnot, Würgegefühl im Hals, Schweißausbruch, Appetitlosigkeit (aber mitunter auch Heißhunger), vielfältige Magen-Darm-Störungen, insbesondere aber Durchfall, Nachlassen der sexuellen Leistungsfähigkeit, unregelmäßige Monatsblutung, Harndrang, Schlafstörungen, nächtliches Aufschrecken, Zittern, Muskelverspannungen, aber auch ›weiche Knie‹ bis zur Kollapsgefahr, Schwindelneigung sowie allgemeine Schwäche und Unsicherheit. Bei diesen Angstzuständen erweitern sich die Pupillen, der Mund wird trocken, die Haut blaß; Blutdruck und Blutzuckerspiegel steigen an. Bei einer emotionellen Erregung (Angst, Wut, Streß, depressive Verzweiflung, sexuelle Erregung usw.) werden u.a. die Hormone des Nebennierenmarks (Adrenalin, Noradrenalin) vermehrt ins Blut ausgeschüttet. Diese ›Notfall-Reaktion‹ (Cannon) befähigt den Organismus bei drohender Gefahr zu außerordentlichen Leistungen, z.B. zu Kampf oder Flucht.

Die Angst als wichtiges Gefahrensignal bedeutet physiologisch eine Aktivierung des sympathischen Nervensystems, wobei gleichzeitig die Funktionen des Parasympathikus, d.h. des vegetativen Beruhigungsmechanismus, zurückgedrängt werden.

Ähnliche Körperreaktionen sind bei Flucht, Aggression und Streß zu beobachten.

Phänomene der Angst

Von den möglichen Überlebensstrategien, also den Umgangsformen mit der Angst, sind die Fluchttendenz des ›Angsthasen‹ und das Anklammerungsverhalten des ›Heimchens‹ besonders charakteristisch.

Im Volksmund wird die ständige Fluchtbereitschaft, ein permanentes Bedrohtheitsgefühl als wesentliche Eigenschaft des ängstlichen Hasen hervorgehoben und auf den Menschen übertragen. Der Hase als Symbolfigur menschlicher Ängstlichkeit begegnet uns auch in der Literatur. In einer Fabel von La Fontaine heißt es:

Ein Häslein ruht in wachem Traum –
was tut man, wenn man ruht?
Man träumt in halbem Schlummer,
vor Langeweile wußt' es sich zu retten kaum;
es ist ein armes Tier
und ew'ge Furcht sein Kummer.
»So'n furchtsam' Wesen«, hub es an,
»ist wahrlich doch recht übel dran!
Kaum wagt zu essen man
mit Lust 'nen guten Bissen!
Kein reines Glück! Fürwahr,
das Schicksal, das mich traf, ist hart:
von ew'ger Angst gehetzt und fortgerissen,
gönn' nur mit offnem Aug'
ich mir das bißchen Schlaf!«[2]

Das Leben als Wachtraum, der von dem Gefühl ständiger Bedrohung geprägt ist, scheint das Los des ängstlichen Menschen zu sein. Schon morgens früh beim Aufstehen ist die Angst da und begleitet ihn in all seinen Handlungen den ganzen Tag. Er scheint ständig auf mögliche Gefahren zu horchen und möchte gern alle Faktoren, die eine Situation bestimmen, unter Kontrolle haben. Schon andeutungsweise Ungewohntes und leichte Zeichen von Veränderung erschrecken ihn. Standhalten, Spannungen zu ertragen oder Auseinandersetzungen zu wagen ist nicht seine Sache.

Der Gegenpol zur Fluchttendenz sind das Anlehnungsbedürfnis und die Anklammerungsversuche des Ängstlichen an einen Stärkeren, die oft mit Verschmelzungswünschen verbunden sind. Der Ängstliche fühlt sich unfähig, anstehende Entscheidungen selbst zu treffen. Seine überall demonstrierte Hilflosigkeit verführt seine Mitmenschen dazu, ihm alles abzunehmen. Diese Form des Angsterlebens wird von Fritz Künkel sehr eindrücklich als Typ des ›Heimchens‹ charakterisiert. Charakterzüge wie Willfährigkeit, Anschmiegsamkeit, Zärtlichkeit, Schmeichelei, aber auch Weinerlichkeit und fortwährendes Kränkeln sind beim Heimchen-Typ sehr ausgeprägt. Diese werden unbewußt als ichhaftes diplomatisches Mittel benutzt, um Bequemlichkeiten und Herrschaftsansprüche durchzusetzen. So schmeichelt das kindliche Heimchen dem Vater Vergünstigungen ab oder flieht zur Mutter, wenn der Vater es streng abweist. Das Heimchen schläft unruhig, fühlt sich bedroht, ißt schlecht und quält sich (gern) mit Sorgen. Da es seine Leidensfähigkeit intensiv trainiert, empfindet es Schmerzen tatsächlich stärker und kann sie deshalb auch schwerer ertragen. Nach Künkel lautet das zentrale Motto des Heimchenverhaltens: »durch ichhaftes Leiden zum ichhaften Ruhm bzw. Erfolg«. Damit aber die Umwelt sich nicht an das Leiden des Heimchens gewöhnt und ihre Aufmerksamkeit deshalb nachläßt, muß es seine Leidensäußerung immer mehr verstärken:

> Je mehr es auf die Hilfe der Mitmenschen angewiesen ist, um so mehr leidet es unter der Angst, daß diese Hilfe einmal ausbleiben könnte. Je mehr es unter dieser Angst leidet, um so weniger kann es selbst seine Kräfte entwickeln, die ihm etwa noch erlauben könnten, ohne fremde Hilfe auszukommen. Je weniger es seine Kräfte entwickelt, um so mehr ist es auf fremde Hilfe angewiesen und um so größer wird die Angst. Das ist der Teufelskreis![3]

Ängste sind jedoch nicht immer so deutlich wahrnehmbar wie beim Angsthasen oder Heimchen. Sie treten häufig in ›verkleideter‹ Form auf, eine Tatsache, die das Erkennen der dahinter verborgenen Ängste sichtlich erschwert. Solche Äußerungsformen von Angst können sein: Depression, Zwanghaftigkeit, Trotz, Aggression und psychosomatische Erkrankungen. Schon Sören Kierkegaard sprach davon, daß die menschliche Angst sich hinter ›unzähligen Fälschereien‹ verbergen könne. So kann einer hypochondrischen Körperangst ein komplizierter neurotischer Konflikt zugrunde liegen.

Formen der Angst

Ängste treten in verschiedenen Bereichen des täglichen Lebens auf. Besonders deutlich zeigen sie sich, wenn soziale Beziehungen in Mitleidenschaft gezogen werden. Im partnerschaftlichen Bereich ist das etwa der Fall, wenn ein junger Mann sich vor einer engen Bindung ängstigt, seine Freundin die Beziehung aber sehr nah und symbiotisch gestalten möchte. Die Beziehungsangst kann ihn zur Trennung oder zum Rückzug von der Partnerin veranlassen, die dann das Gefühl hat, immer hinter ihm herrennen zu müssen, um ihm wenigstens etwas Liebe abzuringen.

Häufig kommen ängstliche Menschen aus Familien, in denen Krankheit, Leiden und ein Gefühl des Bedrohtseins eine große Rolle gespielt haben. In solchen *Sanatoriumsfamilien* (Richter) erhalten die Kinder ein ausgiebiges Angsttraining. Sie lernen Tag für Tag, wie angstbesetzt die Welt ist, und daß man vor Gefahren nie genug auf der Hut sein kann. Das prägt ihre Beziehung zur Außenwelt, zu den Mitmenschen, und sie laufen Gefahr, sich auf dem Wege ›sich-selbst-erfüllender-Prophezeiungen‹ ihre ängstlichen Erinnerungen, Gedanken, Gefühle und Träume zu bestätigen. Eine ähnliche Angstdynamik läßt sich auch bei Familientypen feststellen, in denen die Familie als ›Festung‹ gegenüber der Außenwelt verteidigt wird oder in der die Familie ein permanentes ›Theaterspiel‹ inszeniert, um die ›wahren‹ Ängste zu verbergen. Diese pathologischen Familienstrukturen wirken angstproduzierend, und durch die permanente Wiederholung graben sich diese Ängste tief in das Seelenleben ein.

Im beruflichen Bereich sind sehr häufig Versagens-, Rivalitäts- und Autoritätsängste anzutreffen. Durch zunehmende Rationalisierung, Automatisierung und Entfremdung geht auch die Orientierung am Arbeitsplatz und das Gefühl für den Sinn der Arbeit verloren. Die verstärkte Bedrohung durch Arbeitslosigkeit äußert sich bei vielen Menschen als Verlustangst. Darüber hinaus gibt es eine Reihe von Ängsten, durch die Menschen sich in ihrer Existenz bedroht fühlen: Atomkraft, wirtschaftliche Rezession, Krieg, ökologische Krise, Krankheit, Sinnleere, Alter und Tod. Solche existentiellen Ängste werden weitgehend verdrängt und führen oft zu Konsumzwang oder Alkoholismus. Die Grundstimmung der Angst bleibt jedoch erhalten.

Wirkung der Angst

Nachdem wir nun unterschiedliche Phänomene der Angst aufgezeigt haben, stellt sich die Frage, welche Auswirkungen Ängste auf den Menschen haben. Ein Großteil der menschlichen Ängste werden über Lernprozesse erworben. Daneben gibt es Schreck-Angst-Reaktionen auf plötzlich auftretende, intensive und neue Reize, die auf Grund von angeborenen Reflexen ablaufen. Als Beispiel für erlernte Ängste ist in der Psychologie der Fall des ›kleinen Albert‹ berühmt geworden. Er hatte bis zum Alter von neun Monaten keine Angst vor weißen Ratten oder Kaninchen. Im Zuge des Experiments ließ man bei seinem Spiel mit einer weißen Ratte einen lauten Gongschlag ertönen, der bei Albert eine Schreckreaktion auslöste. Nach mehrmaliger Wiederholung reagierte Albert schon beim Anblick von Ratten mit einer Schreck-Angst-Reaktion. Hier ist Angst systematisch erlernt worden, was in der Lerntheorie als *klassisches Konditionieren* bezeichnet wird. Albert zeigte diesen Angstreflex jedoch nicht nur bei Ratten, sondern auch bei Objekten, die an ein Rattenfell erinnerten. Es hatte also eine *Reizgeneralisierung* stattgefunden.

Sicherlich werden Ängste nicht nur durch solche Schreckreize gelernt, sondern auch durch Beobachtung, Informationen (Schreckensmeldungen in den Medien) oder durch Identifikation mit den Erziehungspersonen.

Angst beeinträchtigt die intellektuelle *Lernleistung*. Je mehr Angst jemand hat, desto niedriger ist seine Lernleistung. Das Sprichwort ›Angst macht dumm‹ hat seine Berechtigung.

Angst wirkt auch realitätsverzerrend auf die soziale *Wahrnehmung*. Je stärker die durch Angst hervorgerufene Ich-Schwächung ist, desto größer ist auch das Ausmaß der Realitätsverkennung. So wurde z. B. bei experimentellen Untersuchungen festgestellt, daß mit zunehmender Ängstlichkeit die Körpergröße eines Gegenübers überschätzt und die eigene Größe unterschätzt wird.

Auch auf die *Motivation* hat Angst einen entscheidenden Einfluß. Menschen, die durch Erfolge im Leben ein gewisses Selbstvertrauen erworben haben, halten sich für fähig, neue Aufgaben zu bewältigen. Ängstliche Menschen interpretieren Mißerfolge dagegen als eigene Unfähigkeit und Erfolge als Zufallsergebnis. So geraten sie schnell in einen Teufelskreis, da

Mißerfolg das Selbstwertgefühl beeinträchtigt. Dadurch wird das Angstniveau und damit die Wahrscheinlichkeit erhöht, auch bei zukünftigen Aufgaben zu versagen.
Ebenso blockiert Angst das fundamentale *Neugier- und Erkundungsverhalten* und bremst damit den entscheidenden Antrieb für das Lernen. Ängstliche Menschen halten sich eher in gesicherter Umgebung auf und beschäftigen sich lieber mit ihren alltäglichen Dingen, anstatt neue Wege zu beschreiten. Bei Untersuchungen von Säuglingen ließ sich schon feststellen, daß liebevoll umsorgte Babys ein intensiveres Neugierverhalten zeigen als vernachlässigte. Je mehr Sicherheit und Angstfreiheit ein Kind erlebt, desto größer ist sein Interesse an der Erkundung seiner Umwelt und damit seine Bereitschaft zu lernen.
Ängstigende Reaktionen wichtiger Bezugspersonen wie Ablehnung, Tadel, Kritik u.a. beeinträchtigen bei häufigerem Auftreten das *Selbstwertgefühl* und wirken in Zukunft leistungshemmend und verunsichernd. Andererseits verstärkt ermunterndes Verhalten das Selbstvertrauen und damit auch das Leistungsvermögen.
Angst ist ein altbekanntes und bewährtes Mittel zur sozialen und psychischen *Unterdrückung* von Menschen.
Für das Verständnis von Neurosen gilt Angst als wichtigster Grundzug: ohne Angsterlebnisse gibt es auch keine Neurose. So würde ein eher angstfreies Klima auch die Voraussetzungen für die Entstehung von Neurosen vermindern. Aus dieser wesentlichen Erkenntnis sollten möglichst viele Menschen die Konsequenz ziehen, sich um individuelle und kollektive Angstverminderung in der Gesellschaft zu bemühen.

Tiefenpsychologische Aspekte zur Angstproblematik

Die tiefenpsychologische Forschung hat das Verständnis des Angstphänomens wesentlich vertieft.
Angst ist eine lebenswichtige Warnfunktion für den Menschen. Sie ist ein Signal, bei drohender Gefahr situationsgemäß zu reagieren. Ohne diesen Angstimpuls wären die Menschen blind für gefährliche Situationen und würden – in extremen Fällen – sogar ihr Leben riskieren.

Psychoanalytische Theorie der Angst

Die Signalbedeutung der Angst wurde von Sigmund Freud in seinem Aufsatz ›*Hemmung, Symptom und Angst*‹ (1926) hervorgehoben. In diesem Text stellt Freud einen engen Zusammenhang zwischen Angst und Kastrationsfurcht her. Die Angst vor der Kastration, welche gleichzusetzen ist mit Angst vor Verlust, Einschränkung oder auch der Trennung von Bezugspersonen, verknüpft Freud mit dem Trennungserlebnis bei der Geburt.

Nach Freuds anfänglicher Vorstellung galt die Triebsphäre als angstauslösend. Später modifizierte er seine Auffassung. Danach reagiert das *Ich* auf jede Gefahr, indem es Angst als Signal produziert, um sich vor noch größerer Angst zu schützen. Grundlage für die Signalwirkung ist die Gefahr einer traumatischen Situation mit dem Kernerlebnis der Hilflosigkeit (wie die Reizüberflutung bei der Geburt). Freud schreibt hierzu:

Ich erwarte, daß sich eine Situation von Hilflosigkeit ergeben wird, oder die gegenwärtige Situation erinnert mich an eines der früher erfahrenen traumatischen Erlebnisse. Daher antizipiere ich dieses Trauma, will mich benehmen, als ob es schon da wäre, solange noch Zeit ist, es abzuwenden. Die Angst ist also einerseits Erwartung des Traumas, andererseits eine gemilderte Wiederholung desselben.[4]

Freud unterscheidet drei Quellen der Angst, die für das Ich bedrohlich werden können. Die erste Quelle ist die Triebbasis (*Es*), alle Bedürfnisse und Wünsche, die nach dem Lust-Unlust-Prinzip auf Befriedigung drängen. Die zweite Quelle ist das *Über-Ich*: bei Gedanken und Handlungen, die nicht mit den Normen moralischen Verhaltens übereinstimmen, produziert das Gewissen Schuld- oder Schamgefühle. Eine dritte Gefahr geht von der äußeren Realität aus, die bedrohliche Situationen schaffen kann (*Real-Angst*). Das *Ich* des Menschen befindet sich in einer verzwickten Lage, denn es soll ›drei Herren‹ gleichzeitig dienen, deren Forderungen und Ansprüche nicht immer in Einklang zu bringen sind. So ist es verständlich, wenn Menschen denken bzw. ausrufen:

Das Leben ist nicht leicht! Wenn das Ich seine Schwäche einbekennen muß, bricht es in Angst aus, Realangst vor der Außenwelt, Gewissensangst vor dem Über-Ich, neurotische Angst vor der Stärke der Leidenschaften im Es.[5]

Der Real-Angst (angesichts eines bissigen Hundes etwa) kann man sich durch Flucht entziehen. Bei der neurotischen Angst aber handelt es sich um eine Gefährdung von innen (Triebimpuls), die nicht erkannt wird und daher unverständlich bleibt. Hier muß das Ich seelische Abwehrmechanismen wie Verdrängung, Projektion, Verschiebung usw. ausbilden, um das innere Gleichgewicht zu bewahren.

Nach der Freudschen Auffassung zur Charakterentwicklung hängen alle Charakterkonstellationen von der Libidoentwicklung in der frühen Kindheit ab. Je nachdem, wo die Libido (seelische Energie) fixiert wurde oder wohin sie ›regredierend‹ zurückflutete, entwickeln sich Charakterzüge, die allesamt als Reaktionen auf Triebkonstitutionen und Triebschicksale angesehen werden. In der frühesten, der *oralen* Phase, entwickelt der Säugling bei gutem Kontakt zur betreuenden Mutter ein ›Urvertrauen‹ (Erikson). In dieser Zeit der vollkommenen Hilflosigkeit und Abhängigkeit ist für das Kind das Weggehen und das mögliche Nichtmehrwiederkommen der Mutter eine mächtige Angstquelle (Angst vor Objektverlust, Trennungsangst). Bei ungenügender Betreuung kann schon jetzt die Prägung auf ein umfassendes Mißtrauen erfolgen. Im späteren Leben kann solches Mißtrauen in Belastungssituationen zum völligen Kontaktabbruch zu Mitmenschen und zur realen Welt insgesamt führen. Eine Einschüchterung durch die Eltern in der analen Phase, wenn die Erziehung des Kindes zu Ordnung und Sauberkeit ansteht, führt dazu, daß die Gedanken stets um den Konflikt zwischen Gehorsam und Auflehnung, Hingabe und Selbstbehauptung, Trotz und Passivität kreisen. Im Ringen mit den Eltern um Anpassung und erste Anzeichen von Selbstbehauptung gelten oft Strafe oder Entzug der Zuwendung als Erziehungsmittel, was zu Angst vor Liebesverlust beim Kind führt. In der phallischen Phase steht die Entdeckung des Körpers, des Geschlechtsunterschieds und der spezifischen Rollenverteilung im Mittelpunkt. Hier kommt Freuds Theorie von der Kastrationsangst zentrale Bedeutung zu. Der Knabe erlebt ein starkes Liebesgefühl gegenüber der Mutter und sieht den Vater als Rivalen an, den er zu beseitigen wünscht, um die Mutter allein zu besitzen (Ödipuskomplex). Gleichzeitig entwickelt das Kind eine starke Angst, der Vater könne es dafür mit Kastration bestrafen.

Die Dynamik dieser Kastrationsangst wird in der Freudschen

Fallstudie über den ›kleinen Hans‹ besonders deutlich. Der kleine Hans weigert sich, auf die Straße zu gehen, weil er fürchtet, vom Pferd gebissen zu werden. Zugrunde liegt ein ›Ambivalenzkonflikt‹: eine eifersüchtige und feindselige Ödipuseinstellung zu seinem Vater, den er gleichzeitig liebt. Der feindselige Impuls gegen den Vater muß verdrängt werden, weil Hans mit ihm zusammen lebt und sonst dauernd mit seiner Angst konfrontiert wäre. Eine Entlastung im Verhältnis zum Vater entsteht durch eine Verschiebung: Hans fürchtet nicht mehr, vom Vater kastriert zu werden, sondern er hat nun Angst, vom Pferd gebissen zu werden. Die Angst des kleinen Hans wird dadurch erheblich reduziert, daß er nur noch die Situationen zu vermeiden hat, in denen er einem Pferd begegnen könnte (vgl. S. Freud, *›Studienausgabe‹* Bd. VI, 1980, S. 268).
Die Verarbeitung des unausweichlichen Ödipuskonflikts ist für den weiteren Verlauf des Reifungsprozesses entscheidend. Positiv gelungen ist die Konfliktbewältigung, wenn der Knabe seine Rivalitätsgefühle gegenüber dem Vater aufgeben kann und ihm, als seinem Vorbild, nacheifert (*Identifikation*). Die Angst vor der drohenden Kastration setzt sich in diesem Fall in Über-Ich-Angst fort und wird so zur sozialen oder Gewissensangst.

Neopsychoanalytische Ansätze zur Angsttheorie

Freuds Auffassung der Angst wurde von verschiedenen Autoren weiterentwickelt und differenziert, die zur sogenannten Neopsychoanalyse zählen, wie Harry Stack Sullivan, Harald Schultz-Hencke, Karen Horney u. a.
Gemäß diesen Autoren kann Angsterfahrung im frühesten Säuglingsalter verheerende Folgen haben. Ist die Mutter ängstlich, so wird sich diese Angst beim Stillen auf ihr Kind übertragen; umgekehrt wird die ängstliche Reaktion des Säuglings wiederum ihre Angst verstärken. Diese Gefühlsansteckung (Empathie) zeigt, daß Angst als Niederschlag von mißlungener Interaktion angesehen werden kann. Störung durch Angst in der allerersten Phase führt zur Ausbildung des schizoiden Charakters, dessen Merkmale grundsätzlich Mißtrauen und Distanz gegenüber den Mitmenschen sind. Wird diese Angster-

fahrung in späteren Entwicklungsphasen nicht ausgeglichen, kann es zu einer allgemeinen Angstanfälligkeit Menschen gegenüber kommen.
Jeder Mensch wünscht sich, seine Ängste zu mildern oder gar ganz zu vermeiden. Harry Stack Sullivan sieht dieses Bedürfnis als Streben nach interpersonaler Sicherheit an und hebt besonders hervor, daß die Verankerung in guten zwischenmenschlichen Beziehungen den besten Angstschutz darstellt. Die gedankliche Vorwegnahme negativer Beurteilung durch andere oder allein schon die Erwartung bestimmter Reaktionen haben Einfluß auf die unmittelbare Zukunft und die Handlungsmöglichkeiten des Menschen. Daher spielen Angst und das Maß der Selbstachtung eine bestimmende Rolle. Sie können geändert werden, wenn wichtige Beziehungspersonen eine angemessene Erziehung zum Leben durchführen oder im Rahmen einer Therapie eine Nacherziehung ermöglicht wird, in der Erfahrungsdefizite aufgeholt werden können.
Das Ergebnis frühkindlicher Störungen läßt sich auch mit Harald Schultz-Hencke als eine *Hemmung* im intentionalen Bereich beschreiben. Bei jedem Menschen kann man Antriebe unterscheiden, die entwicklungsgeschichtlich einsetzen und in der Erziehung gefördert oder gehemmt werden.
Neben dem Antrieb des ›Geben-Wollens‹ und des ›Gelten-Wollens‹ ist beim Angstcharakter besonders das *›Haben-Wollen‹* gehemmt; er traut sich nicht, durchaus berechtigte Wünsche anzumelden. Er kann nicht ›haben‹ und nicht ›erwerben‹, statt dessen weist sein Persönlichkeitsaufbau an diesen Stellen Lücken auf (oral-kaptative Hemmung nach Schultz-Hencke). Die mangelnde Initiative und die Unselbständigkeit des ängstlichen Menschen ziehen Folgeerscheinungen wie Riesenansprüche und Bequemlichkeit nach sich. Die Angst kann verdrängt sein und nur als ›Antriebssprengstück‹ erwachen, sobald in sogenannten Schwellensituationen wie Schuleintritt, Pubertät, ersten Liebesbeziehungen, Berufseintritt, Ehe neuartige Situationen entstehen, die intensive Angst aus dem unkontrollierten Inneren hervorrufen. Die Hemmung des ängstlichen Menschen geht oft einher mit mangelnder Menschenkenntnis, mangelnder Selbsterkenntnis, Vorurteilen und einer feindseligen Lebenseinstellung. Sind diese Unangepaßtheiten einmal ausgebildet, so zementieren sie ihrerseits die Angst.
In Anlehnung an die Antriebslehre von Schultz-Hencke hat

Fritz Riemann anschaulich sogenannte Grundängste beschrieben, die er verschiedenen Charakterstrukturen zuordnet. Besonders leicht erkennbar ist die Angst des depressiven Menschen. Er fürchtet nichts so sehr wie die Distanz zu den Mitmenschen. Daher versucht er in Gefühlsbeziehungen immer die größtmögliche Nähe herzustellen (Symbiose). Jede Entfernung von seinem Partner wird mit Angst beantwortet. Ist er allein, fühlt er sich verlassen, Depression und Verzweiflung stellen sich ein. Die ausgeprägten Trennungs- und Verlustängste des depressiven Menschen lassen sich auf eine übergroße Abhängigkeit in der Mutter-Kind-Beziehung zurückführen. Seine Grundstimmung ist eine pessimistische Lebenseinstellung, die auch seine Ich-Werdung verhindert. Weil er Individuation als Isolation empfindet, versucht er, alles aufzugeben, was ihn von anderen unterscheidet. Die Verlustangst tritt in seinem Erleben besonders hervor, von der zugrunde liegenden Angstdynamik weiß er zumeist nichts.

Der in der Tiefe aufgestaute Haß und Neid, den sie nie zu äußern wagen, kann ihr ganzes Lebensgefühl vergiften oder muß in immerwährenden Selbstanklagen und Selbstbestrafungen abgesühnt werden. Solange sie versuchen, die Angst vor der Ich-Werdung dadurch zu vermeiden, daß sie immer mehr auf ihr Eigen-Sein verzichten, ist die Situation unlösbar. Was hier helfen kann, ist nur das Wagnis, ein eigenständiges Individuum zu werden.[6]

Das Angsterleben tritt bei den anderen Charakterstrukturen nicht so offen zutage. Der *schizoide* Mensch fürchtet sich im wesentlichen vor Hingabe, der *zwanghafte* hat Angst vor Veränderungen, und der *hysterische* Charakter kann Verbindlichkeit und Festgelegtsein nicht ertragen. Angst ist für all diese Charaktere eine spezifische Ohnmachtserfahrung. Ihnen fehlt ein ausgewogenes Verhältnis zu den polaren Bestrebungen des Lebens wie Hingabe und Selbständigkeit, Verbindlichkeit und Flexibilität.

Das Bedürfnis, alle Menschen für sich zu gewinnen, und zwar durch Unterordnung, durch Sich-Anlehnen, durch Bestätigung und Harmonie, wird von Karen Horney als Kennzeichen des *nachgiebigen, selbstverleugnenden* (masochistischen) Charakters beschrieben. Er versucht stets, den Erwartungen der anderen gerecht zu werden, liebenswürdig, einfühlsam und rücksichtsvoll zu sein; kämpferische Züge wie Ehrgeiz, Macht- und

Überlegenheitsstreben sind stark unterdrückt. Seine verminderte Durchsetzungsfähigkeit glorifiziert er als Tugend, indem er in seiner Selbstidealisierung Züge von Selbstlosigkeit und Friedfertigkeit bis hin zum Märtyrertum entwickelt. Um sich diesen Idealen anzunähern, verkleinert er sich und gerät in eine demonstrativ dargestellte Hilflosigkeit. Da er feindselige Regungen in sich nicht zulassen kann, wird er schließlich ein Opfer seines Selbsthasses. Kämpferischen Menschen gegenüber empfindet er moralische Überlegenheitsgefühle, spürt aber selbst, daß er seinem Idealbild nicht genügen kann. So ist er in seinem tiefsten Inneren stets unzufrieden, unglücklich und in sich gespalten.
Daher sucht er die Lösung seiner inneren Konflikte bei anderen Menschen, insbesondere beim Liebespartner. Er lebt nach dem Motto: »Wenn ich nur einen Menschen finden könnte, der mich liebt, dann wäre alles in Ordnung.«
Horney betrachtet diesen Weg jedoch als Scheinlösung:

Die falschen Voraussetzungen bestehen darin, daß er sein Bedürfnis nach Liebe und alles, was damit zusammenhängt, für die echte Fähigkeit zu lieben hält, und daß er die aggressiven und destruktiven Tendenzen völlig außer acht läßt. Er klammert... den ganzen neurotischen Konflikt aus. Er erwartet, die schädlichen Folgen der ungelösten Konflikte loszuwerden, ohne irgend etwas an den Konflikten selbst zu ändern – eine Haltung, die für jeden neurotischen Versuch einer Lösung typisch ist.[7]

Individualpsychologie der Angst

Für die Individualpsychologie hat das Phänomen Angst eine allgemeine und eine spezifische Bedeutung. Einmal verwendet Alfred Adler den Begriff Angst im Sinne des Angst-Affekts, der deutlich empfunden wird wie etwa im Falle der Phobie. Im weiteren Sinne erklärt er, daß die Angst nichts weiter sei als die Furcht, als wertlos beurteilt zu werden oder die Furcht vor der Niederlage. Solche Angst ist für ihn *gesteigertes Minderwertigkeitsgefühl,* und die sich daraus ergebenden Folgen nennt er ›das Gefühl, in Feindesland zu leben‹ und ›das Gefühl der Unsicherheit und Unvollkommenheit‹. Viele andere Begriffe verweisen auf die Angst, so Schwäche-, Unsicherheits-, Entwertungs-, Ohnmachtsgefühl u.ä. Auch die Kompensations-

formen wie Geltungs-, Dominanzstreben und Herrschaftstendenzen sind Indiz der Lebensangst.
Die Erkenntnis der Zielgerichtetheit des Seelenlebens ist ein wesentliches Verdienst von Adler. Die finale Dynamik der Angst liegt darin, daß sie

> durch den Endzweck bedingt ist, sich einer Herabsetzung des Persönlichkeitsgefühls zu entziehen, andere Personen dienstbar zu machen und sich durch eine entsprechende Einfühlung in die ängstliche Stimmung von den Forderungen des Lebens entheben zu lassen. Die Angst stellt eine durchaus intelligente Funktion dar, die wie die ganze Lebensaktion in einem Teil das Streben darstellt, aus einer Phase des Minderwertigkeitsgefühls zur Überlegenheit zu gelangen.[8]

Der von Angst irritierte Mensch wird versuchen, seine Unterlegenheitsposition nicht mehr durch kooperative Beitragsleistungen für die Mitmenschen zu kompensieren, sondern in einer Wendung gegen sie. Je intensiver die Ängste sind, desto verstiegener und irrealer wird sein Persönlichkeitsideal. Er ordnet alle Eindrücke im zwischenmenschlichen Bereich nach den Kategorien ›oben–unten‹, ›überlegen–unterlegen‹ ein. Zu einem Leben in Gleichberechtigung ist er nicht fähig; so verlegt er sich auf Dominanzstreben, das er über permanent zur Schau gestellte Schwäche realisiert. Schweigen, Bravheit, Unterwürfigkeit, Schüchternheit oder Faulheit zwingen seine Umgebung zur Anteilnahme. Der ängstliche Mensch flieht vor den Anforderungen des Lebens mit der Absicht, seine Selbstachtung aufrechtzuerhalten. So kann er den Eindruck vermitteln, viel tüchtiger zu sein als er wirklich ist; dieses Rollenspiel ist seine Lebenslüge. Er muß sich dauernd vor Prestigeverlust schützen. Pessimistische Erinnerungen während des Tages und Angstträume in der Nacht dienen dazu, die ängstliche Stimmung zu erhalten.
Bei Kindern wird die Angst besonders deutlich, wenn man sie nachts allein läßt oder das Licht ausmacht. Sie versuchen alles mögliche in Szene zu setzen, um dieser Situation zu entgehen. Dabei zeigt sich, daß Angst eine wirksame Waffe sein kann, mit der man die Eltern beherrschen kann.

> Das Kind äußert noch weitergehende Wünsche, verlangt, man solle Licht machen, bei ihm bleiben, mit ihm spielen u. dgl. Solange man folgt, ist die Angst wie weggeblasen. In dem Augenblick aber, wo dieses Herrschaftsverhältnis bedroht erscheint, tritt sie wieder auf und befestigt die Herrschaft des Kindes von neuem.[9]

Auch im Leben von Erwachsenen lassen sich solche verborgenen Zielsetzungen studieren. Einer Platzangst liegt die verdeckte Überzeugung zugrunde:

Ich darf nicht zu weit gehen. Ich darf mich nur in vertrauten Verhältnissen bewegen. Das Leben ist voll von Gefahren, ich muß mich hüten, ihnen zu begegnen.[10]

In der Seele solcher Menschen wird das Gefühl nie stumm, sie seien das Ziel feindlicher Verfolgung. Sie haben oft den Eindruck, irgend etwas unterscheide sie deutlich von anderen Menschen.

Die Angst herunterzufallen (Höhenangst) deutet Adler dahin, daß diese Menschen sich im Vergleich zu anderen als sehr hoch oben stehend fühlen. So schwingt bei vielen Formen der Angst immer wieder dasselbe Ziel von Macht- und Überlegenheitsstreben mit.

Denn bei vielen Menschen bedeutet die Angst nichts anderes, als daß jemand da sein muß, der sich mit ihnen beschäftigt. Wenn nun gar jemand das Zimmer nicht mehr verlassen kann, muß sich alles seiner Angst unterordnen. Durch das den andern auferlegte Gesetz, daß alle andern zu ihm kommen müssen, während er zu niemand zu kommen braucht, wird er zu einem König, der die andern beherrscht.[11]

Nicht nur in einer Demonstration der Schwäche läßt sich Angst diagnostizieren, sondern auch in verdeckenden, verschleiernden Charakterzügen. Angst und Aggression gehören zusammen; aus Furcht vor Unterlegenheit entwickeln viele Menschen kämpferische Züge wie Eitelkeit, Eifersucht, Neid, Geiz, Launenhaftigkeit, Boshaftigkeit, Spott und Ironie. Der ängstlich-aggressive Mensch kann auf Grund eines irrealen Vollkommenheitsmaßstabs vor sich selbst nicht bestehen. Verdeckte Selbstzweifel werden oft durch gegen die Mitmenschen gerichtete Haltungen wie Entwertung, Rechthaberei, Ärger und Wut verschleiert. Diese charakterlichen Fehlhaltungen sind nach Adler Reaktionen auf eine unsachgemäße Erziehung in der Kindheit. Verwöhnung und Härte bringen einen entmutigten, zu Passivität und Unproduktivität neigenden Menschen hervor, der in egozentrischem Überlegenheitsstreben seine Ichschwäche und Ängste zu kompensieren sucht.

Für Adler wird Angstfreiheit nur durch die Ausbildung von Gemeinschaftsgefühl erreicht:

Aufgehoben kann die Menschenangst nur durch das Band werden, welches den einzelnen mit der Gemeinschaft verknüpft. Nur der wird ohne Angst durchs Leben gehen können, der sich seiner Zugehörigkeit zu den anderen bewußt ist.[12]

Das Problem der existentiellen Angst

Seit Kierkegaard, Heidegger und Jaspers ist die Unterscheidung von Angst und Furcht als Zugang zum Phänomen der Angst geläufig. Furcht gilt als gegenstandsbezogen, Angst dagegen als eine gegenstandslose Stimmung oder Befindlichkeit. Gerade Heidegger betont, das Wagnis, die eigene Individualität zu entwickeln und auszubauen, sei mit Angst verknüpft. Der Mut zum Ich-selbst-Sein ist das Bestehen existentieller Angst, welche mit der Loslösung von der außengeleiteten Existenzweise, in die man als Kind hineinwächst, verbunden ist.

Manche Autoren (vgl. zum Folgenden u.a.: W. Schulz, 1977, S. 13ff.) meinen, daß es in der Geschichte verschiedene Intensitätsgrade von Angst gegeben hat. So soll in der klassischen Antike Existenz- und Weltangst, wie sie die Neuzeit kennzeichnet, noch unbekannt gewesen sein. Der Furchtaffekt, der nach Platos Auffassung durch die sittliche Tugend der Tapferkeit überwunden werden konnte, erschütterte nicht das grundsätzliche Vertrauen in die göttliche Ordnung des Kosmos. Erst mit dem Aufkommen der Gnosis und des frühen Christentums brach sich eine abgründige Weltangst Bahn: die Welt galt als von Dämonen besessen, die mit Gott im Streit um die Herrschaft über Welt und Menschen lagen. Nun war es notwendig, daß Kirche und Staat eine neue, sichtbare Ordnung schufen, die dem Menschen Zuversicht und Zuflucht bot. Als göttliche Institutionen sanktioniert, verkörperten sie bis zum Ausgang des Mittelalters eine festgefügte Welt- und Lebensordnung. Mit dem Aufkommen der Reformation wurde die Einzigartigkeit des bislang gültigen Heilsweges für den Menschen erschüttert. Die Erfahrung, daß Glauben relativierbar ist, untergrub das Vertrauen in vorgegebene Ordnungen; der Weg war frei für den universalen Zweifel eines Descartes. Die kosmologischen Entdeckungen von Galilei wiesen der Suche nach Weltvertrauen neue Wege: die Welt wurde als berechenbar und als technisch relativ beherrschbar erfahren. Der Mensch machte sich, auf die eigene Kraft vertrauend, zum Schöpfer von Sinn und Ordnung. Das Vertrauen in den unaufhaltsamen Fortschritt ersetzte die einstige Geborgenheit in traditionellen Lebensformen. Mit zunehmender Entwicklung von Naturwissenschaft und Technik im 19. Jahrhundert verbreitete sich zwar die Fortschrittsidee immer mehr, dem mit technischem Fortschritt verbundenen Machtzuwachs standen aber Ohnmachts-, Isolations- und Sinnlosigkeitsgefühle beim einzelnen gegenüber. Mit fortschreitender Industrialisierung war Nivellierung und Vermassung verbunden, gegen die einzelne Denker rebellierten. Hegels Meinung:

»Was wirklich ist, das ist vernünftig,
und was vernünftig ist, das ist wirklich«[13],

galt nicht mehr.
Der dänische Philosoph und Theologe Sören Kierkegaard schuf in der Auseinandersetzung mit Tradition und eigenem Erleben eine Denkrichtung, die später als Existentialismus für die europäische Philosophie maßgebend wurde. Er empfand sein eigenes Dasein als undurchschaubar, von Sündenschuld geprägt. Es gab für ihn kein Kriterium, nach dem er hätte messen können, ob seine Beziehung zu seinem Gott gelungen war. Er fühlte, daß er ohne vorgegebene Anweisungen sein Leben gestalten mußte, mit der ständigen Ungewißheit, ob er nicht durch sein Handeln ungeheure Schuld auf sich zog. Er erfuhr, daß er sein Leben selbst entwerfen mußte, von Zweifeln geplagt, ob es gottgefällig sein könne. Nach Kierkegaard ist Angst der ›Schwindel der Freiheit‹. Für den Menschen eröffnet sich immer wieder ein Freiraum von künftigen Möglichkeiten. Er kann seine Zukunft wählen; er ist fähig, voll Angst den Freiheitsspielraum des eigenen Selbstseins zu nutzen und sich entschlossen zu verwirklichen. Dazu gehört, daß er die eigene Endlichkeit (d.h. seinen Tod) bejahen lernt. Angst als Möglichkeit des Sündenfalls, aber auch die Hoffnung auf Erlösung begleiten den Menschen sein Leben lang. Angst drückt die innere Zerrissenheit des Menschen aus, in der er sich zwischen Schuldgefühl und Hoffnung bewegt.
Von Martin Heidegger wurde diese Form der Existenzbesinnung als Schicksal jedes Menschen angesehen, ohne daß er eine religiöse Bindung zugrunde legte, wie sie bei Kierkegaard bestanden hatte. Das eigene Leben als vom Zufall bestimmt, die

eigene Geworfenheit zu erfahren und die Bedingungen des menschlichen Daseins in ›Sorge‹ zu überdenken, war für ihn die Möglichkeit, der Kollektivexistenz als winzigem Teil einer Menschenmasse, als Individuum zu entgehen. Er rief dazu auf, die eigene Ungeborgenheit, das Ausgeliefertsein an den Tod, an das Nichts bewußt zu übernehmen und sich auf die Verbundenheit mit den Mitmenschen einzulassen. Für Heidegger ist die Schuld ein Urphänomen menschlichen Daseins. Da der Mensch zwischen Möglichkeiten wählen muß und nie all seine Möglichkeiten ausschöpfen kann, bleibt er der Welt und den Mitmenschen vieles schuldig. So ist die Entscheidung zu einer stringenten Lebensführung immer auch mit Angst verbunden. Die Sorge um das eigene Ich und die Welt, verbunden mit der Sorge um die Humanisierung der Mitwelt, führt zum eigentlichen Selbstsein. Dieses Selbstsein ist aber das dem Menschen zukommende Lebensziel, das ohne Angst nicht zu erreichen ist. Es gelingt in dem Maße, wie der Mensch lernt, sein Leben in konkreten Utopien zu leben. Der ängstliche Mensch stellt kompensatorisch maßlose Wünsche an die Zukunft, die im Mißverhältnis zu seiner meist kläglichen Vergangenheit stehen. Derjenige hingegen, der den Mut zum Selbstsein aufbringt, kann die ihm begegnende existentielle Angst ertragen und sich durch Entschlossenheit selbst verwirklichen. Loslösung von Traditionen, vergangener und vergänglicher Geborgenheit bedeutet nicht nur angsterfülltes Getrenntsein von den Mitmenschen, sondern auch eine Chance der aktiven Meisterung des Lebens durch wachsendes Ich-selbst-Sein, durch echte Selbstverwirklichung.

In ähnlicher Weise prägte das Werk von Jean-Paul Sartre das Denken im 20. Jahrhundert. Er scheint die Erfahrung Kafkas zu analysieren: es geht um die Angst, schuldig befunden zu werden, weil man sich schuldig glaubt. Sartre thematisiert die Unsicherheit, den ›Ekel‹ gegenüber den Möglichkeiten des eigenen Handelns und die drohende Demaskierung durch den ›Blick‹ des anderen. – Der Mensch ist zur Freiheit verurteilt. Er muß akzeptieren, daß er allein auf sich gestellt ist, verlassen und isoliert. Er findet seinen Sinn außerhalb seiner selbst in den Handlungen, die ihn mit dem Mitmenschen verbinden. Erst im Bezug zum menschlichen ›Du‹ kann er sich zur Person gestalten. Nur in verantwortlichem Handeln findet der Mensch sich selbst. Das bedeutet eine Gratwanderung zwischen Anpassung

an die bestehende Realität und kritischer Distanz zu den gegebenen Verhältnissen.
Albert Camus schließlich behauptet, daß die erkämpfte Freiheit auch frei von Angst sei: im Mythos des aufbegehrenden Prometheus sieht er ein Gleichnis für die Möglichkeit zur Freiheit aus eigener Kraft; Prometheus ist ihm Vorbild des ›Menschen in der Revolte‹. In der Revolte gelingt es, die Selbstentfremdung aufzuheben und sich selbst nahe zu kommen.
Existenz- oder Weltangst resultiert aus der Konfrontation des Menschen mit verschiedenen Themen: Konfrontation mit Gott bei Kierkegaard, mit dem Kosmos bei Heidegger, mit der eigenen Freiheit der Wahl bei Sartre, mit der Freiheit überhaupt bei Camus. Die Angst ist ihrem Wesen nach eine *allgemeine* Gefahr, die erwartet wird. Wo sie Platz greift, ist die Hoffnung des Menschen bedroht.
Die Dialektik zwischen Anpassung und kritischer Distanz zu den rapide sich wandelnden Verhältnissen ist offenbar immer schwerer durchzuhalten. Die Erfahrung mit totalitären Regimen, die Geschichte des Faschismus und des Kommunismus haben zu Enttäuschungen geführt, die jegliche Orientierung unmöglich zu machen scheinen. Flucht in Massenbewegungen, Sektierertum, Aussteigen aus den Bahnen der gegenwärtigen Gesellschaft sind Zeichen einer allgemeinen Krise. Verstärkt wird die Angst, sich als eigenständiges Individuum zu verhalten, durch die von Experten vorausgesagte Zunahme der Umweltbedrohung, die Gefahr eines weltweiten Atomkrieges, die notwendige Mobilität in einer weiterhin ständig wachsenden technischen Gesellschaft. Die Verwirklichung längerfristiger Planungen und Perspektiven ist ungewiß, so daß es zu einer Lebensführung kommt, in welcher das Augenblicksdenken herrscht. Die Flucht in den ›Konsumismus‹ ist eine verbreitete Reaktion auf das Gefühl des Bedrohtseins in der westlichen Wohlstandsgesellschaft. Viele Menschen weichen der existentiellen Angst scheinbar aus und entwickeln an deren Stelle ersatzweise neurotische Ängste, wie sie in der Psychotherapie massenhaft zur Sprache kommen. Der Mut, ›ich‹ zu sagen und sich zu einem eigenen Lebensentwurf zu bekennen, führt unausweichlich in Konflikte. Die Psychotherapie kann ihren Zweck nur erfüllen, wenn sie dem Patienten die Verdrängung existentieller Angst zugunsten vielfältiger Symptome aufzeigt und sein politisches und geistiges Interesse zu wecken vermag.

Sie will ein künstlerisches Handwerk sein, das sich der Sartreschen Forderung stellt: verantwortliches Handeln gegenüber dem Analysanden und zugleich der Gesellschaft.

Wege zur Überwindung der Angst

Der ängstliche Mensch lebt mit einer Vermeidungsstrategie: indem er in Gedanken die Gefahren einer Situation vorwegnimmt und daraufhin eine geplante Handlung unterläßt, sichert er zwar einen ›Scheinfrieden‹, engt aber zugleich seinen Aktionsradius ein. Diese Einschränkung der Handlungsmöglichkeiten und das Vermeidungsverhalten kommen auch in einem Philosophenwitz zum Ausdruck. Immanuel Kant wurde einmal gefragt, warum er bei seinem täglichen Weg zur Universität immer links an einer mitten auf dem Bürgersteig stehenden Laterne vorbeigehe. Er wußte nichts anderes darauf zu sagen, als daß er dies immer so getan hätte, ohne sich dabei etwas zu denken. Nachdem ihm sein Verhalten bewußt geworden war, quälte und verunsicherte ihn dies so sehr, daß er schließlich auf die weitere Problematisierung der Frage verzichtete und durch eine andere Straße ging...

Diese Reaktion auf eine beunruhigende oder angst machende Situation läßt sich im Alltag vieler Menschen wiederfinden. Ängste vor dem Fliegen z.B. lassen sich umgehen, indem man mit dem Auto oder mit dem Zug fährt. Filme mit gewalttätigen Inhalten braucht man nicht anzusehen, und unangenehmen Begegnungen mit einzelnen Menschen kann man aus dem Wege gehen. Der moralischen oder Über-Ich-Angst kann man durch Anpassung seines Denkens und Handelns an die kulturellen Ge- und Verbote begegnen. Umgekehrt kann man Angst dadurch überwinden, daß man sich bewußt in eine angstauslösende Situation hineinbegibt. Berühmt ist ein Beispiel solcher *Reizüberflutung*, das Goethe zur Überwindung seiner mannigfaltigen Ängste beschrieben hat:

Allen diesen Mängeln suchte ich abzuhelfen, und zwar, weil ich keine Zeit verlieren wollte, auf eine etwas heftige Weise... Ich erstieg ganz allein den höchsten Gipfel des Münsterturms und saß in dem sogenannten Hals, unter dem Knopf oder der Krone, wie mans nennt, wohl eine Viertelstunde lang, bis ich es wagte, wieder heraus in die freie Luft zu treten... Dergleichen Angst und Qual wiederholte ich so oft, bis der Eindruck mir ganz gleichgültig ward, und ich habe nachher bei Bergreisen und geologischen Studien, bei großen Bauten, wo ich mit den Zimmerleuten um die Wette über die freiliegenden Balken... herlief, ... von jenen Vorübungen großen Vorteil gezogen.[14]

Eine weitere Möglichkeit der Angstverminderung besteht darin, sich stufenweise an angstbesetzte Situationen oder Objekte zu gewöhnen, indem man sich diesen Ängsten allmählich annähert. Im Bereich der Verhaltenstherapie wird dieses Prinzip der *systematischen Desensibilisierung* sehr geschätzt.
Andere Therapien rufen den Ängstlichen dazu auf, sich immer wieder klarzumachen, daß im Grunde genommen keine Gefahr existiere und daß er eigentlich keine Angst haben müsse. Dieses Prinzip der *Selbstverbalisierung* liegt den kognitiven Angst- und Emotionstheorien zugrunde, die auf die Neubewertung der angst machenden Situation und den Aufbau neuer Bewältigungsstrategien abzielen.
Demgegenüber versucht die tiefenpsychologisch orientierte Psychotherapie weiter vorzudringen und begreift die Angstsymptome als Ausdruck der Gesamtpersönlichkeit. Als Ursprung der Ängste werden unbewußte Konflikte angesehen. Das Bewußtwerden dieser Konflikte wird durch *Abwehrmechanismen* gegen die Angst wie Verdrängung, Projektion, Verleugnung, Regression u.a. erschwert. Ähnlich den Wellenbrechern an der Küste, beschützen diese den Menschen vor der Konfrontation mit Gefühlen von Angst und Panik.
Nach Freud geschieht die stärkste und häufigste Abwehr durch Verdrängung. Das Unangenehme und Peinliche wird gewissermaßen unter den Teppich gekehrt, d.h. ins Unbewußte zurückgeschoben. Es ist zwar noch da, aber es wird nicht mehr wahrgenommen und ist für das Gedächtnis nicht mehr greifbar. Normalerweise ist dies ein Selbstschutz, der es erlaubt, mit dem eigenen Gewissen in Frieden zu leben. Berühmt ist ein Aphorismus von Nietzsche über das Gedächtnis, der den Prozeß der Verdrängung sehr schön beschreibt:

»Das habe ich getan«, sagt mein Gedächtnis.
»Das kann ich nicht getan haben« –
sagt mein Stolz und bleibt unerbittlich.
Endlich – gibt das Gedächtnis nach.[15]

Eine weitere Abwehrmöglichkeit ist die Projektion, wobei eine bestimmte Vorstellung, ein Wunsch, ein Gefühl auf jemand anderen übertragen wird, nach dem Motto: »Nicht ich hasse dich, sondern du haßt ja mich.« Dadurch können Angst und Schuldgefühle besonders nachhaltig entlastet werden. So kann etwa bei einem Kind eine Dunkelangst entstehen als Abwehr eigener Feindseligkeit oder Herrschsucht gegenüber den Eltern. Die Umwelt wird dabei mit den verdrängten eigenen Aggressionen aufgeladen, sie wird dämonisiert: plötzlich an dunklen Stellen und Plätzen überall Mörder und Diebe.

Die *Verleugnung* als Abwehr gegen die Angst ist dadurch gekennzeichnet, daß ein Teil der angstmachenden Außenrealität von der Wahrnehmung ausgeschlossen wird. Man denke z.B. an die Judenverfolgung im Dritten Reich, die von vielen Menschen, obwohl sie durch Hinweise hätten aufmerksam werden müssen, nicht zur Kenntnis genommen wurde, nach dem Motto, »daß nicht sein kann, was nicht sein darf«.

Die Regression bedeutet ein Zurückweichen in bereits bewältigte Entwicklungsstufen bei einer mit massiver Angst erlebten Anforderung, wie bei einem Kind, das bei der Geburt eines Geschwisters auf den Entzug der alleinigen Zuwendung der Eltern mit neuerlichem Einnässen antwortet. Ähnliches ist auch bei einem Erwachsenen festzustellen, der auf eine Angstsituation reagiert, indem er ungeheuer viel ißt. Er traut sich eine Konfliktlösung, die einem Erwachsenen gemäß wäre, nicht zu und verfällt statt dessen in eine ›orale Selbsttröstung‹.

Die Abwehrmechanismen haben einerseits eine gewisse Schutzfunktion, andererseits wirken sie bei einem übersteigerten Maß hemmend auf die Wahrnehmung, die Lebensmöglichkeiten und damit auf die Auseinandersetzungsfähigkeit des Menschen mit seinen Ängsten. Die Hemmung lebenswichtiger und vitaler Grundimpulse (durch Abwehr) erzeugt zusätzliche Angst, so daß sich ein Teufelskreis ergibt.

In der Therapie äußern sich Abwehrmechanismen als *Widerstände*, wenn der Analysand Aggressionen gegen die Therapie produziert, Forderungen anmeldet, sich aus Angst vor Kontakt, vor Nachgeben, vor Verstandenwerden verschließt oder das Gespräch sonstwie sabotiert. Dies muß mit dem Analysanden behutsam durchgearbeitet werden, damit er seine Reaktionen versteht und der Therapieprozeß nicht gebremst wird.

Nach Freud ist der beste Schutzschild gegen Gefahren und damit die Chance, auf starke Abwehrmaßnahmen verzichten zu können, eine entsprechende Stärkung des Ichs. Denn Angst ist gleichzusetzen mit Ichschwäche. Mit einer *Stärkung des Ichs* kann der Mensch sein Wahrnehmungsfeld erweitern und sich damit auch mehr mit seiner Triebsphäre anfreunden. Diesen Prozeß strebt Freud als Ziel einer Psychotherapie an:

»Wo Es war, soll Ich werden.«[16]

Bei zunehmender Ichstärke nimmt auch die Abhängigkeit von den moralischen Geboten und Verboten des Über-Ichs ab.
Um das Ich des Analysanden zu stärken, muß in der Therapie zuerst die Grundstimmung geschaffen werden, in der ein Analysand für die Aufnahme neuer Gedanken und Sichtweisen bereit ist. Der Therapeut bzw. die Gruppe muß eine heitere Gelassenheit vorleben und versuchen, die Stimmung des niedergeschlagenen Gegenübers aufzuheitern. Die Persönlichkeit des Therapeuten ist als Vorbild und Ansporn das wichtigste Mittel, das im Therapieprozeß zum Tragen kommt. Im Therapiegespräch wird der Ängstliche an seiner Resignation und Klagehaltung dann am schwersten festhalten können, wenn der Therapeut selbst eine optimistische Grundstimmung besitzt und sich von den Lebensschwierigkeiten, Klagen und Negativismen des Analysanden nicht anstecken läßt. Er kann vielleicht mit Einfühlungsvermögen und Humor eine neue Sicht der Lebenssituation vermitteln. Der ängstliche Mensch neigt zu falscher Selbsteinschätzung. Er traut sich eventuell zu wenig zu und glaubt, dort keine Handlungsmöglichkeiten zu haben, wo der unbefangene Blick eines Außenstehenden noch Chancen und Wege sieht. Der Patient läßt sich aber seine Angst nicht so einfach ausreden. Durch Erörterung der gesamten Lebensproblematik kann dem Analysanden gezeigt werden, daß seine Angst sich wie ein roter Faden durch die einzelnen Lebensbereiche wie Beruf, Liebe und Gemeinschaftsleben zieht und als Fehleinschätzung seiner Situation alle Lebensäußerungen verzerrt. Oft läßt sich einsichtig machen, daß ein Detail des Lebens, ein einmaliges Versagen in der Vergangenheit, vom Patienten absolut gesetzt wird, so daß seine Gedanken und Phantasien um diesen Vorfall kreisen und er nicht fähig ist, dem Neuen, das ihm begegnet, aufgeschlossen und unbelastet gegenüberzutreten. Viel ist gewonnen, wenn es gelingt, kleine Erfolgserlebnisse zu vermitteln und das Gespür für realistisches Plänemachen zu entwickeln. Es ist auch hilfreich, Angst und Angstreaktionen als eintrainierte Gewohnheiten anzusehen und

anzusprechen. Der Analysand wird aufgerufen, sich neue ›positive‹ Gewohnheiten anzueignen.

Wichtig ist, den individuellen Zusammenhang, den Handlungsrahmen zu verstehen – das Lebensziel eines Individuums, das die Richtung aller seiner Handlungen und Bewegungen anzeigt. Auf Grund dieses Zieles vermögen wir den verborgenen Bedeutungsgehalt hinter den verschiedenen Einzelhandlungen zu erkennen, das heißt, sie als Teile eines Ganzen zu sehen. Umgekehrt, wenn wir die Teile untersuchen, vorausgesetzt wir betrachten sie als Teile eines Ganzen, dann gewinnen wir auch besseres Verständnis und Gespür für das Ganze.[17]

So ist der Charakter eines Menschen nicht nur Ansammlung unterschiedlicher Gewohnheiten, Verhaltensweisen, Einstellungen und Motivationen, sondern alles paßt zusammen und bildet die Einheit der Persönlichkeit. Aufgabe der Psychotherapie ist, durch eine lebensgeschichtliche Forschung dem Analysanden mehr Wissen über seine Person zu vermitteln. Dabei werden im Licht der Einheit seiner Persönlichkeit seine Wahrnehmung, sein Denken, Fühlen und Wollen, seine Phantasien, seine Sexualität, seine Träume, seine Einstellungen und Haltungen sowie seine Weltanschauung untersucht. Dabei wird deutlich, daß der Mensch seinen Charakter, seine Persönlichkeit, seinen Lebensstil wie ein Künstler selbst aufbaut, wobei seine Biographie als eigentümliche Ganzheit in Erscheinung tritt.
Mit der Therapie wird ein Prozeß der Selbsterkenntnis eingeleitet, der manchen Menschen vielleicht erst zu Bewußtsein bringt, daß sie Ängste haben und diese zulassen dürfen, ohne daß sie nachteilige Konsequenzen erwarten müssen. So wird eine Sensibilisierung für die eigene Gefühlswelt möglich. Im Laufe der Therapie wird u. a. herausgearbeitet, ob man Ängste als Ersatz für echte Gefühle oder anstelle einer intensiven Auseinandersetzung mit Menschen entwickelt.
Beim Ängstlichen findet sich eine verdeckte Anspruchshaltung. Er sendet mit seinem Verhalten eine Botschaft an seine Umwelt: »Verlangt nicht zuviel von mir und nehmt mir alles ab, ich fühle mich unfähig und hilflos.« Die Psychotherapie müßte dem Ängstlichen daher den Weg zu Mut, Können, Fähigkeiten, Wissen, Optimismus, Lebensfreude und den Zugang zu seinen Mitmenschen eröffnen. Nur im Austausch mit der Gemeinschaft kann er sich erproben und erfahren und bekommt auch eine wichtige Angstkorrektur. Durch die Verbundenheit mit anderen kann die Angst gemildert und erträglich gehalten wer-

den. Zudem ist der Weg frei für ein Solidaritätsgefühl, gemeinsam mit anderen von Ängsten geplagt zu sein und sich zusammen mit ihnen um Persönlichkeitsveränderung zu bemühen. Dies sind auch wesentliche Gesichtspunkte, die für eine Gruppenpsychotherapie der Angst sprechen.

Wenn Angst mit Enge und Eingeschnürtsein zu tun hat, dann muß der Ängstliche zu kleinen Schritten in Richtung Expansion bewegt werden. Damit wird sein zu enger Lebensentwurf erweitert und seine *Angst vor der Ich-Werdung* vermindert. Er wird in die Lage versetzt, nicht immer Halt und Sicherheit bei anderen zu suchen, sondern die anstehenden Aufgaben auch *mit Angst* oder *trotz Angst* zu erledigen. Dies führt zu einem Anwachsen seiner eigenen Fähigkeiten und seines Lebensmutes, wodurch er auch Sicherheit in sich selbst, in seinen Tätigkeiten und in seinen Zielen findet. Er wird den Weg zu mehr Selbständigkeit beschreiten und sich nicht weiter ängstlich an andere klammern müssen. Die ›Freiheit von Bindungen‹ wird sich in ›Freiheit zu Bindungen‹ entwickeln. Indem er sein Leben gestalten lernt und seine Möglichkeiten nutzt, wird die ›Furcht vor der Freiheit‹ (Fromm) abnehmen und die Bereitschaft wachsen, sich für Fragen und Probleme von Politik und Kultur zu öffnen.

Keine Therapie, und sei sie noch so gut, kann jedoch den Menschen generell von Angst befreien. Was sie zu leisten vermag, ist das Maß der neurotischen Angst erheblich zu vermindern. Sie kann aber neue – existentielle – Ängste freisetzen, die mit der zunehmenden Individuation und Loslösung aus der Kollektivexistenz in Zusammenhang stehen. Auf diesem Wege ist auch die Entwicklung von mehr Liebesfähigkeit möglich. Denn wahre Liebe verträgt sich mit der neurotischen Angst nicht. Angstüberwindung und Persönlichkeitsveränderung ist aber ein lebenslanger Prozeß.

Goethe schrieb im ›*West-Östlichen Divan*‹:

Lange hab' ich mich gesträubt,
Endlich gab ich nach:
Wenn das alte Ich zerstäubt,
Wird das neue wach.
Und solang du das nicht hast,
Dieses: Stirb und werde!
Bist du nur ein trüber Gast
Auf der dunklen Erde.[18]

Günter Keesen/Bernd Strauß

Melancholie, Schwermut und Traurigkeit

Das Phänomen der Traurigkeit tritt in sehr vielen Nuancierungen auf, denen unsere Sprache durch verschiedene Begriffe gerecht wird. So sprechen wir auch von Trauer, Wehmut oder Schwermut. Der Begriff der Trauer sollte der normalen und vorübergehenden seelischen Reaktion auf einen Verlust vorbehalten bleiben. Auch die Wehmut scheint eine zeitlich beschränkte, zarte, traurige Stimmung zu sein, die den Menschen in Abschiedssituationen oder bei bestimmten Naturerlebnissen ergreift: im Herbst oder Winter oder bei Sonnenuntergängen. Der ganze Komplex der traurigen Gefühle und Stimmungen wird seit der Antike ›Melancholie‹ genannt, worunter die Gelehrten sowohl das Temperament als auch die krankhaften Formen der Traurigkeit bis hin zum Wahn verstanden haben. Ungefähr seit der Jahrhundertwende ist der Begriff der ›Melancholie‹ einem Typ der ›endogenen Psychose‹ vorbehalten.
Wir werden eingehender die Melancholie historisch betrachten. Die Beschäftigung mit ihr ist faszinierend. Der Forschende sieht sich vielen kulturgeschichtlich hervorragenden Persönlichkeiten gegenüber, die als Melancholiker galten. Das waren z.B. in der Antike Platon und Sokrates. In der Renaissance glaubte man von den Dichtern Petrarca und Dante, dem Philosophen Marsiglio Ficino, den Künstlern Raffael und Michelangelo, daß sie Melancholiker seien, aber auch von Dürer, Luther und Melanchthon, Kant und Schopenhauer, Nietzsche und Kierkegaard, dem französischen Dichter Baudelaire und dem Dänen Jens Peter Jacobsen. Jacobsen, der u.a. den Roman ›*Niels Lyhne*‹ schrieb, ist im Zusammenhang der Melancholiethematik deshalb wichtig, weil er mit diesem Roman das Vorbild für einen weiteren beispielhaften Roman abgab: ›*Malte Laurids Brigge*‹ von Rainer Maria Rilke. Der Roman Jacobsens soll als literarisches Beispiel des Zeitgeistes der ›décadence‹ weiter unten vorgestellt werden. Der Geist dieser Epoche am

Ende des 19. Jahrhunderts fand seinen Ausdruck in Skepsis, Pessimismus, Lebensmüdigkeit, Wehmut und Hypersensibilität. Die Zeitgenossen glaubten, im ›*Niels Lyhne*‹ einen modernen ›*Hamlet*‹ wiederzufinden, den typischen Melancholiker.
Darüber hinaus ist die von dem Soziologen Wolf Lepenies vertretene These zu berücksichtigen, daß die Melancholie in bestimmten geschichtlichen Perioden kein individuelles, sondern ein ganze Klassen betreffendes Rückzugsverhalten von der Gesellschaft ist, das politischer Ohnmacht und Handlungsunfähigkeit entspringt. Vor allem das mittelständische deutsche Bürgertum des 18. Jahrhunderts soll die Weltflucht in den Idealismus, die ›Empfindsamkeit‹ und den ›Geniekult‹ angetreten haben.
Nach diesen einleitenden Bemerkungen soll durch einen historischen Abriß deutlich gemacht werden, wie man sich seit der Antike um die Lösung des Rätsels Melancholie bemüht.

Die Melancholie: Von Platon bis Kierkegaard

Die Seele des trübsinnigen Menschen ist nach Platon von der Verfassung des Leibes her verstimmt. Dieser Menschentyp verhält sich auf extreme Weise. Er gibt sich z. B. einerseits dem sexuellen Rausch hin, andererseits setzt er sich aber auch peinigenden sexuellen Entbehrungen aus. Platon stellt Parallelen zwischen der Melancholie und der Trunksucht fest. Daher läßt sich vermuten, daß Platon schon eine Neigung zur Sucht überhaupt bei melancholischen Menschen beobachtet hat. Da es dem Melancholiker am vernünftigen Mittelmaß fehlt, verkümmert seine Erkenntnisfähigkeit infolge emotionaler Blockade bis zur Unbelehrbarkeit.
Platon, der schon die beiden konträren Stimmungen der Melancholie und ›mania‹ sah, schrieb der letzteren, sofern sie maßvoll sei, eine göttliche Genialität zu. Diesen Gedanken hat der Plato-Schüler Aristoteles aufgegriffen. Er stellt die für das Melancholieproblem berühmteste und weitestreichende, über die Jahrtausende wirkende Behauptung auf: alle außergewöhnlichen Menschen in Politik, Dichtung, Philosophie und den bildenden Künsten seien Melancholiker. Dafür muß die ›schwarze Galle‹ – die in der antiken ›Säftelehre‹ des Hippokrates als melancholieverursachend galt – sich aber in einem Mit-

telmaß halten. Cicero, der dieser Eigenschaft skeptisch gegenüber stand, sah in ihr vor allem ein Zeichen von Erzürntsein. Deshalb nannte er sie ›furor‹.
Den griechischen, römischen und arabischen Ärzten Hippokrates, Aretaios von Kappadokien, Rufus von Ephesos, Galen und Abû Ma'sar waren die Symptome und Persönlichkeitseigenschaften der Melancholiker wohlbekannt. Kennzeichnend für Melancholie waren in ihren Augen Schläfrigkeit, Appetitlosigkeit, Verstopfung, Schlaflosigkeit, Erregungen und Depressionen, Betrübtheit, grundloses Grübeln, Todessehnsucht, Einsamkeit, Hypochondrie und Liebeskummer. Dem Melancholiker schrieben sie charakteristische Eigenarten zu wie Mutlosigkeit, Trägheit und Langsamkeit, Mißmut, Furcht, Haß, Geiz und Wortkargheit, Menschenflucht und Lebensverachtung, Ungeduld, Zorn und ›Neigung zu Aufruhr‹, aber auch Nachdenklichkeit und Beharrlichkeit. Weiterhin zeige er ihrer Meinung nach überdurchschnittliche geistige Begabung, aber auch Gefräßigkeit, Trunksucht und Suizidneigung.
Wie in den medizinischen Theorien der Antike überwiegt im Mittelalter die Hervorhebung der krankhaften Aspekte der Melancholie. Im 13. Jahrhundert versucht der Scholastiker Heinrich von Gent die Melancholie damit zu erklären, daß die Erkenntnisfähigkeit des Trübsinnigen besonders stark ausgeprägt sei. Für ihn sind vor allem große Mathematiker melancholiegefährdet. Sie vermögen es nicht – wie die Metaphysiker –, ihren Geist über die starren Begrenzungen des anschaulich-räumlichen, mathematischen Bereichs zu erheben. Von Gent ist auch der moderne Melancholieforscher Tellenbach beeinflußt: ihm zufolge leidet der traurige Mensch unter der Einschränkung, bestimmte Grenzen trotz intensiven Wünschens nicht überschreiten zu können.
In der florentinischen Frührenaissance wird durch die Autorität Dantes, Petrarcas und des Platon-Übersetzers, Arztes und Philosophen Marsiglio Ficino die Melancholie als Gabe der erhabenen Kontemplation gewissermaßen ›geadelt‹. Ficino überliefert in seinen Schriften den antiken Saturnmythos an die Neuzeit. Der Saturn als damals erdenfernster, dunkelster und langsamster Planet und als Gottheit der Extreme – er konnte wie die Melancholie träge und stumpfsinnig machen, aber auch die Gabe der Intelligenz und Kontemplation verleihen –, besaß eine sinnfällige Verwandtschaft mit der Melancholie im antiken

Denken. Noch heute findet sich im englischen Sprachschatz für die düstere Stimmung das Wort ›saturnine‹.
In der Tradition dieses antiken Mythos hat Albrecht Dürer 1514 seinen berühmten Kupferstich ›*Melencolia I*‹ geschaffen, der als geistiges Selbstporträt des Künstlers gilt und ein »faustisches Nichtwissenkönnen« (Panofsky/Saxl) symbolisieren soll. Brüten und Grübeln bei gleichzeitig starker psychischer Lebendigkeit, verhaltene, gleichsam zur Untätigkeit verurteilte Energie inmitten vieler Werkzeuge, die alle geometrische Funktion haben, zeichnen die dort abgebildete Frauengestalt aus. Auf einigen späteren, von Dürer beeinflußten Darstellungen der Melancholie (Fetti, Castiglione, Baldung und Cranach) – die berühmteste ist die von Fetti (17. Jahrhundert) im Louvre, von der Goethe so begeistert war – ist das zentrale Symbol der Totenschädel, Sinnbild der Nichtigkeit allen Tuns angesichts der Vergänglichkeit.
Sehr intensiv hat man sich im 16. Jahrhundert in der englischen Literatur zur Zeit Elisabeths I. mit dem Melancholieproblem auseinandergesetzt. Dabei griffen die Gelehrten und Dichter auf die Gedankengebäude der Antike zurück. Das wichtigste Symptom der Melancholie wird in der ›Schwärmerei‹ gesehen, die entweder in erotischer Liebe oder in anderen Leidenschaften wie Phantasie, Furcht, Stolz, Neid, Haß, Rachsucht, Unzufriedenheit, Gier, Ehrgeiz, verletzter Eitelkeit und Liebe zur Wissenschaft auftritt. In der ›Liebesmelancholie‹ sind es vor allem die Befürchtungen, daß sich der Vereinigung mit der geliebten Person Hindernisse in den Weg stellen, die zum Rückzug von den Menschen, zur Appetit- und Schlaflosigkeit, im schlimmsten Fall zum Tode führen. In der unglücklichen Liebe kann sich der Liebende trotz körperlichen und geistigen Verfalls nicht von seiner Leidenschaft befreien.
Der ›Modemelancholiker‹ will vor allem als feinsinnig gelten. Er wird als passiver Beobachter des Lebens und der Welt beschrieben. Vom Zustand dieser Welt hält er nicht viel. Sie ist für ihn eine Bühne, auf der die Menschen ihre auswechselbaren Rollen spielen. Zu einer echten Liebesbeziehung ist er nicht fähig.
Den ›melancholisch-cholerischen Mischtyp‹ (Bieber) hat Shakespeare in der Person des Hamlet beschrieben. Melancholisch ist an ihm die zaudernde, zögernde, zweifelnde Unentschlossenheit und Passivität, die künstlerische Sensibilität, die

Gelehrsamkeit und die Neigung zu sentimentalen Männerfreundschaften. Zu kühnen und raschen Taten kann er sich nicht durchringen. Da seine Gedanken sich jedoch auf Rache konzentrieren, treten die cholerischen Züge besonders hervor. Zu ihnen gehört der Jähzorn (Ermordung des Polonius) und der Drang nach schonungsloser Selbsterkenntnis, der sich oft in übertriebenen, ungerechten Selbstanklagen äußert. Auch neigt Hamlet dazu, anderen schonungslos bittere Wahrheiten zu sagen.

Kant (1724–1804) hat zwischen einer positiven und einer negativen Seite der Melancholie unterschieden. Erstere nannte er die ›melancholische Gemütsverfassung‹, letztere sah er als eine Krankheit an. Den zeitgeschichtlichen Hintergrund für seine Äußerungen bilden die damaligen modischen Strömungen: ein selbstquälerischer religiöser Fanatismus (Pietismus), ›Empfindsamkeit‹ und ›Geniekult‹, die auch in Goethes Roman *›Die Leiden des jungen Werther‹* (1774) eine entscheidende Rolle spielen.

Den melancholischen Menschen charakterisiert Kant als standhaft, aber auch als eigensinnig. Er liebt Freundschaften und hält an ihnen und ihrem Andenken fest. Er schätzt Wahrhaftigkeit und seine persönliche Freiheit. Er ist ein strenger Richter seiner selbst und anderer und nicht selten sowohl seiner als auch der Welt überdrüssig. Gewinnt dieser Charakterzug überhand und fehlt es dem Betroffenen an heiterer Vernunft, so wird aus der Ernsthaftigkeit Schwermut. Kant empfindet eine melancholische Absonderung von der Gesellschaft als erhaben, wenn man sich selbst genug ist, ohne jedoch ungesellig zu sein. Er lehnt es ab, aus der Gesellschaft zu flüchten, weil man sie verachtet. Der Mensch soll sich nicht in ›privates‹ Dasein, Denken und Handeln vergraben. In *seiner Welt* soll er Erfahrungen sammeln, sie dort auch wieder anwenden und in ihr handeln. Wenn der Melancholiker sich jedoch aus berechtigtem Überdruß von der Gesellschaft abwendet, kann er zum Motor menschlicher Entwicklung werden.

Goethe hat sich in dem Roman *›Die Leiden des jungen Werther‹* über den ›üblen Humor‹ geäußert, womit er offensichtlich die Melancholie meint. Er betrachtet sie als Krankheit, die eine Art Trägheit ist. Er betont die Eigenverantwortung für diese Trägheit. Wenn der Mensch die Kraft hat, sich aufzuraffen, findet er in seinen Aktivitäten ein wahres Vergnügen. Die Menschen beklagen sich seiner Meinung nach zu Unrecht, daß es so viel Schlechtes in der Welt gebe. Wären sie offen für das Gute, das sie jeden Tag erfahren, könnten sie das Übel besser ertragen. Den Einwand, daß man nicht über seine Empfindungen gebieten könne, läßt der Dichter nicht gelten: niemand weiß, wie weit seine Kräfte reichen, bis er sie erprobt hat. Goethe rechnet die üble Laune zu den Lastern, weil der traurige Mensch sich selbst und seinen Nachbarn schadet. Er fragt sich, ob es nicht genug sei, daß die Menschen einander schon nicht glücklich machen. Müssen sie dem anderen auch noch dessen Vergnügen gewaltsam rauben? Der Mensch ist selten, der übellaunig und so taktvoll ist, seine Stimmung zu verbergen, sie allein zu tragen. Für Goethe ist die Melancholie ein innerer Unmut über unsere eigene Unzulänglichkeit. Dieser ist immer mit Neid verknüpft, der von unserer Eitelkeit aufgeputscht wird. Der Schwermütige vermeint lauter glückliche Menschen um sich herum zu sehen, zu deren Wohlbefinden er nicht beigetragen hat, und das ist für seine Eitelkeit unerträglich. Goethe wußte aber auch den Wert der Melancholie für die poetische Kreativität zu schätzen:

Zart Gedicht, wie Regenbogen,
Wird nur auf dunkeln Grund gezogen:
Darum behagt dem Dichtergenie
Das Element der Melancholie.[1]

Nietzsche (1844–1900) sagte einmal über sich selbst, daß er ›rein melancholisch‹ wäre, daß aber ein Prinzip der Tapferkeit von Kindheit an ihn dazu brachte, viele kleine Siege zu erringen und infolgedessen heiterer zu sein, als es seine Melancholie eigentlich erlaube. Er fragt in seinen *›Psychologischen Beobachtungen‹* unter anderem, warum der Mensch im Zustande der Traurigkeit geneigter sei, sich sinnlichen Vergnügungen blindlings hinzugeben. Begehrt er das Betäubende in ihnen oder hat er ein Bedürfnis nach Emotionen um jeden Preis? Der Philosoph hält die Melancholie für seinen schlimmsten Dämon. Er nennt ihn den »Geist der Schwere«. Deshalb schwebte Nietzsche das Sehnsuchtsbild eines Menschen vor, der ›tanzen kann‹ (Guardini, 1949), der ein Gefühl der Leichtigkeit und die ›Kraft zum Steigen‹ hat.
Nietzsche sprach auch vom aggressiven Moment in der Traurigkeit. Wenn jemand in Anwesenheit anderer klagt und sein

Unglück zur Schau trägt, will er unbewußt den anderen weh tun. Das gewährt ihm Lust im Sinne eines Überlegenheitsgefühls. Von den ›Schwindsüchtigen der Seele‹ wird gesagt, daß sie sich nach Lehren der Müdigkeit sehnen. Begegnet ihnen ein Kranker oder ein Greis (Buddha), halten sie das Leben für widerlegt. Aber in Wirklichkeit ist ihre Lebenseinstellung falsch, wenn sie nur die traurige Seite des Daseins sehen. Nietzsche wendet sich auch gegen allzu großes Mitleid. Es sei die Erbsünde des Menschen, sich zuwenig zu freuen. Wir sollen lernen, uns zu freuen, dann verlernen wir am schnellsten, anderen weh zu tun.

Auch Sören Kierkegaard (1813–1855) hat einen wichtigen Beitrag zum Verständnis der Melancholie geleistet. Selbst tief schwermütig, hatte er eine entschiedene Sympathie und Vorliebe für Leidensfähigkeit. Auch weiß man von ihm, daß er vor seiner Schwermut zeitweise in heftige Ausschweifungen flüchtete. Das macht seine Theorie über die Schwermut verständlicher. Kierkegaard (*›Entweder – Oder‹*, S. 735 ff.) unterscheidet zwischen einer ›ästhetischen‹ und einer ›ethischen‹ (religiösen) Lebensanschauung. Zwischen diesen beiden muß sich der Mensch entscheiden. Unter der ästhetischen Anschauung versteht er den Grundsatz, daß der Mensch den Genuß in den Mittelpunkt seines Lebens stellt. Unter Genuß versteht Kierkegaard z.B., Reichtum und Ruhm anzuhäufen, aber auch die Entfaltung eines Talents, sei es kaufmännisch, mathematisch, dichterisch, künstlerisch oder philosophisch. Eine weitere Möglichkeit des Genusses ist die sinnliche Lust. Beispielhaft dafür gilt dem Philosophen der römische Kaiser Nero, der seiner Meinung nach schwermütig war. Kierkegaard ist nicht der Ansicht zeitgenössischer Ärzte, daß die Quelle der Schwermut ein körperlicher Vorgang sei. Er trennt von der Schwermut auch Sorgen, Trauer und Leid, die immer ein reales Ereignis zur Grundlage haben, das der Traurige kennt. Dem Schwermütigen bleiben dagegen die Ursachen seines Zustands verborgen.

Kierkegaard glaubt, der Mensch werde ›durch eigene Schuld‹ schwermütig. Der ästhetisch orientierte Mensch ist mit dem irdischen Leben verbunden. Der Mensch hat aber auch ein ethisches Bestreben, das sich jederzeit in einer Hinwendung zu Gott verwirklichen soll. Wird diese Bewegung unterbrochen oder unterdrückt, verfällt er in Schwermut. Sie ist Sünde, weil

der Mensch nicht aus seinem Innersten heraus will. Sobald jedoch das Leben religiösen Ansprüchen untergeordnet wird, ist die Schwermut nach Kierkegaards Meinung im wesentlichen überwunden.
Auch wenn man den religiösen Inhalt seiner Ethik nicht anerkennen will, so ließe sich doch aus Kierkegaards Auffassung der Melancholie die Aussage entnehmen, daß ein Mensch dann schwermütig wird, wenn er nicht produktiv an seiner eigenen Entwicklung und der einer Gemeinschaft aller Menschen arbeitet.
Fassen wir die Ergebnisse der geschichtlichen Betrachtung zusammen, so ergeben sich folgende Gesichtspunkte:
Mehrere Autoren sehen einen Zusammenhang zwischen Melancholie und Suchtproblem. Kant bemerkt den Charakterzug der Selbstkritik, des Rückzugs von der Gesellschaft und die Tendenz zur symbiotischen Beziehung. Goethe und Nietzsche weisen auf die mangelhafte Produktivität und die Aggressivität hin. Kierkegaards Bemerkungen beziehen sich ebenfalls auf die Suchtproblematik und auf eine Hemmung der geistigen Entwicklung des Menschen.

Freud und die Narzißmustheorie

Dichter und Denker haben zum Verständnis der Traurigkeit wesentlich beigetragen. Aber erst im 20. Jahrhundert ist durch die Tiefenpsychologie das wissenschaftliche Instrumentarium geschaffen worden, das erforderlich war, um die Hintergründe der Traurigkeit systematisch zu erfassen.
Ausgangspunkt aller tiefenpsychologischen Untersuchungen zu diesem Thema war Freuds grundlegende Arbeit ›*Trauer und Melancholie*‹ (1916). In dieser Abhandlung geht es Freud darum, das Wesen der Melancholie (psychotische Depression) mit der ›normalen Trauer‹ zu vergleichen und so genauer herauszuarbeiten.
Unter Trauer versteht Freud die Reaktion auf den Verlust einer geliebten Person oder eines ideellen Wertes. Sie ist mit einer schmerzlichen Verstimmung, reduziertem Interesse an der Außenwelt sowie eingeschränkter Liebes- und Arbeitsfähigkeit verbunden. In der Phantasie läßt der Trauernde immer wieder Bilder und Situationen an sich vorüberziehen, in denen z.B. ein

Verstorbener eine Rolle spielte. Gefühle und Interessen, die nichts mit dem Betrauerten zu tun haben, können anfangs nur schwer zugelassen werden. Der Gedanke, den verlorenen Menschen durch einen anderen zu ersetzen, wird lange abgewehrt.

Die Melancholie weist die gleichen Merkmale wie die Trauer auf, nur kommt eine *Herabsetzung des Selbstgefühls* hinzu, die sich vor allem in Selbstvorwürfen und Selbstbezichtigungen äußert. Für den Trauernden ist die Welt arm und leer geworden, der Melancholiker erlebt sein Ich als verarmt.

Die Ich-Einschränkung des Trauernden ist auch vom psychisch Gesunden nachvollziehbar, da sie auf einen äußeren Verlust zurückzuführen ist. Die Ich-Verarmung des Melancholikers wirkt dagegen befremdlich, da entweder kein direkter Anlaß zu erkennen ist oder der Anlaß in keinem einfühlbaren Verhältnis zur psychischen Reaktion steht. Daraus schließt Freud, daß es sich um einen inneren Verlust handeln müsse, der dem Bewußtsein nicht zugänglich sei.

Ein weiterer Unterschied zwischen Trauer und Melancholie besteht darin, daß der Trauernde durch ›Trauerarbeit‹ seinen Verlust zu überwinden vermag. Dabei konfrontiert er sich noch einmal mit dem verlorengegangenen Menschen in allen Einzelheiten, die der Erinnerung zugänglich sind. Der andere wird so gewissermaßen noch einmal seelisch präsent. Dies ist zwar schmerzhaft, führt aber nach und nach zum Abbau der Gefühle für den Betrauerten. Nach einiger Zeit ist das Ich wieder frei und offen für Welt und Mitmensch. Die Trauer wird überwunden, sobald man fähig ist, auf das Verlorene zu verzichten. Für Freud ist Trauer ein tiefes, schmerzliches, aber notwendiges Gefühl zur Überwindung einer beendeten Beziehung. Da das Seelenleben Unlustgefühle vermeide, könne nicht jeder Mensch Trauer in vollem Umfange zulassen. Die »Unfähigkeit zu trauern« (Mitscherlich) zeigt sich z.B. im Phänomen des ›Nachtrauerns‹, d.h. der mangelnden Ablösung von einer Bezugsperson. Ein augenfälliger Unterschied zwischen normaler und neurotischer Traurigkeit ist der Zeitraum, in dem diese Gefühle vorherrschen. Der gesunde Mensch beansprucht nur eine relativ kurze Trauerzeit, nach der er sich dem Leben wieder zuwendet. Der Melancholiker braucht jedoch nicht selten viele Jahre, um den Beziehungsverlust zu überwinden. Er hält an der einmal bestandenen Beziehung eventuell sein Leben lang fest.

Ein Beispiel dafür findet sich bei Fritz Riemann: eine Witwe war nach dem Tode ihres Mannes (›Vater‹ im Zitat) darum »bemüht, alles in der Wohnung so zu lassen, wie es zu seinen Lebzeiten gewesen war, was so weit ging, daß zu den Mahlzeiten das Gedeck des Vaters immer mit aufgelegt wurde. Sein Schreibtisch und seine Bücher wurden von ihr peinlich so gehalten, wie er es getan hatte, mit der Begründung: wenn der Vater wiederkäme, solle er alles so vorfinden, wie er es verlassen hatte. So hatte die Atmosphäre im Hause etwas Museales, durchdrungen von einer geheiligten Tradition, die sich auch auf jemals geäußerte Ansichten und Aussprüche des Vaters ausdehnte, die als unumstößliche Wahrheiten dargestellt wurden.«
Freuds Grundgedanke ist, daß ein Mensch, der einmal eine intensive Beziehung hatte, noch einmal ganz tief in seine Beziehungsgefühle zu diesem eintauchen muß, um sich aus dieser Bindung herauszuarbeiten. Dies erfordert emotionale Tiefe und ist ein Akt der Hingabe. Die Witwe im obigen Beispiel war dazu offensichtlich nicht in der Lage. Mit Hilfe ihrer Rituale blieb sie in der vergangenen Beziehung stecken und ging einer Auseinandersetzung mit der äußeren und inneren Realität aus dem Weg.

Bei der neurotischen Trauer läßt sich also eine Abwehr gegen die Trauerarbeit, den Abnabelungsprozeß vom anderen, feststellen. Das Durchstehen der Ablösungsschmerzen dient dem Ziel, sich aus der Bindung auf sich selbst zurückzunehmen und für eine neue Beziehung frei zu werden. Der Melancholiker lehnt sich gerade gegen die Trauer mit ihren intensiven Gefühlen auf. Er kann nur verschwommene, seichte Empfindungen von Trauer zulassen. Daher bleibt er an der alten Beziehung kleben, die meist eine symbiotische Abhängigkeitsbeziehung war.

Der Melancholiker wehrt einerseits das Aufkommen echter Trauer ab. Andererseits verarbeitet er den inneren Verlust in spezifischer Weise. Äußerlich auffällig ist zunächst ein aufdringliches Bedürfnis, eigene Unzulänglichkeiten mitzuteilen. Er erniedrigt sich vor dem Partner, indem er ihm seine eigenen Schwächen ständig vor Augen hält. Er äußert Selbstzweifel, macht sich Vorwürfe, hat wegen Kleinigkeiten Schuldgefühle usw. Offensichtlich hat der so Verstimmte seine Selbstachtung verloren.

Nach Freuds Beobachtung passen die Selbstbeschuldigungen

des Melancholikers – mit geringen Abweichungen – oft gut auf eine ihm nahestehende Person. Die Selbstvorwürfe entpuppen sich nicht selten als Vorwürfe gegen den Partner. »Die Frau, die laut ihren Mann bedauert, daß er an eine so untüchtige Frau gebunden ist, will eigentlich die Untüchtigkeit des Mannes anklagen, in welchem Sinne diese auch gemeint sein mag« (Freud, 1916, S. 202). Weil in den Klagen die Anklagen nur mühsam verdeckt sind, wirken Traurige auf Partner oder Familienangehörige »... im höchsten Grade quälerisch, immer wie gekränkt und als ob ihnen ein großes Unrecht widerfahren wäre« (ebd.). Hinter Verstimmtheit und Depression verbirgt sich nach Freud ein großer Haß. Was die Entstehung der Feindseligkeit anbelangt, so meint er, daß in der Kindheit trauriger Menschen eine enge Bindung an eine geliebte Person bestanden hat, die durch reale Kränkungen oder Enttäuschungen erschüttert wurde. Das Kind beginnt etwa den geliebten Elternteil, z.B. die Mutter, zu hassen. Es kann jedoch seine Aggression nicht ausleben, da es Angst vor Strafe hat bzw. emotional von den Eltern abhängig ist. Es verzichtet nun notgedrungen auf diese Regungen, entschädigt sich aber durch eine ›Identifikation‹ mit den übermächtigen Eltern. Damit werden die Eltern zwar zu einem unverlierbaren Bestandteil des eigenen Ichs, doch bringt dies nicht nur Vorteile mit sich. Denn im Verlaufe dieser ›Identifikation‹ beginnt ein Teil des kindlichen Ichs, sich wie die frustrierenden Eltern zu benehmen. Diesen neu entstandenen Bereich des ›Ichs‹ nennt Freud ›Über-Ich‹. Es sei wie eine ›Stufe im Ich‹, eine innere Autorität, die um so haßerfüllter auf das Ich herabschaue, je stärker die Liebes- und Haßgefühle waren, die man einst als Kind den Eltern gegenüber empfand.

In fast allen intensiven Gefühlsbindungen des Erwachsenen treten nach Freud die alten Liebes- und Haßgefühle wieder auf, wobei die Liebe bewußt wahrgenommen werden könne, der Haß meist jedoch stark verdrängt sei. Diese ›Ambivalenz‹ sei gerade im Verhältnis zu den am meisten geliebten Personen anzutreffen. Freud führt sie sowohl auf das Wirken ›unbewußter Todeswünsche‹ als auch auf seelische Verletzungen zurück, wie sie in einer Beziehung durch Situationen von Kränkung, Zurücksetzung oder Enttäuschung entstehen können. Dies läßt Haßgefühle bei dem betroffenen Partner aufkommen, besonders dann, wenn man, wie der Traurige, ohnehin schon ›mit sich schimpft‹, d.h. zu wenig Selbstachtung besitzt, um Angriffe angemessen zurückweisen zu können. Das strenge Über-Ich des Traurigen läßt keine offene Feindseligkeit zu, macht ihn gewissermaßen ›kampfunfähig‹, was wiederum den schon vorhandenen Selbsthaß und damit die Traurigkeit verstärkt. Zuletzt bleibt dem Traurigen nur noch die indirekte Form von Klagen und schlechter Stimmung, um Rache an dem Menschen zu nehmen, der ihn verletzt hat.

Charakteristisch für die Melancholie ist ferner die ›Regression‹ auf die orale Phase.

Schon bei geringem Druck aus der Umwelt kann nach Freud das Ich eines Menschen in ein kindliches Stadium zurückgeworfen werden, was zum Wiederaufleben regressiver Triebbedürfnisse führt. Die Gefühle und das Erleben Depressiver ähneln stark der Erlebnisweise von Kindern in der oralen Entwicklungsphase. In dieser frühen Zeit befriedigt die Mutter nicht nur das triebhafte Bedürfnis des Kindes, genährt zu werden, sondern vermittelt auch durch ihre Anwesenheit ein Gefühl von Wärme, Sicherheit und Geborgenheit. In der Nähe der Mutter empfindet sich das Kind als stark und entwickelt Selbstvertrauen. Unter ihrem Schutz werden expansive Bedürfnisse wach. Ist die Mutter nicht da, entstehen sehr bald Frustrations- und Ohnmachtsgefühle. Entsprechend erlebt auch der depressive Erwachsene das Ausbleiben von Bestätigung und Zuwendung in der ›rauhen‹ Wirklichkeit. Vor und in schwierigen Lebenssituationen ist er schnell ›frustriert‹. Am liebsten möchte er die alte Mutter-Kind-Symbiose wiederherstellen. Wünsche nach Passivität, nach ›Gefüttert‹- und Umsorgtwerden, nach voraussetzungsloser Anerkennung seiner Person werden erneut lebendig. Jedes Manko an ›Liebe‹ im weitesten Sinne, besonders aber der Verlust eines Partners, stürzen den Depressiven in eine tiefe Krise. Seine Anklammerungstendenzen und die übergroße Abhängigkeit von anderen Menschen als Lieferanten von ›Liebesnahrung‹ verhindern ebenso wie sein Über-Ich das offene Ausleben von Aggressionen. Dadurch wird der Depressive noch schwächer und abhängiger, was wiederum eine Steigerung seines Ressentiments bewirkt. Der Depressive gerät in einen Teufelskreis, der ihn wie ein Sumpf immer tiefer in die Traurigkeit herunterzieht.

Im Laufe der Entwicklung der psychoanalytischen Depressionstheorie ist die Bedeutung narzißtischer Vorgänge zunehmend in den Vordergrund der Aufmerksamkeit gerückt. Unter ›Narzißmus‹ versteht man heute in der Psychoanalyse »die verschiedenen Zustände des Selbstwertgefühls, der affektiven Einstellung des Menschen zu sich selbst« (Henseler, S. 73). Am Beginn jeder Depression steht ein Verlust an Selbstgefühl, der durch einen anderen Menschen oder das Über-Ich ausgelöst wird. Neben der oralen Fixierung und der Ambivalenz der Objektbeziehungen ist es ein vermehrtes narzißtisches Bedürfnis (geheime Selbstüberschätzung), das die Depression auslöst. Narzißtische Störungen zeigen sich in geheimen Größenvorstellungen ebenso wie in übertriebenen Minderwertigkeitsgefühlen.

Die Narzißmustheorie geht davon aus, daß sich das Kind in den ersten Monaten seiner Entwicklung in einem Zustand von Harmonie, Behagen und Spannungsfreiheit mit seiner Umwelt befindet. In diesem Ur- oder Primärzustand der Einheit von Mutter und Kind gibt es noch keine festumrissenen Objekte außerhalb seiner eigenen kleinen Person. Freud spricht in diesem Zusammenhang von einem ›primären Narzißmus‹ (1914). Dies ist eine Zeit, in der das Kind sich großartig und allmächtig fühlt, da es die Einschränkungen der Realität noch nicht kennt. Dieser ›paradiesische‹ Urzustand wird jedoch durch zunehmende Wahrnehmungsfähigkeit, größer werdende Bedürfnisse und unvermeidliche Frustrationen in Frage gestellt und erschüttert. Das Kind erlebt sich zunehmend als von der Umwelt getrennt. Es entstehen unerträgliche Enttäuschungsgefühle, die mit Angst und Ärger einhergehen. Es gibt jedoch große Unterschiede darin, wie diese ›Urverunsicherung‹ vom einzelnen Menschen erlebt und verarbeitet wird. Dies richtet sich zu einem nicht geringen Teil danach, inwieweit die Pflegepersonen die Erfahrungen von Hilflosigkeit und Ohnmacht ausgleichen konnten.

Eine Kompensationsmöglichkeit des Kindes, die sein Selbstwertgefühl bewahrt, besteht darin, daß es *sich selbst oder andere idealisiert*. In diesem Fall baut das Kind in sich die Bilder eines ›grandiosen Selbst‹ oder ›idealisierter Eltern‹ (Kohut) auf. Dieser an sich normale Vorgang wird dann gefährlich, wenn das Kind nicht fähig ist, auf diese Illusionen im Laufe seiner weiteren Entwicklung zu verzichten bzw. sie durch realitätsgerechtere Einstellungen zu ersetzen. Die primitivste und früheste Form, eine drohende Verunsicherung des

Selbstwertgefühls zu vermeiden, liegt in der *Regression auf den Primärzustand.* Die eben gewonnene Individualität oder persönliche Identität wird wieder zugunsten von Verschmelzungsphantasien aufgegeben. Dies kann sich z. B. in dem Wunsch ausdrücken, ganz eins zu sein mit dem anderen oder in ihm aufzugehen.

Freud fragte sich, ob die Melancholie nicht auf eine ›rein narzißtische Ichkränkung‹ (ohne Objektverlust) zurückzuführen sei. Dies kann heute dank der Narzißmusforschung ohne weiteres bejaht werden. Dazu wird die These vertreten, daß der Depressive an einem Mißverhältnis zwischen subjektiven Erwartungen und objektiver Realität leide. Seine Größenideen sowie seine Neigung, andere Menschen zu idealisieren und an sich zu binden, bringen ihn leicht in Konflikt mit den realen Verhältnissen. Depressive schwanken in ihren Gefühlen zwischen Extremen wie bedingungsloser Harmonie oder absolutem Verlassenheitsgefühl, zwischen Hochstimmung und tiefster Niedergeschlagenheit. Das ›depressive Loch‹, in das sie fallen, entpuppt sich also als ein ›narzißtisches Loch‹, weil die an sich selbst oder an andere gestellten überhöhten, unrealistischen Erwartungen nicht erfüllt werden können. Oft fühlen sich dann die Betreffenden restlos auf ihr schwaches Selbst zurückgeworfen. Manche sind so verzweifelt, daß sie Suizid begehen.

Eine andere Möglichkeit, der narzißtischen Katastrophe, d. h. dem völligen Zusammenbruch des Selbstwertgefühls zu entgehen, besteht darin, ihr aktiv vorzubeugen. Man rettet sein Selbstwertgefühl, indem man auf seine Identität als Individuum verzichtet, was gleichbedeutend mit der Regression auf den harmonischen Primärzustand ist. Man verschmilzt entweder mit dem eigenen Größenselbst (Wahn, Psychose) oder mit einem idealisierten Objekt (Symbiose). Als ›Partner‹ depressiver Fusionswünsche können neben dem Liebespartner auch der Therapeut, der eigene Familienclan, ›Autoritäten‹ aus Politik und Öffentlichkeit u. a. in Frage kommen. Der Depressive sucht einen ›Muttersatz‹, von dem er Linderung seiner Not ersehnt. Die Tendenz, in einer Lebensenge mit etwas ›Größerem‹ oder ›Stärkerem‹ zu fusionieren, stellt also eine Art Selbstheilungsversuch eines in äußerste Bedrängnis geratenen Menschen dar.

Die bereits im Zusammenhang mit der Trauer um einen gelieb-

ten Menschen und der Melancholie hervorgehobenen psychischen Mechanismen gelten prinzipiell auch für die Traurigkeit als Charakterzug. In der frühen Kindheit des Traurigen kommt es zu einer Störung des Selbstwertgefühls, welche die Entwicklung zu einer eigenständigen und unabhängigen Individualität verhindert. Traurigkeit als narzißtische Störung geht mit dem diffusen Wunsch nach Verschmelzung einher, wie er in der Sehnsucht nach romantischen Empfindungen oder idealen Zuständen zum Ausdruck kommt. Der Traurige möchte sich also irgendwie ›auflösen‹ (nicht nur in Tränen), um sein Ich und die Anforderungen des Lebens nicht mehr zu spüren.
Durch die Psychoanalyse wurden erstmals die Entstehungsbedingungen und Mechanismen von Depression und neurotischer Trauer herausgearbeitet. Mit ihrem kausalgenetischen Denken bezog sie das Verhalten und Empfinden des Traurigen auf eine bestimmte Stufe kindlicher Sexual- und Persönlichkeitsentwicklung. Demgegenüber betonen die Neopsychoanalytiker (Karen Horney, Erich Fromm u. a.) und die Individualpsychologie Alfred Adlers die funktionalen bzw. finalen Aspekte der Traurigkeit.

Karen Horney und Alfred Adler

Horney sieht den Ausgangspunkt der seelischen Dynamik des im westlichen Kulturkreis lebenden Menschen in seiner Grundangst. Schon die Selbstachtung des Kindes wird oft durch Einschüchterung, Isolierung, Brutalität, Vorschriften und überängstliche Liebe untergraben. Dadurch wird das Kind im innersten Wesen feindselig. Diese Grundfeindseligkeit muß es aber verdrängen. Die damit wieder verstärkte Angst ruft ein erhöhtes Sicherheitsstreben hervor, das sich verschiedener Strategien bedient. Das Kind kann sich unauffällig, anspruchslos und unterwürfig verhalten, Liebe und Anerkennung suchen und sich abhängig machen. Diese neurotische Lösung kommt für das Problem der Traurigkeit in Betracht. Horney nennt sie die ›selbstverleugnende Lösung‹.
Der selbstverleugnende Mensch versucht, nachgiebig, gütig, wohlwollend, hilfsbereit, großzügig, rücksichtsvoll, verständnisvoll und opferbereit zu sein. Er neigt dazu, sich unterzuordnen, abhängig, hilflos und leidend, schutz- und hilfsbedürftig

zu sein. Er hat drei Tabus. Er will nicht vermessen, egoistisch und offen aggressiv sein. Um nicht den Neid und die Eifersucht anderer Menschen zu provozieren, hat er die Gewohnheit, sich systematisch selbst zu verkleinern. Dadurch werden aber alle Kräfte der Selbstverwirklichung, Selbstentfaltung und Expansion in ihm tabuisiert. Der geringer ausfallende Lebenserfolg läßt ihn seinem Selbsthaß anheimfallen.
Die selbstverleugnende Persönlichkeit kann ihr Leben einigermaßen meistern, wenn ihr z.B. in einer Ehe das Gefühl gegeben wird, akzeptiert, anerkannt, erwünscht und geliebt zu sein, gebraucht und geschätzt zu werden. Wenn der Betreffende trotz all seiner Selbstverleugnungen durch ihm wichtige Bezugspersonen abgewiesen wird, geht für ihn eine Welt unter. Wenn sein oberflächlicher, naiv optimistischer Glaube an das Gute im Menschen enttäuscht wird, fühlt er sich mißhandelt und ausgenutzt. Eine offen rachsüchtige und aggressive Reaktion stößt auf die Schranke seiner inneren Tabus.
Seine Methode, Rachsucht und Groll auszudrücken, ist das Leiden. Seine Wut absorbiert er dadurch, daß er in verstärktem Maße unter irgendeinem psychosomatischen Symptom oder einem Gefühl der Niedergeschlagenheit und Depression leidet. Wenn seine inneren Spannungen überhandnehmen, kann es sein, daß seine Feindseligkeit offen ausbricht. Alle aufgespeicherten bitteren Anklagen gegen die anderen treten dann zutage; seine Ansprüche werden offen gehässig und unverschämt. Der selbstverleugnende Typ ist in einem Zustand maßloser Verzweiflung, sein Selbsthaß nimmt entsetzliche Ausmaße an und er ist ausgesprochen selbstmordgefährdet.
Das Leiden dieses Menschen hat mehrere Sinn-Dimensionen. Einerseits leidet er unter den Fesseln, die seine Expansion verhindern, und unter seiner Selbstmißhandlung. Zusätzlich übernimmt das Leiden hier aber bestimmte Funktionen.
Es wird zur Waffe gegen die engsten Beziehungspersonen: beispielsweise hindert der Betreffende nun seinerseits etwa die eigenen Kinder an ihrer Entfaltung, indem er ihnen bei jedem selbständigen Schritt Schuldgefühle einflößt. Wie aber kann der leidende Mensch sich selbst gegenüber die Tatsache rechtfertigen, daß er anderen so viel Unglück und Elend aufbürdet? Diese Erkenntnis unterdrückt er. Sein eigenes Leiden entschuldigt ihn; es klagt die anderen an und spricht ihn frei. In seinen Vorstellungen entschuldigt es alles – seine Forderungen, seine

Reizbarkeit und die Tatsache, daß er die seelisch-geistigen Kräfte der anderen hemmt. Das Leiden mildert nicht nur seine eigenen Selbstanklagen, sondern wehrt auch Vorwürfe anderer ab. Es berechtigt ihn, Verständnis, Aufmerksamkeit und Fürsorge zu fordern. Wenn andere ihm gegenüber kritisch sind, sind *sie* gefühllos.

Das Leiden verschafft dem selbstverleugnenden Menschen außerdem ein lückenloses Alibi dafür, daß er nicht *mehr* aus seinem Leben macht. Denn obwohl er ängstlich jeder Forderung und jeder Chance ausweicht, wirkt das Bedürfnis nach Leistung und Triumph dennoch in ihm. Durch seine Leidenshaltung kann er an der *Möglichkeit* großer Erfolge festhalten – wäre er nur nicht von so vielen mysteriösen Übeln geplagt.

Schließlich kann das neurotische Leiden auch dazu führen, daß der Betreffende unbewußt die Absicht hegt, unter dem Angriff einer angeblich gefühllosen Welt zugrunde zu gehen. Meist tritt das Leiden jedoch nicht so demonstrativ auf, und der Wunsch, andere zu beschämen und Ansprüche an sie zu stellen, ist nicht derart stark ausgeprägt. Das Leiden bleibt verborgen und ist deshalb auch gefährlicher. Es ist vor allem ein – meist unbewußter – Triumph in der Vorstellung des Neurotikers: der selbstverleugnende Mensch glorifiziert Schwäche und Leiden. Leiden an sich erscheint ihm als Beweis von Würde. Sollte er etwa kämpfen und sich durchsetzen und damit auf ein Niveau grober Pöbelhaftigkeit absinken? Er kann nur vergeben und verzeihen und in der ihn krönenden Glorie des Märtyrertums untergehen.

Mit diesen Ausführungen hebt schon Horney hervor, daß der Traurige mit seinem Leiden bestimmte Ziele verfolgen kann. Diese Idee der Zielgerichtetheit bildet ein wesentliches Moment in der Individualpsychologie Alfred Adlers.

Charakteristisch für die individualpsychologische Betrachtungsweise ist die Frage nach dem ›Wozu‹ eines bestimmten menschlichen Verhaltens oder psychischen Symptoms. Was bezweckt der betreffende Mensch mit seinem Verhalten oder Symptom in seiner Umwelt? Entsprechend dieser Fragestellung werden nicht in erster Linie die Ursachen, sondern die Ziele bzw. der *Sinn eines Verhaltens* erforscht. Der Mensch wird als Subjekt gesehen, das einen schöpferischen Spielraum bei der Ausgestaltung seines Lebensstils hat. Die Individualpsychologie bevorzugt das finale oder teleologische Verstehen von Sinnzusammenhängen, während die Psychoanalyse auf das Erklären von Kausalzusammenhängen ausgerichtet ist.

Den traurigen Menschen bezeichnet Adler als ›Pessimisten‹. Dessen Blick fällt – wenn er sich erst einmal im Bann einer pessimistischen Weltanschauung befindet – immer auf die Schattenseiten des Lebens. Adler nennt ihn auch einen ›Friedensstörer‹, der ununterbrochen bestrebt ist, die Welt als ein Jammertal darzustellen – ein Mensch, der in schmerzlichen Gefühlen geradezu badet. Solche Menschen demonstrieren, daß sie wie von einer ungeheuren Last beschwert durchs Leben gehen. Bei jedem freudigen Anlaß lassen sie ihre Kassandrarufe ertönen. Sie werden unruhig, wenn sie Fröhlichkeit in ihrer Umgebung wahrnehmen, ja die Freude anderer kann ihnen sogar Schmerzen bereiten.

Ein typischer Kindheitstraum des pessimistischen Charakters ist, krank oder tot zu sein oder etwas Verwerfliches getan zu haben. Mit einem solchen Traum kann das Ziel verfolgt werden, den Eltern Sorgen zu machen oder jedenfalls ihre Aufmerksamkeit auf sich zu lenken.

Durch übertriebene Demonstration eigener Schwäche, Unzulänglichkeit oder Krankheit erzwingen solche Kinder die Hilfe, Anpassung und Fügsamkeit anderer Menschen und verhalten sich so auch noch als Erwachsene. Der ›Schrei nach der Mutter‹ ist manchmal bis ins Alter zu vernehmen. Auch eine zerknirschte, reuevolle Haltung ist ein wirksames Mittel, um die Eltern zu beeindrucken. Wenn das Kind sich nach einem Mißgeschick oder einer Verfehlung in eine niedergeschlagene, sich selbst anklagende und tränenreiche Pose hineinsteigert, kann es die Eltern eventuell zu Nachsicht und Milde bewegen. Traurigkeit kann auch ein Ausdruck von Neid und Eifersucht auf vermeintlich mehr geliebte oder freundlichere Kinder sein.

Sehr aufschlußreich sind die Gedanken Adlers zur seelischen Dynamik des traurigen Charakters, wie er sie in einem Aufsatz über die ›Melancholie‹ dargelegt hat. Adler sieht in der gesamten Lebensführung des ›Typus melancholicus‹ eine Anschauung des Lebens verborgen, die er die ›melancholische Perspektive‹ nennt: das Leben erscheint als schwieriges, ungeheures Wagnis und die überwiegende Mehrzahl der Menschen als feindselig. Die Welt ist voll von unbequemen Hindernissen. Deshalb ist der traurige Mensch besonders vorsichtig. Er zögert fortwährend und zweifelt alles an. Er ist furchtsam und schüchtern, er bleibt lieber stehen und kehrt um, als etwas zu riskieren. Diese Charakterzüge sind deshalb so ausgeprägt, weil solche Menschen immer Gefahren wittern. Damit wird auch das Symptom der Schlaflosigkeit in der Trauer verständlich. Es ist ein Hinweis auf die allzu große Vorsicht und Unsicherheit. Der traurige Mensch würde am liebsten fortwährend wach sein, um sich vor den Feindseligkeiten des Lebens zu schützen.

Wegen des tiefgreifenden Minderwertigkeitsgefühls setzt im Seelenleben ein ehrgeiziges Streben nach Ausgleich ein, das auf Macht und Überlegenheit zielt. Das Gefühl von Überlegenheit kann ein Mensch z.B. dadurch erlangen, daß er den Lebensaufgaben, deren erfolgreiche Bewältigung er sich nicht zutraut, ausweicht. So wird die vermeintliche oder tatsächliche Minderwertigkeit nicht öffentlich. Die Eitelkeit oder der Ehrgeiz des Traurigen sind aber auch Ursache kämpferischer Tendenzen. Die Individualpsychologie sieht in ihnen den Sinn, daß sich der Mensch durch Aggressionen, die eine subjektiv empfundene Erhöhung seines Persönlichkeitsgefühls hervorrufen, ›sichert‹.

Die Angriffstendenz des traurigen Menschen zeigt sich etwa in seinem Traueraffekt, der ein Schwächegefühl beseitigen und eine Situation der Überlegenheit herstellen will. Seine Entladung ist allerdings erst in dem Augenblick feindselig gegen die Umgebung gerichtet, wenn die Trauer, die eigentlich etwas Natürliches ist, überhandnimmt. Da der übertrieben Trauernde die Umgebung anklagt, stellt er sich zu ihr in Gegensatz. Die Erhöhung des Trauernden ist schon durch das Verhalten der Umgebung gegeben. Er findet dadurch Erleichterung, daß sich jemand in seinen Dienst stellt und ihn bemitleidet. Entlädt der Trauernde seinen Affekt in Tränen und Klagen, so erhebt er sich über seine Mitwelt nach der Art eines Anklägers, Richters und Kritikers. Aber auch eine fordernde Haltung ist deutlich erkennbar. Immer wird die Umgebung in vermehrter Weise beansprucht.

Eine der wichtigsten Thesen Adlers zum Thema Traurigkeit besagt, daß sich hinter den Klagen stets Anklagen verbergen. Hier zeigt sich, daß der traurige Mensch selten den direkten Angriff gegen die anderen wählt. Statt dessen trachtet er mit gesteigerten Klagen, mit Trauer und Leiden auf andere einzuwirken. Sein Motiv ist klar: er steht nicht mehr im Mittelpunkt

der Aufmerksamkeit und will die Verantwortung dafür einem anderen aufbürden. Seine Schwäche und sein Zurückbleiben hinter dem eigenen Persönlichkeitsideal versucht er zu erklären, indem er Eltern oder Angehörigen die Schuld daran zuschiebt. Damit entläßt er sich aus der Verantwortung, aus seinem Subjektsein. Seine Eitelkeit will, daß er an anderen scheitert. Adler sieht darin eine beruhigende, narkotisierende, das Selbstgefühl sichernde Lebenslüge.
Weitere Waffen dieses Charaktertypus sind Selbstanklagen und Schuldkomplexe. Adler sieht in jeder Neurose das selbstquälerische Element, das bezweckt, das Persönlichkeitsgefühl zu heben und der näheren Umgebung Schmerz zuzufügen. Er hält es für einen der feinsten Kunstgriffe des Traurigen, sich in Selbstvorwürfen zu ergehen und dabei einen anderen zu schädigen. Hierin stimmt der Begründer der Individualpsychologie mit Nietzsche überein, der Schuldgefühle für unfair hält.
Fassen wir noch einmal die Resultate der Tiefenpsychologie zusammen: Die Psychoanalyse sieht in der Traurigkeit eine Regression auf die orale oder narzißtische Entwicklungsstufe und eine Störung des Selbstwertgefühls. Nach Horney kann das Leiden bestimmte Funktionen in den zwischenmenschlichen Beziehungen haben. Die Selbsterhöhung gegenüber dem Mitmenschen ist der zentrale Gedanke Adlers. Nun wenden wir uns Richtungen in der Psychotherapie zu, die statt des genetischen Ansatzes phänomenologisch vorgehen.

Phänomenologie und Daseinsanalyse der Traurigkeit

Die Phänomenologie und die Daseinsanalyse in Medizin, Psychotherapie und Psychiatrie versuchen die materialistisch-positivistischen Einseitigkeiten der Psychoanalyse Freuds durch eine philosophische Begründung dieser Disziplinen zu überwinden. Victor Emil von Gebsattel hat in seinen phänomenologischen Schilderungen und existenzphilosophischen Deutungen von Phobien, Zwangsneurosen, Depressionen und Perversionen vor allem die Philosophien von Husserl, Scheler und Heidegger assimiliert. Die Daseinsanalyse baut vorwiegend auf dem philosophischen Gesamtwerk Heideggers auf.
Für Gebsattel gibt es im Bereich der Neurosen eine sogenannte ›Konflikt- oder Kernneurose‹, die er auch als ›existentielle

Schwermut‹ bezeichnet. Seinem Gedankengang zu dieser psychischen Störung liegen u.a. die Auffassungen von Bergson, Simmel und Kierkegaard zugrunde, die das Leben mit der Notwendigkeit einer schöpferischen Entwicklung gleichsetzen. Erst auf Grund dieser Auffassung vom Leben wurde es überhaupt möglich, sich mit den »Störungen des Werdens und des Zeiterlebens in psychiatrischen Erkrankungen« (v. Gebsattel, 1954) zu beschäftigen.

Der Konflikt besteht bei der ›existentiellen Schwermut‹ zwischen zwei zugleich wirksamen, aber disparaten Weisen der Selbstgestaltung oder Selbstverwirklichung, die sich gegenseitig fast aufheben. Dieses Verhältnis bewirkt einen Zustand der inneren Spaltung, den man so charakterisieren kann: »Zum Teil wollen und zum Teil nicht wollen« (Loc. cit. S. 131). Die innere Zerrissenheit ist nach Gebsattel eine Krankheit, die wirklich im Geist des Menschen ihre Wurzeln hat. Erst die *Entscheidung* befreit von dieser ›geistbestimmten Schwermut‹. Der Kampf im Selbst wird anhand der von der Kultur bereitgestellten Werte ausgetragen. Die Auseinandersetzung des Menschen mit diesen Werten ist keine eindeutige Angelegenheit. Sobald diese Auseinandersetzung in hohem Maße zwiespältig ist und zu keiner Lösung führt, kann die Selbstentfaltung gestört oder gar verhindert werden. Wertkonflikte können z.B. zwischen der gesellschaftlichen Anpassung und dem Individualismus oder zwischen dem Bedürfnis nach Sicherheit und dem Wagnis bestehen. Nach Gebsattel gehört es zum Wesen des sein Werden spontan gestaltenden Menschen, daß er an solchen Entscheidungskonflikten erkranken oder zumindest in die Irre gehen kann.

Das Leben aller innerlich zerrissenen Menschen besitzt nach Gebsattel eine eigentümliche Zeitstruktur. Deren Charakteristika hat Gebsattel von Pascal übernommen: 1. Gegenwartsleere; 2. die Jagd nach der Zukunft in Gestalt einer Sucht nach Zerstreuung; 3. die existentielle Schwermut.

Das letztgenannte Merkmal, die Schwermut, ist nach Gebsattel Ausdruck dafür, daß der Mensch innerhalb der Zeit hinter seinen eigenen Werdensmöglichkeiten zurückbleibt. Dieses Zurückbleiben hinter seinen eigenen besseren Möglichkeiten darf man sich nicht nur als Stillstand vorstellen. Da die gesunde Persönlichkeit in ihrer Entwicklung dynamisch vorwärts schreitet, bedeutet die gehemmte Selbstgestaltung über die Hemmung hinaus ein Absinken von einer geforderten Höhe, eine Werteinbuße, eventuell sogar eine Tendenz zur Selbstzerstörung. Die Zeit, in der sich unser personales Leben entralten kann, wird entweder genützt, oder sie wird versäumt. Dies alles ahnt der Entscheidungsgehemmte in seiner Schwermut. Weil er aber diese dumpf geahnte Erkenntnis nicht ertragen kann, flüchtet er häufig in eine Sucht.

Es gibt kaum ein menschliches Bedürfnis oder Verhalten, das nicht in Sucht ausarten kann. Beispielsweise ästhetischer Kult, Moral, Arbeit, Bildungstrieb, gesellschaftlicher oder beruflicher Ehrgeiz, Sexualität, Sammelleidenschaft, Erwerbstrieb, Machtstreben kommen hier in Betracht; sogar Gefühl kann zur (zwanghaft-süchtigen) Sentimentalität entarten. Drogensucht ist so gesehen nur ein besonders in die Augen springender Fall vielfältiger Suchtmöglichkeiten, für die der entscheidungsgehemmte Mensch anfällig ist. In jeder Sucht wird der Versuch gemacht, sich von der Gegenwartsleere zu ›heilen‹, sie zu überkompensieren oder ihr zu entgehen.

Für die Zeitstruktur der Sucht ist das Moment der Wiederholung besonders kennzeichnend. Der süchtige Mensch, der die übergreifende Kontinuität seiner inneren Lebensgeschichte verloren hat, existiert gewissermaßen nur punktuell – in den Augenblicken scheinhafter Erfüllung. Er bleibt jedoch unbefriedigt. Kaum hat er die Gegenwartsleere durch Genuß, Sensation, Betäubung, Rausch, Gewinn, Erfolg überdeckt, spürt er, daß er nur eine Scheinbefriedigung erlebt hat, eine Erkenntnis, die eine sofortige Wiederholung der Suchterfahrung erzwingt.

Der Daseinsanalytiker Heinz Häfner unterscheidet zwischen ›Schwermut‹ und ›existentieller Depression‹. Bei der ›Schwermut‹ geht es um eine Trauer, die in ihrer Tiefe und Dauer nicht mehr mit dem auslösenden Ereignis in sinnvollem Zusammenhang steht. Dennoch kann man sie aus der Kenntnis der Lebensgeschichte nachvollziehen. Häfner vermutet hinter der Schwermut starke Versagergefühle. Das Leben stellt an den Menschen Ansprüche, die er niemals voll erfüllen kann. Das existentielle Gewissen ruft dem Menschen diese Abweichung vom Anspruch ins Bewußtsein und fordert ihn auf, seine Möglichkeiten der Verwirklichung im Leben zu ergreifen. In der Spannung zwischen Anspruch und Unerfülltheit fühlt sich der Mensch schuldig. Die Schuldgefühle kann er durchstehen und ertragen, solange er die Hoffnung hegt, das Unerfüllte werde sich in Zukunft erfüllen. Die Hoffnung wird aber auch gestärkt durch das Vertrauen auf die in der Vergangenheit schon erfüllten Möglichkeiten. Kann der Mensch weder hoffen noch vertrauen, flüchtet er sich entweder in die Phantasie oder erhofft an vordergründigen Zielen wirkliche Erfüllung zu finden. Hinter solchen ›gemeinen Hoffnungen‹ verbirgt sich aber eine fundamentale Hoffnungslosigkeit, die die Schwermut hervorruft.

Die ›existentielle Depression‹ wird etwas anders verstanden. Wenn ein Mensch einen Verlust, z. B. eines geliebten Menschen, erleidet, stellt sich bei ihm eine ›normale Traurigkeit‹ ein, mit der er sich mit allen seinen seelischen Kräften auseinandersetzt. Das gelingt ihm, wenn er noch andere, ihm gegebene Werte realisieren kann. Der Mensch kann sich etwa nach einer gewissen Zeit einem anderen Menschen oder der Welt in Liebe zuwenden oder er wendet sich verstärkt seiner Arbeit zu. Wenn dann dem Menschen eine Arbeit verlorengeht und durch keine andere ersetzt werden kann, ihm aber auch keine anderen Möglichkeiten der Wertverwirklichung offenstehen, bricht sein Lebensentwurf zusammen. Nichtigkeitsgefühle, Traurigkeit und Leere sind die Folge.

Mit dem daseinsanalytischen Konzept Häfners ist unsere wissenschaftliche Darstellung beendet. Wir exemplifizieren nun die Melancholie und Trauer am Roman *›Niels Lyhne‹*, den der dänische Dichter Jens Peter Jacobsen um 1880 schrieb.

›Niels Lyhne‹ – ein literarisches Beispiel für Trauer und Melancholie

Der Roman *›Niels Lyhne‹* gilt als beispielhaft für den literarischen Ausdruck eines melancholischen Zeitgeistes. Dieses Werk ist ein psychologischer Entwicklungsroman, der unter dem Einfluß der Abstammungslehre Darwins die Lebensgeschichte eines Menschen aus angeborenen Eigenschaften und Umwelteinflüssen erklären soll. Die Wirklichkeit sollte wahrheitsgetreu abgebildet werden, wobei dies allerdings mit einer Tendenz zur Darstellung des Häßlichen, Trieb- und Krankhaften geschah. Dementsprechend werden in dem Roman psychisch gespaltene Menschen im Spannungsfeld zwischen Wollen und Können, Traum und Wirklichkeit gezeigt. Die Handlung des Romans soll kurz dargelegt werden.

Niels Lyhne wächst als Einzelkind einer verträumten, lyrisch ambitionierten Mutter und eines kraftlosen Vaters in Jütland auf. Von ihrer Ehe enttäuscht, versucht die Mutter den Sohn dem Vater zu entfremden und ihn in ihre Phantasie- und Traumwelt hinüberzuziehen. Er soll später ihre Größenträume verwirklichen. In der Pubertät verliebt sich Niels in eine junge Frau, die bald darauf stirbt. Dies ist das erste Erlebnis einer an seiner Lebenskraft zehrenden Folge von Liebe und Liebesentzug, die den Roman durchzieht.

Weil Gott diesen Tod nicht verhindert hat, wird Niels zum Atheisten. Danach verliebt er sich in seinen Cousin Erich, der fest und sicher im Leben zu stehen scheint. Mit dreiundzwanzig Jahren geht er ein Verhältnis zu der ›emanzipierten‹ Frau Boye ein, die ihm aber nur deshalb ihre Zuneigung schenkt, weil Niels sie an einen früher geliebten Mann erinnert. Körperliche Liebe verweigert sie ihm aber. Dies ist einer der wenigen Augenblicke in Niels' Leben, in dem er (literarisch) produktiv wird und zu sich selbst zu finden scheint.

Der Tod des Vaters und das Kränkeln der Mutter führen dazu, daß er sein Verhältnis zu Frau Boye unterbricht. Niels macht sich schwere Vorwürfe, da er glaubt, seine Eltern vernachlässigt zu haben. Nach dem Tod der Mutter ist er nicht in der Lage, Frau Boye für eine dauerhafte Liebesbeziehung zu gewinnen. Sie flüchtet in eine konventionelle Ehe. Erich, inzwischen ein berühmter Maler, und Niels verlieben sich beide in die Cousine Fennimore. Sie heiratet Erich. Nach diesem Schlag wird Niels noch müder, masochistischer und bitterer. Die Quelle seiner Müdigkeit, die sich über sein ganzes Wesen ausbreitet, ist die verfehlte Liebeshoffnung. Alles erscheint ihm hohl, wertlos und klein. Die Ansprüche an seine künstlerische Aktivität – er will Dichter werden – kann er nicht erfüllen.

Da gerät Erich in eine produktive Krise, die der Ausdruck einer Ehekrise mit Fennimore ist. Niels will in einem sentimentalen Freundschaftsgefühl unter Aufgabe seines Selbst helfen. Das erweist sich bei Erich als unmöglich. Statt dessen will Niels nun die sich selbst zerquälende, sich als Dirne ihres Mannes fühlende Fennimore in eine ›wahre‹ Liebe retten. Erich kommt bei einem Unfall ums Leben. Fennimore, den Ehebruch mit Niels bereuend, wendet sich haßerfüllt und rachsüchtig gegen ihn, dessen Masochismus sich noch weiter steigert. Er wünscht, sie beide wären Erich treu geblieben, und der Unfall wäre ihm selbst passiert. Ohne Zukunftshoffnung und Lebensziel verbringt er die nächsten Jahre, bis er Gerda kennenlernt und heiratet. Aus Liebe zu ihm wird sie Atheistin. Kurze Zeit nach der Geburt eines Sohnes weiß sie, daß sie bald sterben muß. In ihrer Todesangst wendet sie sich wieder ihrem Glauben zu. Die Katastrophe nimmt ihren Lauf. Nach dem Tod der Mutter siecht auch sein Sohn dahin. In seiner Verzweiflung betet Niels zu Gott. Diesen Abfall von seiner Idee kann sich Niels nicht verzeihen. Die Schwermut senkt sich vollends über ihn. Er meldet sich freiwillig zur Armee und bleibt Atheist, bis er im Kampfe fällt.

Die Einsichten Jacobsens in den schwermütigen Charakter sollen kurz dargestellt werden. Dabei muß zuerst die Träumerei und das ausufernde Phantasieleben genannt werden. Sehnsucht, Müdigkeit und Mattigkeit treten bei fast allen Betroffenen an die Stelle von Tatkraft, Lebenslust und Aktivität. Die Schwärmerei für hohe Ideale verbindet sich bei Niels mit der Hemmung, eine dauerhafte, glückliche und erotisch befriedigende Liebesbeziehung einzugehen. Auch in seinem Triebleben ist er gespalten, wie die sentimentale Freundschaft zu Erich zeigt. Jede Beziehung zu einer Frau gestaltet er masochistisch. Er will sie als rein und heilig verehren und ihr demütig und sklavisch dienen. Auch sein Verhältnis zu Erich enthält dieses masochistische Element. Niels läßt *sich* durch andere leben. Das Leben verschlägt ihn hierhin und dorthin, und er läßt alles passiv mit sich geschehen. Eine straffe, zielbewußte und feste Lebensführung läßt er sich durch die Schicksalsschläge zunehmend aus der Hand nehmen. Er ist nicht fähig, ausdauernd und konzentriert zu arbeiten, so daß er ein ihn befriedigendes Lebenswerk schaffen könnte.

Man kann Jacobsens Roman durchaus als kritische Auseinandersetzung mit der Schwermut begreifen. Er verurteilt die unrealistische Phantasie, weil sie noch nie ein konkretes Hindernis aus der Welt geräumt hat. Träume sind in seinen Augen nicht originell, weil sie bei den meisten Menschen sehr ähnlich sind. Die Entwicklung der Persönlichkeit wird nach seiner Meinung durch Kultur und Bildung erreicht. Er betont nachdrücklich, wie wichtig das Lernen sei. Sollten bei diesem Lernprozeß liebgewordene Charaktereigenheiten verlorengehen, so wäre das nur wünschenswert, weil das angeblich Besondere am Menschen sich eher negativ auswirke.

Schlußbetrachtung

Ein Hauptgedanke der Autoren scheint uns zu sein, daß der schwermütige Mensch eine idealisierte Vorstellung von sich hat. Das zeigt sich an seinen hohen Ansprüchen an sich selbst. Die Erkenntnis, daß er diesen hohen Erwartungen nicht genügen kann, ist eine tiefe Kränkung. Sie ruft in ihm einerseits eine starke Wut hervor. Andererseits fühlt er sich gezwungen, sein unvollkommenes Selbstbewußtsein durch Surrogate wie z.B. Drogen oder Alkohol aufzuwerten. Auch Verschmelzungswünsche, z.B. in symbiotischer Abhängigkeit von einem Liebespartner, von politischen ›Autoritäten‹ oder gesellschaftlichen Gruppierungen, sind typisch für die Situation des Melancholikers. Auch in der Hingabe an Natur, Musik, Kunst, Mystik, Religion und Todessehnsucht kann der Verschmelzungswunsch befriedigt werden. Die damit verbundene Selbstaufgabe verhindert die Selbstentfaltung des Schwermütigen. Aus der Werdenshemmung entspringt Unzufriedenheit mit sich selbst sowie Neid- und Eifersuchtsgefühl gegenüber anderen. Dadurch wird die tiefe Verstimmung des narzißtisch Gekränkten noch verstärkt und führt zu allen möglichen Formen des Leidens. Daraus resultieren auch Klagen und Selbstbeschuldigungen, aber auch versteckte Verweigerungstendenzen, denen eine feindselige Haltung gegen die soziale Umwelt zugrunde liegt. Nicht selten erweist sich der Schwermütige sogar als ein besonders trotziger Mensch. Durch seinen Negativismus ist es ihm unmöglich, sich genügend Zustimmung und Anerkennung aus der Umwelt zu verschaffen. Wer immer in der Haltung des Verneinens lebt, ist unfähig, sich eigene Ziele zu stecken und sie aktiv zu verwirklichen.

Diese Einsichten können für die Therapie des schwermütigen Charakters fruchtbar gemacht werden. Eine Schwierigkeit besteht darin, den Patienten von dem Irrtum zu befreien, sein Leiden sei auf *bestimmte Verluste* zurückzuführen. Ausschlaggebend für seine Schwermut ist vielmehr seine von Rückzug und Resignation geprägte *Lebenseinstellung*. In der Therapie muß ihm der Zusammenhang zwischen seiner Passivität und seinem reduzierten Selbstwertgefühl aufgezeigt werden. Er muß erkennen lernen, daß er sich nur durch eigene Bemühungen ein abgerundetes Selbst verschaffen kann und daß ihn seine perfektionistischen Selbstansprüche und seine Wut-, Neid- und Eifersuchtsgefühle wesentlich daran hindern.

Elke A. Pilz

Schüchternheit

Wohl kaum ein Charakterzug ist so vielen Menschen vertraut wie die Schüchternheit. Fast jeder wird zugeben, schüchtern zu sein oder zumindest in dieser oder jener Situation schüchtern reagiert zu haben. Auf jeden Fall kennt man andere, Freunde oder Kollegen, die schüchtern sind. Und obwohl von so vielen Menschen geteilt, wird dieser Charakterzug doch sehr unterschiedlich erlebt und beurteilt. Hält sich die Schüchternheit einigermaßen in Grenzen, so haftet ihr ein Hauch von Exklusivität an; Zurückgezogenheit gilt als vornehm. Anders ist es beim auffällig Schüchternen. Er leidet unter seiner Schüchternheit. Sein ganzes Verhalten zielt darauf ab, zwischenmenschliche Situationen zu vermeiden, in denen sich offenbaren könnte, daß er schüchtern ist.

In der psychologischen Forschung wird dieser Charakterzug eher stiefmütterlich behandelt. Es gibt nur ganz wenige Abhandlungen größeren Umfangs, die dieses ›leise und unauffällige‹ Symptom (Franz Heigl) direkt zum Thema haben. Dies fällt um so mehr auf, wenn man bedenkt, wie viele Aggressionstheorien seit Sigmund Freud entwickelt worden sind. Daß hierbei die Hemmung der Aggression auch als Schüchternheit interpretiert werden kann, ist sozusagen ein ›Abfallprodukt‹ der Aggressionsforschung. Es ist aber fraglich, ob damit eine zufriedenstellende Antwort auf das Phänomen Schüchternheit gefunden ist. Auch Untersuchungen über Teilaspekte der Schüchternheit wie z.B. über Sprechangst, Erröten oder über die Furcht und mangelnde Selbstbehauptung sind begrenzt und erfassen nicht den ›ganzen‹ schüchternen Menschen. Harald Schultz-Hencke, ein Vertreter der Neopsychoanalyse, hat erstmals in einem größeren Zusammenhang darauf hingewiesen, daß die tieferen Ursachen für das Ausweichen vor Lebensfragen in ›Hemmungen‹ zu suchen sind. In jüngster Zeit hat der amerikanische Sozialpsychologe Philip Zimbardo mit einer empirischen Untersuchung auf das Thema Schüchternheit aufmerksam gemacht.

Allerdings ist diese Thematik gar nicht so neu. Bereits 300 v. Chr. sprach der griechische Philosoph Theophrast »Von der Angst oder dem Mangel an Mut« und beschrieb diesen Charaktertypus so anschaulich, wie man ihm in der Wirklichkeit oft begegnet:

Eine Seele, die Furcht hat, gerät in Verwirrung oder weicht zurück, sobald eine wirkliche oder eingebildete Gefahr vor ihr auftaucht, und der furchtsame Mensch wird sich folgendermaßen benehmen: Ist er auf der See und bemerkt von fern Dünen oder Vorgebirge, so stellt ihm die Angst das Wrack eines Fahrzeuges vor, das an dieser Küste Schiffbruch erlitten habe, bei dem geringsten Wellengang erzittert er und erkundigt sich angelegentlich, ob alle, die mit ihm fahren, Eingeweihte (d.h. in den Mysterien einer Gottheit unterrichtet, E. P.) sind. Bemerkt er, daß der Steuermann ein neues Manöver vollziehen läßt oder eine Wendung zu machen scheint, als wolle er eine Klippe vermeiden, so erkundigt er sich sofort bei ihm und fragt ihn voll Unruhe, ob er nicht doch den richtigen Weg verlassen habe, ob er auch immer aufs hohe Meer zu steuere, und ob die Götter sich günstig gesinnt gezeigt haben. Darauf beginnt er, einen Traum zu erzählen, den er während der Nacht gehabt hat, der ihm noch ganz in den Gliedern liegt, und den er für ein schlimmes Vorzeichen hält. Dann wächst seine Furcht noch weiter, er entkleidet sich völlig, um leichter schwimmen und sich retten zu können, und nach dieser Maßregel der Vorsicht fleht er auch noch die Schiffsleute ununterbrochen an, ihn ans Land zu setzen.[1]

Man kann sich förmlich einen schüchternen Menschen vorstellen, wie er vor einer Aufgabe steht, sei es eine Frau oder einen Mann anzusprechen, welche Gedanken – Zweifel und Bedenken – ihm dabei durch den Kopf gehen, wie er hin und her überlegt, und es am Ende lieber sein läßt, da ja doch nichts Gutes dabei herauskommen kann.

Auch aus der ursprünglichen Bedeutung des Wortes ›schüchtern‹ geht hervor, daß Schüchternheit etwas mit ›verwirrt‹ oder ›zerstreut‹ sein zu tun hat. So kann man im etymologischen Wörterbuch (›*Duden*‹, Bd. 7) nachlesen, daß das Wort ›schüchtern‹ erstmals im 16. Jahrhundert erwähnt wird. Es ist verwandt mit den Wörtern scheu, verscheuchen, auseinandertreiben, vertreiben. Das mit schüchtern sinnverwandte Wort ›zagen‹ oder ›verzagen‹ heißt soviel wie bange sein, den Mut verlieren, seelisch bedrückt oder betrübt sein. Synonym für das

Wort Schüchternheit werden in der Umgangssprache auch Begriffe wie Befangenheit, Scheu ebenso wie Angst, Scham und Hemmung benutzt.
Über die Scham kann man bereits bei Aristoteles in der ›*Nikomachischen Ethik*‹ lesen, daß sie keine Tugend ist.

Sie ist eher ein Affekt als eine Eigenschaft. Bestimmt wird sie als Furcht vor Schande, und sie zeigt sich ähnlich wie die Furcht vor dem Schrecklichen. Wer sich schämt, errötet, wer den Tod fürchtet, wird blaß. Beides scheint also körperlich zu sein, und das weist eher auf einen Affekt als auf eine Eigenschaft hin.[2]

Die Scham ist nach Aristoteles deswegen keine Tugend, weil sie nur unter bestimmten Voraussetzungen positiv zu bewerten ist, nämlich wenn jemand sich wegen etwas Schlechtem schämt. Der ›Anständige‹ wird auf Scham verzichten können, da man sich nur charakterlich fragwürdiger Handlungen schämt, und diese wird er eben nicht begehen.
Für Friedrich Nietzsche hat Schüchternheit ebenfalls etwas mit Affekten zu tun. In der ›*Morgenröte*‹ schreibt er:

Kennt ihr die Rache der schüchternen Menschen, welche sich in der Gesellschaft benehmen, als hätten sie ihre Gliedmaßen gestohlen? Die Rache der demütigen, christenmäßigen Seelen, welche sich auf Erden überall nur durchschleichen?...[3]

Auch wenn sich der Schüchterne durch diese Gedanken provoziert fühlen mag, so regen sie doch dazu an, diesen Charakterzug einmal genauer zu betrachten.

Die Welt des Schüchternen

Beginnt man mit dem äußeren Erscheinungsbild, so wird man fast immer feststellen können, daß der Schüchterne große Schwierigkeiten hat, sich an einem Gespräch zu beteiligen. Ist es ihm noch möglich, sich in einem vertrauten Kreis zu äußern, so verstummt er, sobald die Runde größer wird. So als handle er nach dem Motto ›Reden ist Silber, Schweigen ist Gold‹. Gelingt es ihm doch einmal, sich am Gespräch zu beteiligen, so fällt auf, daß er mit leiser und zaghafter Stimme spricht. Auch für die anderen ist es nicht leicht, den Schüchternen ins Gespräch einzubeziehen. Auf Fragen antwortet er knapp oder sehr undeutlich, so daß sein Gegenüber immer wieder aktiv werden muß, wenn das Gespräch nicht abbrechen soll. Oder er gerät ins Monologisieren, was wiederum einen fruchtbaren Gedankenaustausch verhindert. Die Angst vor den Mitmenschen spiegelt sich auch wider in seinem Gesichtsausdruck. Er vermeidet es, andere Menschen anzusehen, in Blickkontakt mit ihnen zu treten, als könne ein offener Blick sein Innenleben verraten. Seine Gesichtszüge sind oftmals unbeweglich und starr, so daß man fast von einem ›maskenhaften‹ Ausdruck sprechen kann. Mancher Schüchterne sucht seine Unsicherheit durch ständiges Lächeln zu überspielen. Ein solches Lächeln drückt aber nicht wirkliche Fröhlichkeit aus. Es hat eher den Sinn, sich der gefürchteten Kontaktaufnahme zu entziehen. Nicht zuletzt zeigt sich Schüchternheit in unsicherem Gang und in Körperbewegungen, die linkisch und unbeholfen anmuten. Immanuel Kant hat das sehr schön beschrieben:

Der Blick einer Frau genügte, um mich einzuschüchtern. Je mehr ich mir Mühe gab, zu gefallen, um so linkischer wurde ich. Ich machte mir über alles die irrigsten Vorstellungen: entweder war ich ohne jeden Grund überschwenglich offen, oder aber ich sah in einem Menschen einen Feind, bloß weil er mich ein wenig streng angeblickt hatte. Doch damals in der gräßlichen Qual meiner Schüchternheit, wie schön war da ein schöner Tag![4]

Am meisten leidet der Schüchterne unter den körperlichen Symptomen seiner Angst, die insbesondere in unbekannten oder kritischen Situationen auftreten: Erröten und Erblassen, starkes Herzklopfen, Schweißausbrüche, trockener Mund, Durchfall, Harndrang, Magenbeschwerden. Jeder Mensch kennt diese Körperzustände auch im Zusammenhang mit Affekten wie Wut, Angst oder starker Freude. Der Schüchterne konzentriert sich aber außergewöhnlich stark auf diese Symptome und empfindet sie als peinlich und störend. Besonders das Erröten, das er nicht vor anderen Menschen verbergen kann, erlebt er als Blamage. Er sieht die Blicke der Umwelt auf sich gerichtet und fühlt sich kritisch beurteilt. Obwohl andere das Rotwerden oft kaum wahrnehmen, fürchtet sich der Schüchterne oft so sehr davor, daß seine Angst das Symptom noch verstärkt. Leo Tolstoi, dem Schüchternheit wohl vertraut gewesen sein muß, beschreibt eine Situation, in der er seiner Großmutter ein Geschenk zum Geburtstag überreichen will. Nachdem seine Geschwister ihre Geschenke bereits übergeben haben, ist er an der Reihe:

Ich fühlte, wie mir das Blut unaufhörlich vom Herzen in den Kopf strömte, wie mein Gesicht abwechselnd rot und blaß wurde und wie mir dicke Schweißtropfen auf die Stirn und auf die Nase traten. Meine Ohren glühten, ich fühlte, daß mein ganzer Körper zitterte und feucht wurde, trat von einem Fuß auf den anderen und rührte mich nicht vom Fleck.[5]

Hier ist deutlich beschrieben, wie lähmend sich die Körperzustände auf das Verhalten des Schüchternen auswirken.

Ebenso leicht wird der Schüchterne verlegen, sei es, weil er plötzlich im Mittelpunkt steht oder ein unerwartetes Lob erhält. Er ärgert sich über sich selbst oder auch über die anderen, die ihn in Verlegenheit gebracht haben. Selbst wenn der Schüchterne allein ist, kann er noch nachträglich in Verlegenheit geraten, wenn er sich einer vorausgegangenen Ungeschicklichkeit erinnert. Er malt sich dieses Mißgeschick wieder und wieder in der Phantasie aus und verhält sich bei der nächsten Gelegenheit doch wieder ähnlich. Oder er nimmt sich vor, in Zukunft noch vorsichtiger zu sein und solche Situationen von vornherein zu meiden.

Die mangelnde Fähigkeit, Beziehung zu anderen aufzunehmen oder sich in Situationen zu behaupten, deutet darauf hin, daß der Schüchterne starke Selbstzweifel und eine geringe Selbstachtung hat. Er neigt zu Mißtrauen und Pessimismus, zu einer Unterschätzung der eigenen Person und Überschätzung der anderen. Vorherrschend ist das Gefühl, nicht verstanden zu werden, wobei es ihm selbst nur wenig möglich ist, sich verständlich zu machen. Von daher resigniert er leicht und wendet seine ganze Aufmerksamkeit auf das eigene Verhalten und Benehmen, das er peinlich genau beobachtet und kommentiert. Seine Gedanken kreisen dann darum, ob er wertlos, dumm oder häßlich sei, ob er alles richtig mache und wie er auf andere wirke. So ist der Schüler in der Schule oft mehr mit der Angst beschäftigt, eventuell laut vorlesen zu müssen, als daß es ihm möglich ist, dem Unterricht sachlich zu folgen. Das kritische Sich-selbst-Beobachten ist charakteristisch für den Schüchternen und trägt dazu bei, daß er nicht mit Schwung und Kraft an die Aufgaben des Lebens herangeht.

Wie verhält sich nun der Schüchterne in Freundschaften, in der Liebe und im Berufsleben?

Es wurde bereits erwähnt, daß er große Schwierigkeiten hat, andere Menschen anzusprechen und sich um Kontakte zu bemühen. Das Anknüpfen neuer Beziehungen ist für viele Menschen beschwerlich. Der Schüchterne entzieht sich dieser Schwierigkeit, indem er es ganz unterläßt. Aus der Angst heraus, abgewiesen zu werden, bleibt er lieber allein. Auch fürchtet er, sich lächerlich zu machen, wenn er sein Anliegen um Freundschaft kundtun würde. Die Angst vor Ansprache und Kontakt ist oft so groß, daß er regelrechte Hindernisse errichtet oder ein so abweisendes oder verschlossenes Gesicht macht, daß es keiner wagt, ihn anzusprechen. So versteckt er sich hinter Zeitungen und Büchern und verbreitet eine Atmosphäre der Unnahbarkeit, obwohl er sich nichts sehnlicher wünscht als Mitmenschlichkeit. Hat der Schüchterne doch Kontakt zu anderen gefunden, so fällt es ihm schwer, Vertrauen und emotionale Nähe aufkommen zu lassen. Auch hier plagt ihn die Angst, Fehler zu machen und nicht geliebt zu werden, sollte er seine Meinung sagen oder seine Wünsche und Hoffnungen preisgeben. Diese Art des Selbstschutzes verhindert, daß der Schüchterne ein Echo von anderen erhält oder menschliche Zuwendung erfährt. Auch lernt er die Empfindungen anderer Menschen nicht kennen. Sein negatives Selbstbildnis kann sich daher kaum ändern. Schüchternheit bedeutet immer Gefühlsscheu und Verschlossenheit. Darüber täuscht auch nicht hinweg, daß der Schüchterne, wenn er einmal Freundschaft geschlossen hat, sich sehr eng an andere Menschen anschließen kann. Diese Beziehungen sind dann auf wenige Personen beschränkt und schließen andere aus.

Auch Liebesbeziehungen geht der Schüchterne nur zögernd ein. Der chilenische Dichter Pablo Neruda beschreibt in seinen Memoiren, wie es ihm dabei erging:

> Seit meiner frühesten Jugend in rituelles Schwarz gekleidet wie die echten Poeten des vergangenen Jahrhunderts, fühlte ich unbestimmt, daß ich gar nicht so schlecht aussah. Doch statt mich den Mädchen zu nähern, wohlwissend, daß ich vor ihnen stottern und erröten würde, zog ich vor, ihnen die kalte Schulter zu zeigen und Interesselosigkeit zu heucheln. Sie waren alle ein großes Geheimnis für mich. Ich hätte nichts lieber gewünscht als auf diesem geheimen Scheiterhaufen zu verbrennen, in diesem Brunnen rätselhafter Tiefe zu ertrinken, aber ich wagte nicht, mich ins Feuer und ins Wasser zu stürzen. Da mir niemand begegnete, der mich hätte stoßen können, bewegte ich mich am Rande der Faszination, ohne es mit einem Blick, geschweige denn einem Lächeln zu versuchen.[6]

Kommt es aber doch zu einer intimen Beziehung zum anderen Geschlecht, so neigt der Schüchterne dazu, sich stark auf den Partner zu konzentrieren. Er paßt sich sehr stark an und gestaltet die Beziehung wenig nach eigenen Wünschen und Vorstellungen, die er oftmals auch gar nicht hat. Andererseits können seine übermäßige Empfindlichkeit und Verletzbarkeit bereits bei nichtigen Anlässen dazu führen, daß er sich abgelehnt fühlt und sich enttäuscht zurückzieht. Geht eine Beziehung zu Ende, so ist der Schüchterne oft monate- oder auch jahrelang nicht in der Lage, diese Trennung zu verwinden und sich einem neuen Partner zuzuwenden.
Innerhalb einer Partnerschaft stellt die Sexualität eine besondere Schwierigkeit dar. Hier muß sich der Schüchterne im wahrsten Sinne ›nackt‹ zeigen und intime Nähe ertragen. Dabei spielen oft unrealistische Vorstellungen über Liebe, Potenz und Leistung eine große Rolle. Da der Schüchterne innerlich damit beschäftigt ist, ob er dem Partner gefällt oder ob er versagen könnte, ist die emotionale Offenheit, Spontaneität und Hingabefähigkeit eingeschränkt. Die übertriebene Beschäftigung mit dem eigenen Ich drängt sich auch in die Sexualität ein. Wenn ein Mann sich darauf konzentriert, eine Erektion zu bekommen, dann breiten sich angstvolle Gefühle zu einem Zeitpunkt aus, der von erotischen Gefühlen bestimmt sein sollte. Ebenso ist es, wenn die schüchterne Frau den Druck verspürt, zu befriedigen oder sich befriedigt zu geben. Auch sie wird sich nicht spontan der Situation und den eigenen Gefühlen überlassen können. Oft kann sich der Schüchterne auch nur unter bestimmten Bedingungen auf Sexualität einlassen, etwa im Dunkeln, wenn es schnell geht oder nach einem festgelegten Muster, das direkt zwanghafte Züge annehmen kann. Frigidität und Impotenz, vorzeitiger Samenerguß oder auch der völlige Verzicht auf eine Liebesbeziehung weisen darauf hin, daß der Schüchterne eine echte und verantwortungsvolle Bindung an ein Du des anderen Geschlechts als Gefährdung seines ängstlichen und feindselig gestimmten Ichs empfindet.
Am ehesten findet sich der Schüchterne im Berufsleben zurecht. Zwar spielt Angst in der Beziehung zu Autoritätspersonen eine große Rolle. Da aber im beruflichen Alltag eine unverbindliche Atmosphäre vorherrscht, muß der Schüchterne sich nicht vor intimen Situationen fürchten. Eigene Gefühle und Ängste können leichter überspielt werden, da die meisten

Tätigkeiten, Rollen und Aufgaben festgelegt sind. Sich am Arbeitsplatz in Vorgegebenes und Vorgeschriebenes einzufügen, fällt den Schüchternen nicht so schwer. Sie stürzen sich sogar mit Übereifer in die Arbeit und gehen ganz darin auf, um damit ihr privates Unglück, das in ihrer menschlichen Isolierung besteht, zu kompensieren. Während der Arbeitswoche kommt die innere Leere nicht so auf, da ja jede Minute verplant ist. Erst das Wochenende oder Ferienzeiten werden zu einer starken Belastungsprobe, in der dann der Schüchterne mit seiner Kontaktlosigkeit konfrontiert wird. Vor ihm liegen zwei, drei Tage oder mehr, die er nun füllen und gestalten soll. Depressionen, Migräne oder andere körperliche Symptome entheben ihn dann oftmals der ›Last der Freiheit‹.

Da der Schüchterne seine Umwelt als zu hart, schwierig und unübersichtlich empfindet, flüchtet er sich in Phantasien und lebt bevorzugt in einer Traumwelt. Diese Tendenz zeigt sich eventuell auch in seinen religiösen Anschauungen. Die Religion bietet ihm die Möglichkeit, seiner Phantasie freien Lauf zu lassen. Er kann sich als Gotteskind empfinden und ist eingeweiht in die Pläne der Weltschöpfung. Er weiß, was nach dem Leben kommen wird und ergeht sich in diesen Phantasien; die irdischen Verhältnisse treten in den Hintergrund. Ludwig Feuerbach und Karl Marx haben bereits aufgezeigt, daß die Verlorenheit in der irdischen Realität zur Flucht in die Religiosität einlädt.

Philip Zimbardo spricht davon, daß die Schüchternen in einer Gesellschaft das ›Rohmaterial‹ für eine reaktionäre und konservative Politik sind. Er glaubt, daß Schüchterne besonders anfällig für Diktaturen und für totalitäre Systeme sind. Da Schüchterne von ihrem Recht auf freie Meinungsäußerung, Versammlungs- und Koalitionsfreiheit keinen Gebrauch machen, ist ihr Verhalten allgemein gehemmt, kalkulierbar und leicht zu kontrollieren. Verhalten sich viele Menschen in einer Gesellschaft auf diese Art und Weise, so fördert das die Entwicklung autoritärer Strukturen.

Der Beitrag der Tiefenpsychologie zur Theorie der Schüchternheit

Will man den schüchternen Menschen genauer verstehen, so ist es unerläßlich, gewisse Zusammenhänge und Gesetzmäßigkeiten zu kennen, die den Aufbau der schüchternen Charakterhaltung bestimmen. Welche Bestandteile seelischer Fehlorientierungen müssen zusammenkommen, um die Eigenschaft der Schüchternheit zu bilden?

Obwohl Sigmund Freud in seinem Werk Schüchternheit nicht direkt anspricht, ist sein Beitrag über die Rolle der *Phantasie* im menschlichen Seelenleben von zentraler Bedeutung. Schüchterne Menschen halten sich stark zurück und schöpfen die Möglichkeiten des Lebens nicht voll aus. Statt dessen bevorzugen sie ein ›Leben in der Phantasie‹. Jeder Mensch hat mehr oder minder starke Phantasien. Sie können – wie Goethe sagt – Vorgefühle der Fähigkeiten sein, was der Mensch zu leisten imstande sein wird. Freud weist darauf hin, daß der *introvertierte Mensch* zwar reichlich Phantasien hat, sie jedoch nicht in die Wirklichkeit bzw. in Handlung einfließen läßt. Unter Introversion versteht er daher die Abwendung »der Libido von den Möglichkeiten der realen Befriedigung und die Überbesetzung der bisher als harmlos geduldeten Phantasien« (Sigmund Freud, Gesammelte Werke, Bd. XI, London/Frankfurt 1952, S. 387). Wie kommt es nun dazu, daß der Introvertierte es vorzieht, in Phantasievorstellungen zu leben, statt aktiv zu werden und sich die Realität zu erobern?

Freud ging davon aus, daß der Mensch im Verlauf seiner kindlichen Entwicklung lernen muß, sich nach dem Realitätsprinzip zu verhalten. Dabei muß er auch lernen, auf verschiedene Objekte und Ziele seines ursprünglichen Luststrebens vorübergehend oder dauernd zu verzichten. Dieser Lustverzicht wird aber vom Menschen nicht ohne weiteres hingenommen. Nach Freud hat er sich eine Tätigkeit vorbehalten, in der die aufgegebenen Quellen und verlassenen Wege der Lustgewinnung weiterexistieren können, ohne daß sie einer Überprüfung in der Realität unterworfen sind. Diese seelische Tätigkeit ist die Phantasie. Jede Wunschvorstellung strebt laut Freud nach Erfüllung. Er zweifelt nicht daran, daß das Verweilen in der Phantasie eine Befriedigung mit sich bringt, die auch nicht getrübt wird von dem Wissen, daß man der Realität ausweicht.

In der Phantasietätigkeit genießt also der Mensch die Freiheit vom äußeren Zwang weiter, auf die er in Wirklichkeit längst verzichtet hat. Er hat es zustande gebracht, abwechselnd noch Lusttier zu sein und dann wieder ein verständiges Wesen. Er findet mit der kargen Befriedigung, die er der Wirklichkeit abringen kann, eben nicht sein Auskommen.[7]

Unabhängig von der realen Situation bedeutet Phantasie also Befriedigung und wird Phantasieren als lustvoll erlebt. Zu den bekanntesten Produktionen der Phantasie zählt Freud die Tagträume, »vorgestellte Befriedigungen ehrgeiziger, größensüchtiger, erotischer Wünsche, die um so üppiger gedeihen, je mehr die Wirklichkeit zur Bescheidung oder zur Geduldung mahnt« (Freud, G. W. Bd. XI, a.a.O., S. 387).
Die Introversion ist keineswegs ein harmloser Vorgang. Der Rückzug der Libido (der mit dem Sexualtrieb verbundenen psychischen Energie) auf die Phantasie ist eine Zwischenstufe auf dem Wege zur neurotischen Symptombildung. In der Phantasie kann der Mensch nicht nur ungehindert genießen, sondern die Phantasie hat auch eine Bedeutung für die Symptombildung.
Im Falle einer Versagung oder einer Frustration besetzt die Libido regressiv Positionen, d.h. Erinnerungen und Phantasien der frühen Kindheit. Nicht alle von der Realität verdrängten Objekte und Richtungen der Libido sind total aufgegeben. Sie werden vielmehr mit einer gewissen Intensität in der Phantasie festgehalten. Da die Phantasien aber einen Drang zur Realisierung entwickeln, kommt es unvermeidlich zu einem Konflikt zwischen dem Ich und den Phantasien.

Ob sie früher vorbewußt oder bewußt waren, sie unterliegen jetzt der Verdrängung von seiten des Ichs und sind der Anziehung von seiten des Unbewußten preisgegeben.[8]

Auf Grund der Verdrängung muß der Mensch Symptome entwickeln, es sei denn, er findet andere Auswege für seine gestaute Libido wie z.B. in der Kunst. Die *Tendenz zur Regression* wird beim schüchternen Menschen sehr deutlich. Er lebt bevorzugt in Situationen der Vergangenheit. Auch entwickelt er vielfältige Symptome, die ihm zu schaffen machen und unter denen er leidet, deren Hintergründe er aber nicht versteht. Er weiß nicht, warum er schweigt, warum ihm heiß und kalt wird in Gegenwart anderer Menschen und warum er ein Leben in seiner Phantasiewelt bevorzugt. Das Symptom entwickelt sich nach Freud aus dem Verdrängten. Es »ist gleichsam der Vertreter desselben vor dem Ich, das Verdrängte ist aber für das Ich Ausland, inneres Ausland« (Freud, G. W. Bd. XV, a.a.O., S. 62).

Nach Freud entsteht Introversion auf Grund konstitutioneller Faktoren und Umweltfaktoren (Erziehung und Kultur), die einen entscheidenden Einfluß auf die Triebentwicklung des Kindes haben. So kommt es zu Fixierungen und zur Regression der Libido. Insbesondere die ödipale Phase ist für die Schüchternheit bedeutsam, in der es zum Konflikt zwischen den Triebansprüchen des Kindes und des Gewissens kommt, das sich in dieser Phase herausbildet. Da dieser Konflikt nicht positiv bewältigt wird, führt er notwendigerweise zu Verdrängungen.

Der Begriff *Introversion* wurde erstmalig von C. G. Jung für die Tiefenpsychologie gebraucht. Während Freud darunter die Überbetonung der Phantasie verstand, ist es für Jung ein Grundbegriff seiner Typenlehre.

Jung versucht die Menschen in zwei Gruppen einzuteilen. In dem Buch ›*Psychologische Typen*‹ (1921) spricht er darum von dem Begriffspaar Extraversion und Introversion. Darunter versteht er zwei Einstellungstypen, die sozusagen die Grundhaltung eines Menschen bestimmen: ein Mensch kann mehr auf die Außen- oder auf die Innenwelt bezogen leben. Diese beiden Grundhaltungen sind nach Jung konstitutionell bedingt, es besteht gewissermaßen eine angeborene Disposition zur Extraversion oder zur Introversion. Neben diesen beiden Einstellungstypen gibt es noch vier psychische Grundfunktionen; das Denken, Fühlen, Empfinden und die Intuition.

Jung ist nun der Meinung, daß alle Einstellungen und Funktionen relativ gut ausgebildet sein müssen, damit sich der Mensch im Leben orientieren kann. Überwiegt eine Einstellung, so wird die Gegenteilige ins Unbewußte verdrängt, wo sie sich nur unzureichend entwickeln kann. Ebenso schädlich ist eine zu einseitige oder eine zu geringe Entwicklung einer der vier Funktionen. Die Folge davon ist nach Jung ein Mensch, der durch eine eigentümliche Unsicherheit auffällt und eine ständige Labilität in allen seinen Äußerungen, Urteilen und Taten zeigt.

Kennzeichnend für den introvertierten Menschen ist nach Jung, daß die Grundhaltung des ›Nach-innen-gekehrt-Seins‹ überwiegt. Sein Interesse orientiert sich nicht so sehr auf die Außenwelt, d.h. auf Menschen und Dinge, die ihn umgeben, sondern wichtiger ist ihm sein Innenleben. Ausgangspunkt seiner Orientierung im Leben ist er selbst, während die Beziehung zu anderen Menschen und zur weiteren Umwelt lediglich von zweitrangiger Bedeutung ist. Der Introvertierte denkt, fühlt und handelt nicht nach dem objektiv Gegebenen, sondern er bildet sich eine Meinung darüber und handelt entsprechend seiner subjektiven Einschätzung, die allerdings eine besondere Note hat:

Dieser Menschentypus zieht sich in einer gegebenen Lage im ersten Moment zurück, ›wie wenn er leise Nein sagte‹, und erst dann kommt es zum eigentlichen Reagieren.[9]

So übernimmt er auch nicht einfach die Wertmaßstäbe der Umwelt, sondern tendiert eher zum Einzelgängertum.
Als Folge der mangelhaften Beziehung zur Außenwelt (Mitmenschen, Liebesbeziehung, Berufsleben) entsteht nun nach Jung im Unbewußten eine kompensatorische Beziehung zur Außenwelt: Je mehr sich der Introvertierte bewußt alle möglichen Freiheiten zu sichern sucht, unabhängig, überlegen und ohne Verpflichtung sein will, desto mehr gerät er in die Abhängigkeit des objektiv Gegebenen. Oder anders ausgedrückt: je mehr der Introvertierte von Freiheit und Unabhängigkeit träumt, desto stärker ist er in der Wirklichkeit mit Schwierigkeiten konfrontiert.

Die Freiheit des Geistes wird an die Kette einer schmählichen, finanziellen Abhängigkeit gelegt, die Unbekümmertheit des Handelns erleidet ein ums andere Mal ein ängstliches Zusammenknicken vor der öffentlichen Meinung, die moralische Überlegenheit gerät in den Sumpf minderwertiger Beziehungen, die Herrscherlust endet mit einer kläglichen Sehnsucht nach dem Geliebtwerden.[10]

Die Analyse des persönlichen Unbewußten ergibt nach Jung eine Fülle von Machtphantasien, verbunden mit einer übermäßigen Angst vor der Außenwelt. Aus dieser Angst heraus entwickelt sich eine seltsame Feigheit, sich oder seine Meinung geltend zu machen, wodurch sich der Introvertierte ja zeigen und der Einflußnahme anderer zugänglich machen würde. Er fürchtet aber eindrucksvolle Affekte der anderen und kann sich kaum der Angst erwehren, unter einen fremden Einfluß zu geraten. So haben denn die Objekte der Außenwelt furchterregende, machtvolle Qualitäten, die er ihnen zwar nicht bewußt ansehen kann, aber durch sein Unbewußtes wahrzunehmen glaubt. Da seine bewußte Beziehung zur Außenwelt weitgehend verdrängt ist, wird sie vom Unbewußten geleitet. Da nur das Subjektive beim Introvertierten ausgebildet ist, bleibt die Beziehung zur Außenwelt primitiv-infantil: Objekte der Außenwelt bekommen eine geradezu magische Gewalt, die Angst einflößt.

Fremde, neue Objekte erregen Furcht und Mißtrauen, wie wenn sie unbekannte Gefahren bürgen, althergebrachte Objekte sind wie mit unsichtbaren Fäden an seine Seele gehängt, jede Veränderung erscheint als störend, wenn nicht geradezu gefährlich, denn sie scheint eine magische Belebtheit des Objektes zu bedeuten. Eine einsame Insel, wo sich nur das bewegt, dem man sich zu bewegen erlaubt, wird zum Ideal.[11]

Alfred Adler spricht im Zusammenhang mit Schüchternheit auch von *Zaghaftigkeit.* Der Schüchterne ist für ihn ein Mensch, der am meisten durch seine zögernde und zaudernde Haltung zum Leben auffällt. Jeder Mensch ist im Verlaufe seines Lebens mit den Aufgaben Liebe, Arbeit und der Mitmenschlichkeit konfrontiert. Zaghaftigkeit zeigt derjenige, der die vor ihm liegenden Aufgaben als besonders schwer empfindet und meint, nicht die nötige Kraft zu besitzen, um sie zu bewältigen. Er wird sich dann nur sehr langsam an diese Aufgaben heranwagen oder sich ihnen sogar verweigern, so daß die Entfernung zwischen ihm und dem zu bewältigenden Problem sich kaum verringert. Die Individualpsychologie spricht in diesem Zusammenhang von einem Distanzproblem; der Schüchterne ist ein distanzierter Mensch. Außer der ›zögernden Attitüde‹ kommt aber noch ein weiteres Moment darin zum Ausdruck. Schüchternheit ist auch ein ›sicherndes‹ Verhalten, das den Zweck hat, ›die Verantwortung für die Nichtbewältigung einer Aufgabe abzuwälzen‹. Betrachtet man diesen Zusammenhang genauer, so zeigt sich, daß neben all den Nachteilen, die ein schüchternes Verhalten ohne Zweifel mit sich bringt, auch Vorteile zu finden sind, die sicher mitbestimmend waren für diese Haltung.

Tritt man nämlich ganz unvorbereitet an eine Aufgabe heran, dann hat man mildernde Umstände, das Selbstgefühl und die persönliche Eitelkeit bleiben unberührt. Die Situation ist viel sicherer, und man arbeitet wie ein Seiltänzer, der weiß, daß unter ihm ein Netz gespannt ist.[12]

Auf diese Weise gerät der Schüchterne nicht in Gefahr, sein Persönlichkeitsgefühl zur Debatte zu stellen. Er wird verschiedene Gründe anführen und nebensächliche Umstände dafür verantwortlich machen, daß die Aufgabe nicht gelöst wurde. Gelingt sie allerdings dennoch, so steht der Schüchterne als doppelter Held da, denn er hat mit einer Hand vollbracht, wozu andere zwei Hände brauchen.

Eine solche Haltung verrät Eitelkeit und Ehrgeiz; der Schüchterne will zumindest vor sich selbst gut dastehen und den Anschein erwecken, etwas Besonderes zu sein. Aus Angst vor einer Niederlage versucht er daher, sich vor den Aufgaben des Lebens zu drücken. Die Umwege, die er dabei einschlägt, bringen dann die unterschiedlichsten Probleme mit sich, wie häufiger Berufswechsel, Vermeidung von Liebesbeziehungen, Frigidität und Impotenz, Prüfungsängste und Süchte aller Art. Sein *Streben nach Überlegenheit* hindert ihn daran, sich mit anderen Menschen wohl zu fühlen und im Sinne und zum Nutzen der Allgemeinheit zu handeln. Da er lediglich seine eigene Person im Auge hat und die Interessen seiner Mitmenschen außer acht läßt, ist die Gefahr des Versagens noch größer. Es ist daher nicht verwunderlich, daß der Schüchterne Symptome produziert. Diese müssen als ›Sicherungen‹ verstanden werden, die ihn davon abhalten sollen, aktiv zu werden und sich nach außen zu orientieren. Seine Lebenserfahrung sagt ihm, daß jeder Schritt in Richtung auf die Lösung einer Aufgabe über den Wert bzw. Unwert seiner Person entscheiden könnte. Eine solche Entscheidung möchte der Schüchterne vermeiden bzw. lieber in der Schwebe halten.

Statt dessen treten gerade an Stellen, wo er zielstrebig eine Lösung verfolgen müßte, ihm selbst rätselhafte Erscheinungen auf. Er ist müde, ohne zu wissen warum, oder er gerät in Hast, die ihn allerdings nicht vorwärts bringt. Er kann nicht schlafen oder kommt nicht zu Kräften und hat auch sonst Beschwerden aller Art, über die er jedoch nicht näher Auskunft geben kann. All diese Erscheinungen müssen nach Adler als Mittel verstanden werden, die eigene Aufmerksamkeit vom wahren Sachverhalt abzulenken. Sie sind an einem Punkt entstanden, an dem ein solcher Mensch vor einer Aufgabe erschrickt und nach

einem Vorwand sucht, um sie langsamer anzugehen, sich von vornherein mildernde Umstände zuzugestehen oder sich ihr ganz zu entziehen. Dadurch isoliert er sich auch innerhalb der sozialen Gemeinschaft. In diesem Verhalten kommt nach Adler zum Ausdruck, daß der Schüchterne ein Neinsager ist.
Aus tiefenpsychologischer Sicht kann man sagen, Schüchternheit sei eine Dialog- und Gefühlshemmung. Die gefühlsmäßige Bindung an die Mitmenschen und die Umwelt ist schwach, Verschlossenheit und Angst herrschen vor. Ein Mensch, der positive Gefühle anderen gegenüber hat, würde sich an Gesprächen beteiligen, wenn er etwas zu sagen hat. Er würde handeln, wenn es nötig ist, und sich den Lebensaufgaben – wie Adler es nennt – mutig entgegenstellen. Der schüchterne Mensch produziert aber – anstatt zu handeln – körperliche Symptome, Ängste, Größen- und Kleinheitsphantasien.

Psychotherapie und Schüchternheit

Als grundlegend für die Heilung eines Menschen mit seelischen Schwierigkeiten betrachten die Tiefenpsychologen den Prozeß der *Selbsterkenntnis.* Nur wenn er seine irrtümliche Lebensauffassung in ihrer gegenwärtigen Bedeutung und ihrer Entstehungsgeschichte verstehen lernt, wird er sich allmählich verändern können. Alfred Adler sah es als Hauptaufgabe des Therapeuten an, dem Patienten seinen *Lebensstil* aufzuzeigen, den er selbst nicht versteht. Die meisten Menschen empfinden ihr Leben als einen Prozeß ohne inneren Zusammenhang. Das ganze Leben erscheint ihnen wie ein Puzzle, dessen Stücke sich nicht zu einem Bild zusammenfügen lassen. Mit Hilfe der Psychotherapie können die Fragmente, die ein Mensch aus seinem Leben erzählt, zu einem sinnvollen Ganzen geordnet werden. Leisten hierbei Therapeut und Patient echte Verstehensarbeit, so wird das Puzzle zu einem Bild, in welchem der Patient sich selbst und sein Lebensschicksal erkennen kann. Die Sinnstruktur des Lebens wird deutlich.
Nach Adler waren es vor allem die Dichter, denen es gelang, den Lebensstil eines Menschen zu erfassen. Sie haben die Fähigkeit, den Menschen als ein unteilbares Ganzes leben, handeln und sterben zu lassen. Durch Intuition konnten sie erahnen, was hinter und zwischen den Ausdrucksbewegungen

steckt: das Bewegungsgesetz des einzelnen. Um einen Lebensstil erkennen zu können, ist jedes Wort, jede Geste, jeder Gedanke, jedes Gefühl wichtig. »Jeder Ausdruck führt uns in dieselbe Richtung, zu einem Motiv, zu einer Melodie, um die herum die Persönlichkeit errichtet ist« (Alfred Adler zitiert in Heinz und Rowena Ansbacher, *›Alfred Adlers Individualpsychologie‹*, München, Basel 1975, S. 310).
Bei dieser Betrachtungsweise rücken die Symptome in den Hintergrund, sie dienen neben anderen Ausdrucksformen dem Verständnis der Gesamtpersönlichkeit. Nicht *wie*, sondern *daß* der Schüchterne seinen Lebensaufgaben ausweicht, ist wesentlich. Psychotherapie bedeutet demnach auch, auf das Wesentliche hingeführt zu werden.

Aufgabe der Psychotherapie muß es sein, den Patienten dazu zu bringen, daß er der Lösung seiner Lebensaufgaben – den Fragen der Arbeit, der Gemeinschaft und der Liebe – nicht mehr wie bisher unter Vorwänden und Ausflüchten zu entgehen trachtet, sondern sie ganz energisch in Angriff nimmt.[13]

Denn – so Wexberg – der gesunde Mensch arbeitet und liebt wie er atmet, also selbstverständlich und aus natürlichem Antrieb heraus.
Neben der Anleitung zur Selbsterkenntnis ist es Aufgabe der Psychotherapie, das *Gemeinschaftsgefühl* des Patienten zu wecken. Indem er in der Therapie echte Anteilnahme und Mitmenschlichkeit erlebt, wird er dies später auf andere Menschen übertragen können. Sein Interesse für die Mitmenschen und die Welt wird auf diese Weise wachsen. Das kann auch als »Ermutigung und Entwicklung der Mitmenschlichkeit« (Herta Orgler) bezeichnet werden.
Welche Konsequenzen ergeben sich nun aus der speziellen Problematik der Schüchternheit für die psychotherapeutische Behandlung?
Vorrangig wird hier zu berücksichtigen sein, daß der Schüchterne durch erdrückende Kindheitserfahrungen – sei es übermäßige Verwöhnung oder Strenge und Kritik – dem Leben und den Mitmenschen gegenüber in die Defensive geraten ist. Er hat nicht lernen können, sein Leben aktiv und kooperativ zu gestalten. Ratschläge, Aufforderungen oder Appelle an seinen guten Willen sind daher wenig hilfreich; sie helfen dem Schüchternen nicht aus seiner Situation heraus. Vielmehr wird es

darum gehen, mit ihm gemeinsam *Verstehensarbeit* zu leisten; entwickeln wird er sich dann von allein.

Es wurde bereits darauf hingewiesen, daß der Schüchterne ein reichhaltiges Phantasieleben hat. Dagegen wäre nichts einzuwenden, wenn es sich um Phantasien handelte, die sich der Realität anpassen und zu Aktivität führen. Der Schüchterne träumt und phantasiert aber für sich allein, er sucht Befriedigung in der Phantasie. Dieses Verhalten kann direkt zur Sucht werden, die ihn dann daran hindert, sich wieder der Realität zuzuwenden. Oder er akzeptiert sie nur halb, so daß der Eindruck entsteht, er sei bei der Arbeit, bei Gesprächen, bei der sexuellen Vereinigung – um nur einige Situationen zu nennen – nicht voll konzentrationsfähig. Sollen aber Situationen zu einem echten Erlebnis werden, so ist der Einsatz der ›ganzen‹ Person notwendig. Der Schüchterne müßte beherzigen, was Friedrich Rückert schreibt:

Aufmerksamkeit, mein Sohn, ist,
was ich dir empfehle, bei dem,
wobei du bist, zu sein mit ganzer Seele.[14]

Im tiefsten Innern ahnt der Schüchterne, daß er Situationen nur halb bewältigt oder ihnen ganz ausweicht, so daß hier die Quelle für seine Traurigkeit und Unzufriedenheit zu suchen ist.

Warum lebt nun der Schüchterne sein Leben mit halbem Einsatz, was ja auch mit Frustrationen und Niederlagen verbunden ist? Das Leben ist lang, und er könnte bestimmte Verhaltensweisen, die er noch nicht beherrscht, trainieren und sich so Erfolgserlebnisse verschaffen. Da er dies nicht tut, stellt sich die Frage, welchen Vorteil oder Nutzen der Schüchterne aus seinem Verhalten zieht. Es ist anzunehmen, daß der Schüchterne in der Kindheit die Erfahrung gemacht hat: wenn mir etwas nicht gelingt, tröstet mich die Phantasie. Mißerfolge im realen Leben des Schüchternen tragen also dazu bei, daß er seine Phantasietätigkeit nicht ohne weiteres aufgibt.

Für den Schüchternen gilt es nun, verstehen zu lernen, daß er an den Mißerfolgen mitbeteiligt ist, die er im Leben hat. Und zwar ist der Schüchterne ja nicht nur schüchtern, sondern manchmal auch sehr expansiv. In gewissen Abständen, wenn er die eigene Zurückhaltung nicht mehr erträgt, wird er aktiv. Da er aber wenig Übung in der Expansion hat und zugleich auch überstrenge Maßstäbe, wählt er oft die falschen Mittel und holt sich so einen Mißerfolg. Er fühlt sich dann bestätigt in dem Gefühl, daß Expansion sowieso keinen Sinn hat und bleibt der Schüchternheit verhaftet. Wer schon als Kind Schüchternheit entwikkelt, lernt die Welt nicht kennen, er mischt sich nicht ein, macht diese oder jene Erfahrung nicht, Enttäuschungen bleiben ihm erspart. Auf Grund seines mangelnden Realitätsbewußtseins erfährt er selten, wie man sich der Außenwelt zuwendet. Diesen Kreislauf muß der Schüchterne in der Therapie verstehen lernen. Er wird dann jeden kleinsten Schritt zur Aufgeschlossenheit hin als Fortschritt betrachten, d.h., er wird sich langsam ein expansiveres Lebensgefühl durch immer mehr Berührung mit der Realität erobern. Erst dann wird es ihm auch möglich sein, auf seine irrealen Phantasien zu verzichten.

Eng im Zusammenhang mit der übermäßigen Phantasietätigkeit steht das schlechte Verhältnis des Schüchternen zu seinem Körper. Das ist keine Bagatelle, sondern Ausdruck der Gesamtbeziehung des Menschen zu sich selbst und zur Welt. Phantasie gaukelt einem relativ leicht Erfolgserlebnisse vor, der Körper verweist aber auf die Wirklichkeit. Der Schüchterne mag seinen Körper nicht oder lehnt irgend etwas daran ab. Meist handelt es sich um übertrieben stark empfundene Mängel, sei es, daß die Nase zu klein, die Ohren zu groß oder die Figur nicht richtig ist. Jeder Mensch ist jedoch hübscher, als er selbst annimmt. Dies müßte dem Schüchternen in der Therapie vermittelt werden. Den Körper zu mögen und ihn nicht zu verneinen ist eine wichtige Voraussetzung dafür, auch Konfliktsituationen zu meistern und Problemstellungen standzuhalten. Verneint man den Körper als Mittelpunkt des Menschen, so ist jede Situation von vornherein verzerrt. Darum ist es von zentraler Bedeutung für die Therapie des Schüchternen, das Verhältnis zum Körper zu verbessern bzw. eine maßvolle ›Liebe zum Körper‹ anzustreben.

Der Körper ist eines der ersten Objekte in der Welt, auf das sich mein Gemeinschaftsgefühl richten muß. Wenn ich nicht einmal lerne, ihn in mein Gefühl einzubeziehen, für wen soll ich dann Achtung, Respekt und Umgänglichkeit aufbringen?[15]

Die Ablehnung des Körpers – ganz oder nur partiell – ist für den Schüchternen oftmals Vorwand, bestimmte Handlungen nicht ausführen zu können. Eine weitere Variante dieser Einstellung zeigt sich darin, daß er Krankheitssymptome produziert, anstatt zu handeln. Die Daseinsanalytiker (Medard Boss, Ludwig Binswanger) nennen das ›leiben anstatt leben‹. Damit soll ausgedrückt werden, daß der Schüchterne, wenn er eine Frau oder einen Mann ansprechen, eine Arbeit verrichten oder einen Vortrag halten will, irgendwelche Leiden bekommt. Und weil er Herzklopfen, Durchfall, Atembeschwerden, Magenschmerzen o.ä. hat, kann er die anstehende Aufgabe nicht vollbringen. Seine ganze Aufmerksamkeit ist dann auf seinen Körper gerichtet, während die eigentliche Handlung in den Hintergrund rückt. Der Schüchterne muß in der Therapie lernen, diese Körperzustände zu akzeptieren und mehr Interesse für die eigentliche Sache zu entwickeln. In dem Maße, wie ihm das gelingt, werden die körperlichen Symptome geringer, bis sie endlich ganz verschwinden.

In jeder Therapie wiederholt der Patient unbewußt Situationen, die ihm von früher Kindheit an vertraut sind. Wie sieht nun der spezielle Wiederholungszwang des Schüchternen in der Therapie aus?

Der Schüchterne kommt aus einer Kindheitssituation, in der die Erzieher für ihn die Initiative übernommen haben. Dabei ist nicht so bedeutsam, ob die Erzieher ihn eher verwöhnt haben oder mehr zur Kritik neigten, wichtiger ist, daß es zu einer Dynamik ›passives Kind–aktive Eltern‹ gekommen ist. Die Eltern waren aktiv und haben bestimmt, was das Kind tun und was es lassen soll. Mit dieser Haltung kommt der Schüchterne in die Therapie. Er bleibt zaghaft, zurückhaltend und ist sparsam in seinen Äußerungen. Hier besteht die Gefahr, daß der Therapeut für den Schüchternen die Initiative übernimmt. Therapie muß aber – wie Freud sagt – in der Versagung stattfinden, und das heißt im Falle der Schüchternheit, daß der Therapeut auf dieses Verhaltensmuster nicht einsteigen darf. Das ist leichter gesagt als getan, da ja der Schüchterne durch sein Verhalten sein Gegenüber förmlich zur Aktivität herausfordert. Der Therapeut muß dieser Verlockung widerstehen und anders handeln, als der Schüchterne unbewußt beabsichtigt. Nur so kann er mit der Zeit lernen, selbständiger zu werden und Initiative und Verantwortung für sein Leben zu übernehmen.

In diesem Zusammenhang schließen sich die Überlegungen an, ob nicht gerade für die Therapie schüchterner Menschen die *Gruppentherapie* sehr vorteilhaft ist. Hier könnte der Schüchterne in Ruhe zuhören und dabei lernen, wie Menschen in unterschiedlichsten Situationen reagieren und wie man mit ihnen umgehen muß. Er ist nicht direkt gefordert und muß daher seine Zurückhaltung nicht gewaltsam durchbrechen. So hat er die Möglichkeit abzuwarten, bis er Vertrauen gefaßt hat und sich selbst öffnen möchte. Der Vorteil wäre auch – und das ist entscheidend für die Therapie von Schüchternen –, daß er das Tempo seiner Entwicklung selbst bestimmen kann.

Richard Hitzler/Ulrike von Saalfeld-Urbasek

Bequemlichkeit und Riesenerwartungen

Das Begriffspaar ›Bequemlichkeit und Riesenerwartung‹ wurde von Harald Schultz-Hencke geprägt. Er vermutete – und der aufmerksame Beobachter wird dies bestätigen –, daß ein Mensch, dessen Haltung dem Leben gegenüber von Bequemlichkeit gekennzeichnet ist, immer auch hohe Erwartungen und Ansprüche an sich und seine Umwelt hegt. In der Realität wird man allerdings selten Bequemlichkeit und Riesenerwartungen in jener reinen Form antreffen, wie es z.B. Gontscharow in seinem Roman ›*Oblomow*‹ beschrieben hat, sondern in jeder Neurose sind diese Charaktereigenschaften mehr oder weniger stark ausgeprägt. Ein erfahrener Therapeut könnte fast nach dem Mott handeln: Sag mir, wann du bequem bist, und ich sage dir, welche Neurose du hast! Wir möchten aber gleichzeitig darauf hinweisen, daß mit dem Hinweis auf Bequemlichkeit und Riesenerwartung nur eine idealtypische Abstraktion der vielschichtigen Charakterstrukturen eines Menschen behandelt wird; die individuelle Realität hat viele Seiten.

Aber auch ›Bequemlichkeit‹ hat unterschiedliche Erscheinungsformen: sie reicht z.B. von Ängstlichkeit, Arbeitsstörung über Mutlosigkeit bis zur Trägheit und Unbeweglichkeit. Auch in der psychologischen Literatur ist diese Vielfalt häufiger beschrieben, z.B. handelt es sich beim ›Neuen Sozialisationstyp‹ um eine zur Bequemlichkeit neigende Chrakterstruktur. Manch bequeme Einrichtung verhilft zu mehr und sinnvollerer Produktivität. Man denke nur an die elektrische Schreibmaschine oder die modernen Verkehrsmittel, durch die ein Vielfaches an Zeitersparnis gegenüber früheren Möglichkeiten gewonnen wird.

Der Begriff ›Riesenerwartung‹ läßt sich leichter mit Inhalt füllen; man hat eine Vorstellung, was damit gemeint sein könnte: etwa Erwartungen an die Umwelt, den Partner oder irreale Träume und Phantasien.

Die Verkörperung beider zu einer Einheit zusammengefügten Begriffe führt uns auch Cervantes in seiner Beschreibung Don Quijotes und Sancho Pansas vor Augen: der idealistische Ritter, der in seiner opferfreudigen Begeisterung stets nach Höherem strebt, und sein dicklicher Adlatus, dessen Sinnen überwiegend nach mühelosem Wohlleben trachtet. Bei diesem Paar kann man durchaus von einer ›folie à deux‹ sprechen.
Der Charakterzug der Bequemlichkeit wird auch in unserer jetzigen gesellschaftspolitischen Situation häufiger sichtbar, denn der Sozialstaat breitet ein Netz der Sicherheit aus, das Bequeme auffängt. In früheren Zeiten konnten sich nur wohlhabende Leute Bequemlichkeit leisten, indem sie andere für sich arbeiten ließen, wie z.B. Oblomow seine Bauern.
Betrachtet man die Geschichte der Menschheit, so springt einem die Relevanz des Themas ebenso ins Auge: autoritäre Ideologien können solche Anziehungskraft ausstrahlen und derartige Wirkungen auslösen, weil so viele Menschen bereit sind, das selbständige Denken wenigen Führern zu überlassen; allein der Anschluß an eine Gruppierung – man denke an den Erfolg religiöser Sekten – reicht aus, um sich selbst als größer und wichtiger zu empfinden.
Im folgenden Aufsatz möchten wir gesunde und krankhafte Erscheinungsformen von Bequemlichkeit und Riesenerwartung im Wandel der Zeit, ihre Entstehungsgeschichte sowie ihren Sinn darstellen und Möglichkeiten der Therapie aufzeigen.

Bequemlichkeit in Temperamenten- oder Typenlehren

Aus der Antike sind uns von Hippokrates die vier Temperamentstypen bekannt: Choleriker, Melancholiker, Sanguiniker und Phlegmatiker. Schon aus den Bezeichnungen ergibt sich, daß körperliche Ursachen für die Ausbildung unterschiedlicher Temperamente vermutet wurden (chole = gelbe Galle, melanchole = schwarze Galle, sanguis = Blut, phlegma = Schleim). Der ›Körpersaft‹ bestimmte, welcher Temperamentstyp entstand. Obwohl wir über diese vereinfachende Annahme längst hinweg sind, kann die Betrachtung der alten Temperamente hilfreich für die Darstellung der Charaktertypen sein.

... diese Lehre wäre wohl wie so vieles andere untergegangen, wenn in ihr nicht eine so einfache und einleuchtende, dabei so wirklichkeitsnahe *psychologische* Charakteristik enthalten wäre ...[1]

Der Phlegmatiker entspricht in dieser Darstellung dem Bequemen. Nach Duden ist ein phlegmatischer Mensch »auf Grund seiner Veranlagung nur schwer zu erregen und zu etwas zu bewegen«. Diese Bewegungslosigkeit, Ruhe und Behäbigkeit lassen ihn als unauffällig erscheinen. Vielleicht hat ihn deshalb Theophrast, der Charaktere so differenziert und humorvoll beschrieben hat, bei seinen Beobachtungen Athener Mitbürger übersehen. Das Gefühlsleben des Phlegmatikers ist stark gedämpft, weder äußere noch innere Erlebnisse bringen ihn aus seiner Ruhe. Seinen Mitmenschen ist seine Langsamkeit, Unbeweglichkeit, Entschlußunfähigkeit und Lässigkeit oft lästig.
Doch kann der Phlegmatiker auch ein Pol der Ruhe im Getriebe des Alltags sein; seine Beständigkeit und Treue vermitteln ein Gefühl von Sicherheit, seine gemütliche Ausstrahlung weckt angenehme Assoziationen an die kleinen Freuden des Daseins. Harald Schultz-Hencke bezeichnet ihn als den ›heiteren Passiven‹.
Einen aktiven Bequemen stellt uns der Dichter Boito in seinem Libretto zu Verdis Oper *›Falstaff‹* vor: der dicke Ritter Falstaff, ein heruntergekommener Edelmann, ist eingebildet genug, um zu glauben, mit Hilfe amouröser Abenteuer seine prekäre Finanzlage aufbessern zu können. In seiner Lüsternheit einerseits witzig, andererseits plump und tolpatschig in seiner Vorgehensweise, steht er am Ende des Spiels als der Gefoppte da, besitzt aber Größe genug, um über sich selbst und damit auch über die menschlichen Schwächen zu lachen. Das ganze Leben betrachtet er als ein närrisches Treiben, das er mit gelassener Heiterkeit zu nehmen weiß. In solcher Haltung offenbart sich auch ein Stück Flexibilität und Menschlichkeit der Welt gegenüber.
Eine andere weitverbreitete Typenlehre stammt von Ernst Kretschmer (*›Körperbau und Charakter‹*, 1921). Er stellte bei Insassen einer psychiatrischen Klinik einen Zusammenhang zwischen Körperbau und Psychose fest und übertrug dieses Schema auch auf die ›Normalen‹. Rundwüchsige (pyknische) Menschen sollten ein ausgeglichen-schwingendes (cyklothymes), schlankwüchsige (leptosome) ein sprunghaft-spannungsgeladenes (schizothymes) Temperament haben.

Man würde aber phantastisch fehlgehen, wenn man als ›Menschenkenner‹ die Dicken und Dünnen so kurzerhand nach Kretschmer be- und aburteilen würde.[2]

Kretschmers genaue Beschreibungen seiner Typen können uns jedoch den Charakterzug der Bequemlichkeit und Riesenerwartung noch plastischer darstellen. In beiden Gruppierungen Kretschmers finden sich Bequeme. Der ›Trockene und Lahme‹ oder der ›Affektstumpfe‹ gehören zu den Leptosomen. Sie zeigen nach außen eine unerschütterliche Seelenruhe, sind ohne Gefühl, voller Takt- und Geschmacklosigkeit und neigen zur Verwahrlosung. Gleichzeitig haben sie nach innen ein reiches Phantasieleben und pflegen weltfremde, idealistische Vorstellungen, mit anderen Worten: sie hegen Riesenerwartungen.
Die positiveren Formen des Bequemen findet Kretschmer unter den Pyknikern und beschreibt sie als die ›bequemen Genießer‹ oder ›stillen Gemütsmenschen‹.

Er ist ein guter Kerl, ein bißchen phlegmatisch, ein Gemüt. Er bewegt sich bedächtig und entschließt sich nur ungern. Er wirkt sympathisch, ohne daß er etwas sagt. Er ist mit jedermann gut und im Frieden.[3]

Im selben Jahr wie Kretschmers Werk wurde C. G. Jungs System der ›Erlebnistypen‹ veröffentlicht. Der Ansatz bezieht sich auf das Grundverhältnis des einzelnen zu seinem Selbst und zur Welt. Jung unterscheidet überwiegend nach innen gewandte, introvertierte Naturen und hauptsächlich nach außen gerichtete, extravertierte Menschen (vgl. P. R. Hofstätter, ›*Psychologie*‹, Frankfurt 1972). Ein ausgewogenes Maß beider Haltungen kennzeichnet den Gesunden. Neurose entsteht durch die Störung des Gleichgewichts von Nach-außen-Drängen und Nach-innen-Leben; eine der Tendenzen nimmt überhand. In einer anderen Definition bezeichnet Jung die Neurose als Ausdruck der menschlichen ›Bequemlichkeit‹. Zu träge, als daß der Neurotiker die Eroberungen unbekannten Terrains auf sich nehmen wollte, verharrt er lieber beim Althergebrachten und Gewohnten; Hilfe erhofft er von außerhalb seines Selbst, nicht selten von übermenschlichen Kräften (vgl. J. Rattner, ›*Neue Psychoanalyse und intensive Psychotherapie*‹, Frankfurt 1974, S. 63 ff.).

Ein weltberühmter Faulpelz: Oblomow

In der *›ZEIT-Bibliothek der 100 Bücher‹* (Fritz J. Raddatz, Hrsg., Frankfurt 1980, S. 260ff.) schreibt Hans J. Fröhlich, daß jedermann glaube, sich unter ›Oblomow‹ und ›Oblomowerei‹ etwas vorstellen zu können, obwohl kaum einer das Buch vollständig gelesen habe, da sich auf den 700 Seiten ›nichts‹ ereigne. Wir müssen gestehen, daß uns das erste Drittel des Romans, das an einem einzigen Tag spielt, zunächst auch Schwierigkeiten machte. Die Handlung geht nicht voran, erst allmählich wird deutlich, daß Gontscharow diese Zeitdehnung einsetzt, um Oblomows Charakter minuziös zu schildern. Mit großem Einfühlungsvermögen beschreibt der Autor Oblomows ›Bequemlichkeit und Riesenerwartung‹, und das im Jahr 1859, lange vor Freud, Adler oder Schultz-Hencke!

Die Handlung des Romans ist schnell erzählt: Ilja Iljitsch Oblomow, ein dreißigjähriger Gutsbesitzerssohn, hat die Beamtenlaufbahn aufgegeben und verbringt jetzt sein Leben hauptsächlich im Liegen. Er lebt zurückgezogen in Petersburg, grübelt seit Jahren über Verbesserungen auf seinem fernen Gut nach, dessen Erträge immer weniger werden. Durch seinen aktiven und erfolgreichen Jugendfreund Stolz lernt Oblomow Olga Sergejewna kennen und verliebt sich in sie. Kurze Zeit wird Oblomow aktiv, fällt aber bald wieder in sein gewohntes Leben zurück, da ihm die bevorstehenden Aufgaben Angst bereiten. Statt Olga heiratet er seine Haushälterin, die ihn wieder verwöhnt; er versinkt in Lethargie und stirbt früh an einem Schlaganfall.

Fragen wir nun nach den Ursachen dieser bequemen, weltfremden und neurotischen Lebenseinstellung, so gibt uns Gontscharow vortrefflich Auskunft: Oblomow wurde als Knabe verwöhnt und verzärtelt; so verkümmerte jede Art von Aktivität in ihm. Ohne sein Zutun wurde der Knabe mit Zärtlichkeit und Zuwendung überschüttet; das Resultat ist ein irriger Lebensentwurf, mit dem später Schwierigkeiten und Anforderungen nicht bewältigt werden können. Das Kind ist ständig umgeben von einer großen Dienerschar, deren einzige Sorge ist, »wie es zu nähren sei, wie es wachsen und stark werden soll, aber niemand kümmert sich darum, daß es irgend etwas lernt oder gar irgend etwas tut« (P. Kropotkin, *›Ideale und Wirklichkeit in der russischen Literatur‹*, Frankfurt 1975, S. 155).

Die Glashausatmosphäre erstickte jede mutige Regung im Keime, der kindliche Elan wurde durch elterliche Ängste, Ermahnungen und Verbote gedrosselt. Tiefe Unsicherheit, verbunden mit echten Wissenslücken und tatsächlichen Unfähigkeiten, konnten schließlich die Oberhand gewinnen. »Bevor er noch zum Bewußtsein seiner Individualität kommt, hat man ihm diese schon durch allzu großes Besorgtsein abgenommen« (J. Rattner, ›*Verwöhnung und Neurose*‹, Zürich 1968, S. 39).
Bequemlichkeit hat also einen guten Nährboden in einer Umgebung, wie wir sie in diesem Roman finden: eine überschaubare Welt, ohne Hast und Unruhe. Oblomows Tage kommen und gehen ohne Aufregung, die wenigen Ereignisse seines Lebens können kaum starke Gemütsbewegungen hervorrufen. Als Leitsatz gilt, Anstrengungen unbedingt aus dem Wege zu gehen, denn wofür lohnte es schon, sich anzustrengen. Er fühlt sich ausgelastet durch die Sorge um die leiblichen Genüsse wie die Zubereitung und den Verzehr von Speisen und Getränken und liegt am liebsten im Bett. Jedermann in Oblomowka meidet Spannungen und hütet sich ängstlich vor der Auseinandersetzung mit dem als bedrohlich empfundenen Leben außerhalb der Idylle.
Kropotkin beschreibt solche Menschen als Konservative des Wohllebens. Eine feudale Lebensweise durch neue Impulse zu verändern, könnte Unannehmlichkeiten bringen, und so spart man sie lieber aus. Die Lebensbedingungen in Wohlhabenheit und gesicherter Existenz sorgen für die Erhaltung der Oblomowerei – kurz charakterisiert als ›die Trägheit von Geist und Herz‹ –, die heute noch genauso verbreitet ist wie zur Zeit der Publikation des Romans (vgl. Kropotkin, 1975, S. 154ff.). Der Typus ›Oblomow‹ ist überall dort zu finden, wo üppige Zivilisation ein selbstzufriedenes Leben in Passivität möglich macht.
Betrachten wir Oblomows Verhalten noch etwas genauer: ein Lichtblick eröffnet sich dem besorgten Leser, als unser Held sich in Olga Sergejewna verliebt. Andrej Stolz hatte Olga gebeten, seinen Jugendfreund aus dessen trägem Leben herauszulocken. Daraus entwickelt sich eine Liebesbeziehung, in der Oblomow über sich selbst hinauswächst. Olga zuliebe nimmt er wieder am gesellschaftlichen und kulturellen Leben teil und interessiert sich für Politik und für Literatur. Durch sein zurückgezogenes Leben hat sich Oblomow noch eine kindlich

anmutende Direktheit und Unbekümmertheit bewahrt, die in seinem Umgang mit Olga und seinen Ansichten über die Liebe zum Vorschein kommen. So mag er sie nicht bitten vorzusingen oder ihr gar ein Kompliment im voraus zu machen. »›Und wenn Sie schlecht sängen?‹ bemerkte Oblomow naiv, ›es würde mir nachher peinlich sein...‹« (Iwan A. Gontscharow, ›*Oblomow*‹, München 1980, S. 260).

Schon bevor er aber Arbeit in die Beziehung investiert, erträumt er sich ein ideales Eheleben in einem nach seinen Plänen errichteten Gutshaus im wohlgeordneten Oblomowka. Es soll ähnlich beschaulich sein, wie das Familienleben in Oblomows Kindheitstraum im Roman dargestellt wird. Nach einiger Zeit überwältigen Oblomow wieder die Ängste und Minderwertigkeitsgefühle, er ist total überfordert von den vielen Kleinigkeiten, die zur Regelung seines zukünftigen Lebens erforderlich wären. Er hatte in seiner Kindheit keine Gelegenheit zu lernen, mit der rauhen Wirklichkeit fertig zu werden; er kann keine Entscheidungen treffen und vertröstet Olga immer wieder. Nur Stolz' energisches Eingreifen verhindert, daß er auch noch in finanzielle Not gerät. Unaufhaltsam gleitet Oblomow wieder ab in seine Lethargie.

Gontscharow hat in seinem Roman die tiefenpsychologische Erkenntnis vorweggenommen, daß die Einflüsse in der Kindheit die Charakterentwicklung prägen. Mit seiner unbewußten Lebenseinstellung, dem Lebensstil, versucht der Mensch das spätere Leben zu bewältigen und stößt dabei immer wieder an seine Grenzen. Ohne sachkundige Hilfe kommt er aus dieser Sackgasse nicht heraus.

Bequemlichkeit und Riesenerwartung im Alltag

In seiner Schrift ›*Schopenhauer als Erzieher*‹ beschreibt Nietzsche eindrücklich die Reichweite des Themas ›Bequemlichkeit‹:

Jener Reisende, der viele Länder und Völker und mehrere Erdteile gesehen hatte und gefragt wurde, welche Eigenschaften der Menschen er überall wiedergefunden habe, sagte: Sie haben einen Hang zur Faulheit. Manchen wird es dünken, er hätte richtiger und gültiger gesagt: Sie sind alle furchtsam. Sie verstecken sich unter Sitten und Meinungen. Im Grund weiß jeder Mensch recht wohl, daß er nur einmal, als ein Unicum, auf der Welt ist und daß kein noch so seltsamer Zufall zum zweiten Mal ein so wunderlich buntes Mancherlei zum Einerlei, wie er es ist, zusammenschütteln wird: er weiß es, aber verbirgt es wie ein böses Gewissen – weshalb? Aus Furcht vor dem Nachbarn, welcher die Konvention fordert und sich selbst mit ihr verhüllt. Aber was ist es, was den einzelnen zwingt, den Nachbarn zu fürchten, herdenmäßig zu denken und zu handeln und seiner selbst nicht froh zu sein? Schamhaftigkeit vielleicht bei einigen und seltnen. Bei den allermeisten ist es Bequemlichkeit, Trägheit, kurz jener Hang zur Faulheit, von dem der Reisende sprach.[4]

Unter dem Ausdruck ›bequem‹ finden wir im ›*Wörterbuch der deutschen Sprache*‹ von Wahrig (dtv, München 1978) verschiedene Erklärungen: Der Bogen spannt sich von ›ein angenehmes, behagliches Leben führen‹ über ›leicht und mühelos einen Ort erreichen‹ bis zu ›sich (endlich) zu einer Sache bequemen‹. In der letzten Redewendung kann man buchstäblich empfinden, welcher Anstrengung und welchen Zeitaufwandes es bedarf, um an besagte Sache heranzugehen. Und in der Tat: im Gegensatz zum entschlossen Handelnden kreist der bequeme Neurotiker um seine anstehenden Aufgaben, zögert lange und schiebt auf. So befällt den Studenten angesichts seiner langfristigen Prüfungsvorbereitungen eine unüberwindliche Müdigkeit, die er mit Hilfe von Tee zubereiten, essen oder einem Schläfchen – mit dem festen Vorsatz, danach gleich richtig anzufangen – zu bewältigen sucht. Oder mancher hat schon morgens unendliche Mühe, das warme Bett zu verlassen; dem Tag mit seinen Pflichten wach und tatendurstig ins Auge zu sehen ist nicht seine Sache. Statt dessen träumt er noch im Halbschlaf von den Leistungen, die er vollbringen könnte, wenn er sich nur regen würde. Man kann beobachten, je intensiver ein Mensch in seiner Phantasiewelt lebt, desto bescheidener ist es damit in der Realität bestellt: seine Identität zieht er einzig aus den Größenvorstellungen und nicht aus dem lebendigen Austausch mit den Menschen seiner Umgebung, der ihm Anerkennung und Bestätigung, aber auch Korrektur seiner Lebensweise einbringen könnte. Schon 1912 grenzte sich Jung von Freud ab und sagte, Neurose sei keine Triebérkrankung, sondern eine ›Erkrankung der Phantasie‹. Im Gegensatz zu produktiven Phantasien von Künstlern oder Wissenschaftlern, die ihre Einbildungskraft zu einer Art Probehandeln oder Vorwegnehmen der Realität benutzen, steht beim ›Bequemen‹ die ›leere‹ Träumerei.

Der Hang zum Zaudern ist jedoch nicht die einzige typische Verhaltensweise eines bequemen Menschen. Oft finden wir bei ihm auch Züge, die ihn als durchaus sympathischen Mitbürger kennzeichnen: begegnen wir ihm z.B. in seiner Wohnung, so mag für manchen die Ordnung etwas zu wünschen übrig lassen, die Atmosphäre jedenfalls ist gemütlich und wohltuend. Im Kontakt zu den Mitmenschen aufgeschlossen, zeigt er sich als geselliger, sinnenfroher Genießer.

»Wenn man genießen will, so pflegt man es sich so bequem wie möglich zu machen«, sagt Freud in seinem Aufsatz ›*Eine Kindheitserinnerung des Leonardo da Vinci*‹. Und er fährt fort: »Das gilt natürlich für beide Urtriebe, für Hunger und Liebe... Durch das Liegen wird gewissermaßen das Wollen ausgedrückt, in der gewünschten Situation längere Zeit hindurch zu verweilen.«[5]

Die Stimmung eines solchen Genußmenschen ist heiter, er lebt im Augenblick und handelt nach dem Motto: »Was du heut nicht kannst besorgen, das verschieb getrost auf morgen!« Es hat den Anschein, als ob ihn nichts wirklich aus der Ruhe bringen könnte.

Um die bequeme Charakterstruktur besser verstehen zu können, müssen wir uns die Frage stellen: Von welchen Kräften wird der Mensch in Bewegung gesetzt?

Existentielle Grundlage des Daseins ist der Leib. Allerdings wäre er passiv, würde er nicht von Trieben, Affekten und von Gefühlen überhaupt, aber auch vom Willen und vom Denken, also von Erkenntnis, angetrieben. Ganz allgemein läßt sich zunächst feststellen, daß sich Menschen bei Mangelgefühlen in Bewegung setzen; sie bleiben in Bewegung, sofern sie den Willen entwickeln, kreativ zu sein und damit von ihrem Überfluß an Freude und Liebe abzugeben.

Der gesunde Mensch hat zu seinem Leib mit allen seinen Erscheinungen ein freiheitliches Verhältnis. Er ist weder gefangengenommen von Ängsten und Zwängen, von Trieben oder Affekten noch beherrscht von seinen Leidenschaften. Seiner Mitwelt begegnet er weder emotional zu distanziert noch läßt er sich von seinen Gefühlen überwältigen; empfindsame Feinfühligkeit und Sachbezogenheit zugleich zeichnen ihn aus. Ungebundenheit im Denken im Sinne von Vorurteilslosigkeit finden wir bei ihm; er ist frei von Fanatismus und doktrinärem Auftreten. Dennoch hat er Ziele und verfolgt diese, ohne daß

sie ihn zwanghaft beherrschen (vgl. G. Condrau, *›Medizinische Psychologie‹*, München 1975, S. 81). Seinen Körper pflegt er, weit entfernt von Hypochondrie, mit der ihm gebührenden Aufmerksamkeit. Den Mitmenschen, der Kultur und der ihn umgebenden Welt bringt er ein offenes, man könnte auch sagen, ein liebendes Interesse entgegen. Sein Wahlspruch lautet: Carpe diem! Nutze den Tag! Die Zeit zerrinnt nicht unter seinen Händen, sondern er gestaltet seine Gegenwart, berücksichtigt seine Vergangenheit und sorgt für seine Zukunft. Auch darin drückt sich seine Freiheit aus: er kennt seine Möglichkeiten und weiß diese realistisch einzuschätzen. Im Anpacken der Lebensaufgaben erprobt er sich und überprüft an Erfolg und Mißerfolg seine Fähigkeiten bzw. Mängel.
In Anlehnung an das bekannte Sprichwort der Römer vom gesunden Geist in einem gesunden Körper läßt sich bei unserer Thematik vom ›mens inerta in corpore inerto‹ sprechen. Dabei kann das lateinische ›inertus‹ mit Wörtern übersetzt werden, die teils als Synonyme für ›bequem‹ angesehen werden können, wie: unbeweglich, faul, müßig, müde, teils auch die Folgen einer solchen Haltung aufzeigen: ungeschicktes, schüchternes, erfolgloses Verhalten.
Körperliche Ertüchtigung ist ja manchem Bequemen, vor allem wenn eine gewisse Leibesfülle ihn hindert, ein sehr unangenehmer Gedanke. Er begnügt sich mit der Teilnahme am Sport vor dem Fernsehapparat und ist stolz auf ›seinen‹ Sieg im Wettkampf. Läßt er sich doch zu einem eigenen Training überreden, verlangt er meist so viel von seinem ungeübten Körper, daß er ihn völlig überanstrengt; es fehlt ihm die rechte Einschätzung seiner Möglichkeiten. Er hadert mit sich, wenn er nicht auf Anhieb viele hundert Meter schwimmen oder beim morgendlichen Waldlauf das Tempo der Freunde nicht mithalten kann. Treten dann etwa noch leichte Beschwerden oder Krankheitserscheinungen auf, so liegt für ihn der Beweis vor, daß Sport ungesund, Schonung das Gebot der Stunde und langfristig eine mühelose Lebensführung die einzig richtige sei.
Ein derartiger Mangel an Zielen und Aktivität gewährleistet jedoch keineswegs ein friedliches, konfliktfreies Leben. Häufig lassen sich Körpersymtpome beobachten und es stellen sich psychosomatische Beschwerden ein. Der Weg der Expansion in die Umwelt erscheint beschwerlicher als der Rückzug auf den eigenen Körper; man wendet sich sozusagen dem Nächstliegen-

den zu. Bei vorsichtiger Deutung könnte solchen Symptomen eine *Ersatzfunktion* zugesprochen werden. Als Beispiel sei hier die Hypertonie, der Bluthochdruck, erwähnt, dessen Begleiterscheinungen den Kranken einerseits zur Zurückhaltung zwingen, andererseits sich über erhöhten Pulsschlag und steigende Temperatur in Kopf und Herz deutlich bemerkbar machen. Solches innere Körpererleben mag für manchen dann an die Stelle von Erlebnissen und tätigem Austausch mit der Mitwelt treten.

Stellen wir uns nun das Gefühlsleben eines bequemen Menschen vor: Bei entsprechendem Anlaß wird er von bisweilen heftigen Affekten erschüttert, die, wie Sartre sagt, dazu dienen, entstandene Spannungen möglichst rasch abzubauen und damit die Welt zu vereinfachen. Ist es nicht manchmal viel praktischer, sein Kind, seine Ehefrau, seinen Arbeitskollegen einfach niederzubrüllen, als in langwierigen Gesprächen um eine akzeptable Lösung für alle zu ringen? Dieses Verlangen nach den *einfacheren Lösungen* von Problemen ist wohl die am weitesten verbreitete Form von Bequemlichkeit.

Derartige Gefühlsausbrüche sind aber keineswegs die Regel; im allgemeinen finden wir eher gedämpfte, laue Regungen, die aus der Zurückhaltung dem Leben gegenüber resultieren. Jede Konfrontation mit Schwierigkeiten, jede Bewältigung einer Aufgabe stärkt das Ich, und das Selbstwertgefühl wächst. Da Bequeme gar nicht handeln wollen, fehlen ihnen Erfolgserlebnisse.

In der Hoffnung, daß nichts so eilig ist, als daß es sich durch noch längeres Liegenlassen nicht vielleicht von selbst erledigte, wartet der Bequeme erst einmal ab angesichts der ihm bevorstehenden Arbeit. Dadurch reizt er unter Umständen manchen seiner Mitmenschen dazu, ihn anzutreiben. Gelingt es ihm, nur lange genug zu warten, bis andere die Geduld verlieren und für ihn handeln, erhält seine Erwartungs- und Anspruchshaltung wieder Bestätigung und Auftrieb.

Diese Tendenz, realen Anforderungen auszuweichen, ist ein auffälliges Merkmal dieses Charaktertypus. Ein Bequemer wird nimmer müde im Erfinden kleiner Ausreden, die erklären, warum er dies oder das nicht tun kann oder konnte. Und obwohl er an seine Entschuldigung glaubt, ist er selbst immer wieder höchst verwundert, daß er sie benötigt, denn in seiner Phantasie hatte er seine Taten doch schon vollbracht. Solange er sich jedoch die Ausflucht von ›ich könnte ja, wenn...‹ erhält, bewegt ihn ein *Allmachtsgefühl,* gegen das jede reale Tat verblassen muß. So schließt sich ein Teufelskeis von Machtträumen einerseits und Ungeschicklichkeit auf Grund von fehlender Übung andererseits; beide Komponenten stehen in Proportion zueinander: je geringer Training und Erfahrung, desto größer die Erwartungshaltung. Oft genug bestehen solche Erwartungen aus Ansprüchen. Spürt ein bequemer Mensch die Diskrepanz zwischen dem, was er gern täte und dem, was er tatsächlich schafft, so fühlt er sich leicht ungerecht behandelt und beharrt trotzig auf seinen Auffassungen. Trotz bremst jeden Schwung, ist eine verführerische Scheinaktivität, die das eigene schwache Ich stärkt. Ähnlich motiviert ist auch die Haltung, sich selbst als ›Opfer der Umstände‹ zu bemitleiden, wenn etwa die Willenskraft trotz der guten Vorsätze wieder einmal nicht ausreichte, dem Alkohol oder anderen Suchtmitteln zu widerstehen.

Eine solche Gefühlswelt ist nicht vorstellbar ohne ständige neue Nahrung, d.h., sie kann nicht aufrechterhalten werden ohne kontinuierliche Absicherung im gedanklichen System. »So hektisch zu sein wie andere ist nicht gut, ich bin eben gemütlicher; ich schone mich lieber, damit ich nicht krank werde.« Solche und ähnliche Gedanken mögen einem Bequemen durch den Kopf gehen. Die Unterstützung kann auch durch Umwertung von Eigenschaften erfolgen, die wir als Tugend schätzen, beispielsweise Bescheidenheit. Für den ängstlichen Charakter ist es weit sicherer und bequemer, nichts zu fordern, ganz und gar anspruchslos zu scheinen und bei seinen Mitmenschen sogar noch als züchtig und sittsam zu gelten. Inaktivität findet man oft dort, wo der Ausgang eines Unternehmens ungewiß ist und eventuell Schwächen ans Licht bringen könnte. Die große Angst vor dem Versagen korrespondiert mit den Riesenerwartungen.

In der Phantasie ist man jeder Aufgabe gewachsen. Auch Träume unterstützen das System: bequeme Menschen träumen oft sehr unruhig, so daß sie mit dem Gefühl aufwachen: »Ich will es ruhig haben in meinem Leben.«

Das Leben eines bequemen Menschen mag zunächst überschaubar und behaglich sein, doch der enge Horizont wirkt sich auf die Dauer lähmend aus. Die Zeit scheint stillzustehen, Langeweile breitet sich aus. Um nicht ganz unterzugehen in der tristen Atmosphäre der Trägheit, nehmen manche Menschen ihre Zuflucht zu immer neuen Konsumgütern oder versuchen, sich durch Aufputschmittel herauszureißen aus dem Einerlei. Oder sie verkennen und verdrängen ihre wahren Bedürfnisse nach liebender Zuwendung. Aus dem einzigen Interesse, selbst geliebt zu werden, stürzen sie sich erlebnishungrig in sexuelle Abenteuer und übersehen dabei den notwendigen Wechselprozeß von Nehmen und Geben. Doch Glück läßt sich nicht auf direktem Wege anstreben, sondern ist nach Max Scheler Nebenprodukt einer gelungenen Entwicklung; man bekommt es nur als Zugabe zur Selbstverwirklichung.

Theorien zur Entstehung von Bequemlichkeit und Riesenerwartung

Sucht man nach den passenden Synonymen für Bequemlichkeit und Riesenerwartung, so kann man bei den meisten Psychologen entsprechende Begriffe finden. Je nach Auffassung oder Theorie beschreiben sie andere Schwerpunkte der Entstehung und Entwicklung dieser Charakterzüge. Anhand einiger Autoren soll die Entstehung von Bequemlichkeit und Riesenerwartung nachvollzogen werden, gleichzeitig erweitern sich dadurch die Beschreibungen des vorigen Kapitels noch um einige Aspekte.

Sigmund Freud verdanken wir die Erkenntnis, daß die ersten Kinderjahre die Zeit der grundlegenden Persönlichkeitsformung sind. Entsprechend seinem persönlichen Werdegang und seiner Neigung entwickelte er ein streng naturwissenschaftlich konstruiertes Menschenbild. Wenn uns auch heute seine Ansichten vom Menschen manchmal etwas befremden, so hat Freud doch in seinen genialen Beobachtungen und Gedanken wichtige Grundlagen geschaffen.

Nach seiner Ansicht ist ein Hauptfaktor im Seelenleben die vom Sexualtrieb abgeleitete Energie, Libido genannt.

> Wir heißen so die als quantitative Größe betrachtete – wenn auch derzeit nicht meßbare – Energie solcher Triebe, welche mit all dem zu tun haben, was man als Liebe zusammenfassen kann.[6]

Das ›Schicksal‹ der Libido entscheidet über das ganze Leben eines Menschen. Am Anfang von Freuds Theorien steht die

Annahme, daß der Mensch mit angeborener sexueller Triebhaftigkeit zur Welt kommt. Sein konstitutionell verankertes Libidoquantum ›treibt‹ ihn durch die verschiedenen Stufen seiner Reifung, denn oberstes Ziel aller seiner Triebe ist immer die Befriedigung. Während in der polymorph-perversen Phase noch die gesamte Hautfläche lustvolle Empfindungen vermittelt, steht in der oralen Phase (1. und 2. Lebensjahr) die erogene Zone des Mundes und das mit der Nahrungsaufnahme verbundene Zeremoniell für die Lustgewinnung im Mittelpunkt. Diese Körperregion verliert in der analen Phase (2. und 3. Lebensjahr) an Bedeutung; jetzt geht es um die Lustgefühle bei der Defäkation oder aber der Stuhlverhaltung.
Entdeckt der kleine Junge voll Stolz seinen Penis und gleichzeitig das Fehlen desselben beim kleinen Mädchen und ist dieses deshalb neidisch und fühlt sich benachteiligt, so befinden sich die Kinder in der phallischen Phase (3. bis 5. Lebensjahr). Schließlich erreicht die Organisation der Libido den Höhepunkt des kindlichen Sexuallebens: der Knabe will die Mutter besitzen und den Vater aus dessen Position verdrängen, das Mädchen richtet sein Bestreben auf den Vater, ihr ist die Mutter im Weg. Die genitale Stufe der Libidoentwicklung wird erreicht, wenn alle diese Phasen absolviert werden, ohne daß es zu einer ›Fixierung‹ kommt und der Mensch arbeits- und liebesfähig geworden ist.
Aktivität und Passivität bezeichnen für Freud wichtige Modalitäten des Trieblebens, die beide nicht unabhängig vom Triebziel gesehen werden dürfen. In *›Triebe und Triebschicksale‹* beschreibt er, wie das aktive Drängen des Triebes zur Lösung seiner Spannung durch die Phantasie unterhalten und gelenkt wird. Dabei unterscheidet Freud zum einen das manifeste Verhalten der Aktivität, das auf direktem Weg zur Befriedigung gelangt, zum andern den ›Umweg‹ über die Phantasie, durch den sich das passive Ich in seiner Vorstellung ans Ziel seiner Wünsche versetzt. An dieser Stelle deutet Freud bereits die Riesenerwartungen an (vgl. S. Freud, *›Studienausgabe‹*, Bd. III, Frankfurt 1975).
In den präödipalen Phasen geht es nach Ruth Brunswick (vgl. Laplanche/Pontalis, *›Das Vokabular der Psychoanalyse‹*, Frankfurt 1975, S. 51) darum, daß das zunächst völlig passive Kind allmählich lernt, sich der aktiven Mutter zuzuwenden, die seine Bedürfnisse befriedigt, um sich durch fortschreitende

Identifizierung zum tätigen Menschen heranzubilden. Wer in der oralen Phase ›steckenbleibt‹ ist bezeichnenderweise später oft ein bequemer Mensch. In der Entwicklung ist die Überwindung des Ödipuskomplexes gelungen,

wenn das Kind diese Phase dahingehend überwindet, daß es die Rivalität zum Vater und den Verwöhnungsanspruch hinsichtlich der Mutter abbauen kann; Neurotiker jedoch bleiben auf dieser Stufe ihrer Entwicklung fixiert und können daher nicht erwachsen und reif werden.[7]

In unserem Sinne gedeutet, heißt das: sie wählen den bequemen Weg der Passivität und Verwöhnung.
Wenn man Freuds Gedankengebäude – stark vereinfacht – als Triebpsychologie bezeichnen will, kann Alfred Adlers Lehre analog als Ichpsychologie charakterisiert werden: hier wird der Mensch nicht von dunklen, undurchschaubaren Mächten gelenkt, sondern er ist vom ersten Tage seines irdischen Daseins an Mitgestalter seines Lebens. Die Bedeutung der Kindheit steht auch für Adler fest, aber er zieht andere Schlüsse:

Die Individualpsychologie ist in der Lage, den in der Kindheit erworbenen Grad der Aktivität als dauernden Bestand für das ganze Leben festzustellen... denn unsere Feststellung besagt nicht weniger, als daß wir aus den kleinsten Zügen und Ausdrucksbewegungen der Kindheit voraussagen können, mit welchem Grad von Aktivität dieses Kind später einmal den Lebensproblemen gegenüberstehen wird.[8]

Diese Aussage weist uns auf zwei wichtige Faktoren hin: jedes Kind ›entwirft‹ in seinen ersten Jahren einen individuellen Plan für sein Leben, den es im Laufe seiner weiteren Entwicklung zu verwirklichen sucht und der unverändert eingehalten wird. Dieser Kontinuität entspricht, daß Adler den Menschen phänomenologisch als eine Einheit betrachtet, bei welcher jedes Detail Hinweise auf das Gesamte gibt und die Ganzheit wiederum Rückschlüsse auf einzelne Züge zuläßt.
Der ›Grad der Aktivität‹ ist eine andere Bezeichnung für Adlers zentralen Begriff ›Gemeinschaftsgefühl‹. Wie kaum eine andere psychologische Lehre verdeutlicht Adler mit diesem Ausdruck seine Überzeugung, daß der Mensch ein soziales Wesen ist und alle Verhaltensweisen unter dem Blickwinkel zwischenmenschlicher Interaktion gesehen werden müssen. Mitmenschlichkeit ist die Grundlage menschlicher Existenz. Wie jedermann seine Lebensaufgaben bewältigt – nach Adler sind es drei Hauptbe-

reiche: Arbeit, Liebe und Gemeinschaft –, ist ein untrüglicher Indikator dafür, inwiefern jemand bereit ist, sein Leben sozial orientiert zu führen. Damit nun ein Kind Gemeinschaftsgefühl erwerben kann, muß es die Möglichkeit haben, im Kontakt zur Mutter oder einer anderen ständigen Bezugsperson Urvertrauen und Kooperationsfähigkeit zu entwickeln.
Adler weist vor allem auf die Gefahren hin, die entstehen, wenn Mütter ihre Kinder verwöhnen und verzärteln. Denn die zunächst sich als übergroße Liebe gebärdende Erziehung steckt voller Ansprüche an das Kind; die Erzieherin (Mutter) will ebenso stark geliebt und nie verlassen werden. Zweifellos wollen verwöhnende Eltern nur das Beste für ihr Kind; doch dieses kann sich in einer derartigen Schutzzone schlecht auf das Leben vorbereiten. Außerhalb der häuslichen Geborgenheit erschrickt das Kind vor der kälteren Atmosphäre, es wird mutlos – und resigniert. Allgemeiner Groll und Abkapselung von der Umwelt sind die Folge. Das Kind zieht sich zurück. Häufig sind verzärtelte Kinder deshalb nicht in der Lage, auf eigenen Füßen zu stehen.

Ihre innere Unselbständigkeit verurteilt sie zu einem eingeengten, verkümmerten Leben, das oft der Liebe und des schöpferischen Tuns entbehren muß.[9]

Wie stark die aus Verwöhntheit resultierende Bequemlichkeit in Forderungen und Riesenerwartung umschlägt und welch selbst- und menschenzerstörerischen Charakter diese Haltung letztlich hat, kann nicht besser wiedergegeben werden als mit Adlers Worten:

Das seelisch gesunde Kind entwickelt Mut, allgemeingültige Vernunft und aktive Anpassungsfähigkeit. Das verwöhnte Kind hat nichts oder wenig von all diesem, dafür Feigheit und Tricks... Die geträumte Welt verwöhnter Personen, ihre Perspektive, ihre Meinung und Auffassung vom Leben, unterscheidet sich ungeheuer von der wirklichen Welt. Ihre Anpassung an die Evolution der Menschheit ist mehr oder weniger erwürgt, und dies bringt sie unaufhörlich in Konflikte mit dem Leben, an deren schädlichen Resultaten die anderen mitleiden. Wir finden sie in der Kindheit unter den überaktiven und passiven Kindern, später unter den Verbrechern, Selbstmördern, Nervösen und Süchtigen, immer voneinander verschieden. Meist unbefriedigt, sehen sie mit verzehrendem Neid auf die Erfolge der andern, ohne sich aufzuraffen. Immer bannt sie die Furcht vor einer Niederlage, vor der Aufdeckung ihrer Wertlosigkeit, meist sieht man sie auf dem Rückzug vor den Aufgaben des Lebens... Daß manche von ihnen Erfolge im Leben erringen, soll nicht übersehen werden. Es sind diejenigen, die überwunden und aus ihren Fehlern gelernt haben.[10]

Fritz Künkel, Schüler Alfred Adlers, hat in seinem sechsbändigen Hauptwerk der angewandten Charakterkunde die Entwicklung des Charakters dargestellt. In ›*Einführung in die Charakterkunde*‹ (1928) beschreibt er, wie der Charakter zwischen zwei Polen entsteht: Zwischen der ›Ichhaftigkeit‹, die mit Unerbittlichkeit von der Umwelt fordert, und der ›Sachlichkeit‹, die die ganze Spannweite der Gefühle enthält, die im Dienste des Lebens stehen. Diese beiden Tendenzen sind nicht angeboren oder ein für allemal festgelegt, sondern sie bilden und ändern sich im Laufe des Lebens, verfestigen sich immer mehr durch ›entsprechende Erfahrungen‹ und können auf Grund von Krisen zum seelischen Zusammenbruch führen. Ziel des menschlichen Lebens sollte es sein, die Fähigkeit zur Sachlichkeit zu fördern, denn

kein Mißerfolg kann dann kränken, kein Gelingen stolz machen. Die Feinfühligkeit aber, die Einsicht in das Wesen der Welt und die freie Verfügung über Mittel und Ziele ist ins Grenzenlose gewachsen.[11]

Leider lernt das Kind schon früh, eigene Unfähigkeit zu kompensieren, indem es mit ichhaftem Verhalten Hilfe von den Erwachsenen fordert. Zuletzt besteht »der weitaus größte Teil aller Charakterzüge aus Dressaten« (Künkel 1944, S. 29).
Die vier Typen der Ichhaftigkeit, die Künkel mit den Namen Star, Heimchen, Cäsar und Tölpel charakterisiert, erklären sich aus verschiedenen Kombinationen der dialektischen Begriffspaare aktiv/passiv und Verweichlichung/Verhärtung. Der Typus des Tölpels, der ähnlich wie der Bequeme auftritt, entwickelt sich nach Künkel unter dem Einfluß einer harten Erziehung, derer er sich nur noch durch dumpfe Abwehrbedürfnisse und passiven Widerstand erwehren kann. Da das Kind keine Aussicht mehr sieht, seine Wünsche zu erfüllen, wählt es den Verzicht. Von dem Genuß primitivster Art abgesehen, nämlich Nahrungs- und Schlafbedürfnis zu befriedigen, wird alles Höhere entwertet. Die Freuden des Lebens, wie Erfolg zu haben, das Gefühl, gute Arbeit zu leisten, Gemeinschaftsgefühl zu entwickeln oder gar eine Liebesbeziehung zu führen, werden zum Tabu. Der Tölpel will seine Ruhe haben, verschanzt sich hinter seinem Trotz und wehrt Umwelt und Gesellschaft ab.

Durch seine Zurückgezogenheit verlernt er auch, wie man sozial mit seinen Mitmenschen umgeht und verstärkt dadurch seine Isolation.
Hinter seinem Panzer aus Stumpfsinn erhält sich der Tölpeltyp jedoch eine starke Leidensfähigkeit und Zartnervigkeit. Künkel faßt das Ich-Ideal des Tölpels zusammen:

Ehrgeiziger und herrischer kann wohl niemand sein als der, dem die Welt gleichgültig ist. Seine Gottähnlichkeit läßt sich auch in die Worte fassen: Außer mir gibt es nichts in der Welt.[12]

Harald Schultz-Hencke baut mit seiner Theorie auf Sigmund Freuds Gedankengängen auf, lehnt aber dessen starres Triebkonzept ab; für ihn sind die *Hemmungen menschlicher Antriebe* Ursache von Neurosen. Der Charakter eines Menschen entsteht durch die Verknüpfung der menschlichen Antriebe. Schultz-Hencke postuliert sechs Antriebsregungen und ordnet sie drei Strebungen des Menschen zu. Das Besitzstreben enthält den Antrieb zu gefühlsmäßiger Zuwendung zur Welt (Intentionalität), den Antrieb des körperlichen Erfassenwollens, des Habenwollens der Welt (Kaptativität) und den Antrieb des Behaltenwollens (Retentivität). Im Geltungsstreben wird der Antrieb der Selbstbehauptung gegenüber der Welt (Aggressivität im Sinne von Herangehen) deutlich. Das Liebesstreben umfaßt sowohl das Bedürfnis nach Liebe und Zärtlichkeit als auch das nach Sexualität. Dabei betrachtet Schultz-Hencke die Zärtlichkeit als eigenständige Regung, nicht nur als eine Nebenerscheinung der Sexualität.
Die genannten Antriebe erzeugen im Kind Wünsche, die zu expansivem Streben führen. Das aber wird von der Umwelt teilweise nicht akzeptiert; sie reagiert mit Strafe oder Liebesentzug. Solche angstvollen Erfahrungen zwingen das Kind, seine Strebungen und Wünsche aufzugeben. Die auftretenden Angst- und Schuldgefühle werden unbewußt verdrängt, da sie nicht dauernd ertragen werden können. Letztendlich erfolgt keine Reaktion mehr auf die ursprünglichen Strebungen: das Kind ist in dieser Richtung gehemmt. Die Folge ist ein Teufelskreis: das gehemmte Kind verstößt nicht mehr gegen Forderungen seiner Umwelt, es bekommt dafür besondere Anerkennung, die Hemmung wird belohnt, und das Kind beginnt, seine Antriebslosigkeit zu bejahen, sie aufzuwerten. Und noch ein zweiter Kreislauf entsteht, der sogar zur aufsteigenden Spirale

werden kann: Ein gehemmtes Kind benimmt sich anders, es ist besonders ängstlich, hilflos, zurückhaltend, und andere Kinder oder Erwachsene lehnen es deshalb ab. Der Gehemmte fühlt dies, erlebt die Umwelt als noch furchterregender und wird noch mehr gehemmt; dieser Zirkel kann sich auch noch beim Jugendlichen und beim Erwachsenen fortsetzen.

Entscheidend für die Charakterentstehung des Kindes sind nicht einzelne traumatisierende Situationen, sondern der Erziehungsstil, der ständig auf das Kind einwirkt. Vor allem Härte und Verwöhnung oder ein Gemisch von beidem sind häufig anzutreffen und können als die Hauptfaktoren für die spätere Hemmung des Kindes angesehen werden.[13]

Daß Härte in der Erziehung hemmend wirkt, leuchtet sofort ein, aber nach Schultz-Hencke führt die Verwöhnung eher noch stärker zur Gehemmtheit.

Umhüllt aber eine Mutter ihr Kind mit überströmender Liebe, gewöhnt sie es an den Genuß einer solchen immerwährenden weichen Geborgenheit, so wird es ihr leicht gelingen, durch moralisierende Vorhalte die natürlichen Expansionen des Kindes zu unterbinden. Das Kind fürchtet dann den Verlust der Liebe, d.h. den Verlust der weichen Atmosphäre und verzichtet auf seine unerwünschten... Tendenzen. Zunächst schränkt es seine Handlungen ein, dann folgt allmählich eine Dämpfung seines Strebens, bis schließlich nur noch vage Haltungen übrigbleiben. Aber auch diese können verschwinden.[14]

Das Kind wird zum ewig Zärtlichkeit Suchenden oder es wird passiv. Mütter bzw. alle ersten Bezugspersonen erziehen nicht aus Bösartigkeit zu hart oder aus besonderer Liebe zu weich, sondern weil sie selbst mit ihrem Leben nicht zurechtkommen. Als Beispiele nennt Schultz-Hencke die innerlich gequälte Mutter (unglückliche Ehe, Krankheit, unerwünschtes Kind) oder die unruhige Mutter (zwiespältig, sehr aktiv, aber enttäuscht vom Leben, hart und auch weich), aber auch den jähzornigen oder den zu weichen Vater.
Aus der Gehemmtheit entstehen nach Harald Schultz-Hencke eine Reihe von Folgeerscheinungen, die bedeutungsvoller werden als die ursprüngliche Gehemmtheit. Eine dieser Erscheinungen ergibt sich aus dem oben genannten Teufelskreis: Das gehemmte ›brave‹ Kind lernt, seinen Hang zur Passivität zu bejahen, ihm immer neue angenehme Seiten abzugewinnen. Dies führt bei wenig motorischen Kindern zur Bequemlichkeit.

Schultz-Hencke nennt die Bequemlichkeit sogar »eine(n) der hervorragendsten Züge des gehemmten Menschen« (Schultz-Hencke 1973, S. 73). Sie muß nicht unbedingt in offene Faulheit ausarten, sondern meistens ist sie verborgen, ein Teilaspekt im Leben:

Die Gehemmtheit äußert sich als Initiativlosigkeit. Aber sie entwickelt auch die Bequemlichkeit. Diese wiederum verstärkt gleichsinnig den Mangel an Initiative. Dieser wird vom tiefsten Lebensinstinkt des Betreffenden als äußerst bedrohlich empfunden, auch wenn dieser ›nichts‹ davon weiß. Er reagiert mit Furcht auf diese ›Selbsterkenntnis‹. Er kann aber auch nicht von seiner Sucht los, er fühlt sich ihr ausgeliefert. Die Furcht steigert sich. Er wird noch gehemmter. Ein neuer weiterer Zirkel hat eingesetzt.[15]

Eine andere Folge der Bequemlichkeit ist z.B. eine mangelnde ›Technik der Menschenbehandlung‹. Ein Bequemer spürt dies und zieht sich noch weiter von den Mitmenschen zurück. Er pflegt Umgang nur noch mit denjenigen, die seine Hemmung akzeptieren.

Da in den tiefsten Tiefen des Menschen die ursprünglichen Strebungen noch verborgen sind, kann es im Zusammenhang mit den angenommenen Gehemmtheiten zu sehr widersprüchlichen Erscheinungsformen kommen. So kann jemand, der sich nach einer Liebesbeziehung sehnt, keine ruhige und glückliche Partnerschaft aufbauen, obwohl er es immer wieder versucht. Bei genauer Beobachtung entdeckt man eine Ambivalenz in dieser Hinsicht; positive und negative Erwartungen treten gleichzeitig mit etwa gleicher Gewichtung auf. Der erfahrene Therapeut kann eventuell daraus schon Schlüsse ziehen, ohne die gesamte Kindheitsentwicklung aufzuarbeiten. Schultz-Hencke warnt aber eindringlich davor, sich voreilig festzulegen, da die Variationsbreiten der Gehemmtheiten und ungehemmter Reaktionen sich überlappen können.

Je nachdem, welche Antriebsregung gehemmt wurde, entstehen weitere Ambivalenzen als Folgeerscheinung der Gehemmtheit. Wird z.B. die kaptative Antriebsregung, das Habenwollen gehemmt, so bleibt doch eine allgemeine Stimmung des Habenwollens erhalten, die ›kaptative Haltung‹. Es besteht eine irreale Erwartung, daß irgendwann und irgendwie die ursprünglichen Strebungen doch erfüllt werden könnten.

Solche Erwartungen sind Gefühlsgebilde, vage und sehr bestimmt zugleich. Sie greifen in dem, was sie wollen, weit über jedes wirklich Mögliche hinaus. Sie sind *Riesenerwartungen.*[16]

Schultz-Hencke geht sogar noch weiter: der Gehemmte genießt die Erwartungserlebnisse, gewöhnt sich an sie, vergißt, daß sie nicht realisierbar sind, und fordert letztendlich ihre Erfüllung. Sie sind zu *Riesenansprüchen* geworden.

Retentive Riesenansprüche (Behaltenwollen) bestehen in der Forderung, daß nie Verluste auftreten dürfen. Wieder wird dabei die Ambivalenz des retentiv Gehemmten deutlich, denn er ›kann‹ ja nicht behalten, er läßt sich leicht etwas nehmen. Bei aggressiven Riesenansprüchen soll dem Betreffenden mühelos eine Ausnahmestellung unter den anderen Menschen zufallen. Wenn dies nicht erfolgt, dann trennen die auftretenden aggressiven Affekte den Gehemmten von den Mitmenschen; er gerät wieder in die Isoliertheit und Passivität. Der sexuell Gehemmte erwartet, »daß ihm Zärtlichkeit zuströmt«, aber er tut selbst nichts, um dies zu erreichen.

Wieder zeigt Schultz-Hencke einen Kreislauf: wenn der Gehemmte instinktiv fühlt, daß seine eigenen Riesenansprüche nie in Erfüllung gehen können, daß also der Mißerfolg aus ihm selbst kommt, muß er zutiefst entmutigt sein. Die Gehemmtheit wird verstärkt.

Gehemmtheit, Bequemlichkeit und Riesenansprüche bilden den Kern der Struktur des gehemmten Menschen. Die Trias von Erscheinungen wird immer wieder sichtbar. Die Gehemmtheit allein würde oft nur ein geringes Gewicht haben, wenn ihre beiden Begleiterscheinungen nicht wären. Diese drei gemeinsam tragen erst all das, was am gehemmten Menschen dann wie Blüte und Frucht zutage treten kann: die ›neurotischen‹ Symptome.[17]

Daneben nennt Schultz-Hencke noch weitere Folgeerscheinungen der Gehemmtheit: Überkompensation oder Ersatzbefriedigung etwa. Alle Haltungen (d.h. Überreste der gehemmten Strebungen) ordnen sich zu einem vielfältigen Gefüge, dem ›Lebensgefühl‹.

Abhängig davon, welche Antriebe gehemmt wurden, entstehen nach Schultz-Hencke vier Hauptneurosestrukturen. Sie werden natürlich nicht in der beschriebenen reinen Form zu beobachten sein, sondern jeder Mensch hat Anteile aller Strukturen. Der ›gesunde Mensch‹ verfügt ausgeglichen über alle Antriebsformen. Da sich aus der Gehemmtheit die Bequemlichkeit und die Riesenerwartungen ableiten, müssen in allen Neurosen Spuren davon zu finden sein. Für die vier Hauptneurosestrukturen sollen sie hier angedeutet werden:

Beim *Schizoiden* zeigt sich die Bequemlichkeit als Kontaktgestörtheit; er versucht, möglichst unabhängig von anderen Menschen zu sein und zieht sich zurück. Die Riesenansprüche können in plötzlicher Aggression ausbrechen, wenn er meint, die anderen Menschen ›müßten‹ ihm Zuwendung geben.

Der *Zwangscharakter* wirkt kontrolliert, beherrscht, er fühlt sich wohl, wenn in seinem kleinen Umkreis alles seine Ordnung hat. Die Erwartungen machen sich in seinem Wunsch nach absolutem Perfektionismus bemerkbar. Fehler dürfen bei ihm nicht vorkommen.

Der *depressive Charakter* bewegt sich wenig in seiner Traurigkeit. Alles ist ihm zu viel, zu schwierig, die Umwelt erdrückt ihn mit ihren Forderungen. Er erwartet aber von einer ›liebenden Person‹, daß sie alle Schwierigkeiten aus der Welt schafft und ihm Geborgenheit vermittelt. Erfüllt sich die Erwartung nicht, ist er zutiefst enttäuscht.

Beim *hysterischen Charakter* zeigt sich die Bequemlichkeit darin, daß er versucht, sich der Wirklichkeit zu entziehen, die kleinen Schritte des täglichen Lebens sind ihm zu mühsam, er scheut die Verantwortung. Seine Riesenerwartungen äußern sich in ausschweifenden Phantasien oder in plötzlichen Ausbrüchen gegenüber der Umwelt.

Wahrscheinlich wird jeder Mensch einige seiner Gehemmtheiten kennen: sei es Autoritäten, dem andern Geschlecht, Kindern oder Aufgaben gegenüber. Vielleicht ist manchem aufmerksamen Beobachter dann auch seine Bequemlichkeit gerade darum aufgefallen, weil es wichtig gewesen wäre, dagegen anzugehen: man weicht aus, zieht sich zurück, verschanzt sich hinter Unnahbarkeit usw. Leider ist es schwierig und mühsam, aus seinen eigenen Gehemmtheiten, Bequemlichkeiten und Riesenerwartungen auszusteigen. Dazu bedarf es fachkundiger Hilfe und neuer emotionaler Erfahrungen.

Zur Therapie von Bequemlichkeit und Riesenerwartung

Knüpfen wir an dieser Stelle noch einmal an das weiter oben angeführte Nietzsche-Zitat an; der Philosoph fährt fort:

> Er (jener Reisende, d. V.) hat Recht: die Menschen sind noch fauler als furchtsam und fürchten gerade am meisten die Beschwerden, welche ihnen eine unbedingte Ehrlichkeit und Nacktheit aufbürden würde. ... Der Mensch, welcher nicht zur Masse gehören will, braucht nur aufzuhören, gegen sich bequem zu sein; er folge seinem Gewissen, welches ihm zuruft: »Sei du selbst! Das bist du alles nicht, was du jetzt tust, meinst, begehrst.«[18]

Auf Grund der beschriebenen Haltungen, die in der Bequemlichkeit zum Ausdruck kommen, ist es recht schwierig, an diesem Charakterzug etwas zu ändern. Wie bei jeder Therapie ist es auch hier sinnlos, sich nur *ein* Symptom herauszugreifen; es muß die gesamte Persönlichkeit einbezogen werden. Die meisten Autoren sind sich darin einig, daß durch das richtige erzieherische Milieu Fehlentwicklungen verhindert werden könnten. Da die Erzieher aber ihre eigenen Charakterstrukturen in den Umgang mit Kindern hineintragen, muß die Forderung nach ›Erziehung der Erzieher‹ aufgestellt werden. Je früher bei einem Kind ungünstige Entwicklungen bemerkt werden, desto größer ist die Chance, durch Therapie, die die Eltern miteinbezieht, Fehlhaltungen abzubauen.

Fritz Künkel meint in bezug auf das tölpelhafte Kind:

> Wenn es gelingt, ein solches Kind zu ermutigen, so ändert es ziemlich rasch seine Verhaltensweisen von Grund aus.[19]

Dazu muß ergänzt werden, daß nicht einzelne Ermutigungen ausreichen, etwa durch einen Therapeuten, sondern die gesamte Lebenssituation verändert werden muß.

Alfred Adler hat ja schon früh die Schulung der Erzieher propagiert und auch durchgeführt, um Neurosenprophylaxe zu betreiben. Die Eltern müssen lernen, daß sie ihrem Kind mit einer verwöhnenden und verzärtelnden Erziehung genauso großen Schaden zufügen wie mit einer zu harten. Aber nur wenn sie selbst Gemeinschaftsfähigkeit erlernen, können sie diese auch dem Kind vermitteln.

> Die Heilung und Umwandlung solcher (verwöhnter, d. V.) Personen kann nur auf dem Wege des Geistes, durch die wachsende Überzeu-

gung von den Fehlern im Aufbau des Lebensstiles gelingen. Wichtiger wäre die Vorbeugung...[20]

Nur sind wir ja inzwischen erwachsene Menschen und müssen Veränderungen unserer Charakterzüge selbst in die Hand nehmen. Das größte Handikap dabei ist, daß wir es uns in der Bequemlichkeit so schön behaglich eingerichtet haben; manche Haltungen sind idealisiert. Und gäben wir unsere Riesenerwartungen preis, um sie abzubauen, so könnte dies ein peinliches Licht darauf werfen, wo wir realitätsfern unsere Schwächen kompensieren.

Harald Schultz-Hencke stellt einen Katalog zusammen, welche Seiten des gehemmten Menschen *gleichzeitig* in einer Therapie bearbeitet werden müssen:

Zu beseitigen wäre:
1. die Gehemmtheit selbst;
2. die Bequemlichkeit;
3. die Riesenansprüche;
4. evtl. Überkompensationen;
5. mangelndes Können,
mangelhafte Arbeitstechnik,
mangelnde Freizeitausfüllung,
mangelhafte Technik der Menschenbehandlung.[21]

Völlig richtig setzt er für dieses Unternehmen Zeiträume von Jahren an. Der ›normale Gehemmte‹ braucht seines Erachtens keine Therapie; nur wenn er von sich aus das Interesse entwikkelt, expansivere Strebungen zu erlernen und damit ein erfüllteres Leben zu erreichen, kann er die Hilfe einer Therapie in Anspruch nehmen. Schultz-Hencke setzt dafür die ›klassische Couchsituation‹ voraus, da er der Meinung ist, nur so könne der Analysand in freier Assoziation an die ursprünglich verdrängten Antriebsregungen herankommen. Es reicht aber nicht, nur die Gehemmtheiten zu beseitigen, da allein schon ihre Begleiterscheinungen die neurotische Struktur aufrechterhalten.

Wie vorstehend geschildert, erscheint die Bequemlichkeit in *jeder* Neurose oder Psychose. Wenn man sieht, wie psychiatrische Kliniken mit diesem Anteil der Krankheit umgehen, wird deutlich, daß die Patienten wenig Chancen haben, geheilt zu werden: *Die Bequemlichkeit wird in der Klinik unterstützt.* Ohne jede Gegenleistung erhält der Patient Nahrung, Kleidung und Wohnung; jede Arbeit wird ihm abgenommen. Gleichzeitig entsteht ein Riesenanspruch gegenüber den Ärzten: sie müssen die Heilung bewirken. In dieser Hinsicht müßte das Konzept völlig verändert werden: Die Patienten sollten soviel Verantwortung für sich selbst übernehmen wie irgend möglich. Sie müssen an die Realität herangeführt werden.

Mancher Bequeme spürt doch die Lückenhaftigkeit seiner Welt und gibt dann vor, er *wolle* ja heraus aus seiner Inaktivität, aber er *könne* nicht. Dabei übersieht er, daß der Wille stets etwas Realitätsbezogenes ist, dem Taten folgen müssen. Genaugenommen *wünscht* er sich nur heraus und erwartet, daß die anderen für ihn aktiv werden.

Für einen einzelnen Therapeuten ist ein bequemer Analysand ein ›harter Brocken‹. Es gehört große Stärke dazu, nicht in den gleichen Fehler zu verfallen, wie ihn die Umwelt immer wieder machte: schon tausende Male wurde der bequeme Mensch gemahnt: »Mach doch, tu endlich etwas, beweg dich doch...« Eltern, Erzieher, Lehrer, Ausbilder, Freunde und Vorgesetzte haben ihn gedrängelt und geschubst. Die Folge war nur die Intensivierung seines passiven Widerstands, auf den er womöglich noch stolz war. Würde der Therapeut ungeduldig werden und ebenfalls zu drängeln anfangen, stünde er auf verlorenem Posten. Auch mit Ratschlägen ist einem Gehemmten nicht zu helfen; er kann sie ja doch nicht in Aktivität umsetzen.

Hat sich ein gehemmter Mensch so weit in die Bequemlichkeit zurückgezogen, daß praktisch jede Aktivität gelähmt wird, so ist er auch nur sehr beschränkt übertragungsfähig. Damit fehlt dem Therapeuten ein wichtiges ›Werkzeug‹ seiner Arbeit, da der Patient zu wenig mitmacht. Statt dessen erwartet er, daß wie durch Zauberei seine Bequemlichkeit und seine Hemmungen verschwinden sollen. Er ist dann sehr enttäuscht, wenn dies nicht gelingt, gibt dem Therapeuten die Schuld und zieht sich wieder zurück. Die spezifische Interesselosigkeit und Antriebsarmut erschwert es dem Therapeuten auch, einen Anhaltspunkt zu finden, an dem er einhaken könnte, um den passiven Analysanden aus der Reserve zu locken.

Im Berliner Arbeitskreis für Tiefenpsychologie, Gruppendynamik und Gruppentherapie gehen wir davon aus, daß auch die ›bequemen Analysanden‹ in einer Gruppe am besten aufgehoben sind. Die Vielfalt der Gruppenmitglieder bietet dem Betroffenen die Möglichkeit, Menschen kennenzulernen, Ängste abzubauen und sich zu identifizieren. Gemeinsam wird überlegt, welches Vorgehen nötig und sinnvoll ist; es wird ermutigt, bestätigt oder der Betroffene wird einfach angenommen wie er ist. Wie in der Einzeltherapie gilt, daß Drängeln nur Trotzhaltungen begünstigt. Für ›den Bequemen‹ ist es besonders wichtig, daß er das Tempo des Therapiefortschritts selbst bestimmen kann. Dabei gehen wir vom Vorteil der Gruppentherapie aus, daß der Patient mit den verschiedensten Menschen, Lebensweisen und Formen der Problembewältigung konfrontiert und dadurch zur Aktivität angeregt wird.

Wichtigster Punkt in der Therapie ist die Schulung im Erkennen. In der Gruppe wird einerseits der Therapeut entlastet; er kann genauer beobachten, besser hinhören und damit empfindsamer reagieren; andererseits muß er aber eine Atmosphäre der geistigen Regsamkeit in der Gruppe schaffen, das Niveau der Gruppe ständig erhöhen und das psychologische Wissen der Gruppenmitglieder schulen. Dazu muß der Leiter der Gruppe den Weg bereiten, die Fühler in alle Richtungen der Geistes- und Humanwissenschaften ausstrecken, um immer wieder neue Anregungen geben zu können. Der Therapeut muß den Geist seiner Analysanden erwecken, damit sie sehen können, was Leben ist. Leben heißt *verbunden sein mit der Welt*; diese Haltung zieht den Menschen in Aufgaben hinein und mobilisiert Kräfte, sie zu lösen.

Ein bequemer Analysand muß lernen, seine eigene Begrenztheit anzuerkennen. Wenn er seine Riesenerwartungen offenlegen kann, zunächst im ›Schonklima‹ der therapeutischen Gruppe, wird er auch erkennen, daß er nicht in der Lage ist, Aufgaben in kleine, erreichbare Schritte zu zerlegen; er wünscht immer gleich das ganze Ergebnis. Er muß aufhören zu träumen.

Vorbilder in Gestalt des Therapeuten und der Gruppenmitglieder sollen den Analysanden dazu führen, selbst Vorbild werden zu wollen. Wird er handlungs-, erlebnis- und erkenntnisfähig, so kann er seine Errungenschaften an andere Menschen weitergeben. Er hat es nicht mehr nötig, sich kleinzumachen, sich zurückzuziehen, die Umwelt und die Mitmenschen zu fürchten.

Gert Janssen

Der Zwangscharakter

Einleitung

Wenn auch der Begriff ›Zwangscharakter‹ außerhalb der psychologischen Fachsprache weithin unbekannt ist, so hat doch jeder im täglichen Umgang mit Menschen dieses Typs zu tun. Aus soziologischer oder sozialgeschichtlicher Sicht ist der Zwangscharakter der Sozialisationstyp, den das Bürgertum der Neuzeit hervorgebracht hat. David Riesman, ein bekannter amerikanischer Soziologe, hat ihn in seinem Buch ›*Die einsame Masse*‹ als den ›innen-geleiteten‹ Menschen beschrieben. Im Unterschied zum ›traditions-geleiteten‹ Menschen des Mittelalters und zum ›außen-geleiteten‹ Menschen der modernen Massengesellschaft wird das Handeln des innen-geleiteten Menschen von seinem Gewissen bestimmt. Die in der Kindheit verinnerlichten Prinzipien und Ziele geben dem innen-geleiteten Menschen wie eine Art ›seelischer Kreiselkompaß‹ (Riesman 1950, S. 40) die Richtung im Leben an. Übertretungen seiner Grundsätze und Werte rufen in ihm Schuldgefühle hervor, die ihn wieder auf den ›richtigen Kurs‹ zurückführen. Ein Charaktertyp, von dem eine ganze Epoche geprägt wurde, umfaßt naturgemäß ein breites Spektrum von Haltungen und Einstellungen, die bei den Individuen in unterschiedlichen Abstufungen vorkommen.

Freud hat den besonderen Hang des zwanghaften Menschen zu Ordentlichkeit, Sparsamkeit und seinen Eigensinn hervorgehoben. Die Ordentlichkeit schließt die Vorliebe für Sauberkeit sowie die Gewissenhaftigkeit mit ein. Ferner fällt auf, daß die Stärke dieses Typs im Rational-Willensmäßigen liegt, während der emotionale Bereich unterentwickelt ist. Der Zwanghafte zeigt Aktivität, wirkt aber distanziert, trocken und gefühlsarm.

Die Zwanghaftigkeit darf nicht mit der Zwangsneurose verwechselt werden. Während es sich hier um Charakterauffälligkeiten handelt, die noch im Bereich des sozial Akzeptablen liegen, sind die Zwangsstrukturen dort ins Pathologische gesteigert. Der Zwangsneurotiker leidet unter ausgeprägten Symptomen: qualvollem Zwangsdenken und -handeln. Obwohl er die Sinnlosigkeit der Zwänge durchschaut, kann er nicht davon ablassen. Zu den eigentlichen Lebensaufgaben Arbeit, Liebe und Gemeinschaft kommt er nicht. Der Zwangscharakter dagegen ist frei von derartigen Symptomen und mit Einschränkungen auch arbeits- und liebesfähig. Er hält sein zwanghaftes Tun für begründet und kann sich sogar noch wohl dabei fühlen (vgl. Sacherl 1957, S. 135).

Phänomenologie des Zwangscharakters

Ordnungsliebe, Gewissenhaftigkeit, Reinlichkeit und Sparsamkeit sind Tugenden, die auch dem produktiv-genitalen Charakter eigen sind und ihn zu einem kooperativen und wertvollen Mitmenschen machen. Sie können folglich nicht zur Kennzeichnung eines defizienten Persönlichkeitstyps dienen. Erst die Überbetonung dieser Haltungen bzw. ihre unflexible Handhabung läßt die jeweilige Tugend zu einer Fehlform entarten. Im folgenden geht es darum, die Engen und Einseitigkeiten des Zwangstyps aufzuzeigen, die in ihrer Gesamtheit die zwanghafte Charakterstruktur ausmachen.
Das Streben nach Orientierung in der Umwelt und Ordnung der Erfahrungen ist allen Lebewesen eigen und befähigt sie, die Welt zu bewältigen und ihr Leben zu gestalten. Über diesen wünschenswerten Ordnungssinn hinaus entwickeln manche Menschen einen besonderen Hang zum Ordnung›machen‹. Eine solche besondere Vorliebe zum Ordnen ist so lange noch als Tugend anzusehen, wie der Betreffende ihr je nach den gegebenen Umständen zwanglos und sinnvoll nachgehen kann. Der Pedant hingegen legt sich auf statische, ›richtige‹ Ordnungen fest. Er versteift sich auf ein bestimmtes Ordnungsziel oder eine starr festgelegte Methode. Es kommt ihm nicht so sehr auf die Sinnhaftigkeit der Ordnung als auf die Methode an, die im Detail ausgearbeitet wird und nach der dann verfahren werden muß. Unterbleibt das, entsteht ein Gefühl von Beunruhigung, das für das Phänomen des Zwangs charakteristisch ist. Im Gegensatz zum ordentlichen Menschen fehlt es dem Ordnungsfanatiker demnach an Spontaneität und Sinn für das

Wesentliche. Statt dessen tritt die zwanghafte Komponente in den Vordergrund (vgl. Sacherl 1957, S. 131). So muß er zum Beispiel abends beim Zubettgehen und beim Ankleiden am Morgen eine bestimmte Reihenfolge der einzelnen Handlungen einhalten, jede Minute des Tages im voraus planen, seine Angestellten in einer zeitraubenden, im Grunde überflüssigen Weise kontrollieren usw. Typisch ist, daß er sich gerne etwas vornimmt, es in allen Einzelheiten vorausplant, um es dann mit größter Genauigkeit der Reihe nach durchzuführen. Auf diese Weise schafft er ›Quasibedürfnisse‹, mit deren Erledigung sein Leben ausgefüllt ist (vgl. Kurt Lewin zit. n. Sacherl 1957, S. 131, Fußn. 35).
Im Innern solcher Menschen lauert die Angst, sie könnten sich zu willkürlichen, aggressiven Handlungen hinreißen lassen, eben dazu, Ordnung und Sauberkeit über den Haufen zu werfen und ein Chaos anzurichten. Der Zwang zu übertriebener Ordnung scheint dazu zu dienen, die stets latent vorhandene Angst vor der totalen Unordnung abzuwehren, und findet in der Vision von einem ständig drohenden Chaos seine permanente Rechtfertigung (vgl. Benedetti 1974, S. 97). Ein eindrucksvolles Beispiel dafür, wie nahe übertriebene Regelhaftigkeit und totaler Ordnungszerfall im selben Menschen beieinanderliegen können, gibt Thomas Mann in seiner Novelle *›Der Tod in Venedig‹*. Sie handelt von einem sehr erfolgreichen und außerordentlich zwanghaften Schriftsteller, der nach festen Riten lebt. Während eines Urlaubs in Venedig verliebt er sich in einen Jüngling. Sein ganzes Wesen schlägt ins Gegenteil um. Er gleitet ab ins Chaos und geht zugrunde.
Zeichnet sich der produktive Charakter durch Haltungen wie Besonnenheit, Zielstrebigkeit und Beharrlichkeit aus, die auf einem ausgewogenen Verhältnis von Rationalität, Willen und Emotionalität beruhen, so finden wir beim Zwangscharakter eine Tendenz zu stereotypem Verhalten, zu Starrheit, Eigensinn, Zögern und Zaudern (vgl. Skoog 1964, S. 157). Bei ihm ist das Rational-Willensmäßige überbetont, während das Emotionale unterentwickelt ist. Meist hat er sich schon in der Kindheit darauf einstellen müssen, daß alles nur in ganz bestimmter Art und Weise erledigt werden darf. Spontane Gefühle erschienen gefährlich, weil sie impulsive Reaktionen nahelegten, von denen die ›geheiligte‹ Ordnung zerstört worden wäre. So hat er von früh an seine Gefühle unterdrückt oder zumindest scharf

kontrolliert. Daraus resultiert seine mangelhafte Flexibilität. Der Zwanghafte hat Mühe, sich veränderten Situationen anzupassen. Er ist deshalb umständlich und der Umgang mit ihm wenig ergiebig. Seine rationalen Verhaltensmuster passen zu seiner Vorstellung von einer unveränderlichen, statischen Welt, in der »nicht sein kann, was nicht sein darf« (Christian Morgenstern).

Der Zwangscharakter will den Fluß des Lebens in bestimmte Bahnen lenken, um ihn unter Kontrolle zu bekommen. Er will dem Leben quasi vorschreiben, wie es sein sollte. Er entwickelt daher gern Gewohnheiten, von denen er nicht mehr ablassen will. Auch alltägliche Verrichtungen können leicht den Charakter eines unantastbaren Zeremoniells annehmen. Seine starren Gewohnheiten und Regeln umgeben ihn wie ein Gefängnis. Aufsteigende Impulse oder Gefühle werden unterdrückt; denn er mag sich ihnen nicht überlassen. Statt dessen sucht er sich mit Vernunftgründen zu rechtfertigen. Zwangscharaktere sind häufig Meister im Rationalisieren. Da das ganze Bestreben darauf gerichtet ist, daß alles so bleibt, wie es ist, wird jede Neuerung – sei es im sozialen, wirtschaftlichen oder politischen Leben – als Gefahr erlebt und bekämpft. Der Zwangscharakter neigt daher zum Konservatismus. Er ist seinem Typ gemäß ein eifriger Verfechter der traditionellen Ordnungen und ist fast immer in Gefahr, starr und intolerant zu werden.

Bestimmte Berufe, bei denen es besonders auf Genauigkeit, Gleichmäßigkeit, Sauberkeit und Disziplin ankommt, werden vom Zwangstyp mit Vorliebe gewählt. So findet man unter Beamten, Buchhaltern, Juristen, Lehrern, Naturwissenschaftlern und beim Militär vermehrt Menschen mit zwanghafter Charakterstruktur. Der Jurist unter den Zwangscharakteren hält sich mehr an den Buchstaben als an den Geist des Gesetzes. Mit Formvorschriften nimmt er es sehr genau, auch wenn es der Sache letztlich nicht dient. Der Aufwand an Arbeit, an Zeit – weil die Sache um Monate oder gar Jahre verschleppt wird – vor allem an Kosten wird als ›unvermeidlich‹ in Kauf genommen. Als Lehrer bevorzugt er ›trockenen‹ Stoff – etwa in den Sprachen die Grammatik – und reagiert scharf auf Fehler und Disziplinlosigkeiten. Beim Militär feiert der Zwangscharakter seine Triumphe. Es kommt dort ja nicht auf den Sinn einer Handlung an, sondern darauf, ob ein Befehl zugrunde liegt. ›Eigenmächtiges‹ Handeln ist ein Verstoß gegen Befehle und

wird vom Zwangscharakter unnachgiebig und meist auch gern bestraft. Mit unbarmherzigem Drill und manchmal auch Schikane erreicht er sein Ziel: den gefügigen und ›geistlosen‹ Soldaten.
Es paßt zum Zwangscharakter, daß er sich hauptsächlich im Beruf engagiert. C. G. Jung, der diese Seite des Zwanghaften sehr eindrucksvoll schildert, spricht hier von der ›Persona-Persönlichkeit‹. Darunter fallen jene Menschen, die sich ganz mit ihrer ›Berufsmaske‹ oder ›Statusmaske‹ identifizieren. Im Berufsleben und in ihrer sozialen Gruppe übernehmen sie Normen und Werte unkritischer als andere. So funktionieren sie mehr, als daß sie spontan handeln.
Das durch Gesetze, Anordnungen usw. genau vorgeschriebene Verhalten bietet dem Zwangscharakter nicht nur Sicherheit, sondern auch die Chance, Macht in sozial akzeptierter Form auszuüben. Ein noch harmloses, aber typisches Beispiel ist der Beamte am Fahrkartenschalter, der Punkt sechs Uhr die Klappe herunterschlägt, obgleich im selben Moment noch jemand kommt, der eine Fahrkarte braucht. Daß Machtpositionen im Staatsapparat der zwanghaften Persönlichkeit reichlich Gelegenheit geben, ihre Herrschaftstendenzen auszuleben, braucht nicht weiter ausgeführt zu werden. Im Militär, in der Justiz, im Beamtentum nimmt das formalistisch-autoritäre Element oft groteske Formen an. Der einzelne wird dem Apparat, der Institution völlig unterworfen. Franz Kafka hat diese Welt der Zwänge in seinen Romanen *›Das Schloß‹ und ›Der Prozeß‹* ebenso überzeugend wie erschütternd dargestellt.
In der Religion neigen Zwangscharaktere zu Strenggläubigkeit und Orthodoxie. Darin offenbart sich ihr Hang zu Absolutheit und Endgültigkeit, dem Intoleranz bis hin zur Verfolgung Andersdenkender entspringt. Ihre Gottesvorstellung bezieht sich eher auf einen strengen Vater-Gott, der unbedingten Glauben und Gehorsam verlangt. Die unvermeidlichen Verstöße gegen die religiösen Gebote verursachen bei ihnen starke Schuldgefühle und ein permanent ›schlechtes Gewissen‹, das sie durch Reue, Buße und Opfer zu beruhigen suchen. Die gleichmäßige Befolgung der religiösen Gebräuche nimmt im alltäglichen Leben einen unverhältnismäßig hohen Rang ein. Die Regelmäßigkeit religiöser Rituale wie Gebete und Gottesdienste kommt dem Bedürfnis der zwanghaften Persönlichkeit nach festen Gewohnheiten entgegen. Dabei steht das Formale im

Vordergrund. Der Zwanghafte gewinnt dadurch mehr Sicherheit in seiner unbewußten Daseinsangst. Je mehr Halt er in der Religion findet, um so empfindlicher und unduldsamer reagiert er auf Abweichungen und Kritik.
Der Zwangscharakter ist, wie das bereits Dargestellte nahelegt, ein ›autoritärer Charakter‹ im Sinne von Max Horkheimer und Theodor W. Adorno. Die Studie ›*The Authoritarian Personality*‹ (1950) der Autoren präsentiert ein umfassendes Persönlichkeitsprofil dieses Typs, der im Zusammenhang mit Faschismus und Antisemitismus traurigen Ruhm erlangt hat. Der autoritäre Mensch ist Konformist, im Berufsleben wie im Privatleben. Für eine individuelle Lebensführung hat er keinen Sinn. Da er eine pessimistische Weltsicht hat und nicht an Entwicklung glaubt, neigt er zum politischen Konservatismus und macht sich zum Verfechter jedweder Tradition. Der autoritäre Mensch ist ein Abwehrcharakter, seine emotionale Grundstimmung ist feindselig. Er projiziert die dunklen Teile seiner Persönlichkeit auf andere und will religiöse und politische Minoritäten, fremde Nationen und Rassen von den Menschenrechten ausschließen. Der autoritäre Charakter ist von Vorurteilen geradezu besessen, und das ist eine seiner größten Untugenden. Von besonderer Art ist sein Verhältnis zu Autoritäten. Mit Härte und Verständnislosigkeit ist sein Wille früh gebrochen worden, so daß jener Typ entstehen konnte, der von der eigenen Macht- und Bedeutungslosigkeit überzeugt ist und um so leidenschaftlicher am Ruhm und Einfluß der Autoritäten Anteil nimmt. Überhaupt ist die Welt des autoritären Menschen in ›stark und schwach‹ und in ›oben und unten‹ geteilt. Einmal gefügig gemacht, überträgt er sein Autoritätsverhältnis von den Eltern – meist vom Vater – auf Lehrer, Vorgesetzte, Staat, Kirche und Militär. Ein Leben in Gehorsam und Pflichterfüllung ist seit der Kindheit vorgezeichnet. Autoritäre Menschen lassen sich aber nicht nur beherrschen, sie legen auch, wenn sie selbst als Eltern, Erzieher oder Vorgesetzte Macht ausüben können, genau das Verhalten an den Tag, mit dem sie unterworfen wurden. Es handelt sich gewissermaßen um zwei Seiten einer Medaille: Herrschsucht ist die Kehrseite von Unterwürfigkeit und Gehorsam. Es ist frappierend zu beobachten, wie ein und derselbe Mensch, der im Betrieb als Angestellter zuunterst auf der hierarchischen Stufenleiter steht – und das willig hinzunehmen bereit ist –, zu Hause Frau und Kinder tyrannisiert. Es

scheint, daß autoritären Menschen im zwischenmenschlichen Umgang nur die Kategorien von Herrschen und Dienen zur Verfügung stehen. Der autoritäre Charakter ist der typische Vertreter einer sadomasochistischen Kultur.
Selbst an den Folgen einer unterdrückenden und freudlosen Kindheit leidend, gibt der zwanghaft-autoritäre Mensch dennoch nichts anderes weiter, als er selbst gelernt hat. Der Erziehungsstil solcher Eltern ist rigoros und ohne Verständnis für die tieferen Bedürfnisse der kindlichen Persönlichkeit. Fritz Riemann hat das in seinem Buch ›*Grundformen der Angst*‹ treffend dargestellt:

Hierher gehört etwa der ›Basta-Typ‹ der Eltern, bei dem ›nein‹ nein ist, weil man es gesagt hat, ohne Widerrede und Begründung, was beim Kind einen Kadavergehorsam setzen kann, so daß es sich auch später nicht mehr zu fragen traut und Traditionen, Gebote, Verbote als unanzweifelbare und unumstößliche Gegebenheiten hinnimmt... Zwanghafte Eltern setzen meist zu früh Grenzen, immer in der Angst, ein Lockerlassen würde bedeuten, daß das Kind sich gefährlich entwickeln werde, sie haben kein Vertrauen in natürliche Entwicklungen... Wenn etwa das Kind altersentsprechende Trotzhaltungen zeigt, sieht man darin gefährliche Anzeichen von Eigenwillen, den man rechtzeitig glaubt brechen zu müssen... Man könnte sagen, die Eltern dieser Struktur dressieren mehr als sie erziehen und züchten Spalierbäume statt frei sich entfalten könnende Bäume... Sie meinen ihre Macht und Überlegenheit immer halten zu müssen, können schwer eigene Fehler zugeben, als ob sie sich damit etwas vergäben, und wollen vor dem Kind letztlich einen Vollkommenheitseindruck erwecken...[1]

Zur Zwangsstruktur gehört auch die Gewissenhaftigkeit. Der gewissenhafte Mensch hält sich genau an die von einem Auftraggeber – der Autorität – gestellten Bedingungen und die von ihm gesetzten Ziele. Aber auch ohne Auftrag handelt er, als müsse er vor einer Autorität Rechenschaft ablegen. Der tiefere Sinn gewissenhaften Tuns ist nach Erich Fromm (vgl. Fromm 1947, S. 160) das Bewußtsein, sich mit den realen und verinnerlichten Autoritäten in Übereinstimmung zu wissen. Das gibt dem Zwangstyp ein Gefühl des Wohlbehagens und der Sicherheit. Andernfalls – bei Abweichungen vom vorgezeichneten Weg – entstehen bei ihm Schuldgefühle, die sich bis zu qualvoller Gewissensnot steigern können. Dem Gewissensmenschen fehlt es an Kraft und Mut, eigene Meinungen zu entwickeln

und zu vertreten. Die Gewissensangst kaschiert die tieferliegende Furcht, für eigene Entscheidungen verantwortlich gemacht zu werden. Sie macht dem Zwangstyp die Gefahr bewußt, die schützende Obhut der Autoritäten zu verlieren.
Anders ist es bei der Skrupelhaftigkeit und ähnlichen zaghaften Haltungen. Der skrupelhafte Mensch gerät in Schwierigkeiten, wenn er Entscheidungen treffen soll. Auch nach reiflichem Überlegen kommt er zu keinem Schluß. Hat er sich durchgerungen, ist nicht sicher, daß er seine Entscheidung bejaht. Hinter Unentschlossenheit, Zweifeln und Skrupeln stehen die widerstreitenden Tendenzen: soll ich meinen eigenen Vorstellungen folgen oder dem, was die anderen sagen, was ›man‹ für richtig hält? Da jede Entscheidung für den zwanghaften Menschen etwas Endgültiges und Unwiderrufliches an sich hat, werden auch Bagatellfragen zu einem großen Problem, z.B. wie man sich kleiden soll, was man kaufen soll, wie man jemanden begrüßt usw. Es handelt sich hier um eine Impuls- oder Willenshemmung, die auf rationalem Weg nicht behoben werden kann.
Zwangscharaktere haben früh gelernt, nicht aufzufallen. Sie durften nicht originell sein, weil das von den Eltern als peinlich oder blamabel empfunden wurde. Das kindliche Bedürfnis, sich zu produzieren und unkonventionelle Fragen zu stellen, wurde früh in von den Eltern gewünschte Bahnen gelenkt. Zwangscharaktere mußten sich stets ›zusammennehmen‹, wobei die innere Lebendigkeit mehr oder weniger verlorenging. So entstehen jene Menschen, die im gesellschaftlichen Umgang mehr zurückhaltend als interessiert sind, eher höflich als herzlich und mehr gemessen als lebendig. Zwangscharaktere neigen dazu, ›Fassade zu bewahren‹. Sie fallen dann weniger auf.
Auch die Vorliebe des Zwangscharakters für Geld und Besitz gehört zu den typischen Komponenten seiner Charakterstruktur. Schon Freud beobachtete, daß Sparsamkeit bis hin zum Geiz beim Zwangstyp stark ausgeprägt sind. Seine Sammelleidenschaft veranlaßte Erich Fromm, der gesamten Charakterstruktur den Namen ›Hamster-Orientierung‹ zu geben. Mit dem Weggeben und Verschenken hat dieser Typ Schwierigkeiten, weil er glaubt, dadurch an Sicherheit einzubüßen.
Eine weitere, für die zwanghafte Persönlichkeit kennzeichnende Komponente ist die Reinlichkeit. Der Zwangscharakter erlebt die Welt um sich herum als schmutzig. Er benutzt gern

die Analsprache, wenn er seinen Widerwillen gegen die ›Dreck‹-Welt und das Leben zum Ausdruck bringen will. Meist ist er von den Eltern zwanghaft zur Reinlichkeit erzogen worden. Durch übertriebenes Putzen und Waschen von Körper, Kleidung und Wohnräumen verbreiteten sie eine sterile Atmosphäre. Hatte sich das Kind beim Spielen schmutzig gemacht, rügten sie die Verletzung ihres Ideals mit herabsetzenden Ausrufen wie »Pfui!« oder »Ferkel!« So lernt der Zwanghafte im Elternhaus eine ängstliche Abwehr gegen jede Art von Schmutz. Sauberkeit bedeutete Gesundheit – Schmutz Krankheit. Später können so erzogene Menschen nicht mehr anders als übertrieben reinlich sein. Alles Unreinliche wie Schmutz und Kot erzeugt pathologische Ekelgefühle. Seine Existenz wird verdrängt.

Die Ablehnung der Analsphäre bringt häufig eine Aversion gegen den anatomisch benachbarten sexuellen Bereich mit sich. Schließlich wird die Körperzone, in der Ausscheidungs- und Sexualorgane ihren Sitz haben – der Unterleib – verleugnet. Es kommt nicht von ungefähr, daß die Reinlichkeitsdressur in der Regel mit einer Erziehung zur Reinheit verknüpft ist. Alles Sexuelle erscheint hier als Schmutz. Die sprachliche Symbolik ist offenkundig: ›unbefleckt‹ und ›keusch‹ sind identisch. Onanie wird als ›Selbstbefleckung‹ verdammt. Die Braut geht im weißen Kleid, weil sie nach überlieferter Sitte unberührt, ›rein‹ sein soll. Die christlich-abendländische Kultur ist durchdrungen von diesem Ideal der Reinheit. Arno Plack hat den Zusammenhang zwischen Reinheitsideal und ›Reinlichkeitswahn‹ in seinem Buch *›Ohne Lüge leben‹* aufgezeigt (vgl. Plack 1978, S. 312). Die Schuldgefühle, die aus Verstößen gegen das Reinheitsgebot erwachsen, sollen durch Reinlichkeitsprozeduren gemildert oder ganz beseitigt werden. Je mehr der Zwangscharakter sein Unvermögen spürt, den überspitzten Forderungen nach Reinlichkeit und Reinheit nachzukommen, um so unduldsamer wird er gegen andere, die es in dieser Hinsicht nicht so genau nehmen. Zwanghafte Menschen spielen sich daher gern als Tugendapostel und Sittenwächter auf. Als selbstgerechte Spießer können sie zwar entrüstet, jedoch mit einem gewissen Neid auf die in ihren Augen unziemlichen Freizügigkeiten der anderen herabsehen.

Besteht beim hysterischen Charakter die Gefahr, sich in der Welt der anderen zu verlieren, so lebt der Zwangstyp mehr in seiner eigenen Welt. Emotional ist er nicht sehr zugänglich. Er ist viel mit sich selbst beschäftigt und hält gern einen gewissen Abstand. Sobald er fühlt, fürchtet er, sich auf Glatteis zu begeben. Gefühle sind verwirrend, weil sie mit den Kategorien der Vernunft und des Willens nicht erfaßbar, im übrigen nicht dauerhaft und daher nicht verläßlich sind. Da der Zwangscharakter den Kopf oben behalten will, wehrt er Gefühle ab. Er ist stets auf Selbstschutz bedacht und anderen gegenüber mißtrauisch. Dahinter steckt die Furcht, sich im Mitmenschen zu verlieren, sobald man sich auf ihn einläßt. Er ist geprägt von der traumatischen Kindheitserfahrung, derzufolge Umgang mit anderen Menschen immer dazu führt, den eigenen Willen verleugnen zu müssen. Folglich gibt es nur einen Weg, um sich zu behaupten, nämlich andere nicht an sich heranzulassen. Selbstbehauptung und Abgrenzung von anderen lautet daher das Motto, unter dem solche Menschen in einer ihnen feindlich gesonnenen Welt durchkommen wollen. Das hat zur Folge, daß sie sich nur schwer einigen oder gar solidarisieren können:

Letztlich vermuten sie viel öfter Feindseligkeit als sich aus äußeren Gegebenheiten ableiten ließe. Daher eine dauernde Verteidigungsstellung. Manche Zwangstypen wirken wie Menschen mit einem Panzer, die sich gut gegen die Gefahren der Umwelt abschirmen, aber zugleich auch an Beweglichkeit und Lebendigkeit eingeschränkt werden. Defensivhaltung läßt das Leben sehr verarmen. Wer immer nur daran denkt, sich zu schützen und abzuschirmen, hat keinen Blick mehr für die Schönheiten des Lebens und der Liebe.[2]

Wo das Emotionale so sehr kontrolliert und unterdrückt wird, kann sich die Liebesfähigkeit nicht voll entfalten. Echte Liebesfähigkeit setzt die Bereitschaft der Partner zu Einigung und Entwicklung voraus. Beim Zwanghaften bestehen aber ängstliche Vorbehalte gegen die Einigung mit dem Liebespartner. Zwar lebt er sein Leben und macht, was ansteht; aber Einigung bedeutet bei ihm die Gefahr, dem anderen ganz nahe zu kommen und sich geben zu müssen. Da er sehr auf Selbstschutz bedacht ist und ›Hingabe‹ als ›Hergabe‹ erlebt (Schultz-Hencke), scheut er davor zurück. Auch die Entwicklung ist bei ihm ein Problem; denn Wandlung und Reifung ängstigen ihn. Ihm liegt das Stetige, Dauerhafte.
Aus seiner Defensivhaltung heraus ist er auf der Hut. Dadurch konstelliert sich die Partnerschaft leicht in vertikaler Richtung:

Schafft er es, überlegen zu sein, wird er den Partner »in die eigenen Bahnen drängen und zwängen« (Riemann 1961, S. 94). Gelingt es ihm nicht und ist er unterlegen, wird er sich wehren oder Ressentiments entwickeln, die die Stimmung in der Partnerschaft stark beeinträchtigen können. Nur zu leicht artet die Liebesbeziehung in einen Machtkampf aus. Jedenfalls hat er große Mühe, den Partner als eigenständiges Wesen mit eigenen Wünschen und Bedürfnissen zu sehen und zu tolerieren.
Im allgemeinen neigt der Zwangscharakter dazu, eine Ehe mehr aus Vernunftgründen zu schließen und daran festzuhalten, auch wenn er mit seinem Partner nicht mehr harmoniert. Eine Trennung zieht er nicht in Erwägung, weil er einmal ›Ja‹ gesagt hat und der Partner nun zu ihm gehört. Erich Fromm spricht hier von einer ›possessiven Haltung‹. So wie der Zwangstyp Gegenstände lieber sammelt und pflegt – und ihnen nachtrauert, wenn er sie verlegt oder verloren hat –, zählt er auch den Partner zu seinem Ich und kann ihn nicht loslassen, ohne einen Ich-Verlust zu erleben.
Ein interessantes Beispiel in der Literatur zum Thema Dynamik von Liebesmangel und Zwanghaftigkeit ist in dem Roman ›*Die Buddenbrooks*‹ enthalten. Thomas Mann beschreibt darin den Senator Thomas Buddenbrook als einen zwanghaften Menschen. Er ist der Kontrollierte, Beherrschte und steht im Gegensatz zu seinem Bruder Christian, einem hysterischen Typ. Thomas Buddenbrook gibt eine leidenschaftliche Liebe zu einem Blumenmädchen auf, weil sie nicht standesgemäß ist. Statt dessen heiratet er eine kalte Frau, die nicht lieben kann. Allmählich spürt er einen Vitalitätsschwund. Sein Leben entgleitet ihm, und er fühlt, wie er sich von der Wirklichkeit entfernt. Je mehr diese Ahnung sich bestätigt, um so stärker wächst sein Hang zur ›äußeren‹ Intaktheit. Das Korrekte im Leben, im Auftreten und in der Kleidung wird immer wichtiger. Mit der Entfernung von der Lebenswirklichkeit, mit wachsender Ich-Schwäche, nimmt das Pedantische und Formelle zu und schließlich überhand.
Es fällt schwer, sich einen zwanghaften Typ bei der Liebeswerbung vorzustellen. Es gibt wohl keine Situation, die den Ausdruck von Gefühlen so sehr verlangt wie diese und die den Tendenzen des Zwangscharakters ähnlich entgegengesetzt ist. Kurt Tucholsky karikiert diese Situation in dem ›Liebesbrief‹ eines Kriegskorrespondenten:

Geheim! Tagebuch Nr. 69/218

Hierorts, den heutigen

1. Meine Neigung zu Dir ist unverändert.
2. Du stehst heute abend, 7½ Uhr, am zweiten Ausgang des Zoologischen Gartens, wie gehabt.
3. Anzug: Grünes Kleid, grüner Hut, braune Schuhe. Die Mitnahme eines Regenschirms empfiehlt sich.
4. Abendessen im Gambrinus, 8.10 Uhr.
5. Es wird nachher in meiner Wohnung voraussichtlich zu Zärtlichkeiten kommen.

(gez.) Bosch
Oberbuchhalter[3]

Sexualität betrachten manche Zwangscharaktere nahezu funktional. Da sie die Lebensaufgaben vorwiegend als eine auferlegte Pflicht erleben, kann es geschehen, daß sie Sexualität im Sinne einer Pflichtübung erledigen. Oft steht der äußere Ablauf im Vordergrund: der Zeitpunkt wird nach dem Kalender festgelegt. Bestimmte hygienische Vorbereitungen, eine bestimmte Beleuchtung sind unerläßliche Voraussetzung. Die Zwangselemente können so stark sein, daß Sexualprobleme wie Frigidität, Potenzstörungen oder Fetischismus auftreten. Vielfach ist die Sexualität des Zwangscharakters aber komplikationslos und normal. Da der Zwangscharakter aber emotional schwer beweglich ist, fehlen ihm die emotionalen Obertöne, und sexuelles Erleben wird selten zur Quelle von Glück und Phantasie.
Die starre, manchmal sogar roboterhafte Einstellung des Zwanghaften zum Leben schlägt sich oft in seinem körperlichen Befinden nieder. Sie hält den Körper in einem permanenten Zustand der Anspannung. So wird verständlich, daß bestimmte psychosomatische Erscheinungen bei Zwangscharakteren gehäuft auftreten. Es handelt sich um Kopfschmerzen, Obstipation, Schlafstörungen und funktionale Herzbeschwerden, die Werner Schwidder unter dem Oberbegriff »das zwangsneurotische Organsyndrom« zusammengefaßt hat (Schwidder 1954, S. 55). Weist die Obstipation auf die Angst vor Besitzverlust hin, die funktionalen Herzbeschwerden und Kopfschmerzen auf starke Anspannung, so sind die Schlafstörungen Ausdruck einer starken Zukunftsangst. Die nächtlichen Stunden des Wachseins sind ausgefüllt mit zwanghaftem Grübeln über zu erwartende schwierige Situationen, die in der Phantasie durchgespielt werden, um Möglichkeiten des Scheiterns zu vermeiden (Benedetti 1978, S. 92).

Psychologie des Zwangscharakters

Die Tiefenpsychologie hat sich seit ihren Anfängen intensiv mit der zwanghaften Persönlichkeit befaßt. Die sogenannten Verdrängungsneurosen Hysterie und Zwangsneurose kamen damals als Antwort auf die Auswüchse der autoritär-patriarchalischen Gesellschaftsstruktur besonders häufig vor (vgl. Riemann 1974, S. 124). Freud hat sich in seiner Behandlungstechnik und in seiner Theorie vorwiegend auf seine Erfahrungen mit Zwangskranken und Melancholikern gestützt.

Die Entstehung des Zwangscharakters ist Thema seiner auf dem Gebiet der Charakterologie grundlegenden Arbeit ›*Charakter und Analerotik*‹. Freud stellt darin einen Zusammenhang her zwischen den Charaktereigenschaften des ordentlichen, sparsamen und eigensinnigen Menschen und der analen Phase der frühkindlichen Entwicklung. In diesem Lebensabschnitt, der den Zeitraum vom 2. bis 3. Lebensjahr umfaßt, stehen beim Kleinkind After und Kot, die Ausstoßung bzw. Verhaltung der Exkremente im Vordergrund des Interesses. Dazu trägt auch die Reinlichkeitsgewöhnung bei, die in diesen Lebensabschnitt fällt.

Manche Kinder machen ihren Eltern hier erhebliche Mühe. Freud geht davon aus, daß Kinder ihre Exkremente zurückhalten, weil sie bei der später dann heftigeren Ausstoßung intensive Lustgefühle haben. Er findet es auffällig, daß sich der Lustcharakter der Analzone im Laufe der weiteren Entwicklung verliert, und bringt die bei eben diesen Personen später auftretenden Charaktereigenschaften der betonten Ordentlichkeit, Sparsamkeit und des Eigensinns mit der ›Aufzehrung der Analerotik‹ in Verbindung. Ordnungsliebe, Sparsamkeit und Eigensinn stellen nach seiner Auffassung eine seelische Abwehrreaktion gegen das Interesse am ›Unsauberen‹ und ›Störenden‹ dar. Beim Zwangscharakter wird das besondere Interesse an der Analzone verdrängt. An seine Stelle tritt die erwähnte Eigenschaftstrias (Reaktionsbildung). Bei der Entwicklung zur Zwangsneurose mißlingt die Verdrängung, die ›anal-sadistischen Triebregungen‹ werden bewußt und müssen nun ständig abgewehrt werden.

Da bei den Zwangstypen die anale Phase für die spätere Charakterbildung ausschlaggebend ist, spricht Freud vom ›Analcharakter‹. Hier zeigt sich die von seinen Kritikern so oft

gerügte Enge der Libidotheorie. Alle Beobachtungen und Auffälligkeiten werden zurückgeführt auf den anal-sadistischen Partialtrieb, den entsprechenden Lustgewinn und die ge- oder mißlingende Verdrängung dieses Teiltriebs. Nach dieser Theorie ist die zwanghafte Charakterhaltung lediglich Folge des Triebschicksals, das in der Kindheit erlitten wurde.
Zahlreiche Schüler Freuds folgen ihrem Lehrer hierin uneingeschränkt. So leitet z. B. Wilhelm Reich, der Freuds theoretische Ansätze sonst in vieler Hinsicht modifiziert, in seinem Buch ›*Charakteranalyse*‹ die typischen Züge des Zwangscharakters »sämtlich aus einer einzigen Triebquelle ab: aus der Analerotik« (Reich 1933, S. 201). Anale und sadistisch-aggressive Energien wirken hiernach beim Aufbau von Zurückhaltung und Beherrschtheit zusammen und bilden die äußere Schicht der ›charakterlichen Panzerung‹, die gegen die bedrohende Außenwelt, aber auch gegen vordrängende Triebregungen schützen soll:

Jede lebendige, affektvolle Äußerung provoziert im Unbewußten die nie erledigten alten Erregungen, so daß ständig die Angst wirkt, daß ein Malheur passieren, etwas durchgehen, daß die Selbstbeherrschung nicht wiederhergestellt werden könnte. Man merkt, daß von hier aus der ganze kindliche Konflikt zwischen Entleerungsdrang und Beherrschenmüssen aus Angst vor Strafe aufrollbar wird... Das Gebot, sich zu beherrschen, ursprünglich von außen einem widerstrebenden Ich aufgedrängt, wurde aufgenommen, aber es blieb nicht dabei; es wurde vielmehr zu einer starren, chronischen, unlenkbaren Reaktionsweise.[4]

Wilhelm Stekel, eine etwas bizarre Persönlichkeit im Kreis um Freud, hat das Freudsche Modell stark simplifiziert und einfach in der Tatsache, daß der erste Zwang die Kontrolle über die Sphinkteren (Schließmuskeln) betrifft, den Beweis für den Ursprung der Zwanghaftigkeit im analen Entwicklungsstadium gesehen.
Freud beobachtete ferner, daß beim Zwangscharakter alltägliche Verrichtungen wie schlafengehen, waschen und ankleiden häufig in einer ganz bestimmten Art und Weise ablaufen müssen und dadurch äußerst kompliziert und langwierig werden. In seinem Aufsatz ›*Zwangshandlungen und Religionsübungen*‹ vergleicht Freud neurotische mit religiösen Zeremonien. Typisch für beide ist die besondere Gewissenhaftigkeit der Ausführung und die unerträgliche Angst, die sich bei jeder Abweichung vom Zeremoniell einstellt und die sofortige Nachholung

erzwingt. Beides kennzeichnet das Zeremoniell als ›heilige Handlung‹. Freud sieht im Zeremoniell, wie auch in zwanghaftem Grübeln und Kontrollieren und krankhafter Skepsis, eine Schutzmaßnahme, mit deren Hilfe der Zwanghafte ein Unheil abwenden will. Die Unheilserwartung soll sich auf die verdrängten anal-sadistischen Triebregungen beziehen. Zwar bezieht sich das Zeremoniell in der Regel auf alltägliche Verrichtungen und meist ›läppische Vorschriften‹, doch ist dies keineswegs ein Widerspruch. Denn darin wird der psychische Abwehrmechanismus der Verschiebung sichtbar, »die Verschiebung vom Eigentlichen, Bedeutsamen, auf ein ersetzendes Kleines«. So wird das scheinbar Geringfügigste schließlich zum Wichtigsten, das kleinliche Zeremoniell zum Wesentlichen (vgl. Freud 1907, S. 20).

Das Zeremoniell dient nach Freud auch noch in anderer Hinsicht der psychischen Abwehr. Im Zwang zur Wiederholung ist der Versuch einer Korrektur enthalten, nämlich die ursprüngliche – fehlerhafte – Handlung ungeschehen zu machen. Das Zeremoniell des Zwanghaften hat demnach zwei Wurzeln: zum einen dient es der Verhütung von Unheil, zum anderen der Aufhebung, dem ›Ungeschehenmachen‹. Freud spricht hier von einem ›zweizeitigen Symptom‹; der zweite Akt soll den ersten aufheben. Während Vorsichtsmaßregeln rationaler Natur sind, handelt es sich beim ›Ungeschehenmachen‹ um eine Art negativer Magie. Durch motorische Symbolik soll ein Ereignis ›weggeblasen‹ werden.

Ein weiterer Abwehrmechanismus, der vom Zwangscharakter praktiziert wird, ist die ›Isolierung‹. Der auftauchende (Trieb-) Impuls wird ›zensiert‹, Gefühle und Affekte werden von Gedanken und Vorstellungen, die sie ursprünglich begleiteten, getrennt. Die Abwehrmechanismen sind bei Freud Bestandteil seiner grundlegenden Konzeption, daß die Fixierung der Libido an eine ›erogene Zone‹, im Fall des Zwangscharakters an die anale, die psychische Struktur bestimmt. Es geht daher immer um die Abwehr des verdrängten Triebs. Die neuere Psychologie hat das Konzept der Abwehrmechanismen weitgehend übernommen, aber den Gegenstand der Abwehr modifiziert.

Für die Neo-Psychoanalyse, die Freuds Libidotheorie ablehnt, stellt sich die zwanghafte Charakterstruktur nicht als Triebschicksal, sondern als Ausdruck einer gehemmten Persönlichkeit dar. Schultz-Hencke, der Begründer dieser tiefenpsychologischen Lehre, geht in seinem Hauptwerk ›*Der gehemmte Mensch*‹ (1940) davon aus, daß Erziehungsfehler eine Hemmung des ›anal-retentiven‹ und des ›aggressiv-geltungsstrebigen Antriebserlebens‹ bewirkt haben. Beide Erlebensbereiche strukturieren sich in allerfrühester Kindheit, etwa im 2. und 3. Lebensjahr. Dührssen nennt diesen Zeitabschnitt, in dem die aktive Auseinandersetzung mit der Umwelt beginnt, die ›handelnde Phase‹. Nachdem das Kind in der voraufgegangenen Phase das Habenwollen gelernt hat, dreht sich sein Erleben nun um das Behaltenwollen (Besitzen und Geben), das in diesem Lebensabschnitt erlernt werden soll. Schultz-Hencke schildert am Beispiel der Sauberkeitserziehung, wie die Entwicklung des retentiven Antriebserlebens je nach den Eingriffen der Erzieher gefördert oder gehemmt werden kann.

Erstmalig wird hier vom Kind eine Leistung gefordert. Es soll etwas Bestimmtes tun, nämlich seine Exkremente auf eine bestimmte Art und Weise hergeben. Es kommt dabei auf Regelmäßigkeit, Rechtzeitigkeit und kooperative Bereitwilligkeit an. Liebevolle, geduldige Eltern werden dem Kind genügend Zeit lassen, sich auf diese für es fremdartige Forderung einzustellen und sein retentives Streben zu überwinden. Ungeduldige Eltern, die weniger an das Kind denken und mehr an ihre eigenen Interessen, das Kind so schnell wie möglich zur Sauberkeit zu erziehen, werden es entmutigen oder einschüchtern. Entweder wird sein Wille gebrochen, und es fügt sich, oder es beharrt trotzig auf seiner Tendenz, behalten zu wollen. Bei der Sauberkeitsgewöhnung geht es also nicht um Analerotik, sondern – wie Quint in seiner Analyse der Handlungsstörung beim Zwangsneurotiker deutlich gemacht hat – darum, daß das Kind ausprobiert, inwieweit es seinen aufkeimenden eigenen Willen dem Willen der Erwachsenen entgegensetzen kann (vgl. Quint 1976, S. 69). Wird das Kind zur Sauberkeit gezwungen, so wird es ›Leisten‹ mit ›Sich-Unterwerfen‹ und ›Nicht-Leisten‹ mit ›Sich-Behaupten‹ gleichsetzen. Der Eigenwille von Zwangscharakteren wurde in diesem Stadium gebrochen. Sie wurden nicht zum Hergeben, zur Kooperation angeleitet, sondern dem Willen der Erzieher unterworfen. Daraus ergibt sich eine gefügige Grundhaltung, verbunden mit heimlichen Tendenzen zu Widerstand, Protest und Eigensinn.

Ähnliche konfliktreiche Zusammenstöße mit der Umwelt erlebt das Kind, wenn es seinen in diesem Lebensalter auftauchenden motorisch-expansiven Impulsen folgt. Schultz-Hencke spricht hier vom ›aggressiv-geltungsstrebigen Antriebserleben‹, meint aber mit ›aggressiv‹ nicht Destruktivität, sondern das Herangehen (lat. adgredi) an die Welt, Expansion und Selbstbehauptung. Das Kind lernt, sich selbst zu bewegen und beginnt, seine Umwelt durch erste Handlungen, etwa durch Hin- und Herschieben, Stoßen und Ziehen von Gegenständen, kennenzulernen. Folgt das Kind seinen spontanen Handlungsimpulsen, die vom sich entwickelnden eigenen Willen gesteuert werden, so gerät es in Widerspruch zu den Erziehern, die oft kein Verständnis dafür aufbringen und die Aktivität unterbinden. Das Kind erlebt hier wieder die Antinomie zwischen innerseelischen und zwischenmenschlichen Bedürfnissen: »Darf ich tun, was ich will, oder muß ich tun, was die anderen wollen, da ich doch ihre Liebe behalten will?« (Quint 1976, S. 19) Werden die motorisch-expansiven Bestrebungen des Kindes immer wieder durchkreuzt und etwa mit Liebesentzug bestraft, dann gibt das Kind ihnen immer weniger nach. Es erlebt die Impulse schließlich als gefährlich – weil dadurch die so dringend gewünschte elterliche Zuwendung aufs Spiel gesetzt wird – und unterdrückt sie so weit als möglich. Das Resultat ist der aggressiv Gehemmte: wo andere um Anerkennung kämpfen, sich an Rivalen messen, steht er bescheiden abseits und überläßt ihnen das Feld. Allen möglichen Anordnungen fügt er sich ohne Widerstand. Wenn man ihn nach seinem Urteil fragt, äußert er sich nur zaghaft. Da er das Handeln aus eigenen Impulsen, das Sich-Behaupten und Sich-Durchsetzen nicht gelernt hat, zögert er oft, trödelt, ist unentschlossen und langsam. Ständige Selbstzweifel und skrupulöses Grübeln hindern ihn am Handeln. Dadurch kann er andere manchmal zur Verzweiflung bringen. Neben so subtilen Formen der Aggression stehen ihm andere zur Verfügung wie Nörgeln, Sarkasmus und Rechthaberei, wo die aggressive Äußerung neben der gehemmten Expansion offener in Erscheinung tritt.

Die retentive Gehemmtheit zeigt sich daran, daß jedes Behaltenwollen mit Angst und Schuldgefühlen verknüpft ist. Ein solcher Mensch kann entweder nicht ›nein‹ sagen und verströmt sich – was Gefühlszuwendung, auch Geld und Besitz angeht – oder er fürchtet, zuviel von dem, was er an Kraft, Geld und Gut besitzt, zu verlieren und reagiert mit Zurückhaltung und Geiz.

Fritz Riemann, auch ein Vertreter der neopsychoanalytischen Schule, hat den Aspekt der Angst in den Vordergrund gerückt. Er hat aufgezeigt, wie das besondere Sicherungsbedürfnis des Zwangscharakters auf dessen Angst vor Vergänglichkeit und Wandel zurückzuführen ist. Auf Grund seiner Kindheitserfahrungen ist diese Angst besonders ausgeprägt. Die Zwanghaftigkeit im Sinne der ständigen Wiederholung des gleichen hat die Aufgabe, die Angst vor Veränderung, vor dem Lebendigen und Neuen zu binden. Alles wird im Leben so eingerichtet, daß es dem Streben nach Dauer und verläßlicher Gültigkeit entspricht.

Für Karen Horney sind Ordentlichkeit, Genauigkeit und Pünktlichkeit zwanghafter Menschen »nur die oberflächlichen Aspekte ihres Bedürfnisses, den höchsten Grad von Vortrefflichkeit zu erreichen« (vgl. Horney 1950, S. 218). Auf die in der gesamten Lebensführung angestrebte Perfektion kommt es an. Horney sieht darin eine Reaktion auf die Grundangst, die solche Menschen in ihrer Kindheit in einer wenig liebevollen familiären Umgebung erworben haben. Das Gefühl der Hilf- und Wehrlosigkeit ist dadurch entstanden, daß sie ihre aggressiven Gefühle unterdrückt und sich den Eltern unterworfen haben: »Es ist, als ob das Kind beschlossen hätte, daß Vater und Mutter immer recht hätten« (Horney 1939, S. 179). Da es die Maßstäbe für richtig und falsch, für gut und böse, für tun und lassen von anderen übernommen hat, konnte es weder Initiative noch eigene Ziele entwickeln. So ist die Persönlichkeit des Kindes verkümmert. Als Reaktion auf die Grundangst entsteht ein erhöhtes Bedürfnis nach Sicherheit, zu dessen Befriedigung es neurotische Tendenzen ausbildet, unter anderem auch das – kompensatorische – Streben nach Korrektheit und Perfektion, nach sozialer Anerkennung, Prestige und Macht.

Um nicht der Selbstverachtung zu verfallen, entwirft das ängstliche Kind ein idealisiertes Bild von sich, das der Wirklichkeit nicht entspricht. Es richtet hochgespannte Forderungen an sich, um seinem *idealisierten Selbst* zu genügen. Im späteren Leben stehen solche Menschen unter dem Zwang eines ständigen ›Ich sollte‹ und ›Ich müßte‹. Horney spricht hier von der ›Tyrannei des Solls‹ und weist auf die wachsende Selbstentfremdung hin, die aus dem Perfektionsstreben resultiert: was sie selbst wünschen, schätzen oder mißachten ist unwichtig. Es kommt nur darauf an, das zu denken, zu fühlen oder zu tun, »was man, wie sie glauben, von ihnen erwartet« (Horney 1939, S. 176). Ihr Sinnen und Trachten dreht sich so gesehen um ihre äußere Fassade. Der Zwang, vollkommen zu erscheinen, richtet sich nach Horney danach, was in einer bestimmten Kultur geschätzt wird. In unserer Kultur sind dies vor allem Ordentlichkeit, Sauberkeit, Pünktlichkeit, Gewissenhaftigkeit und Tüchtigkeit. Die Perfektionisten passen sich den allgemein anerkannten Normen und Werten so weit wie möglich an. Der Zwang, diese Maßstäbe zu erfüllen, ist für sie so unerbittlich, daß sie ihr Leben nicht mehr als ihnen gehörig empfinden. Alles gerät ihnen zur Pflicht, nicht nur die Arbeit, sondern auch die Liebe. Sie ächzen unter dem Joch der Verpflichtungen und lehnen sich innerlich dagegen auf. Als Ergebnis entsteht passiver Widerstand, Teilnahmslosigkeit, Schlaffheit und Arbeitsunlust. Die Wurzel des Übels erkennen sie nicht.

Horney entlarvt das Streben nach Perfektion als ein neurotisches Bedürfnis, vor sich selbst wie vor den anderen vollkommen zu erscheinen, um sich über sie zu erheben. Es geht dem Perfektionisten lediglich darum, sich mit Scheintugenden zu schmücken. Deshalb fürchtet er sich auch so sehr davor, entlarvt zu werden. Horney stimmt darin mit Nietzsche überein, der die Unaufrichtigkeit des Perfektionisten in *›Die Gewissenhaften«* (*›Morgenröte‹*, Nr. 233) verurteilt hat:

Habt ihr achtgegeben, was für Menschen am meisten Wert auf strengste Gewissenhaftigkeit legen? Die, welche sich vieler erbärmlicher Empfindungen bewußt sind, ängstlich von sich und an sich denken und Angst vor anderen haben, die ihr Inneres so sehr wie möglich verbergen wollen – sie suchen sich selber zu imponieren, durch jene Strenge der Gewissenhaftigkeit und Härte der Pflicht, vermöge des strengen und harten Eindrucks, den andere von ihnen dadurch bekommen müssen (namentlich Untergebene).[5]

Alfred Adler, für den Nietzsche Vorbild war, wenn es galt, die Psyche des Menschen intuitiv zu erfassen (vgl. Adler 1914, S. 123), sieht den zwanghaften Menschen mit ähnlichem Scharfblick. In seinem Buch *›Menschenkenntnis‹* (1927) führt er Prinzipienreiterei und Pedanterie auf ein tiefsitzendes Gefühl der Unsicherheit zurück. Dieses Gefühl sei so ausgeprägt, daß die Zwanghaften »das Leben in seiner ganzen Unendlichkeit in ein paar Regeln und Formeln hineinzuzwängen versuchen, einfach deshalb, weil sie sonst nicht weiterkönnen und erschrecken«

(Adler 1927, S. 223). Regeln und Systeme sind die ›Zauberformel‹, mit deren Hilfe zwanghafte Menschen die Lebensprobleme Kooperation, Beruf und Liebe bewältigen wollen. Nur, wenn alles seinen gewohnten, ›richtigen‹ Gang geht, können sie sich wohl fühlen. Veränderungen versuchen sie daher zu vermeiden. Adler meint, solchen Menschen bereite schon der Übergang vom Winter zum Frühjahr Schwierigkeiten, weil sie sich nun einmal auf den Winter eingerichtet hätten und sich nicht ohne Klagen und Unwohlsein auf die veränderten Bedingungen der wärmeren Jahreszeit einstellen könnten. Ferner deckt er das Machtstreben auf, das hinter Prinzipienreiterei und übertriebener Genauigkeit steckt. Er verurteilt die Gewissenhaftigkeit als unsozial, weil sie als Hilfsmittel im Interesse von Herrschsucht und Eitelkeit eingesetzt wird. Adler bescheinigt dem Zwangstyp *Aktivität* – oft ist er unter den tüchtigen und führenden Leuten zu finden –; sie ist aber verbunden mit einem Mangel an Gemeinschaftsgefühl. Die häufig auftretende schlechte Stimmung des Zwanghaften erklärt Adler mit der Unzufriedenheit darüber, daß er den Strom des Lebens nicht mit Regeln und Prinzipien beherrschen kann.

Wie Schultz-Hencke und Horney sieht auch Erich Fromm in der zwanghaften Persönlichkeit ein Produkt der frühkindlichen Interaktion zwischen Eltern und Kind. Indem die Eltern dem Kind die Werte und Normen ihrer sozialen Klasse und Kultur vermitteln, machen sie sich zum Sachwalter der Gesellschaft. So kommt es, daß sich die meisten Angehörigen einer Kultur in gewissen grundlegenden Charakterzügen ähneln (Sozialcharakter). Fromm stellt – wie Riesman – den Zwangstyp als den im 18. und 19. Jahrhundert im abendländischen Kulturkreis vorherrschenden Sozialcharakter dar (vgl. Fromm 1947, S. 96).

Nach Fromm macht jeder Mensch im Laufe seiner Entwicklung den Prozeß der ›Individuation‹ durch. In dem Maße, in dem seine körperlichen, geistigen und seelischen Kräfte wachsen, löst er sich aus den ›primären Bindungen‹ an Mutter und Familie, die ihm Rückhalt und Schutz in den frühen Lebensabschnitten boten. Die Freiheit *von* den primären Bindungen bringt für den einzelnen Unsicherheit und Einsamkeit mit sich, aber auch die Freiheit *zu* einer Verwirklichung seiner Persönlichkeit in tätiger Solidarität, Liebe und fruchtbarer Arbeit. Der zwanghafte Mensch, in einer lieblos-autoritären Erziehung ichschwach geblieben, erlebt diese Stufe des Personwerdens mit dem Gefühl ohnmächtigen Alleinseins. Er kann die Freiheit, die sich ihm bietet, nicht wahrnehmen. Vielmehr schreckt er vor den damit verbundenen Anforderungen, denen er sich nicht gewachsen fühlt, zurück und sucht panikartig Unterschlupf in neuen Fesseln und Zwängen.

In seinem Buch ›*Die Furcht vor der Freiheit*‹ hat Fromm den Vorgang der Individuation und das Ausweichen in neue Unfreiheiten eindrucksvoll beschrieben. Ein Weg, vor der Freiheit zu fliehen, besteht darin, sich in ein Abhängigkeitsverhältnis zu einem anderen Menschen zu begeben, um sich von ihm die fehlende Kraft zu holen. Das Streben nach Unterwerfung bzw. Beherrschung, das für den zwanghaft-autoritären Menschen typisch ist, wird schon beim Kind sichtbar. Es ist auf einen ›magischen Helfer‹ angewiesen, dessen Rolle zunächst die Eltern, später Lehrer, Staat und Kirche innehaben. Als Erwachsenem ist es ihm nicht möglich, im eigenen Namen aktiv zu werden, vielmehr nur im Auftrag eines anderen, der mehr darstellt als er selbst. Auch Abstraktes oder Überirdisches wird gerne strapaziert: etwa Gott – oder die Pflicht. Fromm analysiert als wichtigsten Zug des autoritären Charakters dessen Einstellung zur Macht. Für ihn gibt es nur zwei Arten von Menschen: die Mächtigen und die Machtlosen. Erwecken die ersteren seine Liebe, Bewunderung und rufen Unterwürfigkeit hervor, so reagiert er auf letztere mit Verachtung. Sie reizen ihn dazu, sie zu attackieren, zu beherrschen und zu erniedrigen (vgl. Fromm 1941, S. 167). Mächte, die das eigene Leben unmittelbar bestimmen – Vorgesetzte, Gesetze der Wirtschaft usw. –, werden von ihm als unabänderliche Notwendigkeit, als Schicksal hingenommen. Es kommt ihm nicht in den Sinn, sich dagegen aufzulehnen. Neben äußere Autoritäten tritt eine innere Autorität: das Gewissen. Inhalt des Gewissens sind nicht die Wünsche des individuellen Selbst, sondern die Gebote der Eltern, des Staates oder anderer außerhalb des Selbst liegenden Autoritäten. Fromm hat darauf hingewiesen, daß die Herrschaft des Gewissens noch härter sein kann als die einer äußeren Autorität, weil der einzelne die Gebote des Gewissens als seine eigenen empfindet und sich nicht dagegen auflehnen kann.

Verschafft sich der autoritäre Charakter Sicherheit dadurch, daß er andere *Menschen* beherrscht bzw. sich von ihnen beherrschen läßt (Symbiose), so erreicht der ›Hamster‹-Typ seine Sicherheit durch das Sammeln von *Sachwerten,* von Geld und

Besitz. Der Besitz ist für ihn Symbol seiner Persönlichkeit. Sein Hauptstreben gilt der Erhaltung des einmal Erworbenen. Da er seinen Besitz um jeden Preis verteidigen will, umgibt er sich mit einem Schutzwall und baut seinen Bereich – Vermögen *und* Familie – zu einer ›Festung‹ aus. Das außerhalb der Schutzmauer Liegende ist für ihn eine Bedrohung. Die vorherrschenden Eigenschaften des ›Hamster‹-Typs – Ordentlichkeit, Reinlichkeit und Pünktlichkeit – interpretiert Fromm als Mittel, mit denen er die bedrohliche Außenwelt beherrschen will. Sein Verhältnis zu anderen Menschen – sie könnten ihm ja etwas wegnehmen – ist geprägt von Distanz, Mißtrauen und Eigensinn. Genauso wie der ›Hamster‹-Typ sich nur schwer von materiellen Werten trennt, geizt er auch mit Gefühlen und Ideen. Seiner Zurückgezogenheit entsprechen Gleichgültigkeit, manchmal auch Überheblichkeit, die durch ein oberflächliches Interesse an Geselligkeit verdeckt sein können (vgl. Fromm 1947, S. 125). In der Defensivhaltung des ›Hamster‹-Typs liegt ein erfolgloser Versuch, den Konflikt zwischen Abhängigkeit und Freiheit zu lösen (vgl. Fromm 1941, S. 177). Es handelt sich auch hier um einen Fluchtmechanismus, dem der ichschwache Mensch aus Furcht vor der Freiheit des Selbstseins verfällt.
Der ›daseinsanalytischen Schule‹ (Ludwig Binswanger, Medard Boss u. a.) geht es mehr darum, den Zwanghaften in seiner Welt zu verstehen und zu beschreiben, als nach den Ursachen für die Entstehung seiner Charakteranomalie zu forschen. Richtschnur für die Erfassung der ›Seinsweise‹ des Zwangstyps sind die in der Existenzphilosophie Martin Heideggers entwickelten Grundformen des menschlichen Daseins wie z. B. das ›In-der-Welt-Sein‹, die ›Zeitlichkeit‹, das ›Mitsein‹ usw.
Der Zwangscharakter lebt – wie bereits erörtert – in einer Welt des Stetigen; Beruf und Pflichterfüllung bedeuten ihm alles. Rational-machtmäßige Aspekte spielen eine größere Rolle als emotionale wie beispielsweise Schönheit, Liebe und Engagement. In der Daseinsanalyse ist Menschsein gleichbedeutend mit ›In-der-Welt-Sein‹. Mensch und Welt werden dabei als ein Ganzes betrachtet. Der Zwangstyp ist ein übersozialisierter Mensch (Dressur-Erziehung), der kein eigenes Selbst entwikkeln konnte. Deshalb fehlen ihm flexible Ich-Grenzen, die eine Hinwendung zu sich selbst und zur Umwelt gestatten. Statt dessen hat er eigentümlich starre Ich-Grenzen errichtet, weil er

fürchtet, daß die Welt in ihn eindringt oder er sich an die Welt verliert. Von daher ist auch das Bedürfnis nach Sicherheit verständlich, das bei ihm so stark ausgeprägt ist. Wenn man kein eigenes Selbst hat, läßt man es sich von anderen, vom Kollektiv vorschreiben. Daher rührt die starke Identifikation des Zwangscharakters mit den Rollen, die ihm sein Beruf oder sein Status nahelegen. Sie dienen gewissermaßen als Prothesen, mit deren Hilfe er sich in der Welt bewegen kann.

Die Welt hat auch einen räumlichen Aspekt: Welt ist Raum, sie ist im Raum, sie bedeutet Raum. Das Unendliche des Raumes schreckt den zwanghaften Menschen. Er grenzt sich mit einem übermächtigen Regelsystem dagegen ab; so hat z. B. Kant jeden Nachmittag um 4 Uhr den gleichen Spaziergang gemacht.

Ein weiterer Aspekt ist die Zeit. Der Mensch erlebt sie innerlich als Vergangenheit, Gegenwart und Zukunft. Voll entwickelt ist der Mensch, der um seine Vergangenheit weiß, in der Gegenwart lebt und seine Zukunft als veränderlich plant. Der Zwanghafte dagegen empfindet Zeit als statisch: die Zukunft ist eine Wiederholung von Gegenwart und Vergangenheit, nichts verändert sich. Dieses Zeitgefühl entspricht seiner konservativen Einstellung.

Zum Dasein gehört ferner das ›Mitsein‹, das heißt Fürsorge für andere Menschen. Da der Zwangscharakter zu wenig Persönlichkeit ist, kann er auch die Individualität der anderen nicht erfassen oder gar fördern. Er neigt eher dazu, Menschen nach Schablonen einzuordnen. Mit einem Übermaß an Regeln und Konventionen versucht er, die Individualität der anderen zu kanalisieren. Sie dürfen sich nur in einem vorgegebenen Rahmen bewegen, damit ihre Spontaneität nicht überbordet.

Dasein ist nach Medard Boss auch ›Leiblichsein‹. Der Zwangscharakter ist einer, der nicht ›im Leibe wohnt‹. Er hat ein sehr fremdes Verhältnis zu seinem Leib. Er beobachtet ihn eher argwöhnisch; denn ihm entspringen sexuelle Regungen, Hunger, Stimmungen und Gefühle. Der Leib ist das Lebendige an sich, etwas Werdendes. Seine Regungen sind nur schwer kontrollierbar. Der Zwanghafte hat daher Angst vor der Leiblichkeit. Er versucht den Leib ›in den Griff‹ zu bekommen durch Askese und leibfeindliche Ideologien wie Religion und Autoritarismus. Er bevorzugt Situationen, in denen der Leib einer fortwährenden Kontrolle unterliegt, wie z. B. beim Militär. Viele Zwangscharaktere hatten als Soldaten im Krieg keine

psychischen Beschwerden. Erst mit den Freiheiten des Zivillebens tauchten die seelisch bedrängenden Situationen wieder auf. Manche Zwangstypen reagieren auch ängstlich-phobisch auf ihren Körper. Die Krankheitsfurcht ist hier sehr ausgeprägt. Hypochondrisch beobachten sie ihren Körper, z.B. die Farbe des Stuhlgangs, die Temperatur, den Speichel usw. Die Leibfremdheit zeigt sich auch in Abwehr von Sexualität, in Frigidität und Potenzstörungen. Bestehen keine Vorbehalte gegen Sexualität, so fehlen doch die feineren, weichen Gefühlstöne, die mit der Liebesvereinigung verbunden sind.
Insgesamt gesehen ergibt sich beim Zwangscharakter ein psychischer Zustand der *Entfremdung*. Da sein unentwickeltes Ich die Fülle des Lebens, das unentwegt auf ihn zuströmt, nicht bewältigen kann, muß er das Leben kanalisieren. Die Zwanghaftigkeit ist also ein *Gegenzwang zum Leben*. Der Zustand der Entfremdung spiegelt sich auch in den unbestimmten Schuldgefühlen wider, von denen zwanghafte Menschen oft geplagt werden. Sie machen sie an Pflichtversäumnissen oder irgendwelchen Bagatellen fest. In Wahrheit geht es aber nicht um derartige Einzelheiten. Vielmehr sind die Schuldgefühle ein ›Ruf der Sorge‹, mit anderen Worten: ein Aufruf zur Selbstverwirklichung und Hinwendung zum Mitmenschen.

Zwanghafte Patienten und zwanghafte Therapeuten

Zwanghafte Patienten reagieren auf die Therapie sehr unterschiedlich, je nachdem, ob sie z.B. Perfektionisten, Streber oder Zauderer sind:

Der Charakter des Patienten ist das zentrale Problem der Therapie, er zensuriert, wählt Mitteilungsinhalte aus, spricht aus und verschweigt.[6]

Das gilt insbesondere für den Perfektionisten, der sich keine Blöße geben will und Angst hat, durchschaut zu werden. Würde nicht ein störendes Symptom die Behandlung erfordern, so hätte er sich nicht in die Therapie gewagt. Solche Menschen durften in der Kindheit nie Fehler machen, wollten sie sich nicht peinlichen Sanktionen aussetzen. Fehler und Mängel wurden als unerträgliche Blamage erlebt und deshalb möglichst verdrängt. Der Perfektionist steht auf Kriegsfuß mit seinen

Unzulänglichkeiten und kann keine Schwäche bei sich akzeptieren. Dadurch wird die Therapie enorm erschwert; denn sie muß sich ja gerade mit den Fehlhaltungen des Patienten befassen. Seine Ängste vor einem Fleck auf seiner weißen Weste sind so groß, daß er es wenn irgend möglich vermeidet, ernsthafte Probleme zu offenbaren. Eher teilt er belanglose Dinge mit, allenfalls kleine Fehler, die jeder entschuldigen wird. Wenn der Therapeut den Perfektionisten nicht direkt auf die ›Angst vor dem Schwachsein‹ anspricht und darauf insistiert, daß auch schwerwiegende Probleme zur Sprache kommen, entartet die Therapie zu einem bloßen Wortgeplänkel oder – wie Rattner in seinem Buch *›Neue Psychoanalyse und intensive Psychotherapie‹* (1974) anmerkt – zu einem ›Katz-und-Maus-Spiel‹, bei dem sich der Patient immer wieder vor dem Therapeuten versteckt, der ihm in seiner Not beistehen will.
Andere erwarten in der Therapie bestimmte Regeln, an die sie sich halten können. Horney berichtet von einer Patientin, die ihr riet, an die Patienten Zettel zu verteilen, auf denen stünde, wie sie sich bei der Analyse zu benehmen hätten (vgl. Horney 1939, S. 185). Solche Patienten versuchen auch herauszufinden, welche Erwartungen der Analytiker ihnen gegenüber hegt und wie sie den vermuteten Erwartungen entsprechen können. Mit ihrer schülerhaft-pedantischen Einstellung versuchen sie, sich gegen das Neue, Unbekannte abzusichern, das in der Therapie auf sie zukommt. Die Therapie scheint gut voranzugehen, weil der Analysand so bereitwillig die Bedingungen der Analyse akzeptiert. Gerade in der Pedanterie kann aber viel verborgener Widerstand stecken. Es ist nicht leicht, den scheinbar bereitwilligen, aber nicht spontanen und oft mißgestimmten Menschen in die für die Therapie notwendige Grundstimmung von Wohlwollen und Wohlbefinden zu versetzen.
Riemann schildert eindrücklich den zwanghaften Zögerer und Zauderer, der sich überhaupt nur schwerfällig für eine Therapie entscheidet (vgl. Riemann 1974, S. 44). Der verzögernde Aufschub zeigt deutlich den Mangel an Entschlußkraft, den Wunsch auszuweichen und nichts zu ändern. In der Therapie kann er nur schwer zur Mitarbeit gewonnen werden, weil er die Kontrolle behalten und sich nicht festlegen will.
Bei zwanghaften Patienten muß die Therapie erstarrte Strukturen aufweichen, die Angst vor lebendigen Impulsen mindern und das gedrosselte Gefühlsleben reaktivieren. Beziehungsfä-

higkeit und Ichstärke sollen sich entfalten, damit der Zwanghafte seine ängstlich-sichernden Haltungen ablegen kann.
An Beispielen kann dem Patienten gezeigt werden, wann er starr seinem Prinzip folgt, wann sein Perfektionismus die Oberhand gewinnt und wann er sich kontrolliert. Darüber hinaus kann man ihm erklären, welche Ängste er vermeiden will und welche Ziele er verfolgt. Hier arbeitet die Therapie deutend-rational und steht deshalb auf schwachen Füßen. Es besteht nämlich die Gefahr, in wenig fruchtbares Argumentieren zu verfallen. Auch nimmt der Patient gelegentlich zu Rationalisierungen (›faulen Ausreden‹) Zuflucht, um bei seiner gewohnten Haltung bleiben zu können. Tiefgreifender ist daher eine emotionale Korrektur. Wie kann der zwanghafte Patient aber bewogen werden, sein ängstlich-sicherndes Streben aufzugeben? Vor allem, wie kann der emotionale Bereich zur Entfaltung gebracht werden?
Ein wesentlicher Faktor ist die Beziehung zum Therapeuten, ein anderer die Atmosphäre, in der sich die Therapie abspielt. Während der Therapie entsteht zwischen Therapeut und Analysand eine intensive Beziehung. Für die Entwicklung des Patienten ist es von entscheidender Bedeutung, wie der Therapeut die Beziehung gestaltet. Nur wenn sich der Patient geachtet fühlt und Vertrauen faßt, wird er genügend Mut zur Selbsterkenntnis aufbringen und einen Neubeginn wagen. Das Gelingen der Therapie hängt also maßgebend von der Beziehungsfähigkeit und damit von der Persönlichkeit des Therapeuten ab. Riemann hat in dem Buch ›*Grundformen helfender Partnerschaft*‹ ausführlich dargelegt, wie sich der Charakter des Analytikers auf die Therapie auswirkt. Im Rahmen des hier bearbeiteten Themas interessiert die Persönlichkeit und Arbeitsweise des zwanghaften Therapeuten. Bei ihm fällt positiv ins Gewicht, daß er ausdauernd, geduldig, sachlich, verläßlich und konsequent ist. Es besteht aber die Gefahr, daß er zu starr an seiner Methode festhält:

Der Therapeut dieser Struktur glaubt an die Methode und hat gleichsam sein Über-Ich in sie verlegt, reagiert daher mit Angst und Schuldgefühlen, wenn er von ihr abweicht bzw. wenn Situationen auftreten, die ›nicht im Lehrbuch stehen‹ und vor denen er sich dann leicht hilflos fühlt. Er bekämpft Abweichungen von der Lehre bei anderen, weil sie ihm seine Sicherheit zu nehmen drohen. Hier liegt seine Gefahr zu dogmatischer Intoleranz… Da er an das Gelernte glaubt, kommt er am ehesten in die Gefahr jener wissenschaftlichen Hybris, des Alles-schon-im-voraus-Wissens, und so kann er u.U. bewußt oder unbewußt den Patienten dorthin steuern, wohin er ihn haben will – nämlich zu einer erneuten Bestätigung der Theorie.[7]

Riemann sieht darin auch eine Erklärung für die auffällige Tatsache, daß bei den orthodoxen Analytikern aller Schulen die Patienten theoriegerecht träumen. Die Übereinstimmung mit der Theorie ist für sie wichtiger als die tatsächliche Situation des Träumers. Analytiker mit zwanghaften Zügen fühlen sich stark zur orthodoxen Psychoanalyse hingezogen. Mit ihrer feststehenden Technik, mit Monokausalismus (Libidotheorie) und Determinismus (Wiederholungszwang) sowie der unpersönlichen, nur widerspiegelnden Haltung des Analytikers kommt sie deren Bedürfnis nach Sicherheit und Tradition, nach der ›reinen‹ Lehre sehr entgegen. Der zwanghafte Therapeut wird sich zurückhalten, wo es wichtig wäre, spontan zu reagieren und lebendig zu gestalten. Echte Beziehungswärme kann er nicht aufbringen.

Hysterische Patienten fühlen sich bei ihm leicht in ein Schema eingeordnet und reagieren mit Trotz und Rebellion. Depressive Patienten empfinden ihn als zu distanziert und können nur schwer aus sich herausgehen. Der mißtrauische schizoide Patient fühlt sich zu sehr von ihm beobachtet und kann sich daher häufig nicht voll auf die Therapie einlassen. Zwanghafte Patienten fühlen sich dagegen gut aufgehoben. Sie schätzen die Gründlichkeit des Therapeuten; denn sie fühlen sich in ihren eigenen Tendenzen bestätigt. Emotional können sie bei ihm aber wenig oder gar nicht profitieren, weil diese Seite der Persönlichkeit beim zwanghaften Therapeuten eben auch unterentwickelt ist, es sei denn, es handelt sich um einen Therapeuten, der daran arbeitet, seine Zwanghaftigkeit abzubauen. Das käme seinen Patienten sehr zugute; denn für die therapeutische Beziehung gilt, was Stierlin mit dem Titel seines Buches ›*Das Tun des Einen ist das Tun des Anderen*‹ treffend sagt. Da Therapeut und Patient sich in einer Art Osmose befinden, wirken die charakterlichen Veränderungen des Therapeuten auf den Analysanden ein und motivieren ihn zur Nachahmung.

In einer therapeutischen Beziehung, in der sich der Arzt mit dem Patienten solidarisch fühlt, stellt sich die erforderliche Atmosphäre von selbst ein. Der Patient soll ein ausgeglichenes, wohlwollendes Klima spüren und kontinuierliche Zuwendung erfahren. Er soll wahrnehmen, daß man ihn nicht verurteilt, sondern sich bemüht, ihn zu verstehen und zu fördern. Da seine zwanghafte Struktur Produkt eines starken Sozialisationsdrucks ist, wäre es ungünstig, in der Therapie wiederum Druck auszuüben. Der zwanghafte Patient soll ja gerade lernen, frei von allem Zwang zu sich selbst zu finden und seine Ängste abzulegen. Die Devise lautet daher: »In Ruhe lassen!«

Damit ist aber noch nicht erklärt, wie die Therapie das Gefühlsleben und das Gemeinschaftsgefühl zur Entfaltung bringt. Sie macht sich die menschliche Erfahrung zunutze, daß Gefühle durch ›Ansteckung‹ übertragen werden. Kommt ein Zwanghafter in der Therapie mit einem oder mehreren Menschen (Gruppentherapie) zusammen, die Gefühle haben und auch zeigen, so übertragen sich die Gefühle auch auf ihn. Die Stimmungen ›mischen‹ sich gewissermaßen. Sind Menschen, denen der Zwanghafte begegnet, gut gelaunt, gelassen und heiter, dann gehen die positiven Gefühle auch auf ihn über, es sei denn, er stemmt sich bewußt dagegen. In einer längeren Therapie wiederholt sich der Vorgang so oft, daß schließlich neue Gefühlsstrukturen entstehen, die Grundlage für die angestrebte Ich-Erweiterung sind. Die Gruppentherapie ist hier naturgemäß gegenüber dem allein arbeitenden Therapeuten im Vorteil, weil Gefühle und Stimmungen, die von vielen geteilt werden, intensiver auf den Patienten einwirken, als es beim Einzeltherapeuten der Fall sein kann.

Darüber hinaus kann der Therapeut die Erziehung zum Gefühl noch vertiefen, indem er mit dem Patienten eine neue Wertperspektive erarbeitet. Gefühl und Wert hängen zusammen. Max Scheler sagt: »Fühlen ist Werterkennen.« Darum ist es günstig, wenn der Therapeut dem Patienten zeigt, welche Werte wichtiger sind als dessen zwanghafte. So ist z. B. Reinlichkeit für den zwanghaften Menschen ein Wert. Lebendige Persönlichkeitsentfaltung und Lebenslust sind aber, besonders in der Kindheit, wichtiger als Reinlichkeitsdrill. Eine Mutter, die das begreift, wird weniger schimpfen und sich sagen: »Nun gut, das Kind ist zwar schmutzig vom Spiel heimgekommen, aber offenbar hat es ihm Vergnügen bereitet. Das ist wichtiger.« Ein weiterer, unantastbarer Wert des Zwangscharakters ist Gewissenhaftigkeit. Gewissenhafte Eltern bestrafen ihr Kind, das ein bestimmtes Fehlverhalten begeht, nach festen Regeln, wenngleich Erziehung durch Güte und Milde sinnvoller wäre. Auch an der oft so überschätzten Ordnungsliebe läßt sich Sinn und Unsinn starrer Prinzipien erläutern. Wer nur darauf achtet, seinen Schreibtisch aufzuräumen, ist oft wenig produktiv. Etwas schöpferische Unordnung käme seiner Kreativität bestimmt zugute. Produktivität ist also wichtiger als Ordnungsliebe. Ähnliches gilt für den Eigensinn des Zwangscharakters. Es ist gut, eine eigene Meinung zu haben, eine gewisse Konsequenz oder vielleicht auch Festigkeit. Aber noch über Eigensinn steht allemal Gemeinsinn. Man muß immer wieder ermitteln, was im Interesse der Gemeinschaft liegt. Die eigenen Überzeugungen kann man entsprechend modifizieren.

Weitet sich das Wertempfinden des Patienten in dieser Richtung aus, wird sein Gefühlsspektrum breiter und reicher. Es ergibt sich ein Plus an Gemeinschaftsgefühl. Damit ist das Ziel der Therapie erreicht. Gesteigerte Mitmenschlichkeit und Lebendigkeit gestatten dem Patienten, die ängstlich-sichernden und zwanghaften Haltungen abzulegen und dem Ideal des produktiv-genitalen Menschen näherzukommen.

Klaus Ohm

Freude

»Epikur wünscht seinem lieben Freund Menoikeus Freude!« (Epikur 1973, S. 39). So beginnt ein nunmehr 2000 Jahre alter Brief, in welchem der ›Philosoph aus dem Garten‹ einem Freunde in schlichten Worten seine Philosophie der Freude vermittelt.

Der Name Epikur – oder der Begriff Epikureer – wurde in den darauf folgenden zwei Jahrtausenden immer wieder zu einer Art Schimpfwort, einem Synonym für ›Schweinereien‹ aller Art, Ausschweifungen und hemmungsloses Genußstreben.

Der Brief jedoch spricht weder von Sinnenlust noch von Schwelgerei. Der ›enttäuschte‹ Leser stößt Seite für Seite auf ein begeistertes Bekenntnis, »daß die Freude das A und O des glückselig gestalteten Lebens ist. Sie kennen wir«, heißt es weiter, »als unser erstes angeborenes Gut, von ihr lassen wir uns bei unserem Streben und Meinen leiten und nach ihr richten wir uns, alles andere Gut mit ihrem Maßstab messend« (ebd., S. 44).

Das Fundament eines solchen Lebens sind Seelenruhe und Gesundheit, Freiheit von Schmerz und die Abwesenheit von Angst.

In Freude zu leben ist darüber hinaus aber nicht anders denkbar als im Rahmen eines vernünftigen, sittlich hochstehenden und gerechten Lebens, und umgekehrt ist es unvorstellbar, daß ein solches Leben nicht zur Freude führen sollte.

Und so verwundert es nicht mehr, wenn Jacob Burckhardt vermutete, daß sich wahrscheinlich nur recht wenige Menschen mit der richtig verstandenen epikureischen Lust (Freude) zufriedengegeben hätten oder auch zufriedengeben würden (Schneider 1978, S. 231).

An Epikurs Gartentor soll ein Schild den Vorübergehenden mit folgenden Worten eingeladen haben: »Freund, das ist ein guter Ort: hier wird nichts mehr verehrt als das Glück« (Marcuse

1972, S. 53). Hinter diesem Tor philosophierte Epikur – umgeben von einer Schar von Schülern und Freunden – 36 Jahre lang über die Freude, das Leben und den Tod.
Einhundert Jahre vor Epikur hatte die griechische Geistesgeschichte allerdings einen Philosophen hervorgebracht, der in bezug auf die Freuden und Lüste des Menschen viel radikaler gedacht hatte: Aristippos von Kyrenae, dem man die Grundprinzipien des Hedonismus zuschreibt.
Im Großen Meyer von 1890 ist nachzulesen, daß es sich hierbei um die »Glückseligkeitslehre in ihrer niedrigsten Gestalt« (Schneider 1978, S. 232) handle.* Das hängt sicher weniger mit dem Inhalt der Lehre zusammen als mit der Art Tugend, die man am Fin de siècle hochzuhalten gewöhnt war. Aristippos bejahte die Sinnenlust und sah die Glückseligkeit des Menschen darin, daß dieser eine möglichst große Summe einzelner Lustempfindungen im Laufe seines Lebens bei sich verbuchen konnte. Sein Streben nach den Genüssen sollte nur eine Grenze kennen: die Folgen des einen Vergnügens durften nicht die Chance anderer Freuden zerstören.
In diesem Punkt deutet sich jedoch ein gravierender Unterschied zu den Glückseligkeitslehren seiner philosophierenden Kollegen an. Aristippos vernachlässigte den Zusammenhang von Freude und Tugend, so daß sich in seiner Lehre zwangsläufig auch die Bewertungskriterien für die doch immerhin sehr unterschiedlichen Freuden, die das Menschenleben bietet, verwischten.
Mit jenem Aristippos wurde Epikur sicher häufig in einen Topf geworfen, womit man beiden Unrecht tat. Nietzsche sprach von einer ›Bescheidenheit der Wollust‹, die er an Epikur entdeckte. Vor seinen Augen war »das Meer des Daseins stille geworden«, lesen wir in *›Menschliches, Allzumenschliches‹*. Das epikureische Glück habe nur ein fortwährend Leidender erfinden können. Es scheint nicht recht mit den dionysischen Intentionen des Philosophen von Kyrenae vergleichbar.
Karl Marx sprach von Epikur als dem größten griechischen Aufklärer, und in diesem Sinne schreibt Ludwig Marcuse:

* Glückseligkeit bezeichnet die höchste Aufgipfelung der Freude. Eine begriffliche Differenzierung in bezug auf die vielfältigen Erscheinungsformen der Freude und benachbarter Gefühle (Lust, Vergnügen, Glück) erfolgt im Kapitel ›Phänomenologie‹.

Er ist die Verkündigung gewesen: es kommt alles darauf an, daß Du, Mensch, der Du heute und hier lebst, glücklich lebst. Du bist nicht da für einen Gott und seine Kirche und nicht für einen Staat und nicht für eine Aufgabe der großmächtigen Kultur. Du bist da, um Dein einziges, einmaliges Leben mit Glück zu füllen. Diese Entdeckung trägt den Namen Epikur.[1]

Immer wieder haben die ›Alten‹ auf die enge Beziehung von Freude und Tugend hingewiesen. Aristoteles nannte den Weisen den Glückseligsten, weil das dem Menschen eigentümliche Leben ein Leben gemäß dem Geiste ist und der Weise die größte Vernunft besitzt. Aber auch ein Leben, welches den sonstigen Tugenden gemäß ist (z.B. ein maßvolles, besonnenes, tapferes Leben), sei glückselig zu nennen.
Platon unterschied zwischen ›echter‹ und ›falscher‹ Freude. Die eine ordnete er dem ›guten‹ Menschen zu, die andere dem ›schlechten‹. Das bedeute auch, daß die Freude nicht nur mit ›Sinnenlust‹ identisch sei, sondern der Gesamtpersönlichkeit des Menschen entspringe. Bereits Platon sah in der Freude eine Funktion des Erkennens – nicht nur des Genusses.
Der Römer Seneca baute seine Lehre von der Glückseligkeit auf das stoische Ideal der ›Apathie‹, auf des Menschen Gleichgültigkeit gegen das Schicksal. Er nannte den glückselig, »der, von der Vernunft geleitet, nichts mehr wünscht und nichts mehr fürchtet« (Seneca 1967, S. 24). Ein so geführtes Leben sei ein Quell ununterbrochener Heiterkeit, und eine hohe aus dem »Innersten entspringende Freude« (ebd., S. 23) würde es begleiten.
Im Jahre 1677 formulierte Spinoza:

Freude (Lust) ist der Übergang des Menschen von geringerer zu größerer Vollkommenheit (Spinoza 1933, S. 155). Und des Menschen höchstes Glück bestehe in der Vervollkommnung des Verstandes oder der Vernunft. Wird diese vom Menschen angestrebt, kann der Geist sich der Betrachtung seiner selbst und seines Tätigkeitsvermögens freuen. Diese Freude oder Glückseligkeit ist nicht der Lohn der Tugend, sondern die Tugend selbst.[2]

Nun ist das ›Glück‹ trotz aller philosophischen Bemühungen darum nicht ein philosophisch tradiertes Problem im eigentlichen Sinn. Auch für die meisten der Philosophen, die es behandelt haben, wurde dieses Problem vom Leben aufgeworfen. Es ging nicht mehr weiter, wie es bisher gegangen war.

Die Vorgeschichte zu Epikurs Philosophie der Freude waren 36 Jahre voller Unruhe und Gefahr. Die Frucht der epikureischen Philosophie wuchs aus der tiefgründigen Erfahrung des Leids und des Unglücks hervor. Als er in seinen ›Garten‹ vor den Toren Athens einziehen konnte, lagen Jahre der Flucht vor den Truppen Alexanders von Makedonien hinter ihm, Jahre unfreiwilligen Nomadentums zwischen Samos, Athen, den Kykladen und Vorderasien. Es scheint, als habe er in der zweiten Hälfte seines Lebens von den Göttern und vom Schicksal trotzig das ihm bislang vorenthaltene Glück eingeklagt.
Der Zusammenhang zwischen Senecas Leben und seiner Glückseligkeitslehre ist ganz anders und sehr vielschichtig. Er war Multimillionär und Günstling der Obrigkeit. Stets hielt er sich in der Nähe der Macht auf – eine Nähe, die ihm zum Verhängnis wurde. Fortwährend in Intrigen verwickelt, geriet er eines Tages in den Verdacht, an einem Komplott gegen Kaiser Nero beteiligt zu sein. Das römische Reich stellte ihn unter Anklage, und seine Antwort auf diese Anklage war u.a. ein offener Brief, eine Art Verteidigungsschrift, mit der er sich gegen die Anwürfe Neros zur Wehr setzte. Der Brief hatte das Thema *Über das glückliche Leben* und verteidigte des Stoikers Recht auf Besitz. Kurz nachdem er diesen Brief geschrieben hatte, wurde er verurteilt und zur Selbsttötung gezwungen.
Auch Spinoza spielte das Leben die Frage nach dem Glück zu. Er fand es in der Liebe zum Denken. Seine Kindheit und Jugend waren von den Wirren des Dreißigjährigen Krieges geprägt. Ähnlich wie Epikur wuchs er in bedrängenden Verhältnissen auf, und die Philosophie wurde für ihn zu einer Art Reservat. Er lebte ein ›leises‹ Leben. Er eroberte sich die Welt, indem er sie dachte. Er riß die engen Schranken konventionellen Denkens nieder und holte die ›Welt‹ in seine armselige Kammer. Mit der ihm daraus entspringenden Freude wollte er – wie alle Glücklichen – andere Menschen anstecken.
Selbstverständlich stellt sich aber nicht nur Philosophen die Frage nach dem Glück. Jeder Mensch macht existentielle Erfahrungen, die ihn dazu zwingen, sich mit dem Problem Glück auseinanderzusetzen. Aber nicht jeder Mensch, der in eine Krise gerät, beantwortet sie mit einer Philosophie der Freude oder einer Glückseligkeitslehre. Die Wege, die Menschen auf ihrer Suche nach dem Glück beschritten haben, sind vielfältig und sehr unterschiedlich; Mönche, Asketen und Hippies haben

es im ›Abseits‹ der Gesellschaft gesucht: in der ›Zwiesprache mit Gott‹ oder im ›einfachen Leben‹. Für andere war das Glück gleichbedeutend mit Reichtum und rastlosem Tun. Wieder andere ›rochen‹ an den ›Blumen des Bösen‹, wandten sich von ihrem Ich ab und versuchten ihr Elend im Rausch und in der Droge zu vergessen (ein Zustand, der subjektiv ebenfalls als Glück empfunden wird). Ein weiterer Weg war die sogenannte Selbstverwirklichung, was immer man auch darunter verstand.

Ein Nachfahre Epikurs: Sigmund Freud

Als Freud sich 1930 die Frage stellte, »was die Menschen selbst durch ihr Verhalten als Zweck und Absicht ihres Lebens erkennen lassen«, kam er zu der Antwort: »Sie streben nach dem Glück, sie wollen glücklich werden und so bleiben« (Freud 1930, S. 208). Diese Erkenntnis teilte er mit den Epikureern aller Länder und aller Epochen der Menschheitsgeschichte.

Das Glück trägt in Freuds Menschenbild und Theorie den Namen *Lust.* So bedeutet Glück im Freudschen Sinne »die Abwesenheit von Schmerz und Unlust, andererseits das Erleben starker Lustgefühle« (ebd., S. 208). Das Luststreben imponiert bei Freud als ein gewaltiger Antrieb des menschlichen Tuns und Lassens; sein Programm ›setzt den Lebenszweck‹.

Mit dieser These machte sich Freud – wie 2000 Jahre vor ihm Epikur – bei seinen Zeitgenossen unbeliebt (zumal er die Bedeutung sexueller Lust im menschlichen Seelenleben betonte). Dabei entdeckte er nicht nur deren positive Bedeutung, sondern auch, wie gefährdet das Glück des Menschen ist, wenn er seine sexuellen Wünsche nicht ausleben darf. Er hegte nicht gerade übertriebene Hoffnung hinsichtlich der Möglichkeiten, ein glückliches Leben zu führen: »Die Absicht, daß der Mensch ›glücklich‹ sei, ist im Plan der ›Schöpfung‹ nicht enthalten« (ebd., S. 208). Was standen ihm schon für Wege offen, ein wenig Freude in sein Dasein zu bringen?

Eine mögliche – die »roheste« – Methode sei die der Intoxikation. Gleichzeitig schädigen diese ›Sorgenbrecher‹ jedoch den Organismus, und durch ihren Einsatz wird viel Energie vergeudet, die der Verbesserung des menschlichen Lebens zufließen könnte.

Um zumindest die Versagung der Freude zu verhindern, sei auch zu überlegen, ob es nicht sinnvoll wäre, sich überhaupt von seinen Triebwünschen abzukehren, wie es die Yogis in Asien und die Mönche im Mittelalter taten. Andererseits wissen wir, daß kaum etwas so glückspendend ist wie die Befriedigung unserer Triebe.

Auch die Phantasie, in die sich mancher flüchte, um zu genießen, was ihm die rauhe Wirklichkeit versagt, sei nur eine ›milde Narkose‹ und vermöge das reale Elend nie wirklich vergessen zu machen.

Die Schönheit als Quelle der Freude habe – wie die Phantasie – eher die Qualität eines Sedativums.

Als Freud über das Glück nachdachte, das dem Menschen von der Religion verheißen wird, kam er zu dem Schluß, daß der Mensch in diesem Fall einem Massenwahn verfalle. Wenn er eines Tages von Gottes ›unerforschlichem Ratschluß‹ zu reden genötigt sei, komme er sicher zu der bitteren Erkenntnis, daß das, was ihm im Leiden als Trost und Lustquelle allein verbleibe, eine bedingungslose Unterwerfung bedeute. Und das hätte er – meint Freud lakonisch – auch ohne diesen großen Umweg haben können.

Eine andere ›Lebenstechnik‹, mit der der Mensch versuche, seinem Dasein zumindest ein wenig Freude abzuringen, sei – so paradox das klingen mag – ›die Flucht in die neurotische Krankheit‹ oder der ›verzweifelte Auflehnungsversuch der Psychose‹.

All dies deduzierte Freud aus minuziösen Beobachtungen des menschlichen Seelenlebens. Mehrmals variiert, aber letztlich in der Struktur gleich, beschrieb er die Wirkungsweise des Seelenlebens als das große Duell zwischen dem allgegenwärtigen Luststreben des Menschen und seiner Vernunft. Die Vernunft vertrat u. a. die Gemeinschaft, die dem Individuum ein hohes Maß an Triebverzicht auferlege.

Daß der Mensch – um des Genusses willen – auch opfern muß, das hatten bereits Hedonisten und Epikureer verstanden. Daß dieses Opfer womöglich mit einer Neurose bezahlt wird, entdeckte Sigmund Freud.

Das abgewehrte Luststreben habe zwei Möglichkeiten, sich in der Welt zu behaupten: im *neurotischen Symptom* und in den *Werken der Kultur*. Daher auch deren unbestreitbare Ähnlichkeit:

Man könnte den Ausspruch wagen, eine Hysterie sei ein Zerrbild einer Kunstschöpfung, eine Zwangsneurose ein Zerrbild einer Religion, ein paranoischer Wahn ein Zerrbild eines philosophischen Systems.[3]

In beiden Fällen ist jedoch der Lustgewinn, den der Mensch erhält, nicht recht vergleichbar mit dem, den die Kultur ihm letztlich versagt: im Fall der Neurose nennt Freud ihn ›sekundär‹, im Fall der kulturschöpferischen Tätigkeit habe er die Qualität von ›Ersatz‹.
Das Glück in der Liebe erscheint Freud zu diesem Zeitpunkt seines Lebens (1930) eher zweifelhaft und zerbrechlich: es ist vom ständig drohenden Verlust des geliebten ›Objekts‹ überschattet.
Das klingt pessimistisch. Und ist das nicht – könnte man dem außerdem entgegenhalten – das Argument dessen, der nur geliebt werden will, dessen, der selbst nur das Objekt der Liebe sein möchte? Wissen wir nicht (und wußte nicht auch Freud), daß der Liebesfähige sein ›Objekt‹ schon finden wird, auch wenn er gelegentlich die Erfahrung macht, daß es nicht gelingt? Stellte Freud nicht selbst die Liebesfähigkeit als *das* Kriterium für den gesunden Menschen auf? Und bedeutet das nicht, ›geben‹ zu können und nicht ›angewiesen‹ zu sein?
Auch die Freuden, die der Mensch in sonstiger Kulturarbeit (Sublimierung im weitesten Sinn) erfährt, wurden von Freud zu diesem Zeitpunkt stark relativiert: der Lustgewinn, den Wissenschaft und Kunst böten, gälte dem Menschen zwar als etwas ›Feineres und Höheres‹ als die Lust, die ihm aus der Sättigung primärer Triebregungen zufließe. Bei aller Verehrung für die Kultur ›wußte‹ Freud jedoch, daß die Intensität der Lusterfahrungen, wie sie der Mensch in kultureller Tätigkeit erlebt, nur eine gedämpfte ist: »Sie erschüttert nicht unsere Leiblichkeit« (Freud 1930, S. 208). Darüber hinaus seien nur die Begabten zur Sublimierung fähig, und die nötigen Voraussetzungen (Talente) besäßen nur wenige. Auch pflege die Freude an der Kulturleistung nachzulassen, wenn der Mensch begänne, am Leibe zu leiden.
Das überrascht angesichts eines so monumentalen geistigen Werkes, wie es Freud vollbracht hat. War es seine tödliche Krankheit (auch für Freud stellte sich die Frage nach dem Glück in einer Situation existentieller Bedrohung), die ihre Schatten vorauswarf, ihm seine Schaffensfreude nahm und ihn

die gigantische Anstrengung seines gesamten Lebens so entwerten ließ?
Ist es der biologistische Ansatz seiner Theorie, der es ihm nicht erlaubte, die Fähigkeit des Menschen, sich die Welt denkend zu erobern, als ein autonomes Bedürfnis neben allen anderen Bedürfnissen zu begreifen?
Beides wird hier zusammenkommen – und so erscheint selbst die Huldigung an die Kultur nur wie ein kurzlebiger Trost:

> Am meisten erreicht man, wenn man den Lustgewinn aus den Quellen psychischer und intellektueller Arbeit genügend zu erhöhen versteht. Das Schicksal kann einem dann wenig anhaben. Die Befriedigung solcher Art, wie die Freude des Künstlers am Schaffen, an der Verkörperung seiner Phantasiegebilde, die des Forschers an der Lösung von Problemen und am Erkennen der Wahrheit, haben eine besondere Qualität, die wir eines Tages werden metapsychologisch charakterisieren können.[4]

Daß Freud letzteres nicht mehr gelungen ist, liegt bereits in den Wurzeln seiner Theorie begründet. Er versuchte eine naturwissenschaftliche Psychologie zu konzipieren, d. h., seelische Vorgänge als Zustände von Materie darzustellen (Freud 1895, S. 305). So wären dann seelische Phänomene auf Ursachen zurückzuführen, die im Körper des Menschen lägen. Damit hätte sie Freud – soweit sie pathologisch waren – einer *pharmakologischen Behandlung* zugänglich machen wollen.
Waren es denn aber ›materielle Phänomene‹, die Freud und alle Analytiker nach ihm zu sehen bekamen, wenn sie die Freude eines Menschen beobachteten? Was erlebten sie – was erleben wir – wirklich, wenn wir uns freuen oder an der Freude anderer teilhaben, wenn wir unsere Erfahrungen nicht voreilig in ein vorgefertigtes Konzept aus theoretischen Artefakten pressen?

Phänomenologie der Freude

Versuchen wir die Freude nicht auf biologische Quellen zu reduzieren, kommen wir zu dem Schluß, Freude sei ein Gefühl. Die Ganzheitlichkeit des menschlichen Seelenlebens gebietet es, das gegenseitige Durchdrungensein aller seelischen Phänomene zu respektieren. So erschließt sich auch ein Gefühl für eine phänomenologische Betrachtung nur über die Anschauung

seines Zusammenhangs mit dem Denken, dem Vorstellen, dem Wollen, dem Handeln, dem Gestimmtsein usw. und mit verwandten oder entgegengesetzten Gefühlen eines Menschen.
Obwohl der Mensch, wie seit der Antike bekannt, zur Gestaltung eines Lebens voller Freude einiges beitragen kann, gehört es offenbar zum Gefühl der Freude dazu, daß man es nicht erzwingen kann. In der Freude erscheint nicht nur die Welt schöner, sondern mit dem Menschen selbst vollzieht sich eine Wandlung: »Der Mensch, der von dieser Seligkeit begnadet ist, fühlt sich zugleich künstlerischer und gerechter –, mit einem Wort: edler« (Bollnow 1968, S. 94). Sich freuend, kann er glauben, lieben, hoffen – ein *Vertrauen* erwacht, welches in den verzweifelten, gedrückten Stimmungen nie möglich wäre. Mit einem Mal bejaht der Mensch das Leben, und seine *sittlichen Kräfte* werden mobilisiert. Nietzsche fragte sich zu Recht, wie es sonst möglich wäre, daß sich des Menschen Seele, sobald sie im ›Sonnenschein der Freude‹ weile, unweigerlich gelobe, ›gut‹ zu sein, ›vollkommen‹ zu werden. Ja, daß sie dabei »ein Vorgefühl der Vollkommenheit, gleich einem seligen Schauder« (Nietzsche 1896, Bd. II, S. 155) erfasse.
Nur von diesem Gefühl her kann der Mensch unbefangen in die Welt schauen und Mitmenschen und Dinge von ihrer eigenen Mitte und ihrem eigenen Wesen her betrachten. Dabei kann er aber nie in der Passivität reinen Genießens verharren. Das Gefühl der Freude drängt zur Tat. Freude bedeutet Daseinsbereicherung. Das *Kraftbewußtsein* des Menschen ist gewachsen, er fühlt sich vollkommener und will die Welt vollkommener. Das *Raumbewußtsein* verwandelt sich in Richtung auf mehr Weiträumigkeit, die *Sensitivität* des Menschen ist verstärkt, und er besitzt eine gesteigerte Fähigkeit zu *verstehen.* Das gesamte *Realitätsbewußtsein* strukturiert sich um. Die Realität verliert ihre Kraft als Widerstand, der das Leben einschränkt. Der Mensch sieht sich ihr nicht mehr als fremd gegenüber.
Auch zur *Zeit* hat der von Freude erfüllte Mensch eine besondere Beziehung. Das drückt sich bereits in der Volksmeinung aus, daß ›dem Glücklichen keine Stunde schlägt‹. Er lebt in einem Zustand der Zeitlosigkeit. Hier ist aber nicht von einer bloßen Ausfallserscheinung die Rede: etwa, daß dem Bewußtsein die Zeit verlorengegangen ist und an deren Stelle ein leeres Nichts getreten sei, »sondern diese Zeitlosigkeit stellt einen positiven Charakter dar, ein neues, bisher unbekannt gebliebe-

nes Wesen der Zeit« (Bollnow 1968, S. 125). Jetzt ist auch das Verhältnis zu Vergangenheit und Zukunft ein besonderes. Der Mensch plant nicht erwartungsvoll über den Augenblick hinaus, die Gegenwart genügt ihm. Auch scheint er frei von allen Sorgen und Befürchtungen, alle Hoffnungen scheinen ihm in Erfüllung gegangen. Auch Vergangenes bedrängt ihn nicht mehr. Der Zustand vor dem Gegenwärtigen versinkt im Nebel. Dem Glücklichen ist, als sei der gegenwärtige Zustand schon lange gewesen. Der Wechsel von Vergangenheit zur Zukunft ist in diesem Fall keine Stelle eines schnellen Übergangs. Eher ist die Bezeichnung der Mystiker zutreffend: ›stehendes Jetzt‹ oder ›ewige Gegenwart‹. Das Eigentümliche dieser Erfahrung ist, daß es eine Erhebung über die Zeitlichkeit ist, die aber selbst in der Zeit vor sich geht. Das Stück Ewigkeit, welches hier erlebt wird, ist von der zeitlichen Ausdehnung des Erlebens unabhängig, und der Charakter der hier erfahrenen Ewigkeit ist ein anderer als der einer unendlichen zeitlichen Ausdehnung.

Durch die Unterwerfung der menschlichen Intelligenz unter die Gesetze des Marktes, der Konkurrenz und der Destruktion ist der innige Zusammenhang von Freude und *Erkennen* weitgehend verlorengegangen. Das Ringen um Wahrheit, die winzigen Schritte, die der Mensch in Richtung auf die Wahrheit macht, wird gekrönt und belohnt durch die Erfahrung der Freude:

Durch der Wahrheit Feuerspiegel
lächelt sie den Forscher an,

lesen wir in Schillers Ode ›*An die Freude*‹. Aber auch umgekehrt hatte bereits Platon die Freude als Funktion des Erkennens bezeichnet, und bei Ludwig Binswanger heißt es, daß der Mensch in der optimistischen, freudigen Stimmung theoretisch ›mehr‹ sieht als sonst. Er kann einen größeren Reichtum gedanklicher Beziehungen erfassen, als wenn er ›nur‹ denkt, sich Schritt für Schritt langsam vorwärts bewegt. Die gehobene Stimmung erleichtert die Auffassung, neue Inhalte werden erschlossen. In der gedrückten Stimmung werden die dort gewonnenen Erkenntnisse kritisch überprüft. In diesem Sinn schreibt Hölderlin:

Aus der Freude mußt du das Reine überhaupt, die Menschen und andere Wesen verstehen, alles Wesentliche und alles Bezeichnende auffassen, alle Verhältnisse nacheinander erkennen... aus Freude, ehe die Not eintritt; der Verstand, der bloß aus Not kommt, ist immer einseitig schief.[5]

Freude erweitert nicht nur die Auffassungsgabe, sie ermöglicht auch neuartige Erkenntnisse, die grundsätzlich nur in dieser Stimmung zu gewinnen sind. Wer viel Freude hat, sagt Nietzsche, erreicht gerade das, »was der Klügste mit all seiner Klugheit erstrebt« (Nietzsche 1906, Bd. II, S. 36). Ihm wird vieles ›glücken‹, was eben nicht nur mit ›Anstrengung‹ zu erreichen ist. Es kommt zu seinem bewußten Bemühen etwas hinzu, einem Geschenk vergleichbar: »In der Freude erscheint die Wahrheit« (Bollnow 1968, S. 128).

In den Bereich des Erkennens gehört auch die *Phantasie.* Auch sie wird im Angesicht der Freude zu einem Mittel der Erkenntnis. Sie wird in einer sozial nützlichen Weise schöpferisch sein. Die Freude verleiht ihr für den Sprung über das Gegebene hinaus zum Möglichen den Schwung.

Albert Einstein sprach davon, daß ihm bei seinen Erkenntnissen die Phantasie größere Dienste geleistet habe als ›allein‹ seine Fähigkeit, mathematisch zu denken. Man spricht hier direkt von einer ›wissenschaftlichen Phantasie‹, die für jede bedeutende Forschungsarbeit unerläßlich ist.

In gedrückter Stimmung gerät die Phantasie in den Bann der Abwehr oder eines oft ausufernden Wunschdenkens. Der Mensch ›projiziert‹ etwas in die Welt hinein, »er sieht mehr Teufel, als die weite Hölle faßt«, wie Shakespeare schreibt, oder er verweilt im Wolkenkuckucksheim, wo sich seine ehrgeizigen oder erotischen Wünsche zu erfüllen scheinen, wie wir das bei Freud und seinen Nachfolgern ungewöhnlich einleuchtend beschrieben finden. Die Phantasie fungiert in diesem Fall als eine Art Sicherheitssystem, mittels dessen sich der Mensch von einer als feindlich erlebten Umwelt fernhält, während die Freude die Phantasie zu einem weltoffenen System macht, durch das der Mensch sich selbst und andere zu bereichern vermag.

Einerseits erlebt der Mensch in der Freude sehr stark sich selbst, andererseits steckt die Thematik des *Über-sich-hinaus-Seins* in ihr. Die »Gebärde des Sich-Öffnens, des Umfassens und des Sich-Verschenkens« (Lersch 1956, S. 201) faßt Schiller in die vielzitierten Worte:

Seid umschlungen Millionen!
Diesen Kuß der ganzen Welt![6]

Der Mensch ist aus seiner Vereinsamung herausgerissen, die Grenzen seiner Individualität sind gesprengt, er geht in ein größeres Leben, in eine umfassendere Gemeinschaft ein. Dieser Einklang entsteht auch zwischen Mensch und Natur. Die Freude vereint, ›was die Mode streng geteilt‹ hatte. Indem sich der Mensch ›verschenkt‹, wird das Äußerliche zu einer Innerlichkeit, einem Gegengeschenk, das ihn bereichert. In diesem Sinne wird das Äußerliche auch als Wert erfaßt. Der Mensch erlebt einen seelischen Aufschwung, eine Erhellung seines Seins. Sein ganzes Leben und Erleben wird lichtvoll.

Und dieser Zustand ist nur durch eines zu steigern: indem man anderen Freude bereitet. Wir wissen, daß allein die Vorstellung, etwas zu tun, was einen anderen Menschen freuen könnte, uns in freudige Erregung versetzt. Anderen Freude zu bereiten macht den Gebenden selbst glücklicher, und ein Paradoxon, welches bereits die alte Volksweisheit kennt, wird wahr: »Geteilte Freude ist doppelte Freude.«

Die zur Freude gehörende *Stimmung* ist die Heiterkeit. Sie ist immer von innerer Freiheit und Leichtigkeit gekennzeichnet, die auch auf die Umgebung ausstrahlen. Der ›Geist der Schwere‹ (Nietzsche), Bedrängnis, Enge, Druck und Spannung sind vom heiteren Menschen abgefallen. Er ist weltoffen und bejaht das Leben, kann genießen, ohne ›Genußmensch‹ zu sein, und es gelingt ihm auch, die gewohnten Dinge des Alltags als Werte zu erfassen, sich durch sie beschenkt und bereichert zu fühlen und dankbar dafür zu sein. Auch ist er zufrieden und wird von Mißerfolgen nicht ohne weiteres aus der Bahn geworfen.

Den Mitmenschen gegenüber zeigt sich der heitere Mensch als ›aufgeschlossen, umgänglich, teilnahmebereit‹. Das alles geht wie eine Art atmosphärischer Wirkung von ihm aus: »Wir fühlen uns im Umkreis der Heiterkeit ins Dasein gehoben und als Werte bejaht« (Lersch 1956, S. 267). Das kann nur einem Menschen gelingen, der von der Kette der eigenen Bedürfnisse befreit ist. Nur der »in sich selber beruhigte und heitere Mensch« kann die Dinge und Menschen »von ihrem eigenen Wesen her sehen« (Bollnow 1968, S. 128). Die Motorik der Heiterkeit hat eine gewisse Grazie. Eruptive Entladung, wie wir sie z. B. bei allen Spielarten der Aggressivität finden, ist hier nicht zu erwarten.

In diesem Zusammenhang scheint es auch sinnvoll, die der Freude verwandten Gefühle, die alle die gehobene Stimmung zur Grundlage haben, zu beschreiben.

Oft wurden und werden Heiterkeit und Freude in einem Atemzug mit *Glück* genannt. Mit ›Glück‹ werden einmal die äußeren Glücksumstände des Menschen beschrieben, zum anderen die diesen Umständen zugeordneten Empfindungen. Während Heiterkeit, Freude usw. sich im Menschen von seinem vitalen Dasein her ausbreiten, haben die Glücksempfindungen immer etwas mit seiner Auseinandersetzung mit den Lebensumständen zu tun. Wie schwer das Glück dem Leben abzuringen ist, darüber wurde eingangs einiges gesagt. Nietzsche bringt das in seiner Aphorismensammlung *›Menschliches, Allzumenschliches‹* in folgendes Bild:

Dicht neben dem Wehe der Welt, und oft auf seinem vulkanischen Boden, hat der Mensch seine kleinen Gärten des Glücks angelegt. Ob man das Leben mit den Blicken dessen betrachtet, der vom Dasein Erkenntnis allein will, oder dessen, der sich ergibt und resigniert, oder dessen, der an der überwundenen Schwierigkeit sich freut – überall wird er etwas Glück neben dem Unheil aufgesproßt finden – und zwar um so mehr Glück, je vulkanischer der Boden war; nur wäre es lächerlich, zu sagen, daß mit diesem Glück das Leiden selbst gerechtfertigt sei.[7]

Entzücken (Begeisterung) ist eine ekstatische Form der Freude. Der seelische Aufschwung wird hier erregender erlebt, als es sonst für freudige Stimmungen typisch ist. Wir sind vom Gegenstand unseres Entzückens hingerissen, unserem Selbstsein quasi enthoben. Wir erleben uns tendenziell im anderen.

Auch das *Vergnügen* ist der Freude und der Heiterkeit verwandt. Es gibt jedoch wesentliche Unterschiede, auf die wir hier vorrangig eingehen wollen. Vergnügen läßt sich nur im regen Austausch mit der Umwelt erleben. Das bringt es mit sich, daß zwar Dinge und Menschen auch bejaht werden – aber nicht wegen ihres eigenen Wertes, sondern in Beziehung zum eigenen Anspruch. So kann es kommen, daß der Vergnügte jene Menschen, die nicht in seiner Stimmung sind, links liegenläßt, weil sie ihm nicht ›in den Kram‹ passen. Freude und Vergnügen verhalten sich wie Tiefe und Oberfläche zueinander. In der Freude erhält unser gesamter Weltbezug neuen Glanz und neue Ausrichtung, Vergangenheit und Zukunft erscheinen in einem neuen Licht. Sie erhalten *Sinn.* Die Gegenstände unseres Vergnügens hingegen haben mehr den Charakter einer zufälligen und auswechselbaren Gelegenheit. Das Vergnügen ist immer an den Augenblick gebunden. Es ergreift den Menschen nie total, ja manchmal dient es direkt dazu, den Menschen von sich selbst abzulenken. Man ›stürzt sich ins Vergnügen‹, um sich zu vergessen. Die Freude verbindet den Menschen mit dem Gegenstand seiner Freude. Das gibt ihm Halt im Leben, und seine Bezogenheit hat Dauer. Um das Vergnügen zu erhalten, bedarf es ständig neuer Reize von außen.

Wenn wir von *Lust* sprechen, wird unwillkürlich Körperlichkeit assoziiert. Beim Menschen kann es aber immer nur um ein ›Erleben‹ der Lust gehen, welches sich ihm als *Genießen* darstellt. Auch der Genuß stellt eine Steigerung unserer Lebensintensität dar. Genießend erhalten wir etwas, was eine Leere füllt. Die ›Antriebsgestalt‹ (Lersch) ist hier das ›In-Sich-Aufnehmen‹. Diese Tätigkeit vermittelt dem so Tätigen das Angenehme. Genuß kann sich an den verschiedensten Gegenständen – aber auch Menschen – entzünden. Wir kennen den Genuß auf der Basis des Leibes und seiner Organe bis hin zu den intellektuellen, geistigen und künstlerischen Genüssen.

Zu den freudigen Gefühlen zählt auch die *Zufriedenheit.* Sie entspringt der Erkenntnis eigener Produktivität.

Zum Abschluß sei noch auf die enge Beziehung zwischen Freude und Heiterkeit einerseits und *Güte* und *Wohlwollen* andererseits hingewiesen. Vom Wohlwollen meint Nietzsche, daß es geradezu ein Träger menschlicher Kultur ist:

Die Gutmütigkeit, die Freundlichkeit, die Höflichkeit des Herzens sind immerquellende Ausflüsse des unegoistischen Triebes und haben viel mächtiger an der Kultur gebaut, als jene viel berühmteren Äußerungen desselben, die man Mitleiden, Aufopferung, Barmherzigkeit nennt.[8]

Und die Güte – der Freude am anderen entspringend – gehört in seinen Augen zu den ›heilsamsten Kräutern‹ in den menschlichen Beziehungen. Man sollte sie möglichst ökonomisch einsetzen. Aber gerade das scheint der Natur der Güte zu widersprechen. Sie muß sich – wie die Freude – verschwenden: »Die Ökonomie der Güte ist der Traum der verwegensten Utopisten« (Nietzsche 1906, Bd. I, S. 70).

Charakterologie der Freude

Aus dem bisher Beschriebenen geht hervor, daß Freude nicht ausschließlich von glücklichen Lebensumständen abhängt, sondern daß Freude – eingebettet in eine gehobene Lebensstimmung, in eine Reihe von Haltungen und Einstellungen – zu einem Konstituens des menschlichen Charakters werden kann.

Damit soll nicht gesagt sein, daß wir uns einen Menschen vorstellen, der sich immer und ständig freut. Aber vor dem Hintergrund einer bestimmten Charakterstruktur ist ein Mensch eher bereit, sich zu freuen, oder er sieht einfach mehr Anlässe, über die es sich zu freuen lohnt.

Es ist nicht anders denkbar, als daß zum ›Charakterzug‹ der Freude strukturell ein gutes Körpergefühl, Heiterkeit, Zufriedenheit, Wohlwollen und Güte, Wahrhaftigkeit, Ernsthaftigkeit und Verantwortlichkeit im Reden und Handeln, Geduld und Zielstrebigkeit, Zuversicht und Aufgeschlossenheit gegenüber anderen Menschen und der Welt, Solidarität, gute Umgangsformen usw. gehören.

Im Umkreis von Angst, Minderwertigkeitsgefühlen aller Art, dem ›Pathos der Distanz‹, von Mißtrauen, Mißgunst (Neid), Mißmut (Übellaunigkeit), Geiz, Eifersucht, Pedanterie usw. werden wir die Freude mit Sicherheit vermissen.

Das Erleben der Freude hängt also nicht nur von ihrem Anlaß ab, sondern ist auch eine Fähigkeit, die der Mensch zusammen mit der Gestaltung seines gesamten Charakters erwirbt.

Ganz allgemein gesagt wird der Charakter in der Tiefenpsychologie als eine ›soziale Antwort‹ des Kindes auf seine biologische, psychische, familiäre, soziale und kulturelle Situation interpretiert.

Auf unser Thema bezogen beantwortet das eventuell die Frage nach dem Verbleib der oft unbändigen Freude, die wir am Kleinkind beobachten, bevor die Kultur formend und prägend auf es einwirkt.

Psychoanalytischer Theorie zufolge muß das Kind eine Reihe von Reifungsphasen durchlaufen, die im Sinne der Freudschen Triebtheorie als ›Phasen der Libidoentwicklung‹ gekennzeichnet werden. Die verschiedenen Stufen der Libidoorganisation bestimmen die Stationen, innerhalb derer das Kind auf archaische Formen der Freude verzichten lernen muß, um im Rahmen differenzierterer Kulturtechniken zu immer sublimeren Modalitäten der Befriedigung, der Lust und des Glücks zu gelangen.

Das Saugen und Lutschen an der Mutterbrust und am eigenen Körper, das Zuschauen bei der Verrichtung der Geschäfte der Erwachsenen, das Entblößen und Vorzeigen der Genitalien, das Hergeben oder Festhalten des Kots, der Stolz auf die eigene Geschlechtlichkeit und die Phantasien, die Freud die ödipalen nannte, das sind die ›Kinderfreuden‹, die sich bei gelingender Erziehung später der Lust am Sexualverkehr als Vorlust unterordnen, wenn die Triebentwicklung – in Freuds Terminologie – in die ›genitale Phase‹ übergeht.

Auf der zwischenmenschlichen Ebene ausgedrückt heißt das, daß der Mensch seine Objektrolle aufgibt, seine Freude als Subjekt in einer menschlichen Gemeinschaft mit anderen Subjekten sucht, indem er mit ihnen gemeinsam am Fortschritt der Kultur, an der Verbesserung der menschlichen Verhältnisse baut. In diesem Fall wäre ein Zustand erreicht, von dem Goethe sagt, daß er ›das höchste Glück der Erdenkinder‹ bedeute: der Mensch ist ›Persönlichkeit‹ geworden.

In der Regel verläuft der Erziehungsprozeß aber nicht so günstig. Das Kind vermag gewöhnlich nicht, auf einmal eingeschlagene Wege der Lustgewinnung zu verzichten. Es hält innerlich daran fest und wird womöglich seelisch krank.

Es waren vor allem Alfred Adler und Harald Schultz-Hencke, die auf die Bedeutung der verwöhnenden Erziehung für die Entwicklung der Charakterstruktur hingewiesen haben. Ein solcher Erziehungsstil trägt immer subtile Züge der Gewalt. Man traut dem Kind nichts zu. Anstehende Aufgaben werden ihm aus der Hand genommen, das Kind wird quasi vor dem Leben ›geschützt‹, eine tiefgreifende Entmutigung ist die Folge. Das Kind kann seine eigenen Potenzen nicht auf- und ausbauen, seine Kräfte nicht trainieren. Es wird träge, bequem und erlebt von nun an alle anstehenden Aufgaben, sei es im Bereich der Liebe, der Arbeit oder der Gemeinschaft, als eine unzumutbare Belastung. Die Freude, die jeder Mensch aus einer umfassenden Ausbildung und Entwicklung seiner seelisch-geistigen und körperlichen Fähigkeiten gewinnen könnte, wird so im Keim erstickt.

Nicht besser steht es um die harte, zwanghafte, dressierende Erziehung. Auch hier wird die Vitalität des Kindes in ihrem zartesten Stadium abgetötet. Sein Vertrauen in das Wohlwollen, die Wertschätzung und die Achtung der Eltern geht verloren. Sein Selbstwertgefühl verliert an Basis, und wo kein Selbstwertgefühl ist, ist keine Freude. Die immer auch freudlose Atmosphäre, die einen solchen Erziehungsstil umgibt, legt den Grundstein zu Mißtrauen, Empfindlichkeit und vielleicht sogar zu manifester Aggression. Das auf den anderen Menschen zudrängende Gefühl der Freude wird durch das ›Pathos der Distanz‹ ersetzt. Der andere ist nicht mehr ein potentieller Partner, sondern ein Feind, dem man sich nur vorsichtig lauernd nähern kann.

Beide Erziehungsstile haben eine ausschlaggebende Auswirkung auf das Körpergefühl des heranwachsenden Menschen. Der beschwingte Habitus der heiter-freundlichen Grundstimmung, der immer aus einer ungehinderten Vitalität kommt, ist verdrängt durch die phlegmatische, schwerblütige Gangart des Verwöhnten oder die eher steife Haltung des Dressierten und Unterdrückten.

Eine nicht unerhebliche Behinderung bei der Entwicklung von Freude beim Kind ist sein Verhältnis zu den Geschwistern. Rivalität, Neid und Eifersucht greifen schnell Platz und legen in manchem Fall schier unüberwindliche Gräben zwischen das Ich und das Du. Da die Freude immer auf Vereinigung drängt, hat sie in einer derartigen Geschwisterkonstellation keine Chance zu wachsen. Das große Spektrum der sogenannten Kinderfehler – Stottern, Bettnässen, Schulversagen, Lügen, Stehlen usw. – sind die verstümmelten Signale eines freudlosen Kindes, das seinen Platz in der Familie sucht.

Ein Kind, das in freudvoller Umgebung groß geworden ist und von seinen Eltern Kooperation und eine partnerschaftliche Haltung vorgelebt und angeboten bekommen hat, wird nicht in der Familie steckenbleiben, sondern versuchen, sich in freundschaftlicher Verbundenheit zu ihr eine autonome Existenz aufzubauen. Es wird versuchen, eigenständig in der Welt zu handeln, sein Selbstbewußtsein zu erweitern, was wiederum mit Freude verbunden ist:

Denn in jeder Handlung ist das, was der Handelnde hauptsächlich beabsichtigt, ob er nun aus natürlicher Notwendigkeit handelt oder aus freiem Willen, die Enthüllung seines eigenen Bildes. Daher kommt es auch, daß jeder Handelnde, insofern er handelt, an seinem Handeln Freude hat; da alles, was ist, sein eigenes Sein verlangt, und da im

Handeln das Sein des Handelnden irgendwie erweitert wird, folgt zwangsläufig Freude...[9]

Zerrformen der Freude

Seit mit dem Instrumentarium der Psychoanalyse das menschliche Seelenleben minuziös beobachtet werden kann, ist es möglich geworden, wissenschaftlich fundierte Zweifel am Konzept des Hedonismus anzumelden, der davon ausging, daß *alle* Freuden für den Menschen ›erstrebenswert‹ seien. Es gibt – mittlerweile beschriebene – Freuden, so könnte man eine Antwort auf den Hedonismus formulieren, für die der Mensch den Preis mangelnder Entwicklung seiner Gesamtpersönlichkeit bezahlt.

Die Befriedigung des Masochisten an Unterwerfung, Leiden und Demütigung, die Lust des Sadisten am Quälen, das unglückselige Vergnügen des Exhibitionisten am Entsetzen seiner Mitmenschen, das prickelnde Vergnügen des Voyeurs, wenn er Zeuge intimer Begegnungen anderer Menschen wird, all das sind nach Freuds Beobachtungen Freuden, die davon zeugen, daß der betreffende Mensch in seiner seelischen Entwicklung das Niveau seiner Kindheit (die ›prägenitalen Phasen‹) nie verlassen hat. Er lebt im Erwachsenenalter verdrängte, aber nie wirklich aufgegebene Kindheitswünsche aus.

Nach der Definition Erich Fromms handelt es sich hier um ›irrationale Freuden‹, weil sie auf irrationalen Bedürfnissen aufbauen, die in der Tendenz nicht zu befriedigen sind. Durch sie wird nur kurzfristig ein Mangel kompensiert und nicht etwa eine Vollkommenheit des Menschen angebahnt. Unsicherheit und Angst, die sich auf dem Weg des Menschen in seiner Persönlichkeitsentwicklung eingestellt haben, treten für einen Moment in den Hintergrund und verlieren ihre quälende Zudringlichkeit. Diese Freuden sind ein bröckelnder Wall gegen die Wogen von Angst, Unsicherheit und Leere.

Worin besteht dann aber die Freude, der Spaß, das Vergnügen bei den oben angedeuteten Fehlhaltungen? Ihre Gemeinsamkeit liegt darin, daß man auf billige Weise ein Stück Machtgefühl erringt. Und das bedeutet einen großen Aufschwung. Man selber wird nicht auf seine Unzulänglichkeit – in diesem Fall auf dem Gebiet der Liebe – geprüft, man muß sich auch nicht preisgeben, die Rollen von Objekt und Subjekt sind starr festgelegt.

Mit diesem Aspekt der seelischen Dynamik hat sich besonders Alfred Adler befaßt. Man könnte sagen, seine ganze Neurosentheorie erzählt von den weniger akzeptierten Freuden des Menschen. Was liegt nahe, wenn der Mensch seine Freude nicht aus der eigenen Leistung und Entwicklung beziehen kann? Er bezieht sie aus der Entwertung der Leistung anderer, oder er freut sich über das Pech, ja manchmal noch schlimmer, über das Unglück anderer. Er ist *schadenfroh.*

Das ist geradezu der Kern der Adlerschen Seelenkunde: Wenn das eigene Selbstwertgefühl ins Wanken gerät, wird die Umwelt entwertet, weil der Mensch das Gefühl der eigenen Minderwertigkeit nicht aushält. Das bedeutet Angst und Unsicherheit; echtes Selbstwertgefühl ist Freude und berechtigter Stolz auf die eigenen Fähigkeiten.

Der Mensch strebt nach Vollkommenheit, heißt es bei Adler. Durch unglückliche erzieherische, soziale und kulturelle Verhältnisse bedingt, versucht er das dann später im Kampf mit seinen Mitmenschen. Aus dem Streben nach Vollkommenheit wird ein Streben nach Macht über die Mitmenschen. Ist der Mensch in seiner Kindheit einmal in die unterlegene Position hineingeraten, wird er sein Leben lang eine kaum zu verbergende Freude, Lust oder Befriedigung daran finden, andere zu gängeln, einzuschüchtern und zu demütigen. Das ist mit einem Migräneanfall ebenso zu erreichen wie mit Perfektionismus oder Liebesentzug. Jedes Symptom für sich wird im Moment der Aktualisierung nicht unbedingt als freudiges Ereignis begrüßt, im Gesamtgeschehen einer Beziehung aber sicher als ein gewisser Genuß an der dominanten Position erlebt.

In bezug auf die Einschätzung solcher Selbstüberhöhung befindet sich Adler in guter Gesellschaft mit Philosophen und Literaten. Bei Spinoza lesen wir, daß der Spott eine Freude sei, die daraus entspringt, daß wir uns vorstellen, an einem von uns gehaßten Menschen sei etwas, was wir verachten (Spinoza 1933, S. 157). Und bei Nietzsche heißt es, daß schon ein einziger freudloser Mensch genüge, »um einem ganzen Hausstande dauernden Mißmut und trüben Himmel zu machen« (Nietzsche 1897, S. 199). Liegt da nicht die Vermutung nahe, daß auch hier ein geheimer Triumph mitschwingt? Und enthält nicht auch jede Rache ein Quentchen infamer Freude?

Wir können auch hier mit Fromm definieren: Die Freude an der Macht ist letztlich eine Defizit-Freude. Sie hat kompensatorischen Charakter und baut auf einem tiefgreifenden Gefühl der Minderwertigkeit auf, das in der Kindheit entsteht. Echte Freude jedoch entspringt einem Überfluß an Energie. Sie ist eine Leistung und geht auf innere Anstrengung zurück. Sie ist ein Zeugnis menschlicher Reife und eine Begleiterscheinung aller produktiven Aktivität im Denken, Fühlen und Handeln.

Freude, Leid und Leiblichkeit

Freude strahlt, wie andere Gefühle auch, tief in den Körper hinein. Mit der Freude bringen wir einen leicht beschwingten Gang in Verbindung, unser Gesicht leuchtet vor Freude, es ist hell, klar, sonnig, warm, und die Augen, heißt es, funkeln. Vom Herzen sagt der Volksmund, daß es ›vor Freude hüpft‹, von der Stimme, daß sie jubelt, jauchzt oder wohltemperiert klingt. Die Freude reicht sogar bis in die Weite unserer Blutgefäße hinein. Die ›gesunde‹ Hautfarbe zeigt an, daß sie im Zustand der Freude weit geöffnet und vom Blut warm durchströmt sind.
Diese Erscheinungsbilder der Freude sind selten bezweifelt worden. Im Gegenteil: sie werden besungen und bedichtet. Das Bekenntnis zur Freude durch den Körper – zur Sinnlichkeit – wird jedoch in der Regel mit beschämtem Augenniederschlag quittiert.
Die Freuden des Gaumens werden einigen überdrehten Gourmets oder den ›happy few‹ aus der ›upper class‹ zuerkannt oder zu einem Klischee der Werbeindustrie pervertiert; wenn von den ›Freuden des Bettes‹ die Rede ist, wird Lüsternheit, Schlüpfrigkeit und ›Verbotenes‹ assoziiert. Viele Menschen löschen während des sexuellen Aktes das Licht, obwohl der nackte Körper des Partners durchaus eine ›Augenweide‹ wäre, und daß es so etwas wie einen ›Ohrenschmaus‹ gibt, erfahren wir allenfalls noch, wenn wir ein Konzert besuchen oder monotonen Lärm der Großstadt mit der ›Stille‹ der Natur vertauschen.
Epikur fragte sich vor 2000 Jahren:

Ich weiß nicht, was ich noch das Gute nennen soll, wenn ich die Lust des Geschmacks, die Lust der Liebe, die Lust des Ohrs, sowie den Reiz beim Anblick einer schönen Gestalt beseitige.[10]

Der Genuß, den unsere Sinne uns zu bieten haben, und die Freuden, die wir daraus gewinnen könnten, geraten zunehmend in den Hintergrund. Der Asphalt der Großstädte, der Streß in entfremdeter Arbeit, das zur Institution geronnene pulsierende Leben des menschlichen Bezogenseins haben die Sinne des Menschen stumpf werden lassen. Und eben dadurch wird auch sein innerer Zustand immer elender und trostloser. Wenn man durch die Straßen der Großstädte geht und sich die Menschen anschaut – ihre Körperhaltung, ihre Mienen –, wird man darin kaum Heiterkeit, Lebensfreude oder Mut entdecken. Eher das Gegenteil ist der Fall: die Blicke sind matt, die Köpfe gesenkt, die Gesichter ernst, als ob auf allen ein geheimer Druck läge. Sie tragen die Züge von Angst, Kummer, Sorge und Not, die Privilegierten zeigen deutlich Langeweile. Sie schauen gleichgültig, kalt und teilnahmslos in die Welt.

Nicht zuletzt das Christentum hat dafür gesorgt, daß die Freude des Menschen an seinem Körper verketzert wurde. Er war das Gefängnis der Seele, und die Erde mit all ihren weltlichen Genüssen das ›Jammertal‹, welches um einer schöneren, ›paradiesischen‹ Zukunft willen zu verachten war. Die mönchischen Kardinaltugenden der Keuschheit, der Armut und des Gehorsams legten es nahe, sich in Verzicht und Enthaltsamkeit zu üben, sich mit Ritualen und Exerzitien auf das Jenseits vorzubereiten, anstatt sich den angeblich schalen Vergnügungen unseres diesseitigen Lebens hinzugeben. Und je größer die Verachtung für das Diesseits wurde, desto erquickender wurde auch die Hoffnung auf eine Erlösung im Jenseits. Ein Mensch, dessen Vitalität so im Innersten gebrochen wird, ist nicht mehr fähig zur Freude. Er wird kraftlos. So zog mit dem Christentum der ›Geist der Schwere‹ (Nietzsche) in Europa ein.

Das Christentum entwickelte sich in einem Volk, welches unterdrückt und versklavt war, und so ist es nicht verwunderlich, wenn ein anderer Wert als die Freude in den Mittelpunkt des Lebens geriet: das Leid. Leiden wurde glorifiziert. Der Gott, der ans Kreuz geschlagen seinem Tod entgegenlitt, wurde angebetet. Mit ihm identifizierte man sich.

Derartiges wäre im antiken Griechenland unmöglich gewesen. Während die Griechen sich darauf konzentrierten, immer neue Feste zu kreieren, Anlässe der Freude, zielt unser Sinnen heute

mehr in die Richtung, Unlustquellen zu beseitigen. »Die Menschen der alten Welt wußten sich besser zu freuen; wir, uns weniger zu betrüben« (Nietzsche 1906, Bd. II, S. 104).
Was lag nun näher, als dem Mit-Leid und dem Bemitleidet-werden-Wollen hohen Wert beizumessen? Dagegen zog wie kaum ein anderer Friedrich Nietzsche zu Felde. Im Bemitleidet-Werden, so formulierte er, erfährt der ›Leidende‹ seinen letzten Triumph:

... man lebe im Verkehr mit Kranken und geistig Gedrückten und frage sich, ob nicht das beredte Klagen und Wimmern, das Zur-Schau-Tragen des Unglücks im Grunde das Ziel verfolgt, den Anwesenden weh zu tun: das Mitleiden, welches jene dann äußern, ist insofern eine Tröstung für die Schwachen und Leidenden, als sie daran erkennen, doch wenigstens noch eine Macht zu haben, trotz aller ihrer Schwäche: die Macht, wehe zu tun. Der Unglückliche gewinnt eine Art von Lust in diesem Gefühl der Überlegenheit, welches das Bezeugen des Mitleids ihm zu Bewußtsein bringt; seine Einbildung erhebt sich, er ist immer noch wichtig genug, um der Welt Schmerzen zu machen. Somit ist der Durst nach Bemitleidet-Werden ein Durst nach Selbstgenuß, und zwar auf Kosten der Mitmenschen; es zeigt den Menschen in der ganzen Rücksichtslosigkeit seines eigenen lieben Selbst...[11]

So gesehen wird es auch verständlich, wenn Nietzsche meint, daß die Mit-Freude und nicht das Mit-Leid den Freund ausmache.
Das alles bedeutet jedoch nicht, daß die Menschen sich in ihrem Leid gegenseitig im Stich lassen sollen. Es ist aber ein gravierender Unterschied, ob einer Mitleid bezeugt oder Mitleid hat. Man sollte es empfinden und danach handeln!
Das alles bedeutet auch nicht, daß Leid jemals aus der Welt zu schaffen wäre. Das zu glauben, wäre simpel und töricht. Die Frage ist vielmehr: wieso stellt sich die menschliche Vernunft in den Dienst des Leides und nicht in den Dienst der Freude? Wieso schafft sich der Mensch zu allem anderen mit seinem Verstand so viele zusätzliche unnötige Quellen des Leides? Und wie ist dieser Not abzuhelfen?
Diese Frage kann die Tiefenpsychologie und Psychotherapie mit dem Versuch beantworten, den Menschen von den ›verinnerlichten‹ Abwehrmethoden seines Glückserlebens zu befreien.

Freude und Psychotherapie

Aus dem bisher Gesagten wird annähernd deutlich, wie die Psychotherapie ein freudevolles Leben fördern kann.

Die erste und wichtigste Voraussetzung dafür, daß Psychotherapie ein hilfreiches Instrument für mehr Freude im menschlichen Leben wird, ist, daß der Psychotherapeut selbst zur Freude fähig ist. Er muß ein ›gutes‹ Leben führen und von der Idee der Freiheit, der Entwicklung und der Solidarität durchdrungen sein. Da man aber auch von einem Psychotherapeuten keine übermenschlichen Qualitäten erwarten darf, wird zumindest verlangt, daß er sich in einer eigenen Charakter- und Lehranalyse über seine Mängel und Unzulänglichkeiten klar wird, damit er anderen Menschen aus den Sackgassen ihrer Entwicklung heraushelfen kann. Verstehen kann nur, wer selbst einmal verstanden worden ist.

In der Psychotherapie erfährt der Patient, wie er zu dem geworden ist, der er ist. Mit anderen Worten: er erfährt, warum er sich zum gegenwärtigen Zeitpunkt nicht zu freuen vermag. Das mutet etwas eigenartig an. »Ich weiß doch, wie ich geworden bin«, wird der Durchschnittsmensch sagen. Das aber ist ein Irrtum. Adler sagte: Der Mensch weiß zwar so manches über sich, aber er versteht es nicht. Ein trauriger Mensch weiß zwar von vielen Gelegenheiten in seinem Leben, über die er sich freuen könnte, aber er freut sich dennoch nicht. Erst wenn er das kann, hat er sich und sein Leben richtig verstanden.

Ein erster Anlauf dazu ist das Verstehen der eigenen Biographie. Hierin liegen viele Gründe für die aktuelle Freudlosigkeit des Betreffenden vergraben. Sie sind bereits genannt; der Erziehungsstil, die familiäre Atmosphäre, die Neurose der Eltern, die Rivalität mit den Geschwistern, der Haß auf die Eltern oder auch übertriebene Anhänglichkeit an sie: all das sind entscheidende Faktoren für die seelische Entwicklung, deren Einfluß bis in das Erwachsenenalter hineinreicht und einen starken Wall gegen die Empfindung der Freude bilden. All diese Empfindungen im Kindesalter werden nämlich bis ins hohe Alter hinein konstant reproduziert: gegenüber dem Ehepartner, dem Chef, den Kindern, dem Freund. Der Mensch verzettelt seine produktiven Kräfte auf der unnützen Seite des Lebens und blockiert seine Entwicklung, indem er sich mit seiner Umwelt auf ständige Machtproben einläßt. Er muß sich dann nicht entwickeln, was oft anstrengender und schmerzlicher ist als der Partnerin nachzuweisen, daß sie immer anderen Männern zulächelt, den Chef als Tyrannen zu verketzern oder über die Faulheit der Kinder zu schimpfen. Wer sich aber nicht entwikkelt, der kann sich nicht wirklich freuen.

In der Psychotherapie soll der Mensch quasi ein zweites Mal geboren werden – zum Person-Sein, zu einem glücklicheren Leben.

Dazu soll der Psychotherapeut auch über das Gegebene (den Ist-Zustand) des Patienten hinausblicken und seine Möglichkeiten (den Soll-Zustand) mitbedenken, damit das im Analysanden Angelegte wirklich werden kann.

Durch großen emotionalen Einsatz kann es einem Therapeuten so schließlich gelingen, den Patienten besser zu verstehen, als dieser sich selbst versteht, und ihm Mut zu machen, ›zu werden, der er ist‹, Mut zu sich selbst, Mut zur Freude zu entwickeln.

Das Verständnis, welches der Patient hier erfährt, schlägt die Brücke zum anderen Menschen, die es ihm einmal möglich machen wird, sich zu verströmen, sich zu verschenken, die Welt zu umarmen. Vielleicht begreift er nun zum erstenmal, daß er sein bisheriges Leben in einer Art innerem Gefängnis zugebracht hat, aus welchem heraus er jetzt seine ersten zögernden Schritte tut – in die Freiheit.

Vom Sinn der Freude

Es scheint nicht korrekt zu sein, eine Stimmung (also auch eine gehobene wie die Freude) als etwas ausschließlich Subjektives zu betrachten, welches, vom Menschen ausgehend *auch* auf die Welt abfärbt. Wir wissen aus dem morgendlichen Wetterbericht, daß uns womöglich ein ›heiterer‹ Tag erwartet. Wir schreiben einer Landschaft, dem erwachenden Tag, einem Wohnraum usw. eine ganz bestimmte Stimmung zu, an der wir teilhaben, die auch auf uns übergeht.

Soweit es die Freude betrifft, scheint sie ein universeller Faktor im Kosmos zu sein:

Freude heißt die starke Feder
in der ewigen Natur,
Freude, Freude treibt die Räder
in der großen Weltenuhr[12],

schreibt Schiller in seiner Ode ›*An die Freude*‹. Das ist jedoch nicht mit einer Beseelung der Natur, nicht mit dem Animismus der frühen Völker vergleichbar. Freude ist identisch mit Entwicklung, Entfaltung, mit den vielfältigen Werdensmöglichkeiten des Kosmos. Ein Mensch, der sich freut, erfährt dies an sich selbst. In diesem Sinne ist hier von einem gemeinsamen »Mensch und Welt zusammen umgreifende(n) Durchzogensein von einem bestimmten Stimmungsgehalt« (Bollnow 1968, S. 40) die Rede. Dieser kommt weder von ›innen‹ noch von ›außen‹, »sondern steigt als Weise des In-der-Welt-Seins aus diesem selbst auf« (ebd., S. 40), formulierte Heidegger.

In der Freude hat der Mensch an der Entwicklung und am Werden des Kosmos gleichsam von innen her teil. Es wird ihm die Erfahrung des Dazugehörigseins zuteil. Auch er ist Teil einer schöpferischen Bewegung, die in ihm gegenwärtig und wirksam wird und ihr Licht auf den ungeheuren Reichtum der Welt wirft.

Aus dem Zustand der Freude heraus können der Mitmensch, aber auch unsere dingliche Umwelt sowie die gewohntesten Dinge des Alltags endlich als Werte wahrgenommen, an jedem einzelnen die Fülle des ›lebendigen Daseins‹ gewonnen werden. Und so verstehen wir Nietzsche, wenn er sagt:

Seit es Menschen gibt, hat der Mensch sich zu wenig gefreut: Das allein, meine Brüder, ist unsere Erbsünde.[13]

Josef Rattner

Liebe

Der Spötter Heinrich Heine formulierte bei Gelegenheit den saloppen Satz: »Was Ohrfeigen sind, weiß jeder; was die Liebe ist, das hat noch niemand herausbekommen.« Diese These in ihrer witzigen Zuspitzung kann wohl kaum ernstlich aufrechterhalten werden. Sie ist ebenso fragwürdig wie die Meinung Larochefoucaulds, der in seinem pessimistischen Aphorismenbuch aus dem Jahre 1665 die Lehre vertritt: »Die wahre Liebe ist wie ein Gespenst; jeder spricht darüber, aber niemand hat sie wirklich gesehen!«

So schwierig und so düster liegen die Dinge nicht, wie der Witzbold und der Misanthrop uns glauben machen wollten. Das Problem der Liebe ist tiefgründig; wer es erforschen will, muß aber nicht am Nullpunkt beginnen, sondern kann sich auf vielfältige Vorarbeit stützen. So haben vor allem die Dichter Wesentliches zur Erkenntnis der Liebesthematik beigetragen. In den großen Romanen der Weltliteratur, in der Lyrik aller Zeiten und Völker, in Dramen und Lustspielen sind unendlich reiche Beobachtungen über Glück und Tragik der Liebe beschrieben. Auch die Philosophen wußten hierüber einiges zu erzählen: von Plato (*Symposion*‹) bis Max Scheler (*Wesen und Formen der Sympathie*) wurden Einsichten deutlich, die sich mit den Intuitionen der Dichter und Schriftsteller sehr wohl messen können. Besonders für die sogenannten ›existentiellen Denker‹ war die Liebe eine zentrale Frage. Sowohl erlebnismäßig als auch metaphysisch versuchten sie, das Thema zu deuten und einzukreisen.

Des weiteren hat sich die Spruchweisheit des Volkes sehr ausgiebig mit dem Liebesphänomen befaßt. Die Sprichwörter der Völker enthalten eine Psychologie, die aus dem konkreten Leben stammt und sich nicht in verstiegene Allgemeinheiten verirrt. Wer anthropologische und moralisch-ethische Grundfragen studiert, sollte stets auch diesen Erfahrungsschatz zu

Rate ziehen, da in ihm die schlichte Erfahrungsmodalität des Alltagslebens ihren Niederschlag gefunden hat.
Ein wissenschaftliches Verständnis der Liebe scheint sich in den Erkenntnissen der Tiefenpsychologie anzubahnen, die lebensnäher und überzeugender sind als die Resultate der ›akademischen Psychologie‹ des 19. und 20. Jahrhunderts. Hier wird nicht mehr der Mensch unter künstlichen Laboratoriumsbedingungen untersucht, und man vermeidet es auch, mit dürren Abstraktionen sein Innenleben zu schematisieren. All dies war relativ uninteressant, als man in langjährigen Psychotherapien Gelegenheit hatte, das faktische Liebesleben der Menschen bis in seine feinsten Verzweigungen zu erforschen. Vor allem warfen auch die psychopathologischen Befunde (Neurosen, Perversionen usw.) ein Licht auf das Wesen des normalen Liebesphänomens: gerade in den krankhaften Veränderungen zeigte sich mit großartiger Deutlichkeit, wie man sich etwa die unverstümmelte Liebe vorzustellen habe. Mit Hilfe der tiefenpsychologischen Charakterologie können wir hoffen, das Rätsel der Liebe einigermaßen klären zu können.

Konstruktionen des Materialismus

Die Materialisten des 19. Jahrhunderts entwarfen ›Theorien der Liebe‹, die eigentümlich und konstruiert anmuten. Meistens ging man von biologischen Voraussetzungen aus, die durch die Evolutionslehre Darwins ein besonderes Gewicht erhalten hatten. Im Rahmen dieser Ideenwelt handelte es sich hauptsächlich darum, die Liebe von irgendeinem ›animalischen Phänomen‹ abzuleiten. Es war naheliegend, hierbei an Sexualität zu denken. Viele naturalistische Autoren sind sich darin einig, das liebende Verhalten des Menschen als ›sublimierte Sexualität‹ zu deuten. Das eindrücklichste System dieser Art ist die Psychoanalyse. Für Freud entsteht die Liebe gewissermaßen aus verzögerter oder verhinderter Sexualbefriedigung: sie ist ein Gefühl im Bereich der ›Vorlust‹, welche den Sinn hat, die Endlust zu ermöglichen, nämlich die sexuelle Vereinigung. In ähnlicher Weise interpretierte Freud die Freundschaft zwischen Männern als eine ›sublimierte Homosexualität‹. Das Sexuelle galt als die ›tragende Schicht‹, auf der das Seelische lediglich als ein ›Derivat‹ ruht.

Selbst die mütterliche Liebe zum Kind wurde von den Psychoanalytikern in die Rubrik ›Sexualität‹ eingeordnet. Nicht zu Unrecht erhob sich dagegen ein Entrüstungssturm, in dem allerdings auch Mißverständnisse eine erhebliche Rolle spielten. Was die Psychoanalyse ›Libido‹ nennt, umfaßt ja nicht nur das Triebhafte, sondern eben auch das Seelische im Menschen.
Gleichwohl ist der Einwand moderner Biologen ernst zu nehmen, die darauf hinweisen, daß die Handlungen, mittels derer man einander Liebe bezeugt, gar nicht so sehr aus dem Umkreis der Sexualität, sondern viel eher aus dem Bereich des *Brutpflegeverhaltens* stammen. So wird die menschliche Sexualität durch die Mutter-Kind-Beziehung geprägt und nicht umgekehrt. Ein namhafter Verhaltensforscher umschreibt diesen Tatbestand folgendermaßen:

Aus dem bisher Gesagten dürfte deutlich geworden sein, daß viele Verhaltensweisen, die man als typisch sexuell ansieht, wie Küssen und Streicheln, ihrem Ursprunge nach eigentlich Brutpflegehandlungen sind. Wir erinnern daran, weil S. Freud in einer merkwürdigen Umkehrung der Deutung einmal behauptet hat, daß eine Mutter wohl erschrecken würde, wenn sie erkennen würde, daß sie ihr Kind so reichlich mit sexuellen Verhaltensweisen bedenke. Freud hat in diesem Falle die Richtung falsch gelesen. Eine Mutter betreut ihre Kinder mit Brutpflegehandlungen, und sie umwirbt mit diesen ihren Mann.[1]

Eine andere ›Ableitung‹, die seit dem Darwinismus Furore machte, ist die ›Erklärung‹ des Liebeslebens aus dem ›Arterhaltungs‹- und aus dem ›Herdentrieb‹. Es wird erläutert, daß der Mensch von Herdentieren abstammt, die immer schon gemeinschaftlich den Daseinskampf bestritten und dadurch große Vorteile gegenüber isoliert lebenden Arten mitbrachten. Aus diesem sozialen Instinkt habe sich nach und nach die Fähigkeit zur persönlichen Zuneigung ›herausentwickelt‹. Alfred Adlers Lehre vom ›angeborenen Gemeinschaftsgefühl‹ des Menschen ist abhängig von dieser biologischen Denkweise, von der auch die Väter des Sozialismus stark geprägt waren.
Der biologistische Materialismus interessiert sich ganz entscheidend für die Frage: ›*Woher kommt* die Liebe?‹ Fasziniert von der Frage nach ihrer Herkunft vergißt er oft die viel wichtigere Frage: ›*Wie ist* die Liebe?‹ Man überspringt das Phänomen selbst und ergeht sich in Spekulationen über dessen Ursprünge und Entstehungsgründe. Die neuere Forschung tendiert mehr zur sorgfältigen Beschreibung des Liebesgeschehens

und gibt nicht mehr allzuviel auf Hypothesen, die ziemlich gewaltsam A aus B oder B aus C ›erklären‹ wollen.
Freud scheint die Einseitigkeit solcher ›reduktiver Denkmanöver‹ auf dem Gebiet der Liebe erkannt zu haben. So verzichtet er in seinem Spätwerk auf die Deduktion der Liebe aus der Sexualität und führt den Eros als eine quasi mythische Macht ein, die danach strebt, größere Einheiten des Lebens zu stiften und herbeizuführen. Dem Eros steht als Gegenspieler der Thanatos gegenüber, ein dumpfer und dämonischer Drang zum Tode. Aus dem Zusammen- und Gegeneinanderwirken dieser ›Mächte‹ ergäbe sich die Fülle der Lebenserscheinungen. Das ist sicherlich dunkel geredet, aber man kann daraus die Formel entnehmen, daß Liebe ein Drang zu Leben und Mehr-Leben ist und wesensmäßig auf ›Vereinigung‹ abzielt. Je mehr und je stärker diese Tendenz ausgeprägt ist, um so kraftvoller entfaltet sich das Lebendige, indes sich eine Abschwächung des Liebenkönnens ›dem Tode annähert‹. Hier wurde vom Begründer der Psychoanalyse etwas ›gesehen‹, das trotz der mythologischen Sprache recht realistisch zu sein scheint.

Phänomenologie der Liebe

Wie sieht eine nicht-reduktive Theorie der Liebe aus? Was bekommen wir zu sehen, wenn unser Blick ruhig auf dem Liebesphänomen verweilt, ohne daß wir es eilig haben, unsere Erfahrung in vorgefertigte Konzepte zu fassen? Was ›erleben‹ wir, wenn wir lieben, und was können wir beobachten, wenn wir wahrhaft an der Liebe anderer ›teilnehmen‹?
Zunächst drängt sich die (populäre) Bestimmung auf, daß die Liebe ein ›Gefühl‹ sei. Ein psychologisches Lexikon sagt über diesen Terminus:

Gefühle sind Grundphänomene des Erlebens... Sie durchstrahlen als Dauergestimmtheiten das Seelenleben, bilden Ursprungserlebnisse vieler Strebungen und Wollungen und stellen eine Art Filter dar, durch den Umweltwirkungen den Menschen ›ansprechen‹ und ihr spezifisches ›Wertprofil‹ erhalten. Nach Qualität, Ansprechbarkeit, Tiefe und Nachhaltigkeit sind die einzelnen Gefühlsbereiche sehr verschieden und bedingen als individuelle Weisen des Gestimmtseins und Stellungnehmens den Grundtypus eines Menschen mit...[2]

Gefühle werden in der Regel gegenüber dem Erkennen und Wollen als verschiedenartig dargestellt. Im Fühlen ergreift uns etwas Innerweltliches oder die Welt als Ganzes: wir sind dem Geschehen pathisch hingegeben. Erkennen und Wollen sind aktiver; in beiden ›verschmelzen‹ wir nicht mit dem ›Gegenstand‹, sondern ›verfahren‹ mit ihm, entweder urteilend oder handelnd. Bei genauerem Hinsehen entdeckt man jedoch, daß sich alle drei psychischen Funktionen wechselseitig durchdringen: keine Erkenntnis ohne Gefühl und Wille, kein Wollen ohne Erkenntnis und Gefühl und kein Fühlen ohne begleitendes Wollen und Erkennen!

Ein wesentlicher Aspekt des Gefühls ist, wie oben bereits angedeutet, sein Fundiertsein in einer Stimmung. Die Stimmung des Liebenden möchten wir nun als ›heiter-ernst‹ bezeichnen. Wer wirklich lieben kann, hat eine heitere Lebenseinstellung, die auch Ausdruck innerer und äußerer Freiheit ist. Diese Heiterkeit wird durch einen gewissen Ernst untermauert, worin sich die realistische Selbst- und Welteinschätzung des Liebesfähigen zeigt. Dieser ist nicht lustig und nicht traurig, Eigenschaften, von denen die erstere keinen ›Tiefgang‹ besitzt, indes die letztere durch Schwerfälligkeit oder Schwerblütigkeit die Zuwendung zum Du erschwert. An der *heiteren Ernsthaftigkeit* oder der ›vernünftigen Freude‹ kann man die Bereitschaft zur Liebe wahrnehmen.

Gefühle sind gerichtet auf einen Gegenstand oder ein Objekt im weiteren Sinne des Wortes. Ihr zuständlicher Anteil liegt im Gestimmtsein; ihre intentionale Komponente hat Menschen oder Dinge ›im Visier‹. Liebe als eminent positives Fühlen will sich dem geliebten ›Objekt‹ annähern und sich mit ihm ›vereinigen‹. Das ist das *Strebenselement* in der Liebe: sie ist die Kraft, die uns auf andere hinbewegt und Schranken zwischen ihnen und uns überwindet.

Ein Aspekt der Erkenntnis des Liebesgefühls wurde von Max Scheler mit der Formel bestimmt, daß Gefühle *Werterkennen* seien. Liebe ist nicht neutral oder gar gefühlsleer wie das rein rationale Erkennen, sondern ein ›Werten‹, das alle unsere Gemütskräfte in Anspruch nimmt.

Der Zusammenhang zwischen Liebe und Erkenntnis ist längst bekannt. Schon Goethe schrieb in seinen jungen Jahren: »Man lernt nichts kennen als was man liebt, und je tiefer und vollständiger die Kenntnis werden soll, desto stärker, kräftiger und

lebendiger muß die Liebe, ja Leidenschaft sein.« Andererseits betonte Leonardo da Vinci: »Jede große Liebe ist die Tochter einer großen Erkenntnis.«
Die genannte Relation gilt jedoch weniger für das naturwissenschaftliche Erkennen als vielmehr für die Humanwissenschaften und sicherlich auch für zwischenmenschliche Beziehungen. In diesen Bereichen können Einsichten nur durch differenziertes Werterleben gewonnen werden. Ein dumpf für sich dahinlebender Mensch, der wenig achtet und liebt, kann weder in den Künsten noch in den Wissenschaften vom Menschen brauchbare Arbeit leisten. Auch Paracelsus hatte derlei im Sinn, als er sagte:

Der, der nichts weiß, liebt nichts. Der, der nichts kann, versteht nichts. Der, der nichts versteht, ist wertlos. Der aber, der versteht, liebt und erkennt und sieht... Je mehr Wissen mit einer Sache verbunden ist, desto größer ist die Liebe... Wenn einer glaubt, daß alle Früchte zur gleichen Zeit reif sind wie die Erdbeeren, versteht er nichts von den Weintrauben.[3]

Weniger einleuchtend mag auf den ersten Blick die Konkordanz von Liebe und Wille sein. Populäres Denken möchte die Liebesleidenschaft ganz von Willenselementen freihalten: Gefühl soll darin ›alles‹ sein. Dies aber gilt – wenn überhaupt – nur für gewisse Formen der Verliebtheit, für Strohfeuer, gemischt aus unklaren Gefühlen und bedrängenden Triebwünschen. Der Liebende ist ja kontinuierlich auf die Geliebte bezogen: da er auf Dauer ausgerichtet ist, kann er Willenskraft nicht entbehren. Auch hat die reale Liebe stets mit dem ›Widerstand der stumpfen Welt‹ zu kämpfen; wie will sie den bezwingen, wenn sie nicht willentlich gegen Hemmnisse aller Art zu arbeiten bereit ist?
Rollo May sagt in seinem Buch *›Der verdrängte Eros‹* (Hamburg 1970, S. 252) zu diesem Thema:

Beide, Liebe und Wille, sind Formen der Erfahrung, die auf eine Bindung gerichtet sind. Beide kennzeichnen einen Menschen, der sich einem anderen zuneigt, sich zu ihm hinbewegt, danach trachtet, in ihm ein Gefühl zu erzeugen, und sich öffnet, damit auch der andere in ihm ein Gefühl erwecken kann. Beide, Liebe und Wille, sind Weisen des Gestaltens, des Formens, des Sich-Beziehens auf die Welt und der Bemühung, auf dem Weg über Menschen, nach deren Interesse oder Liebe wir trachten, eine Antwort von der Welt zu bekommen. Liebe und Wille sind zwischenmenschliche Erfahrungen, aus denen die

Macht erwächst, andere Menschen zu beeinflussen und durch sie beeinflußt zu werden.[4]

Sieht man die Zugehörigkeit von Gefühl, Wille und Erkennen zum Liebesphänomen, werden auch andere Aspekte dieser Erlebnissphäre begreiflich. So hebt Ortega y Gasset in seinen ›*Meditationen über die Liebe*‹ unter anderem hervor, daß die Liebe vor allem ein *Phänomen der Aufmerksamkeit* sei: wenn wir lieben, ist unsere Aufmerksamkeit in hohem Maße von der geliebten Person in Anspruch genommen. Man empfindet eine kontinuierliche Hinwendung zu ihr. Der Phänomenologe Alexander Pfänder sprach davon, daß das Sein des Liebenden gleichsam ständig »ausfließt in Richtung auf den Geliebten«. Ortega bezeichnet die Liebe als Gefühlsakt, an welchem in erster Linie »eine warme, jasagende Teilnahme an einem anderen Sein um seiner selbst willen« festgestellt werden kann. Gedanken und Gefühle zielen im positiven Sinne auf das Geliebte: sogar der Körper richtet sich ständig darauf aus.
Ein hübsches Beispiel hierfür gibt Theodor Fontane in seinem Roman ›*L'Adultera*‹. Er schildert eine Ehe, in der die Frau infolge der Plumpheit des Mannes unbefriedigt dahinlebt. Nun wird ein junger Mann als Gast des Hauses aufgenommen, in welchen sich Melanie zu verlieben beginnt. Eines der ersten unmerklichen Zeichen der Verliebtheit hat Fontane zart angedeutet. Sowohl der Gatte als auch der spätere Geliebte besuchen Melanie draußen im Freien:

Und nun wurde man ihrer ansichtig, und Melanie sprang auf und warf ihrem Gatten, wie zur Begrüßung, einen der großen Bälle zu. Aber sie hatte nicht richtig gezielt, der Ball ging seitwärts, und Rubehn fing ihn auf. Im nächsten Augenblick begrüßte man sich, und die junge Frau sagte: »Sie sind sehr geschickt. Sie wissen den Ball im Fluge zu fassen.«
»Ich wollt', es wäre das Glück.«
»Vielleicht ist es das Glück.«[5]

Mit diesen Worten verständigen sich die zum Ehebruch bereits geneigte Melanie und der junge Rubehn in einer Sprache, die aus dem Unbewußten kommt und das Unbewußte des Lesers anzusprechen vermag. So deutet sich der erste Anflug von Liebe im Werfen und Fangen eines Balles an. Thomas Mann hat in seinem ›*Zauberberg*‹ ein ähnliches Aperçu eingefügt. Der Romanheld Hans Castorp erbittet im entscheidenden Moment von seiner späteren Geliebten Madame Chauchat einen Blei-

stift: man muß in diesem Stift nicht unbedingt ein ›Penissymbol‹ sehen, aber er ist immerhin eine *Gabe*, die auf die spätere *Hingabe* verweist.
Hier wird noch eine weitere psychische Funktion deutlich, die zum Lieben gehört: die Einbildungskraft oder die Phantasie. Wer liebt, bereichert die ›faktische Welt‹ durch symbolische Beziehungen. Sie wird für ihn schöner, heller und weiträumiger, als dies im lieblosen Zustand der Fall ist. Vielleicht entsteht ›Welt‹ überhaupt erst durch ›Liebenkönnen‹, und wo die Liebe versiegt, befindet sich das betroffene Individuum in einem ›weltlosen Zustand‹, den wir in der Sprache der Psychopathologie ›Autismus‹ nennen. Ludwig Binswanger hat in seinem Buch *›Grundformen und Erkenntnis menschlichen Daseins‹* (5. Aufl., München 1973) eindrückliche Äußerungen von Dichtern zusammengestellt, in denen die ›weltschaffende Kraft‹ der liebenden Imagination vortrefflich dokumentiert wird. So gibt er u. a. aus den Sonetten der Elisabeth Barett-Browning den Vers wieder:

Die Namen: Heimat, Himmel schwanden fern, nur wo du bist, entsteht ein Ort.[6]

Nach Binswangers Meinung schafft die Liebe erst für den Liebenden Raum, Zeit und Welt: wo diese Zuwendung zum Du und zur Mitmenschlichkeit erlischt, zerfallen Räumlichkeit, Zeitlichkeit und In-der-Welt-Sein. Wir haben es dann mit einem phantasielosen Leben zu tun, das extreme Formen der Verkümmerung aufweist.

Charakterologie der Liebe

Man ist geneigt, die Liebe zwischen Mann und Frau als das ›eigentliche Liebesphänomen‹ aufzufassen. Dagegen ist nichts einzuwenden, aber man darf doch nicht vergessen, daß es daneben noch weitere Formen der Liebe gibt, die man aus einer Gesamtdarstellung der Liebesfähigkeit nicht ausklammern darf. So spricht man auch etwa von Nächstenliebe, Mutterliebe, Elternliebe, Kindesliebe, Selbstliebe, Liebe zur Menschheit, Gottesliebe usw.
Liebe ist nicht nur ein kurzfristiges Zusammenspiel von Denken, Fühlen, Wollen, Aufmerksamkeit und Einbildungskraft:

sie ist eine *kontinuierliche Wesensbeschaffenheit,* ein psychisches Gebilde, zusammengesetzt aus Haltungen, Einstellungen und Dauermotivationen. Wer liebesfähige Menschen studiert, wird mit der Zeit die ›Struktur‹ ihrer Wesens- und Charaktereigenschaften erkennen. Der liebesfähige und der liebesunfähige Mensch unterscheiden sich in tiefgreifenden Charaktermerkmalen, d.h. in fundamentalen Beschaffenheiten ihrer Persönlichkeit.

Struktur, psychologisch gesehen, heißt, daß im Seelenleben alle Teile unter sich und auch Teile und Ganzes aufeinander zu beziehen sind. Die Partikeln einer Struktur sind vom selben Motiv, Stil oder Ganzheitsprinzip ›durchflossen‹. Bei der Struktur ›Liebesfähigkeit‹ ergibt die geduldige Beobachtung eine Fülle von Charaktereigentümlichkeiten, die einander wechselseitig fundieren:

Wohlwollen, Offenheit, Freude und Befriedigung in der Arbeit, Geduld, Lebensmut, Selbstachtung, Anteilnahme an anderen Menschen (Sozialinteresse), Aufgeschlossenheit, relative Angstfreiheit, Kommunikationsbereitschaft, affektive und emotionale Stabilität, Zuversicht, ein harmonisches Verhältnis zum eigenen Körper, Kontaktfreude, Solidarität, ansprechende Umgangsformen, ›Lebensglaube‹, Hoffnung usw.

Bei den ›Liebesunfähigen‹ jedoch fallen folgende Eigenschaftskomplexe auf:

Angst, Mißtrauen, Herrschsucht, gesteigerte Minderwertigkeitsgefühle, Negativismus, Verschlossenheit, Egozentrizität, Geiz, Neid, Eifersucht, Haß, Trauer, gestörte Körperbeziehung, Unsicherheit, geringe Toleranz und schwaches Einfühlungsvermögen, mangelnde Umgänglichkeit, starke Affektbereitschaft (z.B. Wutausbrüche), Launen, emotionale Kälte, Distanziertheit.

Daran ist zu erkennen, daß Liebe nicht nur davon abhängt, ob der oder die ›Richtige‹ gefunden werden: sind die charakterlichen Dispositionen nicht entwickelt und entfaltet worden, dann wird eine Liebesbeziehung nicht gelingen, auch dann nicht, wenn der Zufall dem sehnsüchtig Harrenden oder Suchenden ›einen Engel‹ ins Haus führt.

Die tiefenpsychologische Forschung hat sich sehr gründlich mit der Entstehung von Charakterzügen auf Grund spezifischer Kindheits- und Erziehungsbedingungen befaßt. Ihre Erkenntnisse sollten uns eine große und wichtige Hilfe im Verständnis liebesfähiger und liebesunfähiger Menschen sein. Der Charakter wird hierbei interpretiert als ›Reaktionsbildung des Kindes‹ auf seine biologische, familiäre, psychische, soziale und kulturelle Situation.

Charakterbildung erfordert im Sinne der Psychoanalyse ein Absolvieren verschiedener Reifungsphasen, die als ›Phasen der Libidoentwicklung‹ charakterisiert werden. Orale, anale und phallische Stufe der Libido-Organisation sind gewissermaßen auch verschiedene Stufen des Welterlebens, der Liebesfähigkeit und des Differenziertheitsgrades der Person. Wird ein Kind durch Lebensangst, ungutes Milieu, Frustrationen aller Art usw. auf ›prägenitale Stadien‹ der Libido fixiert, dann kommt es zu verminderter Realitätszuwendung, gestörter sozialer Verbundenheit und verringerter menschlicher Reife. Reifsein, Arbeits-, Liebes- und Kulturfähigkeit eignen im wesentlichen nur der *genitalen Stufe* der Libidoentfaltung, die durch günstige Erledigung des ›Ödipuskomplexes‹ gekennzeichnet ist. Menschen mit dieser vollgültigen Entwicklung wagen es, durch Identifikation mit ihren Eltern aus der Kindheit herauszustreben und ›erwachsen zu werden‹. Als schönstes Resultat ihrer ›desexualisierten Familienbeziehungen‹ stellt sich dann eine weitläufige Kontakt- und Beziehungsfähigkeit ein, die der Liebe und der Kulturarbeit zugute kommt. Wer in der Kindheit und Jugend lieben lernt, hat auch wahrhaft leben gelernt.

Alle psychopathologischen Entwicklungen zeigen Individuen mit *infantilen Charakterstrukturen,* die man – mit einiger Phantasie – als oral, anal und phallisch einordnen kann. Dies ist ein Schlüssel zum Verständnis von Neurosen, Perversionen, Psychosen, Verwahrlosung, Süchtigkeit und Delinquenz.

Man muß immer auf die Erziehung zurückverweisen, wenn man die Störungen der Liebesfähigkeit begreiflich machen will. Wer etwa unter dem Einfluß von *verwöhnender Erziehung* heranwuchs, wird Liebe zumeist als ›Verwöhnt-Werden-Wollen‹ mißverstehen. Er mißt dann seinen Partner daran, ob dieser ihn so verhätschelt, wie dies etwa die Mutter getan hat. Regungen von Eigenständigkeit und auch persönliche Ansprüche werden beim Liebespartner als ›Egoismus‹ gedeutet, indes man sich selbst Anspruchshaltungen und zügellose Selbstherrlichkeit sehr tolerant durchgehen läßt.

Auch *lieblos erzogene Menschen* können sich nur schwer in die Realität einer Liebesbeziehung finden. Da sie in kalter und herzloser Atmosphäre aufwachsen, sind sie mißtrauisch, überempfindlich, übelnehmend, reizbar und latent oder manifest aggressiv. Sie projizieren das Unglück ihrer Vergangenheit in ihre Gegenwart hinein, die auch bei günstigen Bedingungen mit der Zeit via Wahrnehmungsverfälschung verdüstert werden kann. Endlich kommt es dann zu einer ›selbsterfüllenden Prophezeiung‹: wer beim Partner immer Lieblosigkeit vermutet, benimmt sich so unfreundlich, daß dieser sich zuletzt tatsächlich lieblos verhält. Nun ist der gefürchtete Zustand wirklich eingetreten, und der Betroffene weiß nicht, daß er an dieser Entwicklung maßgeblich beteiligt ist. Schon antike Schriftsteller sagten: Der Charakter des Menschen ist sein Schicksal!

Wer als Kind nicht ausreichend zur Liebe erzogen wurde, muß dies durch Selbsterziehung oder durch psychotherapeutische Nacherziehung korrigieren. Er wird hierbei womöglich harte Arbeit leisten müssen, die sich aber gewiß auch lohnt.

Erich Fromm hat in seinem bereits erwähnten Buch ›*Die Kunst des Liebens*‹ (Berlin 1956) die Auffassung vertreten, daß Liebe für niemanden ein ›Geschenk des Himmels‹ sei, sondern stets eine aktive Leistung des Menschen darstellt und erfordert. Liebe ist eine ›Antwort auf die Fragen des Lebens‹, und zwar eine sehr gute Antwort. Das Individuum nimmt hierbei mit der ganzen Kraft seiner Persönlichkeit Stellung zum Problem des Isoliertseins, der triebhaften und seelischen Bedürfnisse und findet eine Lösung, die das Einssein mit einem Du, aber auch die Verbindung mit allen anderen Menschen ermöglicht, ohne die eigene Individualität preiszugeben. Liebe ist also Treue zu sich selbst und gleichwohl auch größtmögliche Hingabe:

> In der Liebe ereignet sich das Paradox, daß zwei Wesen eins werden und doch zwei bleiben.[7]

Der Gesichtspunkt, daß Liebe eine Aktivität und vorzüglich auch ein Geben und Nehmen ist, verdient genauere Beachtung. Der wahrhaft Liebende gibt nach Fromm nicht allein – ja nicht einmal übertrieben – materielle Dinge, sondern

> von seiner Freude, von seinem Interesse, von seinem Verständnis, von seinem Wissen, von seinem Humor und von seiner Traurigkeit – kurz, von allem, was in ihm lebendig ist. Und dadurch, daß er von seinem Leben gibt, bereichert er den anderen, steigert das Lebensgefühl des anderen in der Steigerung des eigenen Lebensgefühls.[8]

Meistens ergibt sich aus echter Hingabe beim Empfangenden eine Gebefreudigkeit, die auf den primär Gebenden zurückwirkt. So stimuliert eine Lebendigkeit die andere; ein Gefühl erweckt das Gegengefühl, wobei man kaum ermitteln kann, wann dieser Prozeß einsetzt und wann er fortgesetzt wird.
Fromm beobachtet in der Liebe die vier (charakterlichen) Grundtendenzen Fürsorge, Verantwortlichkeit, Respekt und Wissen. Er weist darauf hin, daß Leidenschaft allein nur ›bodenlos‹ ist, es sei denn, sie ist in den genannten Merkmalen seelischer Reife verankert. Die Charakterstruktur, die allein Liebesfähigkeit im eigentlichen Sinne des Wortes bedeutet, nennt er den *genital-produktiven Charakter.*
Das ist aber auch genau der Charaktertyp, den Alfred Adler als den Menschen mit entfaltetem Sozialinteresse, d.h. mit *echter mitmenschlicher Verbundenheit* beschrieben hat. Zwar liege in jedem Menschen eine Disposition zum Gemeinschaftsgefühl und zu sozialer Ansprechbarkeit. Diese Disposition muß aber durch zahllose Lernprozesse im sozialen und kulturellen Bereich gefestigt und vertieft werden. Lieben können nur jene, die frühzeitig gelernt haben mitzudenken, mitzufühlen, kooperativ zu handeln und solidarisch zu leben.
Nach dieser Auffassung wird Liebe bereits im Kindesalter geübt. Das zeigt sich – bei guter Pflege, emotionaler Betreuung und ermutigendem Umgang – im Lebensmut des Kindes, in seinem Wachsen- und Werdenwollen. Kinder, die gut essen und schlafen, sich für ihre Umwelt interessieren, leicht sprechen lernen und ihre Eltern nachzuahmen versuchen, haben die ersten Ansätze zum Sozialempfinden erworben. In dieser Richtung liegen auch Spielen- und Lernenkönnen, gute Manieren, Offenheit, Eifer und Aufmerksamkeit für die kleinen Pflichten und Beitragsleistungen, die es schon in der Kindheit gibt und auch geben soll. Andererseits stellen wir ein ernstes Defizit im ›Liebespensum‹ bei jenen Kindern fest, die soziale und psychische Ausfallserscheinungen dokumentieren: Stottern, Bettnässen, Daumenlutschen, nächtliche Angst, Lügen, Stehlen, Faulheit, Nägelbeißen, Absonderungstendenzen, Aggressionen usw.
Das wohlerzogene Kind, das nicht mit dem Musterkind und dem Produkt einer Dressur verwechselt werden darf, lernt frühzeitig, im großen Spiel des Lebens mitzuspielen. Daher wird es meistens auch in der Schule erfolgreich sein, Freund-

schaften mit dem eigenen und dem anderen Geschlecht beginnen, einen ihm angemessenen Beruf ergreifen und auch sonst die Erfordernisse des sozialen Lebens im Auge behalten. Aus der gut geförderten Kooperationsfähigkeit (social skill bei H. S. Sullivan) erwächst später die Kraft und die Fähigkeit zum Lieben.

Damit sollte klargeworden sein, daß Liebe eine *soziale Aufgabe* ist. Hat man diese ergriffen, dann kann man nicht bei einem Du allein haltmachen, sondern wird auch die übrige Menschheit, Tiere, Pflanzen und die Dingwelt im Maße seiner Einfühlungsgabe einzubeziehen versuchen. Man kennt großherzige und geniale Charaktere, die ihr ›Herz‹ für die gesamte Natur und Menschenwelt zu öffnen vermochten. Man kann hier von *Genies der Liebe oder der Menschlichkeit* reden.

Zerrformen der Liebe

An unseren obigen Darlegungen kann mit einiger Überzeugungskraft der Unterschied zwischen wahrer und falscher Liebe demonstriert werden. Bekanntlich gibt es in diesem Bereich viel mehr Surrogate und Falsifikate als echtes Gefühl: es ist nur für die meisten Menschen sehr schwer, Echtheit und Unechtheit voneinander zu trennen.

So wird allgemein angenommen, daß Mütter ihre Kinder lieben. Gewiß wird dies sehr oft der Fall sein, aber so manche *Mutterliebe* läßt uns nachdenklich werden. Wie sollen wir es einschätzen, wenn eine Mutter z.B. ihr Kind daran hindert, expansiv zu werden, andere Menschen kennenzulernen und zu mögen? Die Betreffende wird sagen, daß sie ihr Kind an sich halte, weil sie es so sehr liebe (oder andere Rationalisierungen verwenden). Eine genauere Beobachtung zeigt jedoch, daß die Mutter einen allzu engen Kontakt mit ihrem Kind aufbaut, weil sie unter Lebensangst leidet und besitzergreifend ist. Sie kettet ›aus Anklammerungstendenz‹ ihr Kind an sich und will es nicht loslassen. So stört sie dessen Entwicklungsfähigkeit und drosselt das Werden seiner Person. Das aber ist das Gegenteil von Liebe, respektive eine armselige Zerrform.

Eifersüchtige Menschen behaupten von sich, daß sie ihren Partner über alle Maßen lieben. Nur darum kontrollieren sie seine Bewegungen, seine Mimik und Gestik wie sein gesamtes Verhalten. Sie fordern Rechenschaft für eine verspätete Heimkehr, machen Szenen, weinen und klagen an, fordern und stellen Bedingungen, die in offenen oder geheimen Terror ausarten. Der Partner des Eifersüchtigen fühlt sich als Opfer von Launen, Herrschsucht, irrationaler Angst und permanentem Mißtrauen. Besonders der letztgenannte Charakterzug ist beim Eifersüchtigen dominant; gelegentlich trägt er Züge von Paranoia. So zeigt sich, daß der Eifersüchtige gar nicht an die Liebe glaubt. Er kann besser streiten als lieben, und damit macht er sich selbst und sein Gegenüber unglücklich. Was sich hier Liebe nennt, ist ein verzweifeltes Bemühen um Nähe und Zuwendung, an die man – als ›Liebespessimist‹ – ohnehin nicht glauben kann. Daher der Kontrollzwang, der von der eigenen Liebesunfähigkeit ablenken soll.

Ebenfalls liebesunfähig ist derjenige, der eine Partnerschaft zu erzwingen sucht, indem er fortwährend droht, sich das Leben zu nehmen, wenn man ihn abweist. Das naive Gemüt des umworbenen Partners geht auf diese Repressalie womöglich ein. Doch sind diese ›leidenschaftlichen Liebhaber‹ meist unerträgliche Lebensgefährten; sie entpuppen sich als herrschsüchtig, nachtragend, lieblos, überempfindlich und ichhaft. Das kann nicht überraschen, denn schon bei ihrer Liebeswerbung haben sie eine Art von Gewalt ausgeübt. *Liebe ohne Freigabe des Du,* selbst wenn dessen Entscheid gegen den Liebenden ausfällt, zeigt nur Machtwille und Hoffnungslosigkeit. Der Hoffnungsvolle nämlich ist nicht darauf angewiesen, nur diesen einen Partner zu gewinnen.

Wenn junge Menschen einen bestimmten Partner wählen, stoßen sie dabei nicht selten auf hartnäckige Opposition ihrer Eltern, die eventuell sogar diese oder jene ›Mißheirat‹ verbieten wollen. Es ist im Einzelfall zu überprüfen, welche Argumente die Eltern gegen eine bestimmte Partnerwahl vorbringen: sie sind nicht immer im Unrecht, wenn sie ihre Vorsicht und ihre Lebenserfahrung in die Waagschale werfen. Mitunter ist aber offenkundig, daß Vorurteil, Standesdünkel und besitzergreifende Haltung gegenüber dem Kind der Ursprung jener unerquicklichen Streitigkeiten sind, in denen einem jungen Menschen seine ›Wahl‹ ausgeredet und eine ›Vernunftwahl‹ aufgezwungen werden soll.

Im übrigen ist aber die Liebeswahl der Menschen, auch wenn niemand interveniert, problematisch genug. Sie ist oft motiviert von Einsamkeit, sexueller Not, oberflächlicher Charaktereinschätzung und tausend anderen fragwürdigen Faktoren. Auch die *eigene Charakterpathologie* kann einem schlimme Streiche spielen. So jubelt etwa ein Masochist, wenn er – nach langem, frustrierenden Herumsuchen – endlich seine Sadistin gefunden hat (und umgekehrt). Alle Gefühle und Affekte sind aufgewühlt, weil man endlich ein Du hat, das scheinbar die ›richtige Wesensergänzung‹ bietet. In einem solchen Fall kann sich aber das Zusammensein und Zusammenleben als sehr schwierig erweisen, weil pathologische Charaktere zu einer schönen und gleichmäßigen Beziehung nicht taugen. Es ergibt sich ein sadomasochistisches ›Tauziehen‹, wobei beide Seelen am Ende eines dünnen Seils zu hängen scheinen, und die Beteiligten ihre ›Freude‹ daran haben, am Gemüt des anderen zu zupfen und zu reißen, bis dieser wirklich oder beinahe seelisch zusammenbricht. Man versucht, das sich gegenseitig zugefügte Leid mit kurzfristigen Versöhnungen zu übertünchen, aber die Dissonanzen sind stärker als die Konsonanz.

Auch Casanova und Don Juan (sowie deren weibliche Gegenstücke) sind Falschspieler in der Liebe. Ihnen geht es lediglich darum, einen anderen Menschen zu erobern, um das eigene labile Selbstwertgefühl zu stützen. Von Gefühlsaustausch und Liebe, von Dauer und gegenseitiger Förderung, von Zuneigung und sich entfaltender Achtung kann dabei sicher nicht die Rede sein. Beide Charaktertypen sind eminent patriarchalische Erscheinungen, d.h. Figuren im *Kampf der Geschlechter,* der durch eine sinnenfeindliche Moral und durch die Geringschätzung des weiblichen Geschlechts in der männlichen Kultur etabliert wurde.

Zuletzt noch ein Wort zum Thema ›Liebe und Politik‹. Politiker behaupten oft von sich, daß sie von Vaterlandsliebe oder gar Menschenliebe beseelt seien und nur das Wohl der Gesamtheit im Auge haben. Da sie meist gute und geübte Redner sind, machen sie dieses Motiv in allen Varianten ihren Zuhörern glaubhaft. So bekommen sie die notwendige Stimmenmehrheit und damit die Insignien der Macht. Wie oft die dann mißbraucht wird, muß den Zeitgenossen unseres Jahrhunderts kaum noch gesagt werden. Eduard Spranger scheint nicht unrecht zu haben, wenn er in seinem Buch *›Lebensformen‹* das Politische wesensmäßig als ›Machtwille‹ definiert und eindeutig von Liebe, Wahrheit, Gemeinnutzen und Schönheit abhebt.

Man möge sich daran erinnern, wie geschickt Hitler seine Liebe zum Volk (und zur ›Rasse‹) zu beteuern verstand! Schon bei seinem Putsch im Jahre 1923 betonte er vor Gericht, daß die übergroße Vaterlandsliebe der Ursprung seiner Revolte sei: die konservativen Richter glaubten ihm seine Slogans und verurteilten ihn zu einer milden Kerkerstrafe, die er unter sehr erträglichen Bedingungen absitzen durfte. Auch später wurde die Liebe des Führers zu seinen Volksgenossen (und auch zu Kindern!) in der NS-Propaganda ›plausibel‹ gemacht. Zur Zeit der Machtausweitung des Dritten Reiches werden viele Deutsche diese Lüge geglaubt haben. Sie sahen nicht, daß der dominierende Charakterzug des Demagogen Haß war und daß er – der seine eigene Inferiorität gut verdrängte – Opfer von Eitelkeit, wahnsinnigem Ehrgeiz, von Vorurteilen und Fanatismus war, alles Wesenszüge, die mit Liebe absolut unvereinbar sind. Hat der schlaue und halbverrückte Diktator überhaupt *einen* Menschen – geschweige denn sein Volk – geliebt? Spätestens nach Stalingrad war zu erkennen, daß der Krieg nicht mehr zu gewinnen war. Gleichwohl wurde er weitergeführt und kostete Millionen Menschen das Leben. Jeder Monat, den der Krieg früher beendet worden wäre, hätte unzählige Menschen gerettet. Aber den Führer, seine Generale und leitenden Beamten interessierte das nicht – ihnen waren die vollkommen gleichgültig, die sie doch angeblich so sehr liebten.

Hätte man mehr *politische Menschenkenntnis* gehabt, hätte man auch gewußt, daß ein Hassender, ein Gewaltanbeter und Verkünder von blutrünstigen Vorurteilen immer ein ›Zerstörer‹ und kein Liebender ist. Liebe ist gütig, zart, tolerant: das Geschick der Völker sollte in die Hand von Liebenden und Großherzigen gelegt werden.

Liebe, Selbstliebe und Leiblichkeit

Die Ursache der erörterten ›Zerrformen des Liebens‹ liegt nicht nur in der Unfähigkeit, ein ›Objekt‹ in seiner Freiheit und Unabhängigkeit zu bejahen, sondern auch in *mangelnder Selbstliebe*, die bei der dominanten Mutter, beim Eifersüchtigen, bei Sadomasochisten aller Spielarten und auch bei Diktatoren gewissermaßen mit den Händen zu greifen ist. Die Tiefenpsychologie postuliert, daß Selbstliebe und Fremdliebe immer parallel laufen; auch Selbsthaß und Fremdhaß (in Form von Herrschsucht, Intoleranz usw.) sind ›siamesische Zwillinge‹, die man nicht voneinander trennen kann. Menschen lernen daher Liebesfähigkeit unter Umständen, wenn man sie lehrt, sich selbst zu akzeptieren – wer sich selbst verneint, wird nie echte Zuneigung zu anderen aufbringen können.

Man begreift vielleicht an diesem Punkt, warum zweitausend Jahre christlicher Predigt der Nächstenliebe so wenig *Liebespraxis* in der Welt hervorgerufen haben. Die christliche Religion veranlaßte die europäische Menschheit, ihre natürlichen Begierden zu negieren, das irdische Leben abzuwerten und die eigene Individualität mit Mißtrauen und Angst zu beobachten. Vor allem die Askese und die moralische Selbstvergewaltigung schufen konstant mißmutige Menschen, die aggressiv gegen sich und andere waren. Sexualtabus und zwanghafte Tugendlehre haben die Menschen nicht verbessert, wohl aber entschieden »bösartiger gemacht«. Die Folgen für Kultur und Zivilisation waren verheerend.

Man kann es nicht oft genug wiederholen: Selbstliebe und Selbstbejahung müssen sich auf alle Gegebenheiten unseres Seins erstrecken, ansonsten wird man vergeblich nach der Liebe des Menschen zum Menschen rufen. Wer zum Beispiel seine Sexualität unterdrücken will, wird bei dieser nahezu unlösbaren Aufgabe immer wieder Niederlagen erleiden, die ihn frustrieren und seinen Selbsthaß hervorbrechen lassen. Wer nicht seine körperliche Erscheinung, seine Mängel und Untugenden zunächst einmal ›liebevoll akzeptiert‹, wird schon aus Unzufriedenheit mit sich ein relativ schwieriger Partner und Mitmensch sein. Minderwertigkeitsgefühle (und das daraus resultierende Geltungsstreben) trennen stets die Liebenden voneinander. Ein mit sich selbst ›harmonisch lebender Charakter‹ (der deswegen sein Streben nach Weiterentwicklung nicht aufgeben muß oder soll) ist ein besserer Liebhaber als ein permanenter Selbstkritiker. Aristoteles sagt in seiner *›Nikomachischen Ethik‹*, daß jemand, der sich selbst liebt, gerne bei sich verweilt. Er flüchtet also nicht vor sich, und gerade das befähigt ihn, auch beim Du zu verweilen. Wer nicht bei und in sich selbst zu Hause ist, kann auch beim anderen keine Heimat finden.

Die Liebe zum Mitmenschen, zum eigenen Selbst, zum eigenen Leib und zur Welt als Ganzem ist offenbar ein einheitliches Phänomen, eine Totalität des Lebens und Erlebens.

Man kann irgendeinen dieser vier Faktoren herausgreifen, um das Lieben und Bejahen zu erlernen, es wird sich stets auf alles übrige gut auswirken, da ›alles mit allem‹ zusammenhängt.
Um dem jahrtausendealten Prinzip der Verdrängungsmoral entgegenzuarbeiten, wollen wir an dieser Stelle hauptsächlich die Bedeutung der *Leiblichkeit* im Rahmen des Liebesgeschehens würdigen. In früheren Jahrhunderten beschrieben Romane die Liebe meist als Vereinigung der Seelen, heute beschreiben viele Autoren sie als eilige Vereinigung von Körpern. Beiderlei ist einseitig und wird dem eigentlichen Liebesgeschehen nicht gerecht.
Welche Rolle spielt die Annäherung und das Verschmelzen der Leiber in der Liebe? Warum hat Sexualität einen so hohen Stellenwert beim Lieben? Was kann man aus dem Wesen der zärtlichen und der sexuellen Hingabe über die Liebeswirklichkeit erfahren?
Kant sagte in seiner schwerblütigen Art ein wenig abfällig: »Die Ehe ist ein Vertrag zum wechselseitigen und ausschließlichen Gebrauch der Geschlechtsorgane zwischen Mann und Weib.« Schopenhauer, der dem Unbewußten in allen Lebenssphären den höchsten Rang einräumen wollte, meinte, daß die Liebenden bei ihrer Wahl einander sorgfältig prüfend anschauen, weil ihr ›Wille‹ (und Unbewußtes) von der Frage bewegt werde, ob sie miteinander ein passendes Kind zeugen könnten. Beide Auffassungen sind wohl überholt. Bei genauerer Betrachtung steckt jedoch in beiden Thesen ein Kern, der eine ruhige Überlegung sehr wohl verdient.
Warum ist die Liebe bei den Menschen so außerordentlich ›beliebt‹? Weshalb nimmt sie im Leben aller einen so unvergleichlich großen Raum ein? Unserer Meinung nach liegt der Grund darin, daß sie dem selbstentfremdeten und überaus zerstreuten Menschen die einzigartige Chance bietet, sich zu sammeln und in seinen Leib zurückzukehren. Das ist vermutlich der wahre Sinn der Prüfung, die Liebende einander zumuten, wenn sie sich gegenseitig ›tief ins Auge schauen‹ und sich in mancher Hinsicht beurteilen. Die Frage, die ihnen – unverstanden und unbewußt – auf den Lippen liegt, ist nicht die nach dem Kind, sondern die andere: *Bist du der Mensch, der meine Selbstentfaltung unterstützen kann? Bist du in der Lage, meinen Leib und damit mein tieferes Selbst zum Erblühen zu*

bringen? Kannst du mich aus meiner inneren Einsamkeit erlösen?

Tatkräftige Solidarität im Zusammenleben, zärtliches Beisammensein mit Worten, Gesten und Liebkosungen, Umarmungen und schließlich auch der Koitus selbst sind Versuche einer ›vollständigen Vereinigung‹, aus welcher – wenn sie gelingt – das Ich der beiden Beteiligten heiterer, vitaler und jugendlicher zu sich selbst zurückkehren kann. Man hat nicht zu Unrecht den Orgasmus der Liebenden einen ›kleinen Tod‹ genannt, aus dem man durch Wiedergeburt verjüngt hervorgeht. Die Kommunikation der Leiber im Liebesakt ist eine wichtige Unterstützung der Kommunikation der Seelen im Alltagsleben. Die Verständigung im Seelischen erleichtert die Hingabe im Leiblichen, und umgekehrt. Daher soll man bei liebesgestörten Menschen die Sexualität in die Untersuchung einbeziehen; in ihr zeigt sich oft das psychische Gesamtproblem in eigenartiger Verdichtung.

Wo soll der Mensch wohnen, wenn nicht zuerst und vor allem im eigenen Leibe? Vom neuplatonischen Philosophen Plotin (3. Jh. nach Christus) berichtet einer seiner Biographen, er sei einer gewesen, »der sich schämte, im Leibe zu wohnen«. Das erinnert fatal an christliche Moral. Genau das Gegenteil ist erstrebenswert. Wer dem Menschen durch Scham, Ekel, Angst, Sündenbegriff und Schulddeklamation den Leib entfremdet, der schädigt ihn an der Wurzel seines Wesens.

Die Kantsche Formel heißt in unserem Sinne: »Die Liebe ist eine Beziehung zweier Menschen, die sich darauf einstellen, durch physische und psychische Annäherung bis zur oft wiederholten restlosen Einswerdung ein Gefühl für die eigene Kontinuität und Selbstwerdung zu bekommen.« In diesem Gedankengang ist die Überlegung mitenthalten, ob nicht die Bemühung um Treue und ›Lebenslänglichkeit‹ zum Begriff der Liebe gehört.

Glück in der Liebe heißt demnach, einen Menschen suchen und finden, der dazu bereit ist, uns die langwierige und mühsame Hilfeleistung zu geben, die wir brauchen, um in uns selbst, in unserem Leib und in unserer Welt zur Ruhe und zur Entwicklung zu kommen. Am ehesten gewinnen wir das Du zu einer solchen Bereitschaft, wenn auch wir ihm diese Hilfe durch Liebe und Geduld zuteil werden lassen. Wer das nicht kann, muß eventuell auf dem Wege oder Umwege der Psychotherapie die ›Kunst des Liebens‹ lernen. Er wird hierbei sich selbst entdecken, seinen Leib wahrnehmen und die Realität der Mitwelt erahnen, in die hinein sein *Personwerden* stattfinden muß.

Liebe und Psychotherapie

In der psychotherapeutischen Praxis muß man möglichst genau zu beurteilen wissen, wieviel Liebesfähigkeit ein Patient hat und wo seine diesbezüglichen Grenzen liegen. Diese Einschätzung ist eine große Kunst, die nur in jahrelanger gewissenhafter Ausübung des seelenärztlichen Berufs erlernt werden kann. Reife und Menschlichkeit des Therapeuten werden hier auf die Probe gestellt. Jedes Manko in seiner Charakterstruktur und seiner Berufskenntnis wirkt sich als Handikap der Diagnose und der Therapie aus.

Man mißt nämlich die Liebesfähigkeit eines Menschen gleichsam mit der eigenen Liebesfähigkeit (Sensibilität, Werterfahrung und Vernunft), wie man auch den Gefühlsreichtum eines Menschen nur mit dem eigenen Differenziertheitsgrad des Fühlens wahrnimmt. Man ersieht hieraus, wie wichtig die langwierige und sorgfältige Ausbildung des Psychotherapeuten ist. Dieser muß in seiner eigenen Charakter- und Lehranalyse die Engen und Einseitigkeiten seiner Persönlichkeitsstruktur ins Auge fassen lernen, damit er hernach lebenslänglich an ihnen arbeiten kann. Nur aus dem tiefen Wissen um die eigene Unzulänglichkeit kann man sich im Laufe der Zeit zu einem feinen ›Instrument der psychologischen Beurteilung‹ machen, das fast automatisch auf Vorzüge und Verkümmerungen des Gegenübers reagiert und ihm aus den Engpässen seiner Entwicklung heraushelfen kann. Nur an der Reife des Therapeuten wächst der Patient zum Selbstsein heran.

In der Psychotherapie wird bekanntlich die Lebensgeschichte des Patienten – durchleuchtet und bis in die frühe Kindheit aufgerollt – zum Indikator seiner Beziehungs- und Kontaktfähigkeit. Der Beziehungsunfähige hat einen anderen ›Lebenslauf‹ als derjenige, der an seinen Mitmenschen und an der Kultur interessiert ist. Hier ist Lebens- und Kulturerfahrung unentbehrlich, um *biographische Aspekte* auf das Ausmaß ihres ›Beziehungsgehalts‹ zu überprüfen.

Aber nicht nur lebensgeschichtliche Fakten belehren den Therapeuten über die Liebesfähigkeit seines Analysanden. Die wertvollste Belehrung empfängt er diesbezüglich im sogenannten *Übertragungsgeschehen.* Sowohl der Patient als auch der Seelenarzt reagieren stark gefühlsmäßig aufeinander, wobei Beziehungsmodelle aus der eigenen Vergangenheit die Wahrnehmung des Gegenübers enorm verfälschen können. Auch die Kooperation der beiden Charaktere verlangt im Therapieprozeß nach gegenseitiger Toleranz. Therapie ist nicht nur ein technisch-rationales Miteinanderreden, sondern ein existentielles Verhältnis, in dem die Dialogpartner sich entwickeln müssen, um den anderen begreifen zu können. Nur so kommt es zu jener *Zwiesprache von Existenz zu Existenz,* die heilend wirkt. Kann der Therapeut nicht liebend und verstehend in die Beziehung zum Patienten einsteigen, dann wird er ihm keine *aufwühlende und entwicklungsfördernde Erfahrung* vermitteln. Sehr leicht entartet die therapeutische Kommunikation in ein wirkungsloses Gerede.
Die Psychotherapie gerät unweigerlich in den Bereich der Ethik, da es sich in ihr nicht nur darum handelt, einem Menschen irgend etwas zu suggerieren, sondern ihm so viel Achtung, Respekt und Liebe entgegenzubringen, daß er den *Mut zum Selbstsein* bekommt. Durch die Maskierung neurotischer Fehlhaltungen hindurch muß der Therapeut die wahre Wesensstruktur und die Entfaltungsmöglichkeiten seines Analysanden erkennen; er muß auch dazu bereit sein, alles einzusetzen, was er an beruflichem und menschlichem Format besitzt, damit dieses Mögliche am Patienten ›wirklich‹ werden kann. Dazu bedarf er unter anderem des ›liebenden Blicks‹, den Nicolai Hartmann in seiner ›*Ethik*‹ (1926) als jene Beziehungsmodalität preist, in der wir nicht nur den Ist-Bestand eines Menschen einschätzen, sondern auch seine Werdensmöglichkeiten freilegen. Es heißt im Text des Philosophen:

Persönliche Liebe entdeckt in der empirischen Persönlichkeit die ideale. Wie sie im Hinstreben und Hinleiten auf das ideale Ethos des Geliebten dieses erst verwirklicht und in den Grenzen ihrer Kraft gleichsam erschafft, so muß sie eben dazu jenes sein Ethos erst erfaßt haben, und zwar erfaßt im Gegensatz zur gegebenen empirischen Person. Die Antizipation des Idealen geht, wie überall, der Realisation voraus. Das schöpferische Werk der Liebe folgt dem Erkennen in ihr nach. Alle Erfüllung und alles Hochgefühl der Erfüllung beruht schon auf der durchdringenden Erkenntniskraft des liebenden Blicks.[9]

Psychotherapie hat es immer mit Menschen zu tun, die in ihrem inneren und äußeren Werdegang nicht liebevoll gesehen und erkannt wurden. Daher irren diese Menschen im Leben umher; ihr Selbstbildnis ist falsch, wie auch ihr Fremdbildnis irreführend ist. Nun soll in der psychotherapeutischen Behandlung erstmals der Analysand erfahren, wer er wirklich ist und was er noch werden kann. Es ist schwer zu beschreiben, welche wohltuende und befreiende Wirkung davon ausgeht, daß man zumindest von *einem* Menschen *nicht verkannt* wird und daß uns *ein* Gegenüber trotz unserer Mängel und Unadäquatheiten *prinzipiell bejaht* und an unsere Wertrealisierung glaubt.
Die Frage ist nur, woher wir die nötige Anzahl von Psychotherapeuten nehmen sollen, die zu einer solchen ›tätigen Menschenliebe‹ wirklich fähig sind. Wo ein solches Lieben fehlt, bleibt auch das Verstehen aus. Das spürt der Patient und verschließt sich in wesentlichen Teilen seiner Persönlichkeit, die dann der Klärung und Entfaltung nicht zugänglich ist. Man kann jahrelang miteinander reden, Träume, Symptome, Fehlleistungen und angebliche oder reale Kindheitserlebnisse ›analysieren‹, ohne die geringste emotionale Erschütterung auszuüben. Ist aber der gefühlsmäßige (nach Ph. Lersch der ›endothyme‹) Grund der Person nicht aufgewühlt, dann kann auch keine Energie zur Wandlung und Wertsteigerung frei werden. Der Charakter eines Menschen ist ein sehr stabiles Gefüge, das – wenn die Kindheit vorbei ist – fast wie ein Panzer anmutet. Aus unserer Argumentation sollte deutlich geworden sein, daß Charakterveränderungen nur dann stattfinden, wenn im Selbstverstehen des Betreffenden, in seinem Werterleben, in seinem Lebensmut und in seiner grundlegenden ›Weltzuwendung‹ echte Wandlungen zustande kommen.

Vom Sinn des Liebens

Wir haben die Auffassung zurückgewiesen, daß Liebe irgendein Gefühl sei, das neben anderen Gefühlen ›aufgelistet‹ werden kann. Unserer Interpretation zufolge ist Liebe eine Gesamtbewegung der menschlichen Existenz, ja sogar das innerste Geschehen von deren Selbstschöpfung und Selbstverwirklichung. Das menschliche Sein ist nicht einfach eine Gegebenheit, sondern eine *Aufgabe*: es muß sich selbst aktiv schaffen, gestalten und in seinem Werte steigern. Nur so lebt es in einer reichen und mannigfaltigen Realität; letztere zerfällt, wenn die Kraft der Stellungnahme und Sinnsuche im Individuum erlahmt. Psychopathologische Zustände sind Persönlichkeitsdefizite, in denen zentral ein grundlegendes *Manko der Liebesfähigkeit* auffällt.

Andererseits scheint alles Große und Tüchtige am Menschen mit dem Liebenkönnen im Zusammenhang zu stehen. Die Liebesfähigen finden nicht nur ihr eigenes Glück, sondern beglücken auch andere, die in ihren Einflußbereich geraten. In den Künsten, Wissenschaften, Kulturleistungen, in der Lebenspraxis und im alltäglichen Zusammenleben sind es in erster Linie jene, die von überdurchschnittlicher Beziehungsfähigkeit erfüllt sind, welche den *Fortschritt* in die Welt bringen. Sie haben die Geduld und die Aneignungsbereitschaft, welche die Gaben der Tradition fruchtbar zu machen wissen, indem frühere menschheitliche Errungenschaften durch neue Formen des Lebens und Gestaltens ergänzt werden.

Max Scheler deutet in *›Wesen und Formen der Sympathie‹* die Liebe als eine »Bewegung vom niederen zum höheren Wert« hin. Es besteht eine Werthierarchie, die durch das Erkenntnisorgan des Gefühls wahrgenommen werden kann. Im Laufe der Kulturentwicklung treten nach und nach immer deutlicher die einzelnen Werte hervor, auf die wir unser Streben und Verhalten ausrichten können. Die Ethik aller Zeiten und Völker untersuchte den Stufenbau im Wertreich und hat Abhängigkeiten und Rangordnungen mit wechselhaftem Geschick bloßgelegt. Meinungsverschiedenheiten werden in diesem Bereich, in den Weltanschauungen und Ideologien mächtig hineinspielen, kaum zu vermeiden sein. Das europäische Denken der Neuzeit scheint dahin zu tendieren, daß es der Individualität oder Persönlichkeit des Menschen einen sehr hohen Rang im Wertreich zuschreibt.

Vielleicht ist Liebe jene Kraft, die uns das *Individuelle am Mitmenschen* fühlen und schätzen lehrt und auch uns selbst zum Personwerden ermutigt. Vielleicht ist sie der Impetus, der uns *alles Seiende* in seinem ›Eigenwert‹ erspüren läßt, so daß wir uns ihm ohne Machtwille und ›Verwendungsintention‹

nähern können. Ein anderes Wort für diese Existenzsituation wäre Achtung oder Freigabe oder Fürsorglichkeit. So könnte die Liebe etwa den Sinn haben, den Menschen nicht nur zum ›Hüter seines Bruders‹, sondern auch zum ›Hirten des Seins‹ (M. Heidegger) und zum ›Treuhänder des Kosmos‹ zu machen. Liebend vollendet der Mensch nicht allein sich selbst, sondern auch die Welt. Das meinte wohl auch Pascal, wenn er sagte: »Liebe und Vernunft sind ein und dasselbe« (›*Gespräch über die Leidenschaften der Liebe*‹).

Anmerkungen

Zur Theorie des Charakters

1 zit. n. Wechsler, David: *Die Messung der Intelligenz Erwachsener*, Stuttgart 1961
2 ebd., S. 13
3 Stern, William: *Allgemeine Psychologie*, Den Haag 1950, S. 88
4 Schiller, Friedrich von: *Wallensteins Tod.* Schillers Dramen, Stuttgart 1979
5 Rohracher, Hubert: *Kleine Charakterkunde*, Wien 1948, S. 141
6 Goethe, Johann W. von: *Gespräche mit Eckermann*, Frankfurt 1965
7 Spinoza, Baruch: *Die Ethik*, Stuttgart 1976

Ehrgeiz

1 Hehlmann, Wilhelm: *Wörterbuch der Psychologie*, Stuttgart 1968, S. 107
2 Goethe, Johann W. von: *Briefe*, Hamburger Ausgabe, München 1969
3 Nietzsche, Friedrich: *Die fröhliche Wissenschaft*, Frankfurt 1982
4 La Bruyère, Jean de: *Die Charaktere*, Stuttgart 1949, S. 44

Eitelkeit

1 La Rochefoucauld, François de: *Maximen*, Heidelberg 1979
2 zit. n. Oehler, Richard: *Nietzsche-Register*, Stuttgart 1978
3 Nietzsche, Friedrich: *Die fröhliche Wissenschaft*, Frankfurt 1982
4 zit. n. Eckermann, Johann P.: *Gespräche mit Goethe*, Frankfurt 1980
5 Molière, Jean-Baptiste P.: *Die gelehrten Frauen*, Stuttgart 1973
6 Molière, Jean-Baptiste P.: *Der eingebildete Kranke*, Frankfurt 1978

Geiz

1 zit. n. Allport, G. W.: *Persönlichkeit*, Meisenheim 1959, S. 59f.
2 La Bruyère, Jean de: *Die Charaktere*, Stuttgart 1949
3 Schopenhauer, Arthur: *Psychologische Bemerkungen*, in: *Parerga und Paralipomena*, Stuttgart 1977
4 Freud, Sigmund: GW Bd. 7, Frankfurt 1977, S. 204
5 Adler, Alfred: *Menschenkenntnis*, Frankfurt 1966, S. 199
6 Binswanger, Ludwig: *Ausgewählte Vorträge und Aufsätze*, Bern 1955, S. 169/70
7 Ebd., S. 171
8 Goethe, Johann W. von: *Faust I*, München 1980
9 Brown, Norman O.: *Die Zukunft im Zeichen des Eros*, Pfullingen 1962, S. 298

Neid

1 Nietzsche, Friedrich: *Menschliches, Allzumenschliches*, Frankfurt 1981
2 Nietzsche, Friedrich: *Also sprach Zarathustra*, Frankfurt 1975, S. 98
3 Plack, Arno: *Die Gesellschaft und das Böse*, Berlin 1979, S. 92
4 Nietzsche, Friedrich: *Morgenröte*, Frankfurt 1983
5 Hartmann, Nicolai: *Das Problem des geistigen Seins*, Berlin 1962, S. 125
6 Rattner, Josef: *Tiefenpsychologie und Ethik*, Berlin 1975, S. 185
7 Hartmann, Nicolai: *Das Problem des geistigen Seins*, Berlin 1962, S. 132
8 Nietzsche, Friedrich: *Morgenröte*, Frankfurt 1983
9 Nietzsche, Friedrich: *Also sprach Zarathustra*, Frankfurt 1975

Eifersucht

1 Freud, Sigmund: GW Bd. 13, Frankfurt 1976, S. 195
2 ebd., S. 197
3 ebd., S. 197
4 Adler, Alfred: *Menschenkenntnis*, Frankfurt 1966, S. 194
5 ebd., S. 195f.
6 Shakespeare, William: *Othello* in Engl. Dtsch. Studienausgabe, München 1976
7 ebd.
8 Rattner, Josef: *Der schwierige Mitmensch*, Frankfurt 1977, S. 122

Wut und Zorn

1 Seneca: *Über den Zorn*, Studienausgabe Bd. I, Darmstadt 1980
2 Freud, Sigmund: *»Bildende Kunst und Literatur«* in GW Bd. 10, Frankfurt 1969, S. 199
3 Horney, Karen: *Neurose und menschliches Wachstum*, München 1975, S. 224
4 Hemmings, F. W. J.: *Emile Zola*, Frankfurt 1981, S. 201
5 Horney, Karen: *Neurose und menschliches Wachstum*, München 1975, S. 237

Haß

1 Hehlmann, Wilhelm: *Wörterbuch der Psychologie*, Stuttgart 1968, S. 6
2 Freud, Sigmund, *Triebe und Triebschicksale*, in: GW Bd. 10, Frankfurt 1969
3 Freud, Sigmund: *Warum Krieg*, in: GW Bd. 16, Frankfurt 1981
4 Eibl-Eibesfeldt, I.: *Liebe und Haß – Zur Naturgeschichte elementarer Verhaltensweisen*, München 1970, S. 17
5 Spinoza, Baruch: *Ethik*, Stuttgart 1976
6 Scheler, Max: *Das Ressentiment im Aufbau der Moralen*, in: *Vom Umsturz der Werte*, GW Bd. 3, Bern 1955, S. 38
7 Nietzsche, Friedrich: *Jenseits von Gut und Böse. Zur Genealogie der Moral*, Stuttgart 1976
8 ebd.
9 Goethe, Johann W. von: *Zahme Xenien*, in: Werke, Hamburger Ausgabe, Bd. 1, München 1982
10 Schopenhauer, Arthur: *Parerga und Paralipomena*, in: GW Bd. 5, Wiesbaden 1962, S. 196

Angst

1 Tolstoi, Leo: *Die Kosaken und andere frühe Erzählungen*, München 1957
2 La Fontaine, Jean de: *Fabeln*, München 1978
3 Künkel, Fritz: *Das Wir*, Konstanz 1972, S. 56
4 Freud, Sigmund: Studienausgabe Bd. 6, Frankfurt 1980, S. 303
5 Freud, Sigmund: Studienausgabe Bd. I, Frankfurt 1978, S. 515
6 Riemann, Fritz, *Grundformen der Angst*, München o.J.
7 Horney, Karen: *Unsere inneren Konflikte. Neurosen in unserer Zeit*, München o.J., S. 51
8 Adler, Alfred: *Über den nervösen Charakter*, Frankfurt 1980, S. 49

9 Adler, Alfred: *Menschenkenntnis*, Frankfurt 1974, S. 208
10 Adler, Alfred: *Wozu leben wir?* Frankfurt 1979, S. 50
11 Adler, Alfred: ebd.
12 ebd.
13 Hegel, Georg W. F.: *Philosophie der Geschichte*, Hamburg 1966
14 Goethe, Johann W. von: *Dichtung und Wahrheit*, Frankfurt 1979, S. 337
15 Nietzsche, Friedrich: *Jenseits von Gut und Böse. Zur Genealogie der Moral*, Stuttgart 1976
16 Freud, Sigmund: Studienausgabe Bd. I, Frankfurt 1978, S. 516
17 Adler, Alfred: *Lebenskenntnis*, Frankfurt 1978, S. 14
18 Goethe, Johann W. von: *West-östlicher Divan*, in: Werke Bd. I, Frankfurt 1979, S. 248f.

Melancholie, Schwermut, Traurigkeit

1 Goethe, Johann W. von: Werke, Hamburger Ausgabe, München 1982

Schüchternheit

1 zit. n. La Bruyère, Jean de: *Die Charaktere*, Wiesbaden 1979, S. 84
2 Aristoteles: *Die Nikomachische Ethik*, Zürich 1951, S. 150
3 Nietzsche, Friedrich: *Morgenröte*, München o.J., S. 190f.
4 zit. n. Stendhal, Marie H. B.: *Rot und Schwarz*, München 1980, S. 302
5 Tolstoi, Leo: *Kindheit – Knabenjahre – Jünglingsalter*, Baden-Baden 1979, S. 69
6 Neruda, Pablo: *Ich bekenne, ich habe gelebt*, Darmstadt und Neuwied 1980, S. 36f.
7 Freud, Sigmund: GW Bd. 11, Frankfurt 1979, S. 386
8 ebd., S. 389
9 Jacobi, Jolande: *Die Psychologie von C. G. Jung*, Frankfurt 1978, S. 28
10 Jung, C. G.: GW Bd. 6, Zürich/Stuttgart 1960, S. 412
11 ebd., S. 413
12 Adler, Alfred: *Menschenkenntnis*, Frankfurt 1970, S. 211
13 Wexberg, Erwin: Individualpsychologie, Stuttgart 1974, S. 321
14 Rückert, Friedrich: *Am Abend zu lesen*, Freiburg 1978
15 Alfred Adler, zit. in: Rattner, Josef: *Neue Psychoanalyse und intensive Psychotherapie*, Frankfurt 1974, S. 124

Bequemlichkeit und Riesenerwartungen

1 Heiss, Robert: *Die Lehre vom Charakter,* Berlin 1949, S. 35
2 Rattner, Josef: *Der schwierige Mitmensch,* Frankfurt 1981, S. 24
3 Kretschmer, Ernst: *Körperbau und Charakter,* Berlin 1961, S. 233
4 Nietzsche, Friedrich: GW Bd. 2, München 1964, S. 144
5 Freud, Sigmund: GW Bd. 8, Frankfurt 1978, S. 138
6 Freud, Sigmund: Studienausgabe Bd. 9, Frankfurt 1974, S. 85
7 Sigmund Freud, zit. n. Rattner, Josef: *Pioniere der Tiefenpsychologie,* Wien 1979, S. 18
8 zit. n. Ansbacher, Heinz L. und Rowena, R.: *Alfred Adlers Individualpsychologie,* München 1976, S. 167
9 Rattner, Josef: *Alfred Adler,* Reinbek 1972, S. 99
10 Adler, Alfred: *Der Sinn des Lebens,* Frankfurt 1974, S. 98/99
11 Künkel, Fritz: *Einführung in die Charakterkunde,* Leipzig 1944, S. 11
12 ebd., S. 45
13 Krüger, Wolfgang: *Harald Schultz-Hencke,* in: *Pioniere der Tiefenpsychologie,* Hrsg.: Rattner, Josef, Wien 1979, S. 96
14 Schultz-Hencke, Harald: *Der gehemmte Mensch,* Stuttgart 1973, S. 43/44
15 ebd., S. 74
16 ebd., S. 77
17 ebd., S. 79
18 Nietzsche, Friedrich: *Schopenhauer als Erzieher,* Stuttgart 1930, S. 144
19 Künkel, Fritz: *Einführung in die Charakterkunde,* Leipzig 1944, S. 46
20 Adler, Alfred: *Der Sinn des Lebens,* Frankfurt 1974, S. 99
21 Schultz-Hencke, Harald: *Der gehemmte Mensch,* Stuttgart 1973, S. 95

Der Zwangscharakter

1 Riemann, Fritz: *Grundformen der Angst,* München 1961, S. 92/93
2 Rattner, Josef: *Der schwierige Mitmensch:* Frankfurt 1974, S. 144
3 Tucholsky, Kurt: GW Bd. 6, Reinbek 1975
4 Reich, Wilhelm: *Charakteranalyse,* Frankfurt 1981
5 Nietzsche, Friedrich: *Morgenröte,* Frankfurt 1983
6 Rattner, Josef: *Der schwierige Mitmensch,* Frankfurt 1974, S. 155
7 Riemann, Fritz: *Grundformen der helfenden Partnerschaft,* München 1974, S. 128

Freude

1 Marcuse, Ludwig: *Philosophie des Glücks,* Zürich 1972, S. 72
2 Spinoza, Baruch: *Ethik,* Stuttgart 1976
3 Freud, Sigmund: GW Bd. 8, Frankfurt 1949, S. 363
4 ebd., S. 211
5 zit. n. Bollnow, Otto F.: *Das Wesen der Stimmungen,* Stuttgart 1968, S. 128
6 Schiller, Friedrich von: *Gedichte,* Freiburg 1959
7 Nietzsche, Friedrich: *Menschliches, Allzumenschliches,* Stuttgart 1972
8 Nietzsche, Friedrich: *Morgenröte,* Frankfurt 1983
9 Arendt, Hannah: *Vita activa,* München 1960, S. 53
10 Epikur: *Philosophie der Freude,* Stuttgart 1973
11 Nietzsche, Friedrich: *Menschliches, Allzumenschliches,* Stuttgart 1972, S. 70
12 Schiller, Friedrich von: *Ausgewählte Gedichte und Balladen,* Hollfeld/Obfr., 1972

Liebe

1 Eibl-Eibesfeldt, I.: *Liebe und Haß,* München 1970, S. 172
2 Hehlmann, Wilhelm: *Wörterbuch der Psychologie,* Stuttgart 1968, S. 167
3 Fromm, Erich: *Die Kunst des Liebens,* Berlin 1956
4 May, Rollo: *Der verdrängte Eros,* Hamburg 1970, S. 252
5 Fontane, Theodor: *L'Adultera,* Berlin o.J.
6 zit. n. Binswanger, Ludwig: *Grundformen und Erkenntnis des menschlichen Daseins,* München 1973
7 Fromm, Erich: *Die Kunst des Liebens,* Berlin 1956, S. 40
8 ebd., S. 44
9 Hartmann, Nicolai: Ethik

Literaturhinweise

Theorie des Charakters

Alfred Adler, *Über den nervösen Charakter,* 1912, 3. Aufl., München 1922
Gordon W. Allport, *Persönlichkeit,* Meisenheim/Glan 1959
Wilhelm Arnold, *Person, Charakter, Persönlichkeit,* 3. Aufl., Göttingen 1969
Walter Betzendahl, *Der menschliche Charakter in Wertung und Forschung,* Paderborn 1956
Sigmund Freud, *Gesammelte Werke,* IMAGO, Frankfurt o. J.
Erich Fromm, *Psychoanalyse und Ethik,* Zürich 1954
Ludwig Klages, *Grundlagen der Charakterkunde,* 11. Aufl., Bonn 1951
Wolfgang Köppe, *Intelligenzentwicklung durch Psychotherapie,* Wien 1980
Philipp Lersch, *Aufbau der Person,* 6. Aufl., München 1954
Josef Rattner, *Der schwierige Mitmensch,* 20. Aufl., Frankfurt 1981
Hubert Rohracher, *Kleine Charakterkunde,* Wien 1948
Eduard Spranger, *Lebensformen,* 3. Aufl., Halle/Saale 1922
Hans Thomae, *Das Individuum und seine Welt,* Göttingen 1968
Emil Utitz, *Charakterologie,* Berlin 1925
Ders., (Hrsg.), *Jahrbuch für Charakterologie,* Bd. II/III, Berlin 1926
Albert Wellek, *Polarität im Aufbau des Charakters,* Bern 1950

Ehrgeiz

Alfred Adler, *Über den nervösen Charakter,* 1912, Frankfurt 1972
Ders., *Menschenkenntnis,* 1927, Frankfurt 1966
Erik H. Erikson, *Kindheit und Gesellschaft,* 5. Aufl., Stuttgart 1973
Sigmund Freud, *Hemmung, Symptom und Angst,* in: GW Bd. XIV, IMAGO, Frankfurt o. J.
Ders., *Über eine Weltanschauung,* in: GW Bd. XV, IMAGO, Frankfurt o.J.
Wilhelm Hehlmann, *Wörterbuch der Psychologie,* 10. Aufl., Stuttgart 1968

Fritz Künkel, *Einführung in die Charakterkunde,* 16. Aufl., Stuttgart 1975
Jean de La Bruyère, *Die Charaktere,* hrsg. von W. Mundorff, Stuttgart 1949
Friedrich Nietzsche, *Menschliches, Allzumenschliches,* Stuttgart o. J.
Arthur Schopenhauer, *Parerga und Paralipomena,* Ges. Werke, Bd. 5, Wiesbaden 1972
Harald Schultz-Hencke, *Der gehemmte Mensch,* Stuttgart 1940
Stendhal, *Rot und Schwarz,* München o. J.
Harry Stack Sullivan, *Conceptions of Modern Psychiatry,* New York 1940
Thorstein Veblen, *Theorie der feinen Leute,* München 1971
Max Weber, *Die protestantische Ethik,* 2 Bde., hrsg. v. J. Winckelmann, Gütersloh 1979

Eitelkeit

Alfred Adler, *Über den nervösen Charakter,* Frankfurt 1972
Medard Boss, *Grundriß der Medizin und Psychologie,* 2. erw. Aufl., Bern 1975
Erik H. Erikson, *Kindheit und Gesellschaft,* 5. Aufl., Stuttgart 1973
Sigmund Freud, *Drei Abhandlungen zur Sexualtheorie,* GW Bd. V, Frankfurt o. J.
Martin Heidegger, *Sein und Zeit,* Halle a. d. S. 1927
Ludwig Klages, *Grundlegung der Wissenschaft vom Ausdruck,* 5. Aufl., Leipzig 1936
Fritz Künkel, *Einführung in die Charakterkunde,* 12. Aufl., Stuttgart 1957
La Rochefoucauld, *Maximen,* Luzern 1946
Molière, *Komödien,* 6 Bde., übers. v. H. Weigel, Zürich 1975
Friedrich Nietzsche, *Gesammelte Werke,* Stuttgart o. J.
Richard Oehler, *Nietzsche-Register,* Stuttgart 1965
Max Pulver, *Symbolik der Handschrift,* Zürich 1948
Horst-Eberhard Richter, *Patient Familie,* Reinbek 1970
Arthur Schopenhauer, *Parerga und Paralipomena,* GW Bd. 5, Wiesbaden 1972
Harald Schultz-Hencke, *Der gehemmte Mensch,* Stuttgart 1940

Geiz

Alfred Adler, *Menschenkenntnis,* Frankfurt 1966
Ders., *Über den nervösen Charakter,* Frankfurt 1972
Gordon W. Allport, *Persönlichkeit,* 2. Aufl., Meisenheim/Glan 1959
Honoré de Balzac, *Eugénie Grandet,* Wiesbaden o. J.

Ludwig Binswanger, *Ausgewählte Vorträge und Aufsätze,* Bd. II, Bern 1955
Ernst Bloch, *Das Prinzip Hoffnung,* 2 Bde., Frankfurt 1959
Ernest Bornemann, *Psychoanalyse des Geldes,* Frankfurt 1973
Norman O. Brown, *Zukunft im Zeichen des Eros,* Pfullingen 1962
F. M. Dostojewski, *Der Jüngling,* München o. J.
Ders., *Der Spieler,* München o. J.
Sigmund Freud, *Charakter und Analerotik,* GW Bd. VII, IMAGO, Frankfurt o. J.
Ders., *Hemmung, Symptom und Angst,* GW Bd. XIV, Frankfurt o. J.
Erich Fromm, *Haben oder Sein,* Stuttgart 1976
Jean de La Bruyère, *Die Charaktere,* übersetzt von W. Mundorff, Stuttgart 1949
Molière, *Der Geizige,* übersetzt von H. Weigel, Zürich 1964
Arthur Schopenhauer, *Parerga und Paralipomena,* GW Bd. V, Wiesbaden 1972
Georg Simmel, *Philosophie des Geldes,* Berlin 1900
Spinoza, *Die Ethik,* Stuttgart o. J.
Erwin W. Straus, *Geschehnis und Erlebnis,* 1930, Reprint Berlin 1978
Max Weber, *Die protestantische Ethik,* 2 Bde., hrsg. v. J. Winckelmann, Gütersloh 1979

Neid

Alfred Adler, *Der Sinn des Lebens,* Frankfurt 1974
Ders., *Über den nervösen Charakter,* Frankfurt 1972
Ders., *Menschenkenntnis,* Frankfurt 1966
Simone de Beauvoir, Das andere Geschlecht, Sitte und Sexus der Frau, Hamburg 1971
Charles Brenner, *Grundzüge der Psychoanalyse,* Frankfurt 1973
Janine Chasseguet-Smirgel (Hrsg.), *Psychoanalyse und weibliche Sexualität,* Frankfurt 1974
Der große Duden, *Etymologie,* Bd. 7, 1963
Sigmund Freud, *Studienausgabe,* Bd. V und Bd. IX, Frankfurt 1972/1974
Erich Fromm, *Psychoanalyse und Ethik,* Frankfurt 1978
Ders., *Die Kunst des Liebens,* Berlin 1969
Irmgard Fuchs, *Neid und Eifersucht: Ein Versuch ihrer charakterologischen Erhellung,* unveröffentlichte Diplomarbeit TU, Berlin 1977
Nicolai Hartmann, *Das Problem des geistigen Seins,* Berlin 1962
Karen Horney, *Neue Wege in der Psychoanalyse,* München o. J.
Dies., *Der neurotische Mensch unserer Zeit,* München 1974
Dies., *Neurose und menschliches Wachstum,* München 1975
Dies., *Unsere inneren Konflikte,* München 1973

Melanie Klein, *Die Psychoanalyse des Kindes,* München, 2. Aufl. o. J.
Dies., *Das Seelenleben des Kleinkindes,* Hamburg 1972
Friedrich Kluge, *Etymologisches Wörterbuch der deutschen Sprache,* 21. Aufl., Berlin 1975
Jean de La Bruyère, *Die Charaktere oder die Sitten des Jahrhunderts,* Leipzig 1978
François de La Rochefoucauld, *Maximes,* Paris o. J.
Philipp Lersch, *Aufbau der Person,* München 1962
Friedrich Nietzsche, *Gesamtausgabe,* Berlin 1980
Arno Plack, *Die Gesellschaft und das Böse,* Frankfurt, Berlin, Wien 1979
Ders., *Ohne Lüge leben,* 1. Aufl., Kulmbach 1976
Josef Rattner, *Tiefenpsychologie und Ethik,* unveröffentlichtes Manuskript, Berlin 1975
Ders., *Fazit des bisherigen Lebens: Auf dem Wege zu einer philosophischen Psychoanalyse,* unveröffentlichtes Manuskript, Berlin 1976
Jean-Paul Sartre, *Entwurf einer Theorie der Emotionen,* in: *Die Transzendenz des Ego, Drei Essays,* Reinbek 1964
Helmut Schoeck, *Der Neid und die Gesellschaft,* Freiburg 1974
Harald Schultz-Hencke, *Der gehemmte Mensch,* Stuttgart 1940
Baruch Spinoza, *Die Ethik,* Stuttgart 1977
Dieter Wyss, *Die tiefenpsychologischen Schulen,* 5. Aufl., Göttingen 1977
Albert Wellek, *Ganzheitspsychologie und Strukturtheorie,* 2. Aufl., Bern 1969

Eifersucht

Alfred Adler, *Menschenkenntnis,* Frankfurt 1966
Felix Emmel, *Bertelsmann Schauspielführer,* Gütersloh 1965
Sigmund Freud, *Charakter und Analerotik,* GW Bd. VII, Frankfurt o.J.
Ders., *Über einige neurotische Mechanismen bei Eifersucht, Paranoia und Homosexualität,* GW Bd. XIII, Fraankfurt o.J.
Erich Fromm, *Die Kunst des Liebens,* Frankfurt 1979
S. O. Hoffmann, *Charakter und Neurose,* Frankfurt 1979
Wolfgang Köppe, *Sigmund Freud und Alfred Adler,* Stuttgart 1977
Josef Rattner, *Alfred Adler,* Reinbek 1972
Ders., *Der schwierige Mitmensch,* Frankfurt 1977
Horst Eberhard Richter, *Patient Familie,* Reinbek 1970
Jean-Paul Sartre, *Entwurf einer Theorie der Emotionen,* in: *Die Transzendenz des Ego,* Reinbek 1964
William Shakespeare, *Othello oder der Mohr von Venedig,* Berlin o. J.
Heinz Körner, *Eifersucht,* Fellbach 1979

Otto Fenichel, *Beitrag zur Psychologie der Eifersucht,* in: IMAGO 1935, Bd. XXI, Heft 2

Wut und Zorn

Alfred Adler, *Über den nervösen Charakter,* Wien 1912
Ders., *Menschenkenntnis,* Frankfurt 1966
Franz Alexander, *Psychosomatische Medizin,* Berlin 1951
Dieter Beck, *Krankheit als Selbstheilung,* Frankfurt 1931
Pierre Bertaux, *Friedrich Hölderlin,* Frankfurt 1978
Ernst Bloch, *Das Prinzip Hoffnung,* Frankfurt 1959
Medard Boss, *Einführung in die psychosomatische Medizin,* Bern 1954
Ders., *Von der Psychoanalyse zur Daseinsanalyse,* Wien 1979
Siegfried Elhard, *Aggression als Krankheitsfaktor,* Göttingen 1974
Sigmund Freud, *Studienausgabe, Bildende Kunst und Literatur,* Bd. X, Frankfurt 1969
Ders., *Studienausgabe, Psychologie des Unbewußten,* Bd. III, Frankfurt 1975
Ders., *Studienausgabe, Fragen der Gesellschaft, Ursprünge der Religion,* Bd. IX, Frankfurt 1975
Ders., *Studienausgabe, Schriften zur Behandlungstechnik,* Ergänzungsband, Frankfurt 1975
F. W. J. Hemmings, *Emile Zola,* Frankfurt 1981
Karen Horney, *Unsere inneren Konflikte,* München 1973
Dies., *Neurose und menschliches Wachstum,* München 1975
William James, zitiert nach Walter Bradford Cannon, *Der Weg eines Forschers,* München 1945
Arthur Jores, *Der Kranke mit psychovegetativen Störungen,* Göttingen 1973
Lotte Köhler, *Über einige Aspekte der Behandlung narzißtischer Persönlichkeitsstörungen im Lichte der Entwicklung psychoanalytischer Theoriebildung,* Psyche 11, 1978
Heinz Kohut, *Narzißmus,* Frankfurt 1973
Ders., *Die Zukunft der Psychoanalyse,* Frankfurt 1975
Fritz Künkel, *Charakter, Wachstum und Erziehung,* 4. Aufl., Stuttgart 1976
Philipp Lersch, *Der Aufbau des Charakters,* Leipzig 1948
Gustave Le Bon, *Psychologie der Massen,* Stuttgart 1953
Rollo May, *Die Quellen der Gewalt,* Wien 1972
Friedrich Nietzsche, hrsg. v. Karl Schlechta, *Werke, Menschliches, Allzumenschliches II,* München 1969
Plutarch, *Lebensklugheit und Charakter,* Wiesbaden 1979
Josef Rattner, *Psychologie der zwischenmenschlichen Beziehungen,* Olten 1969

Ders., *Aggression und menschliche Natur,* Olten 1970
Jean-Paul Sartre, *Das Sein und das Nichts,* Hamburg 1952
Seneca, *Über den Zorn,* Darmstadt 1980
Baruch Spinoza, *Ethik,* Frankfurt 1972
Harry S. Sullivan, *Conceptions of Modern Psychiatry,* New York 1953
Ders., *Clinical Essays,* New York 1966

Literatur zu Haß

Rolf Denker, *Aufklärung über Aggression,* 3. Aufl., Stuttgart 1971
Irenäus Eibl-Eibesfeldt, *Liebe und Haß – Zur Naturgeschichte elementarer Verhaltensweisen,* München 1970
Erich Fromm, *Psychoanalyse und Ethik,* Zürich 1954
Ders., *Anatomie der menschlichen Destruktivität,* Stuttgart 1974
Friedrich Hacker, *Aggression – Die Brutalisierung der modernen Welt,* Wien 1971
Paul Helwig, *Liebe und Feindschaft,* München 1964
Konrad Lorenz, *Das sogenannte Böse,* Wien 1963
Margarete Mitscherlich, *Müssen wir hassen? – Über den Konflikt zwischen innerer und äußerer Realität,* München 1972
Friedrich Nietzsche, *Jenseits von Gut und Böse,* München o. J.
Ders., *Zur Genealogie der Moral,* München o. J.
Josef Rattner, *Aggression und menschliche Natur,* Olten 1971
Max Scheler, *Vom Umsturz der Werte,* Bern 1955
Helmut Schoeck, *Der Neid – Die Urgeschichte des Bösen,* München 1980
Arthur Schopenhauer, *Die beiden Grundprobleme der Ethik,* GW Bd. 4, Wiesbaden 1972
Spinoza, *Die Ethik,* Stuttgart o. J.

Literatur zu Angst

Alfred Adler, *Menschenkenntnis,* 11. Aufl., Frankfurt 1974
Ders., *Lebenskenntnis,* Frankfurt 1978
Ders., *Wozu leben wir?,* Frankfurt 1979
Ders., *Über den nervösen Charakter,* 6. Aufl., Frankfurt 1980
Albert Camus, *Der Mensch in der Revolte,* 8. Aufl., Hamburg 1977
Erik H. Erikson, *Identität und Lebenszyklus,* Frankfurt 1966
Sigmund Freud, *Studienausgabe,* Bd. I, 8. Aufl., Frankfurt 1978; Bd. VI, 5. Aufl., Frankfurt 1980
Johann Wolfgang v. Goethe, *Werke,* Bd. 1, Gedichte – Versepen, Bd. 5, Dichtung und Wahrheit, Frankfurt 1979
Martin Heidegger, *Sein und Zeit,* Tübingen 1963

Karen Horney, *Unsere inneren Konflikte*, 2. Aufl., München 1973
Dies., *Neurose und menschliches Wachstum*, München 1975
Sören Kierkegaard, *Der Begriff Angst*, Hamburg 1960
Ders., *Furcht und Zittern*, Hamburg 1961
Fritz Künkel, *Das Wir*, Konstanz 1972
Jean de La Fontaine, *Fabeln*, Wiesbaden o. J.
Friedrich Lahmann, *Unsere Ängste und ihre Ursachen*, München 1981
Raphael Lenné, *Das Urphänomen Angst*, München 1975
Friedrich Nietzsche, *Jenseits von Gut und Böse*, München o. J.
Josef Rattner, *Psychoanalyse und Gruppen-Psychotherapie der Angst*, München 1972
Horst E. Richter, *Patient Familie*, 7. Aufl., Hamburg 1978
Fritz Riemann, *Grundformen der Angst*, 12. Aufl., München 1975
Jean-Paul Sartre, *Drei Essays*, Frankfurt 1972
Harald Schultz-Hencke, *Der gehemmte Mensch*, 4. Aufl., Stuttgart 1978
Walter Schulz, *Das Problem der Angst in der neueren Philosophie*, in: H. v. Ditfurth, *Aspekte der Angst*, 2. Aufl., München 1977
Studien aus dem C. G.-Jung-Institut, *Die Angst*, Zürich 1959
Harry S. Sullivan, *Die interpersonale Theorie der Psychiatrie*, Frankfurt 1980
Rainer Winkel, *Schulische und soziale Ängste*, in: W. Spiel, *Die Psychologie des 20. Jahrhunderts*, Bd. XII, Konsequenzen für die Pädagogik (2), Zürich 1980

Literatur zu Melancholie, Schwermut und Traurigkeit

Alfred Adler, *Menschenkenntnis*, 9. Aufl., Frankfurt 1972
Raymond Battegay, *Narzißmus und Objektbeziehungen*, 2. Aufl., Bern/Stuttgart/Wien 1979
Gustav A. Bieber, *Der Melancholikertypus Shakespeares und sein Ursprung*, in: Anglistische Arbeiten, Hrsg.: Levin L. Schücking, Heidelberg 1913
Sigmund Freud, *Zur Einführung des Narzißmus*, 1914, in: Zur Psychologie des Unbewußten, Studienausgabe Bd. III, Frankfurt 1975
Ders., *Trauer und Melancholie*, 1916, in: Ebd.
Victor E. von Gebsattel, *Prolegomena einer medizinischen Anthropologie*, Berlin/Göttingen/Heidelberg 1954
Romano Guardini, *Vom Sinn der Schwermut*, Zürich 1949
Heinz Häfner, *Zur Daseinsanalyse der Schwermut*, in: Zeitschrift f. Psychotherapie u. med. Psychologie, 8, 1958
Heinz Henseler, *Narzißtische Krisen/Zur Psychodynamik des Selbstmords*, 2. Aufl., Hamburg 1980
Karen Horney, *Neurose und menschliches Wachstum*, München 1975

Sören Kierkegaard, *Entweder – Oder*, Köln und Olten 1960
Heinz Kohut, *Narzißmus*, Frankfurt 1973
Wolf Lepenies, *Melancholie und Gesellschaft*, Frankfurt 1969
Friedrich Nietzsche, *Taschenausgabe Kroener*, 1931
Erwin Panofsky/Fritz Saxl, *Dürers »Melencolia I«*, eine Quellen- und typengeschichtliche Untersuchung, Leipzig/Berlin 1923
Fritz Riemann, *Grundformen der Angst*, München 1975

Literatur zu Schüchternheit

Alfred Adler, *Menschenkenntnis*, Frankfurt 1970
Ders., *Über den nervösen Charakter*, Frankfurt 1972
Rowena und Heinz Ansbacher, *Alfred Adlers Individualpsychologie*, München 1976
Sigmund Freud, Gesammelte Werke, Bd. XI, *Die Wege der Symptombildung*, London/Frankfurt 1952
Jolande Jacobi, *Die Psychologie von C. G. Jung*, Frankfurt 1978
C. G. Jung, Gesammelte Werke, Bd. VI, *Psychologische Typen*, Zürich/Stuttgart 1960
Josef Rattner, *Neue Psychoanalyse und intensive Psychotherapie*, Frankfurt 1974
Stendhal, *Rot und Schwarz*, Gütersloh o. J.
Erwin Wexberg, *Individualpsychologie*, Stuttgart 1974
Philip G. Zimbardo, *Nicht so schüchtern!*, München 1979

Literatur zu Bequemlichkeit und Riesenerwartungen

Alfred Adler, *Der Sinn des Lebens*, Frankfurt 1974
Heinz L./Rowena R. Ansbacher, *Alfred Adlers Individualpsychologie*, München 1976
Gion Condrau, *Medizinische Psychologie*, München 1975
Duden, Band 10, Mannheim 1970
Sigmund Freud, *Studienausgabe*, Bd. III/IX, Frankfurt 1975/74
Hans J. Fröhlich, *Oblomow*, in: Fritz J. Raddatz (Hrsg.), *ZEIT-Bibliothek der 100 Bücher*, Frankfurt 1980
Iwan A. Gontscharow, *Oblomow*, München 1980
Robert Heiß, *Die Lehre vom Charakter*, Berlin 1949
Peter R. Hofstätter, *Psychologie*, Frankfurt 1972
Ernst Kretschmer, *Körperbau und Charakter*, Berlin 1961
Pjotr A. Kropotkin, *Ideale und Wirklichkeit in der russischen Literatur*, Frankfurt 1975
Wolfgang Krüger, *Harald Schultz-Hencke*, in: Josef Rattner (Hrsg.), *Pioniere der Tiefenpsychologie*, Wien 1979

Fritz Künkel, *Einführung in die Charakterkunde*, Leipzig 1944
J. Laplanche/J.-B. Pontalis, *Das Vokabular der Psychoanalyse*, Frankfurt 1975
Friedrich Nietzsche, *Gesammelte Werke*, Bd. 2, München 1964
Josef Rattner, *Verwöhnung und Neurose*, Zürich 1968
Ders., *Alfred Adler*, Reinbek 1972
Ders., *Neue Psychoanalyse und intensive Psychotherapie*, Frankfurt 1974
Ders., (Hrsg.), *Pioniere der Tiefenpsychologie*, Wien 1979
Ders., *Der schwierige Mitmensch*, Frankfurt 1981
Harald Schultz-Hencke, *Der gehemmte Mensch*, 1940, Stuttgart 1973
Gerhard Wahrig, *Wörterbuch der deutschen Sprache*, München 1978

Literatur zu Der Zwangscharakter

Alfred Adler, *Heilen und Bilden*, Frankfurt 1973
Ders., *Menschenkenntnis*, Frankfurt 1966
T. W. Adorno/M. Horkheimer u.a., *The Authoritarian Personality*, New York 1950
Gaetano Benedetti, *Der psychisch Leidende und seine Welt*, München 1974
Ders., *Psychodynamik der Zwangsneurose*, Darmstadt 1978
Medard Boss, *Von der Psychoanalyse zur Daseinsanalyse*, Wien 1979
Sigmund Freud, *Zwangshandlungen und Religionsausübung*, in: Studienausgabe, Bd. VII, Frankfurt 1973, S. 11
Ders., *Charakter und Analerotik*, 1908, in: Studienausgabe, Bd. VII, Frankfurt 1973, S. 23
Erich Fromm, *Die Furcht vor der Freiheit*, Frankfurt 1972
Ders., *Psychoanalyse und Ethik*, Frankfurt/Berlin/Wien 1978
Karen Horney, *Neue Wege in der Psychoanalyse*, München 1973
Dies., *Neurose und menschliches Wachstum*, München 1975
Friedrich Nietzsche, *Morgenröte*, in: Sämtliche Werke, Bd. III, Berlin/New York 1980
Arno Plack, *Ohne Lüge leben*, 2. Aufl., Stuttgart 1978
Hans Quint, *Über die Zwangsneurose*, 2. Aufl., Göttingen 1976
Josef Rattner, *Der schwierige Mitmensch*, Olten 1970
Ders., *Neue Psychoanalyse und intensive Psychotherapie*, Frankfurt 1974
Wilhelm Reich, *Charakteranalyse*, Frankfurt 1970
Fritz Riemann, *Grundformen der Angst*, München/Basel 1970
Ders., *Grundformen helfender Partnerschaft*, München 1974
David Riesman, *Die einsame Masse*, Hamburg 1977
Karl Sacherl, *Definitorische Abgrenzung der Pedanterie*, in: *Psychologie der Abnormen Persönlichkeiten*, Darmstadt 1968

Harald Schultz-Hencke, *Der gehemmte Mensch,* Stuttgart 1978
Werner Schwidder, *Schriften zur Psychoanalyse der Neurosen und psychosomatischen Medizin,* Göttingen 1975
Gunnar Skoog, *Der Anankast in der psychologischen Forschung,* in: *Psychologie der Abnormen Persönlichkeiten,* Darmstadt 1968
Helm Stierlin, *Das Tun des Einen ist das Tun des Anderen,* 2. Aufl., Frankfurt 1978

Literatur zu Freude

Hannah Arendt, *Vita activa oder Vom tätigen Leben,* Stuttgart 1960
Aristoteles, *Die Nikomachische Ethik,* Zürich/Stuttgart 1967
Otto Friedrich Bollnow, *Das Wesen der Stimmungen,* Frankfurt 1968
Epikur, *Philosophie der Freude,* Stuttgart 1973
Sigmund Freud, *Studienausgabe,* Frankfurt 1974, daraus: *Das Unbehagen in der Kultur,* Bd. IX, 1974
Ders., *Totem und Tabu,* Bd. IX, 1974
Erich Fromm, *Psychoanalyse und Ethik,* Frankfurt/Berlin/Wien 1978
Philipp Lersch, *Aufbau der Person,* München 1956
Ludwig Marcuse, *Philosophie des Glücks,* Zürich 1972
Friedrich Nietzsche, *Menschliches, Allzumenschliches,* Leipzig, Bd. I, 1906, Bd. II, 1900
Ders., *Die fröhliche Wissenschaft,* Leipzig 1897
Ders., *Morgenröte,* Leipzig 1900
Ders., *Also sprach Zarathustra,* München o. J.
Richard Oehler, *Nietzsche-Register,* Stuttgart 1943
Wolf Schneider, *Glück, was ist das?,* München 1978
Seneca, *Vom glückseligen Leben,* Stuttgart 1967
Baruch Spinoza, *Die Ethik,* Leipzig 1933
Ders., *Kurze Abhandlung von Gott, dem Menschen und seinem Glück,* Hamburg 1965
Christian Wolff, *Vernünftige Gedanken, Ethik,* in: GW, Bd. V, Hildesheim/New York 1976
Max Zerbst, *Die Philosophie der Freude,* Leipzig 1932

Literatur zu Liebe

Aristoteles, *Die Nikomachische Ethik,* Zürich 1951
Ludwig Binswanger, *Grundformen und Erkenntnis des menschlichen Daseins,* 5. Aufl., München 1973
Irenäus Eibl-Eibesfeldt, *Liebe und Haß – Zur Naturgeschichte elementarer Verhaltensweisen,* München 1970
Erich Fromm, *Die Kunst des Liebens,* Berlin 1956

Nikolai Hartmann, *Ethik*, 4. Aufl., Berlin 1962
Paul Helwig, *Liebe und Feindschaft*, München 1964
Rollo May, *Der verdrängte Eros*, Hamburg 1970
José Ortega y Gasset, *Über die Liebe – Meditationen*, Stuttgart 1952
Josef Pieper, *Über die Liebe*, München 1972
Josef Rattner, *Psychologie und Psychopathologie des Liebeslebens*, Bern 1965
Max Scheler, *Liebe und Erkenntnis*, Bern 1955
Ders., *Wesen und Formen der Sympathie*, Bern 1973
Eduard Spranger, *Lebensformen*, Halle/Saale 1914
Stendhal, *Über die Liebe*, Berlin 1970

Die Autoren

Martin Bauknecht, geb. 1947 in Schwäbisch Gmünd; Theologiestudium, danach Studium der Fächer Französisch und Geschichte, 1981 Staatsexamen. Seit 1971 Charakter- und Lehranalyse im »Arbeitskreis für Tiefenpsychologie, Gruppendynamik und Gruppentherapie Berlin«. Dozent in der Erwachsenenbildung.

Richard Hitzler, geb. 1944 in Weitnau, Studium der Elektrotechnik mit Diplom 1969 in München, Ausbildung zum Berufsschullehrer in Stuttgart. Seit 1974 Charakteranalyse im »Arbeitskreis für Tiefenpsychologie, Gruppendynamik und Gruppentherapie Berlin«, Mitarbeit durch Vorträge und Zeitschriftenaufsätze; Berufsschullehrer in Berlin.

Gert Janssen, Dr. jur., geb. 1939 in Berlin; Studium der Rechtswissenschaften in Bonn, Freiburg und Köln; erstes juristisches Staatsexamen 1963, zweites Staatsexamen 1970; Promotion 1977 mit einer arbeitsrechtlichen Dissertation; seit 1972 in der Sozialversicherung tätig. Langjährige Lehr- und Charakteranalyse im »Arbeitskreis für Tiefenpsychologie, Gruppendynamik und Gruppentherapie Berlin«; verschiedene Aufsätze zur Tiefenpsychologie.

Katharina Kaminski, Dipl.-Psych., geb. 1955 in Berlin; Studium der Pädagogik und Psychologie an der Freien Universität Berlin, Diplom 1980; Diplomarbeit: *Zur Bedeutung der Identifizierung in der Psychoanalyse*. Seit 1975 Charakter- und Lehranalyse im »Arbeitskreis für Tiefenpsychologie, Gruppendynamik und Gruppentherapie Berlin«. Verschiedene Zeitschriftenaufsätze; freiberufliche Tätigkeit als Psychotherapeutin, Dozentin an der Volkshochschule.

Günter Keesen, Dipl.-Psych., geb. 1952 in Neukirchen-Vluyn (NRW); Studium der Psychologie an der Freien Universität

Berlin; Diplomarbeit: *Das Konzept von Übertragung und Gegenübertragung in der Psychoanalyse – Darstellung und Kritik.* Seit 1973 Charakter- und Lehranalyse im »Arbeitskreis für Tiefenpsychologie, Gruppendynamik und Gruppentherapie Berlin«, anschließend Co-Therapeut und Leiter von psychologischen Kleingruppen. Heute Mitinhaber der »Psychotherapeutischen Gemeinschaftspraxis Halensee« und Dozent an der Volkshochschule.

Günther Köhnlein, Dipl.-Psych., M. A., Betriebswirt grad., geb. 1947 in Sindelfingen. Studium der Betriebswirtschaft, Bildungsökonomie und Psychologie in Berlin. Diplom in Psychologie 1980; Diplomarbeit: *Probleme der Identitätsbildung des Mannes.* Seit 1971 Charakter- und Lehranalyse im »Arbeitskreis für Tiefenpsychologie, Gruppendynamik und Gruppentherapie Berlin«. Psychotherapeutische Gemeinschaftspraxis in Berlin und Dozent in der Erwachsenenbildung.

Roswitha Neiss, Dipl.-Psych., geb. 1940 in Dresden; Studium der Psychologie an der Freien Universität Berlin, Diplom 1973; Diplomarbeit: *Die weibliche Homosexualität.* Langjährige Charakter- und Lehranalyse im »Arbeitskreis für Tiefenpsychologie, Gruppendynamik und Gruppentherapie Berlin«. Zahlreiche Zeitschriftenaufsätze; seit 1974 Psychotherapeutin innerhalb der Berliner Großgruppe; eigene Beratungspraxis.

Elke Pilz, Dipl.-Psych., Dipl.-Soz., geb. 1943 in Neukirch/Lausitz. Studium der Soziologie und Psychologie an der Freien Universität Berlin. Dozentin in der Erwachsenenbildung; Lehrauftrag für Sozialpsychologie an der Fachhochschule der Deutschen Bundespost. Langjährige Charakter- und Lehranalyse im »Arbeitskreis für Tiefenpsychologie, Gruppendynamik und Gruppentherapie Berlin«. Seit 1976 psychotherapeutische Tätigkeit innerhalb des Berliner Arbeitskreises.

Josef Rattner, Dr. med. et. phil., geb. 1928 in Wien. Studium der Philosophie, Psychologie und deutschen Literatur in Zürich; Dr. phil. 1951; Dissertation: *Das Menschenbild in der Philosophie M. Heideggers.* Absolvent des Instituts für Angewandte Psychologie in Zürich, Diplom in psychologischer

Beratung 1953. 1957–1963 Studium der Medizin in Zürich; Dr. med. 1964; Dissertation (preisgekrönt): *Das Wesen der schizophrenen Reaktion.* Langjährige Therapeutenausbildung in der Psychologischen Lehr- und Beratungsstelle in Zürich. 1967–1969 Forschungs- und Lehrbeauftragter an der Freien Universität Berlin und an der Pädagogischen Hochschule in Hannover. Seit 1968: Aufbau des »Arbeitskreises für Tiefenpsychologie, Gruppendynamik und Gruppentherapie Berlin«, Pionierarbeit in der sog. »Großgruppentherapie«. Lehranalytiker der deutschen Gesellschaft für Individualpsychologie. Publikation von ca. 35 Büchern aus allen Bereichen der Tiefen- und Kulturpsychologie. 1982: Verleihung des Professorentitels durch die österreichische Regierung.

Ulrike von Saalfeld-Urbasek, geb. 1946 in Steinhöring; Ausbildung zur Krankengymnastin; Studium in Psychologie, Diplom 1980. Seit zehn Jahren Ausbildung und Mitarbeit im »Arbeitskreis für Tiefenpsychologie, Gruppendynamik und Gruppentherapie Berlin«. Dozentin an der Volkshochschule. Leitung von Therapiegruppen. Mitarbeit in der ›Psychologischen Gemeinschaftspraxis Halensee‹ in Berlin. Derzeit tätig als klinischer Psychologe in der Kurklinik Lautergrund der LVA Berlin.

Rüdiger Schlott, Dipl.-Psych., geb. 1943 in Berlin; Lehrerstudium (Latein, evang. Theologie) in Bonn, von 1971 bis 1974 Lehrertätigkeit in Kempen; Diplom in Psychologie 1978. Seit 1974 Charakter- und Lehranalyse im »Arbeitskreis für Tiefenpsychologie, Gruppendynamik und Gruppentherapie Berlin«.

Bernd Strauß, Dipl.-Soz., Dipl.-Psych., geb. 1947 in Lensahn/ Ostholstein; Studium der Soziologie, Geschichte und Volkswirtschaft in München und Berlin; Studium der Psychologie in Berlin; Diplom in Soziologie 1976; Diplom in Psychologie 1980. Charakter- und Lehranalyse seit 1972 im »Arbeitskreis für Tiefenpsychologie, Gruppendynamik und Gruppentherapie Berlin«, Leitung einer Therapiegruppe des Arbeitskreises in Kiel. Dozent an den Berliner Volkshochschulen und der Schule für Beschäftigungstherapie der Karl-Bonhoeffer-Nervenklinik in den Fächern Soziologie und Psychologie.

Register

Theodor Reik

Hören mit dem dritten Ohr

Die innere Erfahrung eines Psychoanalytikers.
526 Seiten, gebunden.

»Dr. Reiks Buch ist das erste seiner Art, das die Psychoanalyse umstülpt – das heißt, den analytischen Prozeß vom Standpunkt der ›inneren Erfahrung eines Psychoanalytikers‹ untersucht. Reiks origineller Ansatz und seine betonte Ehrlichkeit rücken die Methoden, Ungewißheiten, Grenzen und Erfolge der Psychoanalyse in ein desto schärferes Licht.« ATLANTIC MONTHLY

Aus Leiden Freuden

Masochismus und Gesellschaft.
504 Seiten, gebunden.

Sigmund Freud hat den Masochismus einmal als die »häufigste und bedeutsamste aller Perversionen« bezeichnet. Der weltbekannte Psychoanalytiker Theodor Reik hat das Freudsche Konzept erweitert und zum Teil aufgrund neuer Erkenntnisse korrigiert. So hat er den Begriff »sozialer Masochismus« geprägt, denn seiner Ansicht nach stellt der Masochismus eine Entwicklungsphase im Leben aller dar, die in gewisser Weise dazu beiträgt, unsere aggressiven und antisozialen Triebe unter Kontrolle zu bringen. Ein gewisses Maß an Leid kann sich demnach durchaus positiv auswirken, sei es für den einzelnen oder die Gesellschaft.

Der unbekannte Mörder

Psychoanalytische Studien.
420 Seiten, gebunden.

Anhand zahlreicher, brisanter Kriminalfälle analysiert Theodor Reik die meist unbewußten Gedanken von Verbrechern und die psychologischen Klischeevorstellungen, die bei Untersuchungsbeamten wie Richtern oft zu verhängnisvollen Urteilen führen. Das Buch enthält zudem inzwischen als »klassisch« geltende psychoanalytische Studien, die sich u. a. mit dem »unbewußten Schuldgefühl«, mit »Geständniszwang« und mit dem Glauben an die »ausgleichende Gerechtigkeit« beschäftigen.

Hoffmann und Campe